Eduard Engel
Deutsche Stilkunst

BAND 2

Die Andere Bibliothek

Begründet von
Hans Magnus Enzensberger

Eduard Engel

Deutsche Stilkunst

Nach der 31. Auflage von 1931
Mit einem Vorwort bereichert
von Stefan Stirnemann

BAND 2

Inhalt

BAND 1

Vorwort IX–XXXIV

Einleitung 1

ERSTES BUCH
Grundfragen 11
1. Abschnitt: Der Zustand 13
2. Abschnitt: Vom guten Stil 27
3. Abschnitt: Von der Wahrheit 35
4. Abschnitt: Der persönliche und der unpersönliche Stil 47
5. Abschnitt: Vom besten Stil und vom Wege zu ihm 55
6. Abschnitt: Natur und Unnatur. Die Preziösen 61

ZWEITES BUCH
Die Deutsche Sprache 81
1. Abschnitt: Sprachschulmeisterei 83
2. Abschnitt: Deutsche Sprachlehre 97
   Sprachgebrauch und Sprachrichtigkeit
3. Abschnitt: Drei Hauptsünden: **109**
   Satzdreh nach Und
   Als und Wie
   Derselbe, Dieselbe, Dasselbe
4. Abschnitt: Hauptwort **121**
5. Abschnitt: Zeitwort: **131**
   Handlungs- und Leideform
   Erzähl- und Vollendungsform
   Gegenwart der Erzählung
   Wenn mit ›würde‹
   Bin-Form und Sei-Form
   Nachklappen
   Hilfszeitwörter
6. Abschnitt: Allerlei Sprach- und Stilgebrechen: **141**
   Welcher
   Prädikat mit Ein
   Ersterer und Letzterer
   Her und hin
   Selten günstig
   Rechtschreibung
7. Abschnitt: Freiheit **149**

DRITTES BUCH
Der Ausdruck 155
1. Abschnitt: Die Macht des Wortes 157
2. Abschnitt: Abklatschwort und Eigenwort
Abgedroschenheit und Ursprünglichkeit 165
3. Abschnitt: Vom Deutschen Wortschatz und seiner Mehrung 179
4. Abschnitt: Ausdrucksmittel 197
5. Abschnitt: Vom nachlässigen, vom schludrigen, vom schlampigen Stil 207
6. Abschnitt: Der sichtbare und der unsichtbare Stil 215
7. Abschnitt: Das Beiwort 231

VIERTES BUCH
Die Fremdwörterei 1 251
1. Abschnitt: Die deutsche Barbarensprache 253
2. Abschnitt: Zur Geschichte der Fremdwörter 267
3. Abschnitt: Die Fremdwörterseuche 285
4. Abschnitt: Der fremdwörtelnde Dünkel 299
5. Abschnitt: Der fremdwörtelnde Schwindel 311
6. Abschnitt: Fremdwörter und Verständlichkeit 327
7. Abschnitt: Milieu und Nuance 337
8. Abschnitt: Die Pücklerei 355

FÜNFTES BUCH
Die Fremdwörterei 2 373
1. Abschnitt: Die unwissenschaftliche Wissenschaft 375
2. Abschnitt: Kunstprosa und Fremdwörter 389
3. Abschnitt: Die Verdeutschung der Fremdwörter 407
4. Abschnitt: Sprachmenger und Puristen 439
5. Abschnitt: Unsre klassischen Puristen 457
6. Abschnitt: Fremdwörter und Deutsches Volkstum 469
7. Abschnitt: Die Zukunft der Fremdwörterei 479

BAND 2

SECHSTES BUCH
Der Satz 491
1. Abschnitt: Satz und Persönlichkeit   493
2. Abschnitt: Die harmonische Periode und der schöne Satz   507
3. Abschnitt: Länge und Kürze des Satzes   519
4. Abschnitt: Der Schritt des Satzes   529
5. Abschnitt: Haupt- und Nebensätze –
   Neben- und Untergeordnet   537
6. Abschnitt: Der Schachtelsatz   553
7. Abschnitt: Wortstellung   571
8. Abschnitt: Zeichensetzung   587

SIEBENTES BUCH
Der Aufbau 599
1. Abschnitt: Ordnung und Unordnung   601
2. Abschnitt: Anfang, Übergang, Schluß   613
3. Abschnitt: Belebung   631
4. Abschnitt: Kurz und bündig   649
5. Abschnitt: Wortmacherei   657

ACHTES BUCH
Der Ton 669
1. Abschnitt: Stilgemäß und stillos   671
2. Abschnitt: Schlichtheit   687
3. Abschnitt: Übertreibung   699
4. Abschnitt: Humor, Witz, Ironie   707
5. Abschnitt: Geistreichtum und Geistreichtun   721
6. Abschnitt: Geborgter Geist: Zitat, Manier, Phrase   729

NEUNTES BUCH
Die Schönheit 745
1. Abschnitt: Schmuck 747
2. Abschnitt: Bild 757
3. Abschnitt: Wohllaut 779
4. Abschnitt: Klarheit und Verständlichkeit 795
5. Abschnitt: Hilfsmittel zum guten Stil 813

ZEHNTES BUCH
Die Stilgattungen 827
1. Abschnitt: Belehrungsstil 829
2. Abschnitt: Zeitungsstil 845
3. Abschnitt: Kunstschreiberstil 857
4. Abschnitt: Kanzleistil 871
5. Abschnitt: Rednerstil 883
6. Abschnitt: Briefstil 893
7. Abschnitt: Deutsche Prosameister 905

Blattweiser 921

SECHSTES BUCH

Der Satz

- 1. Abschnitt
  Satz und Persönlichkeit 493
- 2. Abschnitt
  Die harmonische Periode und der schöne Satz 507
- 3. Abschnitt
  Länge und Kürze des Satzes 519
- 4. Abschnitt
  Der Schritt des Satzes 529
- 5. Abschnitt
  Haupt- und Nebensätze – Neben- und Untergeordnet 537
- 6. Abschnitt
  Der Schachtelsatz 553
- 7. Abschnitt
  Wortstellung 571
- 8. Abschnitt
  Zeichensetzung 587

Der leitende Grundsatz der Stilistik sollte sein, daß der Mensch nur einen Gedanken zur Zeit deutlich denken kann.
SCHOPENHAUER

ERSTER ABSCHNITT
Satz und Persönlichkeit

Papierstil und Redestil

Sage mir nur niemand hie von Geduld und Ehre. Vermaledeiet sei Geduld, die hier schweigt! Vermaledeiet sei die Ehre, die da weicht und solchen mörderischen Larven Raum läßt über die armen Seelen!

LUTHER IN DER SCHRIFT ›WIDER DEN FALSCHGENANNTEN GEISTLICHEN STAND DES PAPSTES UND DER BISCHÖFE‹

Wenn Gott in seiner Rechten alle Wahrheit, und in seiner Linken den einzigen, immer regen Trieb nach Wahrheit, obschon mit dem Zusatze, sich immer und ewig zu irren, verschlossen hielte, und spräche zu mir: Wähle! – ich fiele ihm mit Demut in seine Linke und sagte: Vater, gib! Die reine Wahrheit ist ja doch nur für dich allein!

LESSING

Man glaubt vor den aufgeschlagenen, ungeheuern Büchern des Schicksals zu stehen, in denen der Sturmwind des bewegtesten Lebens saust und sie mit Gewalt hin und wieder blättert.

GOETHE

Groß und beruhigend ist der Gedanke, daß gegen die trotzigen Anmaßungen der Fürstengewalt endlich noch eine Hilfe vorhanden ist, daß ihre berechnetsten Pläne an der menschlichen Freiheit zu Schanden werden, daß ein herzhafter Widerstand auch den gestreckten Arm eines Despoten beugen, heldenmütige Beharrung seine schrecklichen Hilfsquellen endlich erschöpfen kann. (Schiller)

Diese Sätze von Luther, Lessing, Goethe, Schiller lese man sich selbst laut vor, im gewöhnlichen Sprechton, und lege sich Rechenschaft ab von den sehr verschiedenen Eindrücken, die sie hinterlassen. Daß sie verschieden sind, wird jeder Leser im innern Ohr empfinden; aber wie verschieden? Es sind vier verschiedene Stile, wird die Antwort lauten, und sie ist nicht falsch; sie ist nur unvollständig und trifft nicht den Mittelpunkt. Vier verschiedene Menschen sind es, die aus jenen Sätzen zu uns gesprochen haben. Selbst wer nichts von Art und Leben Luthers, Lessings, Goethes, Schillers wüßte, ein ungebildeter unverbildeter Deutscher Leser, würde bestimmt fühlen: hier habe ich grundverschiedene Menschenwesen gehört, mag er auch zu ungeübt sein, die Unterschiede in wohlgesetzte Worte zu fassen. Luthers Feuerseele mit ihrem Feueratem wird er lodern fühlen aus dem Satzgefüge wie aus den Worten. Aus den kurzen Gliedern der Haupt- und Nebensätze; aus dem jambischen, anapästischen Aufbäumen des Satzschrittes, der im letzten Viertel übergeht in die Hammerschläge der Daktylen und Trochäen; aus dem wuchtigen Wiederholen von ›Geduld‹ und ›vermaledeiet‹ kann er den zornvollen Kettensprenger der Gewissensfreiheit heraushören.

Und ein stilfremder Leser müßte sein, wer nicht aus Lessings gegensätzlichem Spruche von Gottes Rechter und Linker, vom Wählen zwischen den zwei äußersten Polen: der reinen Wahrheit und dem ewigen Irrtum, dem göttlichen Besitz aller Wahrheit und dem bloßen Triebe nach ihr – wer daraus nicht den Meister erkennte, der, ohne sich dabei zu nennen, von seinem Stil gesagt hat: ›Jede scharfsinnige Untersuchung läßt sich in eine Antithese kleiden.‹ Die Antithese, der Gegensatz, liegt nicht bloß in den gegensätzlichen Ausdrücken; sie atmet vernehmbar schon aus dem gegensätzlichen Bau.

Leidenschaft im Zügel der Maße spricht aus dem einen berühmten Satze Goethes über ›Hamlet‹: Grundtakt trochäisch, doch eingeleitet und immer wieder unterbrochen durch jambische und anapästische Takte; Hauptsatz und Nebensatz fast gleichwertig, der Nebensatz mehr neben- als untergeordnet. Wir werden dieser durchgehenden Neigung Goethes zum Verstärken der Nebensätze, besonders der bezüglichen, noch begegnen.

> Wie einen Purpurmantel prächtig
> Wirft er die Sprache um sich her,
> Bei jedem Schritte rauscht sie mächtig
> Von Wohllaut und von Fülle schwer –

so heißt es von Schillers Sprache in einem schönen Gedichte Dahns. Mit ernstem Feierklange tönt der tröstliche Hauptsatz vorauf, gefolgt von den hoch und höher aufschwellenden Wogen der Nebensätze, die doch den Inhalt des Hauptsatzes bilden. Welch ein Pulsschlag, welch eine brausende Orgelsprache; doch steht nichts um des bloßen Wohllauts willen da, alles dient nur dem großen Menschheitsgedanken. In wenigen Zeilen durchschreitet der Satz mit seinen vier Stufenschritten: die allgemeine Verheißung einer Hilfe, das Vernichten der Plane, das Beugen des tatbereiten Arms, das Erschöpfen des Feindes.

○ ○ ○

Der Stil ist der Mensch, aber **der Satz ist der Stil**, darum schon der Satz der Mensch. Es wäre vielleicht möglich, dies schon mit der heutigen Wissenschaft vom Gehirnleben allgemein zu beweisen; da mir und den meisten Lesern diese Wissenschaft nicht zu eigen, so muß ich das beste Ersatzmittel des Lehrbeweises, das Beispiel, benutzen.

Der größte unter den großen athenischen Rednern, Demosthenes, beginnt seine Rede ›Um den Kranz‹ mit dem Anrufen der Gottheiten: *Zuallererst, Ihr Männer Athens, anflehe ich die Gottheiten alle, die Götter und die Göttinnen!* Seht ihr den Mann? Sein zum Äthersitze der Olympier emporgewandtes Antlitz? Hört ihr den feierlich abgemessenen Gebetstakt, das An- und Abschwellen des Atems, gar wohl vergleichbar gewissen Goethischen Psalmen in freien Maßen, etwa diesem: *Wenn der uralte, heilige Vater Mit gelassener Hand Aus rollenden Wolken Segnende Blitze über die*

Erde sät. Selbst ein des Deutschen nichtkundiger Hörer würde den Herzschlag dieser Goethischen Sätze nachfühlen, wie ein des Griechischen Unkundiger den des griechischen Satzes von Demosthenes.

Perikles in des Thukydides Geschichte des peloponnesischen Krieges schließt seine Grabrede auf die fürs Vaterland gestorbenen Athener:

> So habe denn auch ich, dem Gesetze gehorchend, was ich zu sagen wußte, in der Rede vorgebracht; durch die Tat sind die Begrabenen schon geehrt. Ihre Kinder aber wird die Stadt von jetzt an bis zur Mannesreise auf öffentliche Kosten erziehen, und damit setzt sie diesen Toten wie den Überlebenden einen nützlichen Siegerkranz als Kampfpreis aus. Denn die Bürgerschaft wird die tapfersten Männer zählen, in welcher die Tapferkeit der höchste Preis erwartet. Nun aber weihe jeder den Seinigen die Totenklagen, und dann gehet nach Hause!

Der größte Römer beginnt die Geschichte des schwersten seiner siegreichen Kriege, Cäsar die des *Bellum Gallicum*, mit dem strengsachlichen knappen Satz:

> *Gallia est omnis divisa in partes tres, quarum unam incolunt Belgae, aliam Aquitani, tertiam qui ipsorum lingua Celtae, nostra Galli appellantur* (Gesamtgallien zerfällt in drei Teile, deren einen die Belgier, den ändern die Aquitanier, den dritten die bewohnen, die in ihrer Sprache Kelten, in unsrer Gallier heißen).

○ ○ ○

Clausewitz, der Verfasser des Buches vom Kriege, woraus Moltke Anregung und Lehre geschöpft hat, erklärt das Wesen des kriegerischen Geistes:

> Ein Heer, welches in dem zerstörendsten Feuer seine gewohnten Ordnungen behält, welches niemals von einer eingebildeten Furcht geschreckt wird und der gegründeten den Raum Fuß für Fuß streitig macht, stolz im Gefühl seiner Siege, auch mitten im Verderben der Niederlage die Kraft zum Gehorsam nicht verliert, nicht die Achtung und das Zutrauen zu seinen Führern, dessen körperliche Kräfte in der Übung von Entbehrung und Anstrengung gestärkt sind, wie die Muskeln eines Athleten, welches diese Anstrengungen ansieht als ein

Mittel zum Siege, nicht als einen Fluch, der auf seinen Fahnen ruht, und welches an alle diese Pflichten und Tugenden durch den kurzen Katechismus einer einzigen Vorstellung erinnert wird, nämlich der Ehre seiner Waffen, – solches Heer ist vom kriegerischen Geiste durchdrungen.

Der erste Schlachtendenker und -Lenker der zweiten Hälfte des 19. Jahrhunderts, Moltke, schreibt als ersten Satz in der Geschichte seines größten Krieges: *Es sind vergangene Zeiten, als für dynastische Zwecke kleine Heere von Berufssoldaten ins Feld zogen, um eine Stadt, einen Landstrich zu erobern, dann in die Winterquartiere rückten oder Frieden schlossen.*

So schreiten die Feldherren dahin mit den gemessenen eisernen Tritten der Wirklichkeit, nicht rechts noch links abschweifend, ihre Großtaten hinter sich, gleichgültig gegen den Flitterschmuck der ›schönen Periode‹, unbekümmert um das ›harmonische‹ Aufsteigen und Sinken des Satzes, denn ihr Satzbau ruht einfach und sicher gefügt auf den Grundfesten eines Heldengeistes.

Tacitus holt aus zum vernichtenden Streich gegen die knechtische Streberei unter Tiberius: *At Romae ruere in servitium consules, patres, eques. Quanto quis illustrior, tanto magis falsi ac festinantes, vultuque compoposito lacrimas gaudium, questus adulationes miscebant* [Aber in Rom stürzten sich Konsuln, Senatoren, Ritter in die Sklaverei. Je berühmter einer war, desto falscher und beflissener, und mit aufgesetzter Miene mischten sie Tränen mit Freude, Klagen mit Schmeicheleien. (Tac ann 1,7,1)*]. Äußerste Verdichtung des Ausdrucks, gesteigert durch das Fehlen des Geschlechtswortes im Lateinischen, Weglassen von Bindewörtern.

○ ○ ○

Ich sollte und wollte nur Beispiele aus der Kunstprosa bieten; indessen, wie schon einmal bemerkt, die Grundgesetze des Stiles sind die gleichen für die gebundene wie die nichtgebundene Rede, und da in dieser Reihe der größte Italiener nicht fehlen darf, so sei aus der Erzählung der Francesca von Rimini der letzte Dreivers hergesetzt (1, 5, 136):

> *La bocca mi baciò tutto tremante:*
> *Galeotto fu il libro e chi lo scrisse:*
> *Quel giorno più non vi leggemmo avante.*

Sie sind die Grundform des Dantischen Satzes: Quader an Quader gefügt, ohne Mörtel von Bindewörtern, die vielen Hauptsätze alles andre überragend und zusammenhaltend. Denn hinter diesem Dichter, der die Hölle der Verbannung, das Fegefeuer des Heimwehs, das Paradies einer hohen Jugendliebe durchschritten hatte, lag in wesenlosem Scheine das Gemeine, das Nebensächliche und Nebensätzliche.

Molière in seinem zweiten ›Placet‹ an Ludwig 14. über die verbotene Aufführung des ›Tartüffe‹: *J'attends, avec respect, l'arrêt que Votre Majesté daignera prononcer sur cette matière; mais il est très assuré, Sire, qu'il ne faut plus que je songe à faire des comédies, si les tartuffes ont l'avantage.* Dies ist nicht der Dichter lustiger Komödien; vielmehr einer der männlichsten Prosaschreiber Frankreichs, der uns ein Büchlein über das Lustspiel hätte hinterlassen sollen, oder eins über das bürgerliche Trauerspiel, das es nach den strengen Gesetzen der Akademie nicht geben durfte und an das doch Molière im Tartüffe und im ›Menschenfeind‹ so hart gestreift hat. Scharfer Gegensatz bei aller Untertänigkeit; der zweite, wichtige Satz doppelt so lang wie der erste, der nur eine gebotene Phrase ist; das Ganze durchzittert von innerer Empörung, denn für Molière steht diesmal die große Kunst, nicht mehr die kleine des Pourceaugnac und des Arztes wider Willen auf dem Spiel. Auf die gemessenen, doch innerlich bewegten Jamben des Vordersatzes folgen die stürmischen, sich überstürzenden anapästischen und päonischen Maße des Nachsatzes, der in den zwei aufschnellenden Zorntakten *si les Tartuffes ... ont l'avantage* ($\smile\smile\smile\stackrel{\prime}{-}\smile\smile\smile\stackrel{\prime}{-}$) gipfelt.

○ ○ ○

Großmeister des unmöglichsten aller Stile, aufrichtiger Anbeter Goethes, dreifach überschnörkelnder Nachahmer dessen, was du für seinen abgeklärten, harmonischen, klassischen Stil hieltest,

Satz und Menschenwesen

ganz Geheimer Hofrat Schöll, sei du zu uns heraufbeschworen und spende uns einen deiner schönsten Sätze, um welche du dich ein schreibendes Leben lang, bewundert viel und viel gescholten, bemüht hast. Ach, in welchen Winkeln der Büchereien verstauben jetzt die Früchte der unsäglichen Mühe, womit du jedem deutlichen Hauptwort ausgewichen bist wie dem Aussatz, jedes Beiwort aus der Helle in die Trübe getaucht, in jeden Hauptsatz einen Nebensatz, in jeden Nebensatz noch einen Nebennebensatz geschachtelt hast, in dem stolzen Bewußtsein, daß von den Mitlebenden keiner, ja keiner von den Vorderen es dir in der Kunst der ›harmonischen Periode‹ zuvorgetan:

> Wie denn in Lotharios beschränkungsfroher Rückkehr auf den Heimatgrund und in seiner Wirtschaftlichkeit, die gegen Privilegien und Lebenshokuspokus auf Befreiung der Mitarbeiter wirkt, sich dasjenige als reine Dichteranschauung natürlich begründet, was dem Staatsökonomen Goethe durchzuführen versagt war, so erscheint die geistige Einheit und der Kunstausbau fürstlichen Bildens und Vergnügens, deren Verzicht er nach Italien hinübernahm, im Schlosse des Oheims und seinen Sammlungen, in seiner Verbindungs- und Vergnügungsweisheit, in dieser Planmäßigkeit und diesem großsinnigen Totalwillen, womit er die tiefste Bildung und ausgeführte Kunst dem alltäglichen Dasein und der ewigen Natur zum vollkommenen Leben vereinigt ().

Erschreckt fährt der Leser zusammen: so erwacht der Müller aus dem Schlaf, wenn die Mühle plötzlich stillsteht, sieht nach, warum sie steht, setzt sie wieder in Gang und schläft weiter. Setze die Satzmühle Schölls wieder in Gang, o Leser, wenn du dich vor einer schlaflosen Nacht fürchtest, und denke, dieweilen sie weiter klappert, darüber nach: Warum hat sie aufgehört, warum geht solch ein Satz überhaupt zu Ende? Er war ja so schön im Gange, warum klapperte er nicht eine Seite, drei Seiten, warum nicht endlos weiter? Ach, daß uns niemals das Vollkommene wird! Der Gipfel der Stilharmonie, der unendliche Satz, war selbst für Schöll unerreichbar.

○ ○ ○

> Allenstein, das Olsztyn der masurischen Polen, liegt an einem Nebenflusse des Pregel, der Alle, wo Marschall Soult 1807, vier Tage vor der Schlacht bei Eylau, den russisch-preußischen Nachtrab schlug.

Ich schwör's bei meiner Ehre: um das Beispiel eines Hardenschen Satzes zu geben, griff ich nach der neusten Nummer seiner ›Zukunft‹, schlug die erste Seite auf, schrieb den ersten Satz ab, und siehe da: dieser eine Satz ist der Stil, wie der Stil der Mensch, Buffons *l'homme même*. Der Aufsatz behandelt eine Gerichtsverhandlung in Allenstein wegen Mitschuld an einem Morde. Allenstein ist nicht etwa ein berüchtigtes Mordnest, wo jahraus jahrein Menschen umgebracht werden, sondern seit vielen Jahren ist dort zum erstenmal gemordet worden. Allensteins erdkundliche Lage, nun gar seine Beziehung zum Marschall Soult, haben ungefähr ebensoviel mit jenem Morde zu tun, wie die Lage Pekings und die dortigen Heldentaten des Marschalls Palikao. Der Schreiber, vor Zeiten einer unsrer von den Dummköpfen meistbewunderten Prosaschnörkler, beginnt seinen Satz: ›Allenstein‹; doch hier stockt er schon, wer hilft ihm weiter fort? Er hat die Wahl zwischen Büchmann und dem Konversationslexikon, wählt aber als erfahrener Benutzer das letzte, und siehe da: er findet alles, was zu einem Hardenschen Satze vonnöten: Olsztyn, den Pregel und die Alle, den Marschall Soult, das Gefecht bei Allenstein, die Schlacht bei Eylau, die vier Tage drauf.

Außer der Reihe noch ein letztes Beispiel, das seltsamste, das überzeugendste von allen:

> Aber wer wird das beschreiben wollen, wo jetzt Rauch und Dampf von Lowositz ausging, wo es krachte und donnerte, als ob Himmel und Erde hätten zergehen wollen; wo das unaufhörliche Rumpeln vieler hundert Trommeln, das herzzerschneidende und herzerhebende Ertönen aller Art Feldmusik, das Rufen so vieler Kommandeurs und das Brüllen ihrer Adjutanten, das Zeter- und Mordiogeheul so vieler tausend elender, zerquetschter, halbtoter Opfer dieses Tages, alle Sinnen betäubte!

Wer hat diesen ›Armen Mann im Tockenburg‹, Ulrich Bräker, den Appenzeller Ziegenhirten, nachmals bettelarmen Weber ohne die geringste höhere Bildung, ihn, der niemals einen Schulaufsatz geschrieben, wer hat ihn diesen klassischen Satzbau gelehrt? Von irgendwem, irgendwo, irgendwie muß er doch ihn zusamt seinem untadeligen, nein seinem in allerweltfremder Schlichtheit klassischen Stil erlernt haben. Denn erlernbar, nicht wahr? ist doch der Stil. In den letzten hundert Jahren sind mindestens tausend Stillehren erschienen; in jeder wird der vollkommen harmonische, der logische, besonders aber der schöne Satz gelehrt: wie viele gute Satzbauer, wie viele Meister des Stiles überhaupt müßten wir also haben! Jener Ulrich Bräker hat nicht einmal gewußt, was für ein Ding eine ›Stilistik‹ sein mag, und hat doch ein ganzes Buch geschrieben mit kaum einem Satz, den man fehlerhaft oder gar schlecht gebaut nennen kann.

Der schöne Satz ist unlehrbar und unlernbar; wer ihn sucht, nähert sich unfehlbar dem Stile Schölls, wenn auch nur wenige ihn erreichen. Der Satz ist ein ebenso eigenmenschliches Gut wie der Stil, wie das Seelengepräge, wie – die Nase. Vielleicht hätte Lessing zu einem feineren Gegner als Goeze nicht derbhin von Stil und Nase gesprochen, sondern etwa gesagt: ›Jeder Mensch hat seinen eignen Stil, so wie seinen eignen Schritt und Tritt‹; denn Stil ist Bewegung, ist geistiger Puls, Gedankenwellenspiel, also bei jedem Menschen urverschieden. Wer sich vermißt, einen Schreiber den schönen, den harmonischen Satz zu lehren, der sollte es nur in Fremdwörtern tun; denn da er etwas Unlehrbares lehren will, so muß er diese Unmöglichkeit hinter Wortdunkel verstecken. Z.B. folgendes ist nach einer berühmten Stillehre ›als die rhythmisch schönste Form‹ anzusehen:

> Wenn mit dem Subjekte des einfachen Satzes ein Attribut, und mit dem Prädikat ein Objekt verbunden wird, so stellt sich in dem ganzen Satze noch dasselbe aufsteigende Tonverhältnis bei gleichem Umfange seiner Glieder dar, und dasselbe Verhältnis wiederholt sich zugleich in dem Ausdrucke des Subjekts und in dem Ausdrucke des Prädikats ... Weniger schön ist das Tonverhältnis, wenn mit dem Subjekte eine größere Anzahl von Attributen und mit dem Prädikate eine größere Anzahl von Objekten verbunden ist, und es wird besonders leicht fehlerhaft, wenn die Attribute und die Objekte für sich zu Satzverhältnissen erweitert sind.

Der Mensch, der schreiben und lesen gelernt, der sich an Büchern höher hinaufgebildet, der in leidlich zusammenhängender Rede sprechen gelernt hat, der braucht keinen Lehrer des schönen Satzes, denn er selber besitzt wahrscheinlich einen Satzbau, der die erste Bedingung aller Schönheit erfüllt: natürlich, echt, selbsthaft (persönlich) zu sein. Nur darum, weil in unsrer Zeit jeder Schreibende mehr oder minder verbildet, seinem natürlichen Stil entfremdet ist, bedarf er der hilfreichen Zurechtweisung – nicht zu irgendeinem ›schönen‹ Satzbau, wohl gar zum Nachäffen eines der Meister in solcher Kunst; sondern zum Entdecken seines eignen Satzes und zu dessen Reinigung von all den Satzgebrechen, die durch Nachlässigkeit, Unnatur und Verbildung jeglicher Art entstanden sind.

Der gefährlichste Feind des Eigensatzes ist der Zeitungssatz. Keiner kann sich ihm ganz entziehen, denn jeder liest Zeitungen, viele lesen nur Zeitungen, und es gehört schon eine außergewöhnliche Widerstandskraft oder ein Eigenstil von unentwurzelbarer Festigkeit dazu, um nicht den Zeitungsstil und den Zeitungssatz zu schreiben. Alles, was in den nachfolgenden Abschnitten über den Satzbau gesagt wird, hat zur Voraussetzung, daß der Leser entschlossen ist, seinen eignen Satz, nicht den irgendeines Andern zu schreiben. Dieser Eigensatz eines leidlich gebildeten, noch nicht allzu sehr verbildeten Menschen hat jene eigne Schönheit, die allem Naturbürtigen innewohnt. Die wahre Satzlehre kann nur darin bestehen, Schönheitsfehler ablegen zu helfen.

○ ○ ○

Vischers zugespitztes Wort ›Eine Rede ist keine Schreibe‹ wurde schon erwähnt und gedeutet (S. 60). Gewiß, die Rede ist oder soll noch lebendiger sein als die lebendigste Schreibe. Und umgekehrt gibt es für die gute Schreibe keinen bessern Rat als den des möglichsten Annäherns an die gute Rede. Der geschriebene Satz ist nicht genau der geredete; wehe aber dem Schreiber, dessen Satzbau sich grundsätzlich oder überwiegend von dem des Redners, besser noch: des Sprechenden unterscheidet. Der Mensch denkt selten in gerundeten Sätzen, meist nur in unverbundenen Satzbrocken oder

Worten. Der sprechende Mensch begnügt sich im Alltag mit sehr einfachen Sätzen; erst auf den höchsten Bildungsstufen und bei ungewöhnlichen Gelegenheiten geht seine Rede zum künstlerischen Satzbau über. Niemals jedoch darf die Brücke zwischen Satzform der Alltagsrede und der Schrift so völlig abgebrochen werden, daß kein Steg von Ufer zu Ufer führt.

Viele Schreiber haben längst vergessen, daß auch der geschriebene Satz nicht zur Kunstbefriedigung des Schreibers bestimmt ist, sondern zu Lesern spricht. Spricht! – nicht bloß von den Augen aufgenommen wird. Noch das wissenschaftlichste Buch, etwa über Sternkunde oder höhere Mathematik, spricht zum Leser, oder sollte doch sprechen. Man schlage eine beliebige rein wissenschaftliche Schrift Goethes auf, sogleich wird man seine sprechende Stimme vernehmen, nicht bloß eine schreibende Feder sehen, und dieser Stilform entspricht sein Satz. Man lese sich z.B. diese Stelle aus Goethes ›Versuch einer allgemeinen Vergleichungslehre‹ (Zur Zoologie) laut vor:

> Wir treten also weder der Urkraft der Natur noch der Weisheit und Macht eines Schöpfers zu nahe, wenn wir annehmen, daß jene mittelbar zu Werke gehe, dieser mittelbar im Anfang der Dinge zu Werke gegangen sei. Ist es nicht dieser großen Kraft anständig, daß sie das Einfache einfach, das Zusammengesetzte zusammengesetzt hervorbringe? Treten wir ihrer Macht zu nahe, wenn wir behaupten: sie habe ohne Wasser keine Fische, ohne Luft keine Vögel, ohne Erde keine übrigen Tiere hervorbringen können, so wenig als sich die Geschöpfe ohne die Bedingungen dieser Elemente denken lassen?

Die Stelle wurde fast blindlings aufgeschlagen, nicht ausgesucht: sie ist ein getreues Abbild des Goethischen Satzes in der nichtdichterischen Darstellung. Jeder Gelehrte mit sichrer Herrschaft über Stoff und Sprache könnte zu einer Gesellschaft gebildeter Laien so sprechen; ein richtiger Professor (auf Deutsch: Bekenner!), nicht einer von den Papierablesern, ebenso zu aufhorchenden Schülern. Aus Eckermanns Niederschriften, die Goethe ja durchgesehen, lernen wir, daß der Meister über die schwierigsten wissenschaftlichen Fragen nicht viel anders gesprochen als geschrieben hat: mit den sehr einfachen, ganz durchsichtigen Sätzen der Menschenrede.

Doch selbst in Goethes Versen – wie einfach der Satzbau, wie überraschend ähnlich der Menschenrede. Man prüfe darauf z.B.: Über allen Gipfeln, – Wer nie sein Brot mit Tränen aß, – Der du von dem Himmel bist, – Was hör ich draußen vor dem Tor; aber eigentlich könnte ich fast jedes seiner unvergänglichen Gedichte nennen. Oder:

> Denn wir können die Kinder nach unserem Sinne nicht formen;
> So wie Gott sie uns gab, so muß man sie haben und lieben,
> Sie erziehen aufs beste und jeglichen lassen gewähren.
> Denn der eine hat die, die anderen andere Gaben;
> Jeder braucht sie, und jeder ist doch nur auf eigene Weise
> Gut und glücklich.

Von neun Sätzen nur ein Nebensatz, acht Hauptsätze: die Vorherrschaft der Hauptsätze ist das Merkmal der Menschenrede.

○ ○ ○

Ähnliches wie von Goethes Prosa gilt von Schillers, selbst von so streng wissenschaftlicher wie den Aufsätzen über naive und sentimentalische Dichtung, Anmut und Würde usw. Jeder Satz hat Sprecherform, wird von uns beim Lesen gehört, zeigt uns einen redenden Menschen. Und eben diesen redenden Menschen wollen wir hören und sehen, erst der ist alles Lesens höchster Reiz. Von Goethes wissenschaftlichen Arbeiten wissen wir ja, daß sie alle einmal wirklich von seinen Lippen erklungen sind: ans Ohr der Eckermann, Riemer, John, Schuchardt. Und lesen wir Lessings oder Schillers Prosa, so fühlen wir, daß die Schreiber sie leise oder halblaut gesprochen oder doch mit dem innern Ohr als Widerhall gesprochener, überaus kunstvoller Rede selbst gehört haben. Sogar Arndts Satz auf S. 509 ist schönste Redesprache; kein Mensch denkt bei dessen Lesen an Papier und Feder, jeder nur an einen beredten Sehermund.

Alles größte Prosawerk, und vieles dichterische dazu, ist in der Redesatzform geschrieben. Im Neuen Testament z.B. bilden die Nebensätze nur einen sehr geringen Bruchteil der Gesamtzahl der Satzglieder. Man prüfe hierauf jedes Prosawerk älterer Zeit, das einem besonders innig ans Herz gewachsen ist: je inniger, desto mehr Redeform der Sätze. Hingegen gibt es nicht ein einziges von den zehn oder zwölf ewigen Prosabüchern mit einem vorherrschenden Satzbau von der Art, die der Menschenrede unbekannt ist. Wer da schreibt, wie nie ein Mensch, wie der Schreiber selbst nie gesprochen hat, dessen ganzes Lebenswerk ist dem sichern Untergange geweiht.

Der gute französische Prosaschreiber bildet keinen Satz, der nicht in einer hochgebildeten Gesellschaft fast genau so gesprochen werden könnte. Keine Prosakunst berührt sich so nahe mit der Menschenrede wie die französische, und doch stimmen alle ihre Kenner im Lobe ihres Stiles und Satzbaues überein. Sollte uns dieses Beispiel nicht die Wahrheit dessen bestätigen, was Lessing vor 150 Jahren gelehrt hat:

> Kunst und Natur
> Sei eines nur;
> Wenn Kunst sich in Natur verwandelt,
> Dann hat Natur mit Kunst gehandelt.

Vom Satzbau des Briefes wird allgemein zugegeben, daß er sich möglichst dem der geredeten Sprache angleichen solle; denn der Verfasser schreibt ja nur darum, weil er zu dem Empfänger nicht sprechen kann. Worin besteht der grundsätzliche Unterschied zwischen Brief und Buch? Spricht nicht auch das Buch zunächst zu einem Leser? Das heißt das Buch, das überhaupt spricht.

ZWEITER ABSCHNITT

Die harmonische Periode und der schöne Satz

Man vermeide alle Weitschweifigkeit und alles Einflechten unbedeutender, der Mühe des Lesens nicht lohnender Anmerkungen. Man muß sparsam mit der Zeit, Anstrengung und Geduld des Lesers umgehen. – Die Wahrheit ist nackt am schönsten, und der Eindruck, den sie macht, um so tiefer, als ihr Ausdruck einfacher war; teils weil sie dann das ganze, durch keinen Nebengedanken zerstreute Gemüt des Hörers ungehindert einnimmt; teils weil er fühlt, daß er hier nicht durch rhythmische Künste bestochen oder getäuscht ist, sondern die ganze Wirkung von der Sache selbst ausgeht.

SCHOPENHAUER

Nach dieser Herzstärkung wird der Leser folgende Musterbilder der ›harmonischen Periode‹ zu würdigen wissen:

Er (Goethe) hatte sich schon frühreif und ehrgeizig wie er war in allen poetischen Gattungen versucht; er hatte schon den Gesichtskreis, den ihm die Reichsstadt eröffnete, nach allen Seiten erschöpft, einer Kaiserkrönung beigewohnt, mit vielerlei Menschen verkehrt, in soziale Schäden mehr, als ihm gut war, hineingeblickt, wiederholt geliebt und auch Liebeskummer erfahren (uff! – aber nein, wir müssen weiter), *als er, dem Wunsche des Vaters gemäß und eigne Neigung zur Philologie unterdrückend, im Alter von 16 Jahren die Universität Leipzig bezog* (genug! – nein, ›genug ist nicht genug‹), *angeblich um die Rechte zu studieren, in Wahrheit um in allen Wissenschaften zu naschen und schließlich* (Gott sei Dank! – aber ›schließlich‹ heißt nicht Schluß) *nur von einem Künstler, jenem Öser, der einst in Dresden auf Winckel-*

mann wirkte (auch das noch hier bei dem jungen Goethe!) *und jetzt in Leipzig lehrte* (vermutlich, da ja auch Goethe in Leipzig war), *eine wahrhaft tiefgehende Anregung zu empfangen.* (Scherer)

Es ist wirklich aus; aber Geduld, sogleich folgt ein fürchterlicher Satz von 20 breiten Druckzeilen, die uns von Goethes Jünglingskrankheit über seine frühe Anakreontik zur ›Laune des Verliebten‹ und ihrer kritischen Würdigung, zu den ›Mitschuldigen‹ und deren Vorbildern Gellert, Weiße, Lessing, zu Klopstocks und Wielands Einfluß auf Goethes poetische Sprache, wiederum sanft plätschernd zu Ösers Unterricht geleiten und allendlich münden in eine Betrachtung von Goethes lyrischer Selbstbekenntnisdichtung. Mehr ist wirklich von einem Satze nicht zu verlangen.

> Man weiß, wie die Stadt, welche, nachdem sie Hauptstadt des Königreiches Italien geworden, anfangs eine Reihe von Jahren still dalag, dann aber sich in modernen Bauten auszudehnen begann. (Herman Grimm)
>
> Inzwischen aber war der neue Zeitgeist, wie er sich jetzt schon ein wenig entschiedener in Regungen einer immerhin noch verschleierten Empfindsamkeit auszuprägen begann, tiefer in die horazischer und anakreontischer, die römischer und hellenischer Neigung vollen Dichterkreise eingedrungen. (Karl Lamprecht)
>
> Alle Bildung sollte später durch eine schon vorhandene fremde gegeben werden, und was aus eigener Kraft in die Höhe dringen mußte, das sollte ein in fremdem Klima gewachsenes Grün sich auf die Spitze setzen (!) und damit zusammenwachsen, um sogleich fertig zu sein. (Julian Schmidt)

Kennt der Leser dieses Gedichtchen von Mörike, geschrieben nach einer ähnlichen Qual? Es tut wohl, es zu lesen:

> Das süße Zeug ohne Saft und Kraft!
> Es hat mir all mein Gedärm erschlafft.
> Es roch, ich will des Henkers sein,
> Wie lauter welke Rosen und Kamilleblümelein.
> Mir ward ganz übel, mauserig dumm,
> Ich sah mich schnell nach was Tüchtigem um,
> Lief in den Garten hinterm Haus,
> Zog einen herzhaften Rettig aus,
> Fraß ihn auch auf bis auf den Schwanz,
> Da war ich wieder frisch und genesen ganz.

Auch Fritz Reuter hat die ›harmonische Periode‹ gekannt und nach Verdienst gewürdigt:

> Kägebein: ›Wichtige Geschäfte, viel wichtigere, haben mich auf Flügeln Zephirs gestern Morgen, als man mit purpurnem Gewand am östlich hohen Himmelsrand Auroren schon verbreitet fand, von Neu-Strelitz nach Brandenburg entführt.‹ – ›Ollen schönen Zephir hüt buten!‹ smet de Herr Konrekter dormang, äwer Kägebein let sick nich stüren.

Doch nun, nach diesen scherzenden Tröstern, ein sehr ernster, einer der schönsten Sätze in Deutscher Sprache, dieser von Ernst Moritz Arndt:

> Wo dir Gottes Sonne zuerst schien; wo dir die Sterne Gottes zuerst leuchteten; wo seine Blitze dir zuerst seine Allmacht offenbarten und seine Sturmwinde dir mit heiligen Schrecken durch die Seele brausten: Da ist deine Liebe, da ist dein Vaterland!

Der Großmeister, wenn nicht der Erfinder, der ›harmonischen Periode‹ ist **Cicero**; alle Deutsche Schreiber dieses Stiles haben ihn an Cicero in jungen Jahren erlernt und sich ihren Menschenstil fürs ganze Leben dadurch verdorbt. Sicherlich hat kein Römer, auch Cicero selbst nicht, je so gesprochen; Ciceros Briefe z. B. sind in einem ganz andern Stil, in dem des gebildeten redenden Menschen, geschrieben. Aber die Römer, wie zum größten Teil die Griechen, hatten sich zum Bücherschreiben einen hochgestilten Stil erfunden, der gar verschieden von der wirklich gesprochenen Menschensprache war und es sein sollte. Diesen Kunststil, dessen Grundeinheit, die ›harmonische Periode‹, haben die meisten klassisch gebildeten Deutschen Schriftsteller seit der Humanistenzeit nachgeschrieben. Die Großen haben sich von ihm befreit, die Andern sind in ihm stecken geblieben.

Die schöne, die harmonische, die akademische Periode entsteht auf folgende Art. Ein gelehrter Schreiber, der sich nicht die Mühe nimmt, seinen Gedanken schon im Gehirn aus allem nutzlosen Beiwerk herauszuschälen und ihn dann bis in die äußerste Klarheit zu treiben, vielmehr erst beim Schreiben denkt, der geht von dem Grundsatz aus: die lange Periode ist die schöne Periode, denn der Ungelehrte spricht und schreibt in kurzen Sätzen; ich aber, der Gelehrte, muß mich auch beim Schreiben von ihm unterscheiden. Da er den Inhalt seines Satzes nicht sorgsam vor dem Schreiben durchdacht und gesichtet hat, sondern erst vom Schreiben erwartet, was durchs Denken gewonnen sein sollte, so bleibt es nicht aus, daß ihm beim Schreiben allerhand Nebensächliches einfällt und sich in den Satz hineindrängt. Irgendwelchen Bezug auf den Satzinhalt wird es schon haben, also warum soll es nicht mit hinein? Auf dem geraden Wege geht das nicht, also wird gestopft: Abschweifungen und Schachtelungen in Nebensätzen, Nebennebensätzen, Klammern, zwischen Gedankenstrichen; oder versteckt in Beiwörtern, die einen ganzen selbständigen Gedanken vertreten müssen. Der Satz, vielmehr die Periode, schwillt immer breiter, dicker, bis zum Bersten – tut nichts, ›laß mich immer nur herein‹; denn die akademische Periode wird ja nur noch schöner, je länger sie wird, und das Füllsel und Stopfsel heißt dem akademischen Periodenbauer nicht Schwulst und Gedankenflucht, sondern Fülle, Rundung, ›Prägnanz, Cyklopenkraft‹ (so J. Minor begeistert über E. Schmidts Stil). In einer ›Anleitung zur weltüblichen Schreibart‹, nämlich der akademischen aus dem 18. Jahrhundert, wird gerühmt, daß es einem gelehrten Juristen gelungen sei, die Eheurkunde eines hohen Herrn, die elf gedruckte Oktavseiten umfaßte, in eine Periode zu bringen. Wie weit bleiben hinter solchem Kunstwerk selbst die längsten Erkenntnisse unsers Reichsgerichtes zurück!

○ ○ ○

Jede der tausend Deutschen ›Stilistiken‹ der letzten hundert Jahre hat sich abgemüht mit einer besonders feinen Erklärung des Wesens des Satzes. Der Leser weiß ohne Erklärung, was ein Satz ist, und ich erspare mir und ihm den nutzlosen Versuch einer neuen. Früher wurde heftig gestritten, was eine Periode sei, ob man z. B. einen einzigen Hauptsatz ›Es regnet‹, – ›Der Vater liebt den Sohn‹, oder gar: ›Hilfe!‹ eine Periode nennen dürfe. Da es uns nicht um die Periode, geschweige um ihre richtigste Erklärung zu tun ist, sondern um den Satz, – um die Sache, nicht um ihren Namen –, so wird es genügen, dem doch vielleicht wißbegierigen Leser die älteste aller Erklärungen, die von Aristoteles, mitzuteilen: ›Ich nenne einen Satz eine Wortfolge, die einen Anfang und ein Ende für sich hat **und eine leicht übersehbare Größe**‹ (in seiner Rednerkunst 3, 9). Eine bessere ist mir in der gesamten Stilwissenschaft nach Aristoteles nicht begegnet. Einen Anfang und ein Ende **für sich**: also nicht ein beliebiges Hineinstopfen und -pferchen von Dingen, die nichts mit dem Gedanken für sich zu tun haben, sondern nur mit den verwirrten Einfällen des Schreibers abseits des durch den Satz auszudrückenden einen Gedankens. – Eine leicht übersehbare Größe: also kein hochgetürmter, breitgestreckter Kunstbau, den man nicht mit einem Blick von den Grundmauern zum First, von der linken zur rechten Seite überschauen und in sich aufnehmen kann.

In des Aristoteles Worten von der leicht übersehbaren Größe des Satzes steckt der Leitgedanke dieses Buches: der von der höchsten Zweckmäßigkeit als dem Maßstabe des besten Stils. Zweck des Satzes ist das Übertragen eines Gedankens auf den Leser zur höchsten erreichbaren Wirkung. Der Verfertiger der schönen Periode weiß nichts von der Seele des Lesers, denn er ist ein Schreiber ohne Phantasie. Er denkt beim Schreiben überhaupt nicht an den Leser, an den der gute Schreiber immer, bewußt oder unbewußt, ohne Wirkungshascherei denkt. Er denkt nur an sich, und da er, zur Not, das von ihm Gedachte versteht oder doch zu verstehen glaubt, so ist für ihn der Zweck des Schreibens erfüllt. Er weiß nicht oder bedenkt nicht, daß selbst der gebildetste und geübteste Leser, dessen Hirntätigkeit ja im Fortschreiten des Satzes durch jedes neue Wort neu beschäftigt wird, sich nicht beim 50sten Wort des ersten, nicht beim 75sten des 50sten, nicht beim 100sten der 75 vorangegangenen Wörter erinnern kann.

Der schöne Periodenbau der geschilderten Art ist unter allen Umständen eine Anmaßung des Schreibers: er fordert vom Leser eine selbst dann ungerechtfertigte Anstrengung, wenn ihm der bedeutendste Inhalt geboten würde. Daß dies für keinen der Riesenperiodenbauer zutrifft, folgt aus dem Zustandekommen ihres Stiles: wer vor dem Schreiben so unklar gedacht hat, daß ihm erst im Schreiben die Einfälle kommen; wer durch das Hineinstopfen beweist, daß er Wichtiges nicht vom Unwichtigen zu scheiden weiß, der mag immerhin ein großer Gelehrter sein, ihm mangelt aber die Fähigkeit, dem Leser die Früchte seiner Gelehrsamkeit in genießlicher und behaltbarer Form darzubieten.

○ ○ ○

Um nichts mit allgemeinen Behauptungen zu beweisen, sei hier die ›harmonische Periode‹ Scherers (S. 507) auf Bau und Wert geprüft. Der Inhalt bietet einem Satzbauer nicht die geringste Schwierigkeit. Es handelt sich um die Darstellung eines klar gegliederten Jünglingslebens bis zum 18. Jahr, also um ein Nacheinander, das in einigen Sätzen nacheinander betrachtet zu werden verlangt. Statt dessen wird die ganze Entwicklung vom 14. zum 18. Jahr in einen einzigen Satz hineingepreßt. Erste dichterische Versuche, Kenntnis der Vaterstadt, Kaiserkrönung, Bekanntschaften, trübe Erfahrungen, Liebe und Liebeskummer ziehen in sieben an- und ineinandergeleimten Sätzchen an uns vorbei. Indessen auch dann noch kein Ruhepunkt, sondern plötzlich, mit ›als er‹, eine Schwenkung nach Leipzig, und das neue Satzgeleimsel aus sieben oder acht Bauklötzchen erzählt uns von falschen und wahren Absichten des Jünglings, geht dann, immer noch in demselben Satze, über auf einen uns bisher ganz unbekannten Künstler, von diesem auf einen berühmten Kunstschreiber in Dresden, von Dresden wieder zurück nach Leipzig, und endet – man weiß nicht, warum es überhaupt endet – bei unserm Jüngling. Dies ist kein stilkünstlerischer Satzbau, sondern eines jener Korallenpolypenriffe, mit denen Schopenhauer dergleichen Schreiberei vergleicht.

Scherers in einer Scheinform wild durcheinander gequirlte, dann lose aneinander geleimte, zusammengepreßte Gedankensplitter bringen den sogenannten glänzenden Periodenstil hervor. Wir begnügen uns mit dem guten Satzstil und untersuchen nun, o mit wieviel großem Vergnügen, an einem Beispiel aus Goethe das durchaus andersartige Wesen des schönen Satzes. Zu lernen ist ja aus beiden, von Scherer vielleicht noch mehr als von Goethe, denn die abschreckende Wirkung ist leichter zu erreichen als die anfeuernde. Im 7. Buch von ›Dichtung und Wahrheit‹ folgt auf den kurzen Satz: ›Der innere Gehalt des bearbeiteten Gegenstandes ist der Anfang und das Ende der Kunst‹ dieser mittellange:

> Man wird zwar nicht leugnen, daß das Genie, das ausgebildete Kunsttalent durch Behandlung aus allem etwas machen und den widerspenstigsten Stoff bezwingen könne: genau besehen, entsteht aber alsdann immer mehr ein Kunststück als ein Kunstwerk, welches auf einem würdigen Gegenstande ruhen soll, damit uns zuletzt die Behandlung durch Geschick, Mühe und Fleiß die Würde des Stoffes nur desto glücklicher und herrlicher entgegenbringe.

In einem Satze von nur fünf Zeilen spricht hier Goethe sein letztes Wort über eine Grundfrage aller Kunst: ob die Form den Gehalt ersetzen könne. Der Vordersatz bezeichnet in zwei Zeilen das Höchste, was der Künstler aus unwürdigem Stoffe schaffen kann. Ohne Mühe übersehbar, aufnehmbar; kein Wort zuviel. Was ließe sich nicht alles hinzufügen zu Genie, zu Kunsttalent, zu Behandlung, zu bezwingen? Doch Goethe läßt die paar schlichten Worte für sich sprechen, und sie sagen alles Wichtigste, was er darüber gedacht hat; nicht überhaupt alles, denn dazu würden Seiten nicht ausreichen. Jeder sich aufdrängende Nebengedanke wird vom Meister des Stils weise verschwiegen. Auf den Vordersatz folgt der entscheidende, darum längere, aber doch nur doppelt so lange Nachsatz. Wieder kein Wort zu viel, eher manches zu wenig, denn wir erführen gern noch genauer, was Goethe unter ›würdig‹ versteht; indessen würdig reicht für den hin, der Goethes Werke kennt, und mit solcher Kenntnis durfte schon der Verfasser von ›Dichtung und Wahrheit‹ rechnen.

Die wahre Schönheit des Satzes ruht auf den Grundsäulen der höchsten Zweckmäßigkeit im wirksamsten Ausdruck eines Gedankens mit den kleinsten Mitteln. Dieser Zweck wird völlig verfehlt, wenn der Satz durch übergroße Länge und Belastung mit allzu vielem Beiwerk überhaupt nicht in das Bewußtsein des Lesers aufgenommen werden kann. Kommt gar, wie das bei solchen Schreibern fast immer der Fall, Unklarheit des Ausdrucks hinzu, so entartet der Satz zu wüstem Geräusch und zieht schon am äußern Ohr unverstanden vorbei. Kaum läßt sich ärgerer Widersinn erdenken als das Verfertigen eines Satzes, von dem sich der Schreiber bei geringer Überlegung sagen muß: der Leser faßt ihn beim ersten Lesen nicht. Und welcher Schreiber hätte das Recht, ein zweites oder gar drittes Lesen zu verlangen?

Nicht die Länge oder Kürze an sich machen einen Satz schwer oder leicht verständlich. Ein sehr langer Satz, wohlgegliedert, in allen Einzelheiten durchsichtig, kann überblickbarer und verständlicher sein als ein kürzerer schlechtgegliederter dunkler Satz. Man vergleiche den langen Satz Arndts (S. 287) mit einem viel kürzeren Lamprechts! Oder diesen mittellangen Goethes (in den Anmerkungen zum Westöstlichen Divan):

> Wenn jemand Wort und Ausdruck als heilige Zeugnisse betrachtet und sie nicht etwa, wie Scheidemünze oder Papiergeld, nur zu schnellem, augenblicklichem Verkehre bringen, sondern im geistigen Handel und Wandel als wahres Äquivalent ausgetauscht wissen will, so kann man ihm nicht verübeln, daß er aufmerksam macht, wie herkömmliche Ausdrücke, woran niemand mehr Arges hat, doch einen schädlichen Einfluß verüben, Ansichten verdüstern, den Begriff entstellen und ganzen Fächern eine falsche Richtung geben –

mit diesem kurzen Satze Gutzkows: *Ich halte Sie für einen ganz Andern, platzte jetzt die Frau* (um Gottes willen! sie wird doch nicht?), *die in ihrem Eulennegligé zum Eulengeschlecht zu gehören schien, aber einen guten Infusionskaffee bereitet hatte, heraus.* Was Gutzkow uns da für einen Konfusionsstil bereitet, hat er nicht gefühlt. Erst das letzte Wort beruhigt uns darüber, daß die Frau vom Eulengeschlecht heil geblieben ist.

Oder man vergleiche mit Goethes Redesatz folgenden nicht langen, aber genügend schlechten Papiersatz Erich Schmidts:

> (Gustav Freytag) hatte, wie gemütlich ihm auch die ausgeprägte schlesische Mundart von den Lippen ging, mit seinen werten, von ihm selbst köstlich geschilderten Landsleuten die Neigung, uns ohne Säumen das Herz wortreich auszuschütten, nicht gemein.

Gleich zu Anfang hören wir, daß Freytag irgend etwas hatte, doch kein Wort über das, was er hatte. Der Schreiber mutet uns zu, dieses ›hatte‹ über 30 Wörter hinweg, durch fünf Satzglieder hindurch im Kopfe zu behalten und ängstlich auf das Stichwort zu warten, das dem ›hatte‹ erst einen Sinn gibt, denn zunächst hat es gar keinen. Ganz zuletzt aber erfahren wir, zu unsrer Überraschung, daß Freytag eben nichts hatte, daß er das Gegenteil von ›hatte‹ hatte: nicht gemein!

Der durch seine Zweckmäßigkeit schöne Satz mutet dem Leser keine Geduldsproben zu. Er versetzt ihn nicht durch unbehaltbare Satzglieder in Unsicherheit, führt ihn nicht durch einen eindruckslos verklingenden Auftakt in die Irre; zerreißt nicht das Zusammengehörige (›platzte heraus‹ bei Gutzkow, ›hatte nicht gemein‹ bei Schmidt) bis zum Zertrümmern der Verständnisbrücke; wirft dem Drange des Verstehens nicht immer neue Klötze in den Weg, wie beide großartige Periodenbaumeister, aber schlechte Satzzimmerer; wirft am Schlusse nicht geradezu drollig überraschend alles über den Haufen, was der Leser bis dahin vermutet hatte.

○ ○ ○

Leicht übersichtlich werden kann ein langer Satz nur, wie Aristoteles mit Recht verlangt, durch zweckmäßige Gliederung. Wie der Dichter durch den Versschnitt (›Zäsur‹) die Sinnes- und Atem- und Schrittpausen des Verses schafft, so muß der Prosaschreiber die Wellenberge und -täler seines Gedankens durch feinberechnete Satzeinschnitte kennzeichnen. Jedes Stück zwischen zwei Einschnitten, tiefen oder flachen, muß ›einen Anfang und ein Ende für sich‹, muß gleichfalls oder erst recht ›eine leicht übersehbare Größe‹ haben. Nicht darf der Satz wie die Meeresbrandung daherrollen, worin die zweite Welle die erste, die dritte die zweite übersprüht und alle im Zusammenprall zu Gischt verstäuben. Nur der verbildetgebildete Periodenschreiber läßt seine Gedanken übereinander und durcheinander purzeln; der Stilkünstler hält sich an die große Meisterin Natur, die keinen zweiten Schritt beginnt, bevor der erste getan.

Der Satz der Menschenrede

> Natur und Kunst, sie scheinen sich zu fliehen,
> Und haben sich, eh man es denkt, gefunden ...
> Es gilt wohl nur ein redliches Bemühen!
> Und wenn wir erst in abgemeßnen Stunden
> Mit Geist und Fleiß uns an die Kunst verbunden,
> Mag frei Natur im Herzen wieder glühen. (Goethe)

Man erforsche mit noch so heißem Bemühn die Geheimnisse der Stilkunst, alle Möglichkeiten künstlerischen Aufbaues der Sätze, – entfernt man sich dabei so weit von der Natur, daß man sie nimmer wiederfindet, so heißt die Frucht eben die gekünstelte Periode, nicht der schöne Satz.

Wir haben einen Künstler der Natur im Stil, wie es wenige gegeben, einen der Klassiker Deutscher Prosa, nach Deutscher Art noch lange nicht nach seinem Kunstwert geschätzt: Frau Rat Elisabeth Goethe, Wolfgangs Mutter. Seht euch einmal diese ›Periode‹ an:

> Ohne den felsenfesten Glauben an Gott – an den Gott, der die Haare zählet, dem kein Sperling fehlet – der nicht schläft, noch schlummert, der nicht verreist ist – der den Gedanken meines Herzens kennt, ehe er noch da ist – der mich hört, ohne daß ich nötig habe, mich mit Messern und Pfriemen blutig zu ritzen, der mit einem Wort die Liebe ist – ohne Glauben an den wäre so etwas unmöglich auszuhalten.

Nein, wir können uns noch nicht trennen von dieser herrlichen Prosakünstlerin, müssen noch den nächsten Satz abschreiben:

> Aber wir! die wir wissen, daß über den Gräbern Unsterblichkeit wohnet, und daß unser spannenlanges Leben auch gar bald am Ziel sein kann – uns ziemt, die Hand zu küssen, die uns schlägt, und zu sagen, zwar mit tausend Tränen: Der Herr hat's gegeben, der Herr hat's genommen, sein Name sei gelobet.

Im ersten Satz gibt es sieben eingeschachtelte Bezugsätze, davon einer mit noch einem Nebensatz, ein zweiter gar mit zwei Nebensätzen, – und doch, wie ist dieser kurze Satz in Licht getaucht! Durch die so natürliche Wiederholung ›ohne Glauben an den‹ wird der Zusammenhang nur noch fester gefügt, denn gerissen war er trotz den eingeschachtelten Sätzen nicht; der starke Vorderanker: ›Ohne den felsenfesten Glauben an Gott‹ hält fest, über alle Zwischensätze hinweg. Und welch ein Satzschritt; welch Auf- und Niederwellen des innigen, gläubigen Gefühles zu immer höherer Zuversicht; ein wie straffes Zusammenfassen der Zwischenglieder in ein letztes: ›der mit einem Wort die Liebe ist‹! Im zweiten, noch schöner gebauten Satze zuerst wieder der starke Auftakt: ›Aber wir, die wir wissen‹, der beim Wiedererklingen des ›uns‹ so leicht gewandelt wird, daß wir nichts von einem Satzbruche spüren, es sei denn zu noch feinerem Reiz. Dann der auch musikhaft fühlbare Aufschwung über die Gräber hinweg, hinauf zur Unsterblichkeit; der kurze, doch so vielsagende Bezugsatz ›die uns schlägt‹; die neue Einschachtelung, die nicht stört, uns nur stärker rührt: ›zwar mit tausend Tränen‹, – und zum Schluß der feierliche Abgesang des Satzes, der uns doch wieder zum Himmel emporschwingt. Schönere Prosasätze hat auch Wolfgang Goethe nicht geschaffen; sie nur da überboten, wo ihm die höchste Kunst ihre gewaltigen Hilfen lieh: in seinen unsterblichen Gedichten.

DRITTER ABSCHNITT
Länge und Kürze des Satzes

Laß den Anfang mit dem Ende
Sich in Eins zusammenziehn!
                          GOETHE

Die vollendete Kunstprosa kennt keinen Wertunterschied zwischen langen und kurzen Sätzen, wie die Dichtung keinen kennt. Des Mädchens ›Ewig‹ in Alexis und Dora oder des Thoas ›Lebt wohl!‹ wiegen nicht weniger schwer als Fausts:

> ... Laß diesen Blick,
>   Laß diesen Händedruck dir sagen,
>   Was unaussprechlich ist.
>   Sich hinzugeben ganz und eine Wonne
>   Zu fühlen, die ewig sein muß!

Und dennoch, wenn geraten werden soll, rede ich dem kürzeren Satze das Wort vor dem längern. Nur der sichre Stilmeister mag sich an Satzgebäude mit vielen Stockwerken wagen; ihm werden hier keine Lehren gegeben, keine Warnungen erteilt, denn er ist mein Lehrer, nicht ich der seine. Indessen da der Meister wenige, der Schüler viele sind, so sei hier mit äußerstem Nachdruck die Mahnung ausgesprochen: **Bauet kurze Sätze**! Keine im keuchenden Hundetrab wie weiland die des Verbrechenerzählers Temme; keine von der allerneusten Geckenart mit Punkten statt der Beistriche, Punkten zwischen Zeitwort und Satzziel, zwischen Hauptwort und Beiwort, Zeitwort und Umstandswort. Erzieht euch zur Kürze durch jedes Mittel, durch rastloses Klären des Gedankens von allem Firlefanz, der Schmuck heißt; durch Streichen und nochmals Streichen alles dessen, was nicht fördert; durch starkes Zeichensetzen: Punktstrich, Doppelpunkt, Punkt, aber natürlich nur da, wo eure Gedankenpausen diese Satzpausen fordern. Wer nun gar für den Druck schreibt, der sollte sich ein äußerstes Zeilenmaß setzen, das nur in den seltensten Ausnahmefällen überschritten werden darf; auch dann immer mit großer Vorsicht, strenger Nachprüfung und in Zweifelsfällen mit einem Zollstock zum Umrechnen der Handschrift in den Druck.

Außer der Fremdwörterei gibt es keine so gefährliche Deutsche Stilkrankheit wie den langen Satz, die kunstvolle, die schöne Periode. Nur Baumeister dürfen sie bauen; selten die Gehilfen, kaum die Gesellen, niemals die Lehrjungen. Keine Sprache eignet sich weniger für lange Sätze als die Deutsche mit ihrer nicht streng denkrichtigen Wortstellung; in keiner sind sie häufiger: ein sichrer Beweis, eine wie unbekannte Kunst die Deutsche Prosa ist. Jede Satzlehre für Schulen müßte beginnen und schließen mit dem Mahnwort: **Bauet keine langen Sätze!** Die Fremden sehen klarer als wir Deutsche; in einem der Gedichte des Schweden Tegnér über die Hauptsprachen heißt es von der Deutschen:

Rascher werde dein Gang, leg ab dein Phlegma, auf daß man
Den Beginn nicht vergißt, ehe man nahte dem Schluß.

Und der amerikanische Spaßvogel Mark Twain zimmerte, nur wenig übertreibend, Deutsche Sätze von fürchterlichen Maßen, um sein Urteil zu erhärten: ›*The awful German language!*‹

Es gibt Schreiber, die Sätze von drei, höchstens vier Druckzeilen lesbar bauen, darüber hinaus versagen. Pflicht jedes Schreibers ist es, sein eignes Satzbauvermögen unnachsichtig zu prüfen oder von strengen Freunden prüfen zu lassen, und dann die Grenzen innezuhalten, die ihm von der Natur für seinen Stil gezogen sind. Wie niemand seinen Schritt und Tritt dauernd verkürzen, noch weniger ihn verlängern kann, so nicht die Gangart seines Stiles, die Satzbau heißt. Gehäufte kurze, einfache, aber klare Sätze können unter Umständen kindlich und dürftig klingen, aber nie so lächerlich wirken wie schlechtgebaute, unverständliche, überladene Kunstperioden. Der wahrhaft schöne Satz ist zugleich ehrlich, denn er sagt nicht mehr, als der Schreiber in dem Augenblick gedacht hat. Die Kunstperiode lügt sehr oft; denn was ihr in den Augen der schlechten Schreiber den Schein der Kunst verleiht: der Beiwörterschmuck durch weithergeholte Andeutelei, das Einschachteln von nebensächlichem Wissen, das hier ausgekramt werden soll, ja schon der Riesenbau als solcher – all das will nur scheinen, ist aber wenig oder nichts. Wie ich dem Fremdwörtler nicht über den Weg traue, ihn strenger prüfe als den reinen Schreiber, so nicht dem Periodentürmer mit noch so berühmtem Namen.

Man entgegne mir nicht mit der so allgemein beliebten ›schönen Harmonie des Satzes‹! Es gibt, wie in aller Kunst, so in der Stilkunst nur *eine* schöne Harmonie: das Zusammenstimmen von Gehalt und Form; ja man kann noch weitergehend für unsern Fall sagen: das Zusammenstimmen des Schreibenden und des Geschriebenen. Der tiefe lange Atemzug des Gedankens fordert den tief und lang atmenden Satz, der flüchtige Einfall den flach- und kurzatmigen. Aber es kann auch je nach Art des Schreibers und Gehalt des Stoffes der wuchtige Gedanke im kürzesten Satze Raum finden. Der meisterliche Satzbauer Nietzsche warnt: ›Vorsicht vor der Periode! Zu ihr haben nur die Menschen ein Recht, die einen langen Atem auch im Sprechen haben. Bei den Meisten ist die Periode eine Affektation.‹ Tacitus schreibt in kurzen Hammer- und Meißelsätzen, als grabe er in Stein. Wieland tändelt einher mit gemütlich nach allen Seiten abschweifenden Schlenderschritten. Der Erzähler Goethe hält die behagliche Mitte und verstärkt nur an den Höhepunkten den Tritt durch Schrittkürzung. Sich aus tiefstem Weh zu den ewigen Gezelten aufschwingend, strömt Elisabeth Goethe in breit geschwungenen Sätzen ihr Herz dem frommen Freunde aus.

Nun das Gegenteil! Schöll will eine rein geschäftsmäßige Angabe machen: ›in Weimar‹; als Drechsler der schönen Harmonie künstelt er das zu einem Satzteil mit der Faltenschleppe aus: ›in seines Wohnens und Wirkens reeller Begrenzung‹ und wirkt nicht harmonisch, sondern lächerlich.

○ ○ ○

Willst du aber dem Schreiber wehren, wann ihn der Geist treibt, einen kühngeschwungenen, weitausladenden Satz zu bauen? Keinem will ich irgend etwas wehren, wenn der Stoff es fordert und – wenn der Schreiber es kann! Fühlt er sich Meister der innern Form, so steht er über jedem Verbot oder Rat, wählt mit Künstlerblick zwischen Lang, Mittel, Kurz, und keiner darf dran nörgeln. Ein Greuel aber vor Göttern und Menschen ist die Wut der schlechten und der mittelmäßigen Schreiber, durchaus mit langen Sätzen zu prunken, um durch Breite zu ersetzen, was an Tiefe mangelt. Und dann, muß man immer wieder an Goethes Wort erinnern: Es trägt Verstand und rechter Sinn Mit wenig Kunst sich selber vor –? Oder an sein andres: Getretner Quark Wird breit, nicht stark –?

Da war der berühmte Karl Hase, einer der gelehrtesten Kirchengeschichtschreiber Deutschlands, ehrwürdig durch Alter und vornehmen Sinn, aber zuweilen ein sehr schlechter Satzzimmerer. Er konnte keine langen Sätze bauen, wollte jedoch von diesem Baustil nicht ablassen. So kamen denn Bauwerke zustande von dieser Art:

> Hierdurch wird die Giltigkeit aller Sakramente in die geheime Willkür jedes Priesters gestellt, und es kann unter besonderen Umständen zur drohenden Ungewißheit oder zur verstörenden Gewißheit werden, daß selbst ein geweihter Priester nicht einmal getauft ist, und hiernach alle seine priesterliche Handlungen ungewiß seien, wie dies Gutzkow in seinem Roman, der, zwar unter dem Gesamtbilde römischer Magie, doch die verschiedenen Situationen und Persönlichkeiten, wie sie der moderne Katholizismus hervorbringt, nicht ohne Wahrheit dargestellt hat, an dem jungen Priester, seinem Ideale katholischen Priestertums, zur Anschauung bringt, der da Bischof wird und der Papst der Zukunft, während das Geheimnis drohend über ihm schwebt, daß ein übergetretener und Priester gewordener Rabbi, der nachher wieder in seinem Herzen zum Judentum zurückgefallen ist, mit ingrimmiger Ironie ihn getauft hat in der Absicht, ihn nicht zu taufen, kraft einer auf seinem Sterbebette hierüber ausgestellten Urkunde, – eine Situation, wie sie zwar nicht leicht in unsern Tagen denkbar, doch einst in Spanien mehrfach vorgekommen ist, als gelehrte Juden, die nur zwischen der Taufe und der hilflosen Vertreibung aus dem Vaterland zu wählen hatten, Bischöfe, ja Priester geworden sind und noch im Geheimnisse der Nacht die Synagoge besuchten. (Hases ›Handbuch der protestantischen Polemik‹, S. 362)

Der Satz mißt 1,66 Meter in kleiner Schrift, in großer volle 2 Meter.

Wem des Altsprachlers G. Hermann ›Opuscula‹ zugänglich sind, der genieße in Band 6 auf S. 214–215 den fürchterlichen Satz: *Aber gewissenlos ist es, wenn ein akademischer Leser* – folgen 156 Wörter – *vorangeht*. Der Humanismus als Erzieher!

Einer der fürchterlichsten Schreiber war der als Forscher der Völkerkunde bewundernswerte Bastian. Er konnte überhaupt nicht schreiben, weder kurze noch lange Sätze, aber die kurzen immerhin verständlich, wenngleich unschön. Natürlich bevorzugte er die langen, die längsten Sätze, weil er sich nach Deutscher Art vor nichts so sehr fürchtete wie vor dem Punktsetzen.

Ohne diesen allgemeinen Deutschen Aberglauben wären Sätze wie der folgende nicht zu erklären:

> Englische Ärzte haben das Recht [also sie haben es?] der Ausübung der ärztlichen Kunst in den Nassauischen Landen während der Badesaison auf Grund der in ihrem Vaterlande ihnen zustehenden Berechtigung und mit Rücksicht auf das ihren das Bad besuchenden Landsleuten beiwohnende größere Vertrauen zu der Persönlichkeit und Behandlungsart der durch Nationalität befreundeten Heilkünstler verlangt. (Augsburger Allgemeine Zeitung)

Schauderhafte Beispiele findet der Leser in dem inhaltlich nicht üblen Buche von Ernst Laas ›Der Deutsche Aufsatz‹, nämlich aus der Feder des Herrn Verfassers selber. Böse Ungetüme stehen in Hebbels Prosa: Sätze bis zu 25, 27 Druckzeilen, auf die sogleich zwei von 12 und 15 Zeilen folgen. Indessen für ihn mag die Entschuldigung gelten, daß ihm die Gedanken in solchem Gedränge zuflossen, daß sie schwer zwischen zwei Punkten zu beherbergen waren. Auch Heinrich von Kleist türmt in seiner Prosa, besonders im Kohlhaas, gern vielgeschossige Sätze aufeinander: der große Deutsche Dichter hat den lateinischen Satzbau nie vergessen können.

Die Warnungen vor der Riesenperiode sind alt; schon Bürger machte sich lustig über die ›majestätische Länge‹. Friedrich der Große, an den klaren, wahrhaft schönen französischen Satz gewöhnt, schalt in seiner Schrift über die Deutsche Literatur unsre überlangen Sätze (vgl. S. 553) und befahl mit feinem Blick für deren Wirkung, eine unbequeme Zuschrift der hannoverschen Regierung zu beantworten: ›in dem Wienerischen Reichsstil, eine Parenthese in die andre verwickelt und die Periode so lang, daß niemand verstehe, was wir sagen wollen‹. Grillparzer mahnte, ähnlich wie Tegnér: ›In der Prosa wird die Deutsche Sprache dahin (ihre Unbeholfenheit abzulegen) erst dann gelangen, wenn sie das Periodenmäßige aufgibt, das teils angeborne Gravität, teils Nachahmung des Lateinischen dem Deutschen aufgeredet haben.‹ ›Und die liebe Eitelkeit‹ hätte er hinzufügen dürfen.

Man kann allgemein sagen: bei unsern verständlichsten Schriftstellern steht sehr selten ein Satz von schwer übersehbarer Länge. Wie bezeichnend ist z.B. der Satzbau Eugen Dührings: da ihm seine früh erblindeten Augen nicht zur äußern Übersicht halfen, so bildete er mittellange Sätze, die sein inneres Auge überschauen konnte. Ein Quacksalbermittel gegen die Riesenperiode ist der falsche Punkt nach Hundetrabsätzchen; von Hermann Grimm – nicht erfunden, sondern einem andern nachgeahmt (vgl. S. 298).

○ ○ ○

Wenn es wahr ist, daß das Schreien bei Empfindung körperlichen Schmerzes, besonders nach der alten griechischen Denkungsart, gar wohl mit einer großen Seele bestehen kann: so kann der Ausdruck einer solchen Seele die Ursache nicht sein, warum demohngeachtet der Künstler in seinem Marmor dieses Schreien nicht nachahmen wollen; sondern es muß einen andern Grund haben, warum er hier von seinem Nebenbuhler, dem Dichter, abgehet, der dieses Geschrei mit bestem Vorsatze ausdrücket. (Lessings Laokoon)

Auf den straff gespannten Faden reiht Perle sich an Perle, die kleine, die mittlere, die große in anmutig wechselnder Folge nacheinander, und keine geht uns verloren, keine darf in der festen Perlenschnur fehlen. Wundervoll ist Lessing in den seltnen Fällen weit ausgreifenden Satzbaues. Man lese z.B. den längsten Satz in seinem berühmten 17. Literaturbrief, die mehr als zehn Druckzeilen im dritten Absatz, anfangend: ›Er verstand ein wenig Französisch‹: durch den scharf zerlegenden Punktstrich löst sich der Satz in leicht überblickbare Glieder auf. Ebenso steht es mit dem ziemlich langen Satz im Beginn des vierten Absatzes: ›Er hätte aus unsern alten dramatischen Stücken ...‹, wiederum durch Punktstrich gegliederte nebengeordnete Sätze.

In Schillers Prosa steht wohl auf jeder Seite einer seiner mächtig daherrauschenden Prachtsätze aus 3 oder 4 nebengeordneten, aber sich in Staffeln steigernden Vordersätzen und einem oder zwei auf den tiefen Einschnitt folgenden, wuchtig abschließenden Nachsätzen.

Was für ein Satzbauer E. M. Arndt gewesen, hat uns sein großartiger Satz auf S. 509 bekundet. Nach den mancherlei Beispielen unkünstlerischer Prosa, die hier notwendig waren, ist ein zweites Kunstwerk Arndts gewiß willkommen (im ›Geist der Zeit‹ über Napoleon):

> Die ernste Haltung, des Südens tief verstecktes Feuer, das strenge erbarmungslose Gemüt des korsischen Insulaners, mit Hinterlist gemischt, eiserner Sinn, der furchtbarer sein wird im Unglück als im Glück, innen tiefer Abgrund und Verschlossenheit, außen Bewegung und Blitzesschnelle; dazu das dunkle Verhängnis der eignen Brust, der große Aberglaube des großen Menschen an seine Parze und an sein Glück, den er so auffallend zeigt, – diese gewaltigen Kräfte, von einer wildbegeisterten Zeit begriffen und vom Glück emporgetragen, wie mußten sie siegen!

Der krönende Nachsatz erscheint für den hohen Bau der schildernden Vordersätze dem oberflächlichen Blicke vielleicht zu klein, reicht aber nicht nur hin, sondern wirkt gerade in seiner Kürze mit überraschender Gewalt.

Karl Hillebrand, einer unsrer besten Prosaschreiber, bildet in seinem Werke ›Frankreich und die Franzosen‹ (4. Aufl., S. 4) einen wunderschönen Satz von 20 Druckzeilen, davon 14 für nebengeordnete Vordersätze, alle noch mit kurzen Untersätzen, dann folgt nach einem scharf trennenden Schnitt ein markiger klarer Nachsatz von sechs Zeilen.

Die längsten Sätze sind so klar wie die mittelkurzen, wenn sich der Schreiber auf das Kunstgeheimnis des Einschnitts versteht, nichts über die Leistungsfähigkeit des Lesergedächtnisses hinaus schweben läßt, durch weise Zwischenabschlüsse Pausen zum Aufatmen und Neuansetzen des Verstandes bietet. Solch einer war Goethe:

Wenn sich in einem glücklichen friedlichen Zusammenleben Verwandte, Freunde, Hausgenossen mehr, als nötig und billig ist, von dem unterhalten, was geschieht oder geschehen soll; wenn sie sich einander ihre Vorsätze, Unternehmungen, Beschäftigungen wiederholt mitteilen und, ohne gerade wechselseitigen Rat anzunehmen, doch immer das ganze Leben gleichsam ratschlagend behandeln: so findet man dagegen in wichtigen Momenten, ebenda, wo es scheinen sollte, der Mensch bedürfe fremden Beistandes, fremder Bestätigung am allermeisten, daß sich die Einzelnen auf sich selber zurückziehen, jedes für sich zu handeln, jedes auf seine Weise zu wirken strebt, und, indem man sich einander die einzelnen Mittel verbirgt, nur erst der Ausgang, die Zwecke, das Erreichte wieder zum Gemeingut werden. (›Wahlverwandtschaften‹)

Solch einer war Bismarck, dessen längste Sätze in zwischenstaatlichen Schriftstücken auf Anhieb verständlich sind, und der noch in seinen ›Gedanken und Erinnerungen‹ mit 80 Jahren die gleiche Kunst geübt hat:

Ich war des Glaubens, daß der Krieg gegen Frankreich, den Moltke, wie er sagte, zuerst und schnell führen wollte, nicht so leicht sein, daß Frankreich zwar für die Offensive wenig Kräfte übrig haben, aber in der Defensive nach geschichtlicher Erfahrung im Lande selbst bald stark genug werden würde, um den Krieg in die Länge zu ziehen; so daß wir dann vielleicht unsere Defensive gegen Österreich an der Elbe nicht siegreich würden halten können, wenn wir einen Invasionskrieg in Frankreich, – mit Österreich und Süddeutschland feindlich im Rücken, – zu führen hätten.

Fragt der Leser mich nun, wie er es anzufangen habe, ebenso schöne Sätze zu bauen wie Lessing, Goethe, Schiller, Bismarck, so bekenne ich ihm meine Ohnmacht. Jeder Verfasser einer der tausend Stillehren des letzten Jahrhunderts kennt das Geheimnis, verfertigt die schönsten Regeln über Subjekt- und Objektsätze, über Attribute und Prädikate, über Logik und Harmonie, über Parataxe und Hypotaxe, macht aber für sich selbst von seinen unfehlbaren Regeln des künstlerischen Satzbaues bescheidenerweise so wenig Gebrauch wie die Erfinder der Geheimmittel von ihren unfehlbaren Erfindungen. Ich lehre die Leser nicht, Sätze wie die unsrer klassischen Prosakünstler zu bauen, denn die Kunst ein Klassiker zu werden ist unlehrbar. Lehrbar ist nur, und dahin ist all mein Streben in diesem Buche gerichtet, die angebildeten Laster des Satzes, wie des Stiles überhaupt, abzutun. Was darnach übrig bleibt, wird noch nicht der Satz unsrer großen Prosameister sein, wahrscheinlich aber ein Satz, mit dem man als ein ehrlicher, nicht lächerlich eitler, nicht unnatürlich schnörkelnder Schreiber vor seinen Mitmenschen bestehen kann.

○ ○ ○

Zieht man den großen Durchschnitt des Satzbaues unsrer Prosaklassiker, von Luther bis auf Moltke, so ergibt sich als goldene Regel das goldene Mittelmaß. Goethe nannte es mit einem selbsterfundenen Worte die Schrittmäßigkeit. Ebenso unerträglich wie der ewig wiederkehrende lange Satz, selbst der künstlerisch gebaute, wäre das immer gleichmäßige Aufunseinprasseln der Wurfgeschosse des äußerst verdichteten Satzgebildes. Der geschmackvolle Schreiber findet ohne Belehrung die richtige Mitte; dem Geschmacklosen frommt nicht Rat noch Beispiel, denn sein Ungeschmack fließt aus der unverschüttbaren Quelle eitler Verliebtheit in sich und all sein Tun. Die geringste Kunsterfahrung lehrt den Belehrbaren, daß nur der anmutige Wechsel dauernd ergötzt. Der schönste Satzbau ermüdet, er langweilt durch die immer gleiche Wiederholung seiner Form; selbst der schlechte wird erträglicher durch den Wechsel seiner Mängel. Schöll z. B., der keinen Satz wie ein Mensch aus dieser Welt, also ohne zierige Schnörkelei schreiben kann, baut doch Schnörkelsätze von ungleicher Länge und läßt uns dadurch zuweilen verschnaufen. Schlimmer schon ist Lamprecht, dessen verwässernde und zugleich fremdwörtelnde Wortmacherei-Sätze mich bei jedesmaligem Leseversuche seufzen machen:

> Und sie laufen! Naß und nässer
> Wird's im Saal und auf den Stufen,
> Welch entsetzliches Gewässer!
> Herr und Meister! hör' mich rufen!

Was schlimmer sei, die harmonische Riesenperiode oder der unharmonisch auf uns loskeuchende Zwergsatz, bleibe unentschieden. Kurze Sätze haben den Vorteil, aufmerksamer gelesen zu werden, wogegen die längeren im Leser das entschuldbare Gefühl erwecken: wo so viel steht, darf wohl einmal etwas überhüpft werden. Höchst widerwärtig aber ist die atemlose Kürze, die nicht der atemlosen Spannung des Gegenstandes entspringt, sondern einer Schrulle des Schreibers. Welchen Grund zur Aufregung hatte z.B. **Scherer** in seiner japsenden Schilderung Tristans: ›Er ist ein vollendeter Schachspieler, Jäger, Musiker, Dichter. Er hat die feinsten Manieren. Er ist mit einem Wort höfisch durch und durch. Er erhält von Marke den Ritterschlag. Er rächt seinen Vater an Morgan von Bretagne. Er besiegt den Morold von Irland‹, usw. Welchen Grund zu der Atemnot über die Minnesänger: ›Sie sind die Träger der poetischen Tradition. Sie pflegen das Kunstlied. Sie pflanzen die Technik des Minnesanges fort. Sie sind die fachmännischen Dichter.‹ Dies ist der Satzbau der Merkzettel, nicht die Kunstarbeit eines Schriftstellers. Keine Entschuldigung Scherers ist es, daß er die Hustenanfälle Herman Grimms nachgehustet hat. Grimm hat uns Deutschen jenen Häckselstil beschert, auf den er so stolz war, und den ihm heute so viele Stilgecken nachhacken: *Man wird sich seiner erinnern, als einer Gestalt, die emporragte. Die von der Höhe herabsah. Die über den Gipfeln wandelte.* Der Häcksel ist nicht kurz genug geschnitten: warum kein Punkt nach ›erinnern‹, keiner nach ›Gestalt‹? – Wie schon angedeutet, ist dieser Stil nicht einmal auf Grimms eignem Beet gewachsen. Er rührt von Emerson. Dem Amerikaner. Dem Bewunderer Goethes. Dem Meister. Des Denkens. In Sinnsprüchen. In tiefen. Gehaltvollen. – Grimm hatte Emersons Aufsätze gut übersetzt; mußte er künstelnd nachäffen, was bei Emerson Natur war, was aber schon Aristoteles als ›Mauseschwanzsätze‹ verwarf?

VIERTER ABSCHNITT
Der Schritt des Satzes

Sprich, wie geschieht's, daß rastlos erneut die Bildungen schwanken,
　Und die Ruhe besteht in der bewegten Gestalt?
Jeder ein Herrscher, frei, nur dem eigenen Herzen gehorchet
　Und im eilenden Lauf findet die einzige Bahn?
Willst du es wissen? Es ist des Wohllauts mächtige Gottheit,
　Die zum geselligen Tanz ordnet den tobenden Sprung.
Die der Nemesis gleich, an des Rhythmus goldenem Zügel
　Lenket die brausende Lust und die verwilderte zähmt.

　　　　　　　　　　　　　　　　　　SCHILLER

So alt wie die wissenschaftliche Betrachtung der Stilkunst ist das Bemühen, feste Regeln für den Satzbau aufzustellen. Besonders die römischen Schriftsteller über Stil, die selbst einen hatten, Cicero und Quintilian, haben manches Beachtenswerte darüber gesagt; sobald sie aber vom vorsichtigen Beobachten übergehn zur Regelmacherei, werden sie gefährlich. So stellt Cicero die Regel auf, es sei *melius et jucundius* (besser und angenehmer), wenn die letzten Satzglieder länger seien als die ersten. Dies mag vortreffliches Ciceronianisch sein; als allgemeine Regel ist es wertlos. Quintilians Rat über das Anschwellen und Aufsteigen der Sätze: *Augeri debent sententiae et insurgere* (sie müssen anschwellen und aufsteigen) gilt nicht einmal wörtlich so für die Gesamtdarstellung; für die Satzglieder ist er ganz unbrauchbar, paßt nicht auf die gleichwertig nebengeordneten Teile, die nicht aufsteigen, sondern ihren Gesamteindruck durch ihr Nebeneinander stärken.

Nur aus dem Sonderzweck der römischen, ebenso der griechischen Stilkunst, nämlich Rednerkunst zu sein, ist das ängstliche Erspähen der Augenblickswirkung zu erklären. Immer ist das Endziel: den Richter freundlich für den Verteidigten zu stimmen. Der Richter ist ein Mensch, preisgegeben menschlichen Leidenschaften, also muß auf diese gewirkt werden. Daher die Regeln für das Einsetzen, den Übergang, das Zuendekommen, den Abschluß; daher z. B. die kleinen belächelnswerten Stilmätzchen, das abschließende *esse videatur* [es scheint zu sein*] bei Cicero, nur ja nicht *videtur*, weil dann ein Hexameterschluß entstände, der durchaus nicht entstehen soll. In der einen Rede *Pro lege Manilia* gebraucht Cicero sein sprichwörtliches *esse videatur* elfmal. Es ähnelt den zwei letzten Sprüngen eines Ballettänzers.

Es gibt eine geheime Kunst des Wohllauts des Satzes, und wer sie mit Meisterschaft übt, der verdankt ihr unbeschreibliche, höchst wertvolle Wirkungen. Den schöpferischen Menschen ist sie reicher beschieden als den Denkern, und mit einer kleinen Änderung gilt hier das Wort: Was kein Verstand der Verständigen sieht, Das übet in Einfalt des Künstlers Gemüt. Daher die Erfahrung, daß die großen Dichter zugleich die beste Prosa schreiben. Hätten wir doch Prosa von Homer, Sophokles, Aristophanes, Shakespeare! Wie rührend zarte, wie im Satzgang entzückende Prosa schreibt Dante in seiner *Vita nuova*, wie glänzende Byron in den Briefen und Tagebüchern! Es kann ja nicht anders sein: nur der Mensch, der Musik hat in sich selbst, – er braucht nicht gerade ein Berufskünstler zu sein –, hört die innere Klangkunst der Sprache, der Darstellung, des Satzes, und kann sie aussprechen.

Was für ein Satzbauer war Karl Maria von Weber:

> Nur unter dem Drucke hebt sich die Welle? Nur gedrückt zeigt die Stahlfeder ihre Schnellkraft? Und die ungünstigsten Verhältnisse und Lagen nur gebären große Männer? – Dann steht die Anwartschaft zum großen Geiste und Ziele festbegründet in mir, denn nie hat wohl ein Sterblicher sich widerlicherer, unterdrückenderer und talentlähmenderer Umstände zu rühmen gehabt als ich.

Knüpfen wir an diesen Satz, besonders an die letzten Takte an und staunen zuerst: was ist das für ein ›unharmonischer Periodenschluß‹! Nach den drei zugespitzt aufsteigenden Fragesätzen: Heben der Welle, Aufschnellen der Stahlfeder, Geburt des großen Mannes, nach dem wuchtig einsetzenden Nachsatz mit ›dann‹, dem stolzen zweiten Hauptsatz ›denn nie‹, nach den Triolen und andern Gleittakten der nachdrücklichen Steigerungen ($\angle \cup \cup \cup \cup$ ' $\cup \cup \angle$ $\cup\cup\cup$, $\cup - \angle \cup \cup \cup$, $\angle \cup \cup \cup$ / $\angle$ $\cup \cup$ —) der kurze abgebrochene jambische Schlußtakt: ($\cup \angle \cdot$). Wo bleibt da die edle Harmonie, die angeblich heischt, daß der Abgesang des Satzes, der niedersteigende Bogen nicht außer allem Größenverhältnis zum aufsteigenden stehe? Wo die Regel über die harmonische Periode, daß sie in ebenmäßigem, schön bewegtem Gange bedächtig so fortan hinschleiche die Gedankenbahn, und nicht etwa die Kreuz und Quer irrlichteliere hin und her? Perioden, nach solcher Regel gebaut, mögen in ›submissesten Referaten‹ als Zierden des echten und gerechten Aktenmenschen glänzen; in der lebendigen Rede und ihrem ähnlichsten Abbilde, der lebendigen Schrift, sind sie ein Greuel.

Es gibt keine Regel, soll keine geben, die besagt – ich schreibe sie aus einer einst berühmten Stillehre ab –: ›Der einfache Satz in seiner einfachsten Gestalt gibt uns den Grundtypus für alle rhythmisch schönen Verhältnisse des vielfach gegliederten Satzes: die Betonung schreitet **aufsteigend** fort von dem Subjektworte zu dem Prädikatworte, auch haben die Ausdrücke des Subjektes und des Prädikates **gleichen Umfang.**‹ Die gesperrten Stellen hatte ihr Verfasser unterstrichen. Nicht weil eine Stillehre dies sagt, sondern weil es die herrschende Schulmeinung ist, wird sie hier angeführt, unter schroffem Widerspruch. Entscheidend für den Schritt des Satzes ist, wie immer, einzig die innere Form: Schrittmaß ist das Zusammenstimmen des Gegenstandes und des angeborenen Stiles, herbeigeführt durch das völlige Bemeistern des Gedankens bis zum Erzeugen einer vorherrschenden Stimmung. Der Gedanke muß Hirnleben gewinnen, muß Nerven schwingen machen und die schlummernde Musik des Schreibers zum Mitschwingen erwecken. Das solchermaßen zum Klingen gebrachte Schrittmaß ist das schöne, denn es ist der natürliche Kunstausdruck des Gedankens, und keine Regelmühle kann feineren ›Rhythmus‹ mahlen. Es ist mit dem Satz, mit dem Stil, wie mit der nicht unverwandten Tonkunst: der Stümper kann ein Meister des Kontrapunktes und der Harmonielehre werden, gelehrter als Beethoven und Wagner, und bleibt doch sein Leben lang ein Stümper im Schaffen.

○ ○ ○

Aus welcher schlechten hebräisch-griechischen Stillehre mag der Schreiber des 1. Korintherbriefes diese so ›unharmonische‹ Periode mit ihrem unmöglichen Rhythmus gelernt haben:

> Καὶ ἐὰν ἔχω προφητείαν, καὶ εἰδῶ τὰ μυστήρια πάντα καὶ πᾶσαν τὴν γνῶσιν, καὶ ἐὰν ἔχω πᾶσαν τὴν πίστιν ὥστε ὄρη μεθιστάνειν, ἀγάπην δὲ μὴ ἔχω, οὐθέν εἰμι.

Es ist der Satz, den Luther verdeutscht hat: *Und wenn ich weissagen könnte und wüßte alle Geheimnisse und alle Erkenntnis, und hätte allen Glauben, also daß ich Berge versetzte, und hätte der Liebe nicht; so wäre ich nichts.* Ohne die geringste Änderung des Schrittes, mit der gleichen Treue wie Luther, hatte schon Wulfila diesen Vers in sein Gotisch übersetzt. Es ist einer der schönsten, die Menschenhand je geschrieben. Die Stillehre von der harmonischen Periode verwirft ihn: auf vier Nebensätze, deren einer gar mit noch einem Nebensatze belastet ist, folgt im Griechischen ein Nachsatz mit nur zwei Worten, zwei Jamben, deren letzter gar so tonlos ist, daß sein Tonwert dem vorletzten hinzugerechnet wird. Das ist in diesem Falle besonders wirksam, denn die beiden griechischen Schlußworte heißen: ›nichts bin (ich)‹, und auf das Nichts kommt es an. Paulus hat sogar mit Bedacht das stärkste Wort für ›nichts‹ gewählt: οὐθέν, in der nachklassischen Zeit noch kräftiger verneinend als οὐδέν. Der des Griechischen Kundige beachte das offenbar absichtliche Zusammenrücken von πάντα und πᾶσαν zur Verstärkung des Gegensatzes zu οὐθέν. An dem einen ehernen Gliede des οὐθέν hängt die ganze Kette des Satzes, und es trägt sie alle ohne Bruch. Die Vordernebensätze schreiten durchaus nicht aufsteigend fort; das Weissagen ist eindrucksvoller als das Wissen der Geheimnisse, dieses ist eindrucksvoller als die begriffliche

Kenntnis: also bis hierher ein Ab-, kein Aufsteigen; erst dann folgt der Berge versetzende Glaube, auf diesen wieder ein Nebenvordersatz, und dann der Niederstieg in nur zwei Worten!

○ ○ ○

Ein gar andres Beispiel, mit umgekehrtem Verhältnis von Haupt- und Nebensätzen, eins aus Lessing, ist dieses. Auf die Frage, was für eines neuen Theaters Schöpfer Gottsched sein wollte, folgt: *Eines französierenden; ohne zu untersuchen, ob dieses französische Theater der Deutschen Denkungsart angemessen sei oder nicht.* Auf ein abgebrochenes Stückchen Hauptsatz folgen zwei voneinander abhängige Nebensätze, zusammen sechsmal so lang wie jenes Stückchen, und was ist von dem feinsten Satzbaulehrer gegen Lessings Satz zu sagen? Gleich dahinter steht dieser Satz:

> Er hätte aus unseren alten dramatischen Stücken, welche er vertrieb, hinlänglich abmerken können, daß wir mehr in den Geschmack der Engländer als der Franzosen einschlagen; daß wir in unseren Trauerspielen mehr sehen und denken wollen, als uns das furchtsame französische Trauerspiel zu sehen und zu denken gibt; daß das Große, das Schreckliche, das Melancholische besser auf uns wirkt als das Artige, das Zärtliche, das Verliebte; daß uns die zu große Einfalt mehr ermüde, als die zu große Verwickelung.

Auf einen mäßig langen Hauptsatz mit nur einem kurzen Nebensatz folgen vier nebengeordnete abhängige Daß-Sätze, davon einer mit einem gleichlangen Unternebensatz, – und doch, wie klar nicht nur, wie schrittmäßig vollkommen ist dieser Satz.

Oder was sagt der gestrenge Buchrhythmiker zu folgendem Satz im Werther: *Schelte mich nicht, wenn ich dir sage, daß bei der Erinnerung dieser Unschuld und Wahrheit mir die innerste Seele glüht, und daß mich das Bild dieser Treue und Zärtlichkeit überall verfolgt, und daß ich, wie selbst davon entzündet, lechze und schmachte.* Auch hier folgt auf ein dreiwortiges Hauptsätzchen ein Nebensatz mit ›wenn‹, von dem drei Daß-Sätze abhängen, – und ist gegen diesen Satz das Geringste einzuwenden?

Die Lieblingssatzform Schillers sieht so aus:

Der Satzschritt

> Wenn der Gedrückte nirgends Recht kann finden,
> Wenn unerträglich wird die Last, – greift er
> Hinauf getrosten Mutes in den Himmel
> Und holt herunter seine ew'gen Rechte,
> Die droben hangen unveräußerlich
> Und unzerbrechlich, wie die Sterne selbst –

Fast alle schönste Prosasätze Schillers sind, natürlich im einzelnen nicht gleichförmig, nach diesem sehr schönen Muster gebildet. Die Schrittspannung des Satzes beherrscht unter den Deutschen Prosameistern keiner mit solcher spielenden Sicherheit wie Schiller; selbst nicht Lessing, der ihm darin nahekommt, geschweige Goethe, dem nichts dran lag. Ein klassisches Prosabeispiel für Schillers Satzbau ist diese Stelle über die spanische Inquisition im Abfall der Niederlande:

> Wohin sie ihren Fuß setzte, folgte ihr die Verwüstung; aber so, wie in Spanien, hat sie in keiner andern Weltgegend gewütet. Die Toten vergißt man, die sie geopfert hat; die Geschlechter der Menschen erneuern sich wieder, und auch die Länder blühen wieder, die sie verheert und entvölkert hat; aber Jahrhunderte werden hingehen, ehe ihre Spuren aus dem spanischen Charakter verschwinden. Eine geistreiche, treffliche Nation hat sie mitten auf dem Wege zur Vollendung gehalten, aus einem Himmelsstrich, worin es einheimisch war, das Genie verbannt und eine Stille, wie sie auf Gräbern ruht, in dem Geist eines Volkes hinterlassen, das vor vielen andern, die diesen Weltteil bewohnen, zur Freude berufen war.

Schönere Sätze wird man vergebens bei den größten französischen und englischen Meistern der Prosa suchen, bei Montesquieu, Diderot, Rousseau, Voltaire, bei Junius, Gibbon, Macaulay.

Auffallend dem Schillerschen ähnlich ist der Satzbau der Junius-Briefe. Daß Schiller sie gekannt hat, ist sicher, denn jeder Gebildete des 18. Jahrhunderts kannte sie, jeder Schriftsteller des 20. sollte sie kennen. Junius, das heißt Philip Francis (1740–1818), schrieb den Stil der großen Redner, den die Leser zu fiebernder Spannung aufregenden, ohne Phrasen, ohne Schmuck, einzig vertrauend der Kraft des Inhalts und des Ausdrucks:

> Wann einst Könige und Minister vergessen sind, wann die Kraft und Richtung persönlicher Satire nicht mehr verstanden wird, und die Maßregeln nur noch in ihren entferntesten Folgen fühlbar sind, wird

man, hoffe ich, in diesem Buche noch immer Grundsätze finden, die wert sind, auf die Nachwelt überzugehen.

Lasset es in Eure Seele geschrieben sein, lasset es Eure Kinder sich einprägen, daß die Freiheit der Presse der Hort aller bürgerlichen, politischen und religiösen Rechte des Engländers ist, und daß das Recht der Geschworenen, in allen denkbaren Fällen einen allgemeinen Ausspruch über Schuld oder Unschuld zu tun, ein wesentlicher Teil Eurer Verfassung ist, der durch die Richter nicht kontrolliert oder beschränkt, noch durch die Gesetzgeber in irgendeiner Art in Frage gestellt werden darf.

Der Fürst, der ihr [der Stuarts] Betragen nachahmt, sollte durch ihr Beispiel gewarnt werden, und während er sich mit der Sicherheit seines Anspruches auf die Krone brüstet, sollte er sich erinnern: wie sie durch eine Revolution gewonnen wurde, so kann sie durch eine andre verloren gehen.

Selbst in diesen Sätzen, die jeder gebildete Engländer halb auswendig weiß, ist die Regel der ›harmonischen Periode‹ nicht streng beachtet. In dem letzten, dem berühmtesten, gibt es keinen ununterbrochen fortschreitenden Aufstieg, sondern ein Schreiten und Stillstehen, ja Zurücktreten, und dann erst den drohenden Aufstieg zur äußersten Höhe, dem gar kein harmonischer Ausklang folgt. Der angeredete König und sein Hof werden das höchst ›disharmonisch‹ gefunden haben; doch dies war ja des geheimnisvollen Junius Zweck.

Kein Gesetz, aber ein Merkmal für den schönen oder häßlichen Satz ist sein Taktmaß. Viel zu ausschließlich hat sich die Wissenschaft bisher mit den Maßen der gebundenen Rede beschäftigt, die der ungebundenen fast ganz vernachlässigt. Man würde bei näherer Untersuchung finden, daß es streng genommen keine ungebundene Rede gibt, außer der schludrigen, der in ihren Gelenken schlotternden. Derer, die Prosa schreiben, ohne zu wissen, was für ein Ding das ist. Auf die **Sinnhebungen** kommt es an; von ihrer Zahl, ihrer Stelle, ihrer Taktfolge hängt der Schritt des Satzes ab, von denen allein.

FÜNFTER ABSCHNITT

Haupt- und Nebensätze – Neben- und Untergeordnet

Wir begründen, vermitteln, beschränken in unserer geschriebenen Rede, auch wo kein Grund dazu vorhanden ist.
                                                KLAUS GROTH

In feierlichen Hauptsätzen, ohne einen einzigen Nebensatz, wird die biblische Schöpfungsgeschichte erzählt:

> Am Anfang schuf Gott Himmel und Erde. Und die Erde war wüst und leer, und es war finster auf der Tiefe, und der Geist Gottes schwebte auf dem Wasser. Und Gott sprach: Es werde Licht! Und es ward Licht. Und Gott sah, daß das Licht gut war. Da schied Gott das Licht von der Finsternis. Da ward aus Abend und Morgen der erste Tag.
>
> Selig seid ihr Armen; denn das Reich Gottes ist euer. Selig seid ihr, die ihr hier hungert (im griechischen Urtext: ihr Hungernden); denn ihr sollt satt werden. Selig seid ihr, die ihr weinet (griechisch: ihr Weinenden); denn ihr werdet lachen.

> Jetzo streckte der Vater empor die goldene Waage,
> Legt' in die Schalen hinein zwei finstere Todeslose,
> Dieses dem Peleionen und das dem reisigen Hektor,
> Faßte die Mitt' und wog: da lastete Hektors Schicksal
> Schwer zum Aïdes hinab; es verließ ihn Phöbos Apollon. (Ilias)

> Hab ich den Markt und die Straßen doch nie so einsam gesehen! Ist doch die Stadt wie gekehrt! wie ausgestorben! Nicht fünfzig, Däucht mir, blieben zurück von allen unsern Bewohnern. – – Und es sagte darauf der gute Vater mit Nachdruck: Solch ein Wetter ist selten zu solcher Ernte gekommen, Und wir bringen die Frucht herein, wie das Heu schon herein ist, Trocken; der Himmel ist hell, es ist kein Wölkchen zu sehen, Und von Morgen wehet der Wind mit lieblicher

> Kühlung. Das ist beständiges Wetter; und überreif ist das Korn schon; Morgen fangen wir an zu schneiden die reichliche Ernte. (›Hermann und Dorothea‹)
>
> Es gibt Augenblicke in unserm Leben, wo wir der Natur in Pflanzen, Mineralien, Tieren, Landschaften, sowie der menschlichen Natur in Kindern, in den Sitten des Landvolks und der Urwelt, nicht weil sie unsern Sinnen wohltut, auch nicht, weil sie unsern Verstand und Geschmack befriedigt (von beiden kann oft das Gegenteil stattfinden), sondern bloß weil sie Natur ist, eine Art von Liebe und von rührender Achtung widmen. (Anfangssatz von Schillers ›Naiver und sentimentaler Dichtung‹)
>
> In alle Gebiete, die das individuelle Denken und Leben nach allgemeingültigen Begriffen zu bestimmen das Recht oder den Anspruch haben, in Vernunftaxiome, Maßgaben, wie sie die öffentliche Zucht, der Staatsschematismus oder die soziale Konvention fixiert hatten, bis in die Gründe und Höhen der Moral und der Religion schlug der Dichterflügel. (Schöll) [Auf Deutsch: Goethes Gedichte behandelten alle Gebiete der Vernunft, des öffentlichen Lebens, der Moral und der Religion).

Diese wenigen Beispiele sollen unmittelbar veranschaulichen, was die Entwicklung des Satzbaues durch die Jahrtausende lehrt: der Weg führt vom einfachen Hauptsatz und von nebengeordneten Hauptsätzen zur Gliederung aus leitenden mit untergeordneten Hauptsätzen, weiter zu der aus Hauptsätzen mit abhängigen Nebensätzen. Es ist derselbe Weg wie der vom kurzen Satze zum langen (vgl. S. 519). – Diesem Stufengange entspricht der des Bindewortes: die fortschreitende formenmäßige Verfeinerung des menschlichen Denkens zwingt zum Schaffen eines reichern und feiner abgestuften Ausdruckes für die Übergänge der Gedankenstufen. Die wissenschaftliche Weltauffassung und -darstellung fordert immer neue Formwörter für die ihr neu aufgehenden Zusammenhänge.

Diese Entwicklung zu schelten, wäre töricht; verfehlt aber auch, sie für die einzig wahre, die notwendige, die wirksamste zu halten. Umgekehrt läßt sich, mit zwingenden Gründen aus der Wirklichkeit, die Ansicht begründen: je mehr sich der Menschenrede nähernd, also je lebendiger der Stil, desto mächtiger wird die Vorherrschaft des Hauptsatzes, der Nebenordnung über die Unterordnung, desto spärlicher werden die Bindewörter. Wiederum der gleiche Vorgang wie mit dem kurzen Satz gegenüber dem langen, und wiederum aus den gleichen Gründen.

In dem Maße, wie sich der Deutsche Satzbau, ja der Deutsche Stil überhaupt, vom Natürlichen zum Künstlichen wendet, drängen sich die Nebensätze neben, ja vor und über den Hauptsatz, schleichen sich die alten und neuen Bindewörter in ganzen Scharen ein, stützen sich die Satzglieder nicht durch das Neben-, sondern das Über- und Untereinander. Diese Entwicklung ist nicht auf den Deutschen Stil beschränkt; sie hat, wenngleich in geringerm Grade, alle neuere Sprachen ergriffen, soweit sie dem Ausdruck eines reichen öffentlichen oder wissenschaftlichen Lebens dienen. Allerdings ein Ring dieser Entwicklungskette zeigt sich im Deutschen Satz unvergleichlich häufiger als in dem der übrigen europäischen Hauptsprachen: das Schachteln von Glied in Glied, von Glied des Gliedes in Glied und so weiter mit sehr wenig Anmut fast bis ins Unendliche.

Das Hochziel des lebendigen Satzbaues ist das Nebenordnen. Das Unterordnen ist das geringwertigere Ausdrucksmittel zum Übertragen des Gedankens auf Leser und Hörer. Es kann nicht entbehrt werden; doch sollte sich der Schreiber, auch der wissenschaftliche, ja vielleicht gerade er, stets bewußt bleiben, daß es keine Naturnotwendigkeit des Ausdruckes ist, sondern nur ein Ersatz, oft ein fast unentbehrlicher, für das noch zweckdienlichere: das Nebenordnen. Zu dem einen Hauptfehler des Deutschen Satzes: der überflüssigen überfließenden Länge, gesellt sich der zweite: die Vorliebe für das Unterordnen. Der zweite Fehler erzeugt meistens den ersten und trägt zu seiner Verschlimmerung bei. Der Schreiber, der sich's zum Gesetze macht, nicht ohne Not unterzuordnen, kommt von selbst zum kurzen Satzbau und damit zur Klarheit seines Stils.

○ ○ ○

Der **Hauptsatz** ist der Haupttragbalken im Satzgerüst des lebendigen Stils; der Grund liegt, wie immer, nicht in einer Willkürregel der Sprach- oder der Stillehre, sondern in dem Allermenschlichsten: den Gesetzen des Begreifens und Verhaltens. Der nebenordnende Stil lädt zwar dem Gehirn des Lesers und Hörers eine Last nach der andern auf; doch die zweite erst dann, wenn ihm die erste abgenommen, die dritte erst nach dem Entlasten von der zweiten, usw. Auf die Länge tritt auch bei dieser Art der Gehirnlast die natürliche Ermüdung ein; doch um wieviel später als bei dem grausamen Türmen einer Last über die andre, einer dritten über die zwei ersten, und so fort.

Schon innerhalb des einen Hauptsatzes packt der Deutsche Schreiber Last auf Last bis zum Erlahmen: *Der Versuch einer Erklärung der Ursache dieser Empfindung* (bei Herbart). Hier ist die Erinnerung an den Tragbalken ›der Versuch‹ verblaßt, wenn wir bei ›Empfindung‹ anlangen.

Aber hierin liegt eben das Experiment einer Gegenprobe der Wahrheit des Resultates jener ersten Würdigung unserer Vernunfterkenntnis a priori (Kant in der Vorrede zur Kritik der reinen Vernunft). Sechs Kettenglieder! – und Kant fordert, daß der Leser beim sechsten noch an das erste denke; ja daß er die Gedankenbilder der fünf ersten, und jedes mit gleicher Deutlichkeit, beim Auftauchen des letzten vor sich sehe. Das ist eine unzulässige Zumutung, und nur dadurch wird Kant entschuldigt, daß er sich sagen durfte: wer mich liest, der weiß, daß er die äußerste Kraft ansetzen, zweimal, dreimal, vorwärts und rückwärts lesen muß, und – ich habe ihm für diese Mühe einigen Lohn zu bieten. Trotzdem bleibt bestehen: kein Schreiber, und wäre er der erlauchteste Fürst im Reiche der Geister, hat das Recht, dem Leser im geringsten mehr Mühe aufzubürden, als inhaltlich durchaus notwendig und unvermeidlich ist.

Litte Erich Schmidt nicht am **Stopfstil**, so wäre sein Satzbau, obwohl nicht einfach, immerhin noch übersichtlich. Seine Stopfsätze gehören in einen andern Abschnitt; hier mag uns nur einer seiner besseren Durchschnittssätze zur ›wechselseitigen Aufhellung‹ dienen:

> Ein Kontrast zu Faust folgt dem andern sogleich, denn nach diesem Riesen im Feuer [dem Erdgeist] schlürft, das qualmige Lämpchen haltend, der Famulus aus dem Magistervolk herbei, ein schwächliches Männlein, jung an Jahren, greis an Gedanken und Empfindungen,

seiner emsigen Vielwisserei selbstgenügsam froh, um nach der Bankerotterklärung des schrankenlosen Genies das Wort Heines zu illustrieren: ›Mit seiner Nachtmütze und Schlafrockfetzen stopft er die Lücken des Weltenbaus.‹

Ohne die etwas schwere Bepackung des Männleins mit drei Beisätzen wäre der Satz leicht faßlich: das Glied vor ›denn‹ ist in sich abgeschlossen, der zweite Hauptsatz ist zur Not noch übersehbar, und nur der wilde Kopfsprung hinüber in den Nebensatz mit ›um‹ mutet dem Leser zu viel zu, ganz abgesehen davon, daß Fausts bescheidner Wagner schwerlich eintritt, um anmaßlich ein Heinisches Wort zu ›illustrieren‹.

○ ○ ○

Auf diesen Satz folge, wie in früheren Fällen, als Labsal eine Stelle bei Goethe. Sie ist aus seinem Aufsatz: ›Über den Granit‹, und man darf vermuten, daß eine Goethische Schilderung des Gegensatzes zwischen den vorsintflutlichen Zuständen des Planeten und der Gegenwart es an Gedankenfülle und -wert mit der Betrachtung Schmidts aufnehmen wird. Aber Goethe kommt mit lauter starken Hauptsätzen aus, denen nur wenige kurze Zwischensätzchen die Schleppe tragen, und an keinem Punkte steht der Leser plötzlich vor einer Gedankenmauer, die erst übersprungen werden muß, ehe er weiterschreitet:

> Auf einem hohen nackten Gipfel sitzend und eine weite Gegend überschauend, kann ich mir sagen: Hier ruhst du unmittelbar auf einem Grunde, der bis zu den tiefsten Orten der Erde hinreicht; keine neuere Schicht, keine aufgehäufte, zusammengeschwemmte Trümmer haben sich zwischen dich und den festen Boden der Urwelt gelegt; du gehst nicht wie in jenen fruchtbaren, schönen Tälern über ein anhaltendes Grab, diese Gipfel haben nichts Lebendiges erzeugt und nichts Lebendiges verschlungen; sie sind vor allem Leben und über alles Leben. – Hier auf dem ältesten, ewigen Altare, der unmittelbar auf die Tiefe der Schöpfung gebaut ist, bring' ich dem Wesen aller Wesen ein Opfer.

Daß Goethe in seinen reinwissenschaftlichen Schriften nicht wesentlich anders baut, wurde schon gezeigt (S. 513).

Auch Moltkes kurze Geschichte des Siebziger Krieges nimmt es an sachlichem Gehalt mit den ›Zyklopenbauten‹ Schmidts und Andrer auf, besonders die nur 1 ½ Seiten lange Einleitung von ›Es sind vergangene Zeiten‹ bis ›daß sie den Krieg mit Deutschland wollen‹ mit irgendeiner gleichlangen Stelle etwa bei Lamprecht. Moltke faßt darin – im ganzen sind's 15 kurze und mittellange Sätze – alles zusammen, was in der Gegenwart zu Kriegen führt, und was in Sonderheit 1870 zum Kriege zwischen Deutschland und Frankreich geführt hat. ›Syntax‹ bedeutete ursprünglich Schlachtordnung, und der Schlachtenlenker Moltke behandelt seine Sätze wie einzelne Schützenzüge: sich ausdehnend, verengend, je nach dem Gebot des Augenblicks, aber nie sich verwirrend, nie Fühlung verlierend und für das Auge des befehlenden Hauptmanns an jedem Punkte, bis auf den einzelnen Mann, vollkommen überschaubar. Unter Moltkes 15 leichtgebauten Sätzen ist nicht ein einziger, dessen Hauptglied durch nebensächliches Unter- und Zwischenordnen zerrissen wird. Sämtliche Nebensätze sind sehr kurz, beflügeln den Stil mehr, als daß sie ihn hemmen, räumen so schnell wie möglich wieder einem neuen Hauptsatze das Feld, oder schließen den ganzen Satz endgültig ab. Der längste und verwickeltste Satz ist dieser, den ein Knabe verstehen und überblicken kann:

> Leichter wird der folgenschwere Entschluß zum Kriege von einer Versammlung gefaßt, in welcher niemand die volle Verantwortung trägt [Zäsur des Sinnes und des Tones], als von einem Einzelnen, wie hoch er auch gestellt sein möge [stärkere Zäsur, völliger Abschluß des Bisherigen], und öfter wird man ein friedliches Staatsoberhaupt finden, als eine Volksvertretung von Weisen.

Und wie fein ist der Bau in diesen zwei Sätzen Moltkes an andrer Stelle: *Einen unmittelbaren Angriff auf das Deutsche Reich ... wagte Ludwig damals noch nicht, um die Rheinbundfürsten nicht zu erschrecken und wieder von sich abwendig zu machen. Er brauchte sie noch.* Wie viel besser, als die Nebenordnung: denn oder weil er ...

○ ○ ○

Den Prosameistern gelingt es, selbst ineinandergeschachtelte Bezugsätze durch ihren schwingenden Schritt bei großer Kürze flüssig zu machen: *Die Inquisition hat eine Stille, wie sie auf Gräbern ruht, in dem Geiste eines Volkes hinterlassen, das vor vielen andern,* **die diesen Weltteil bewohnen,** *zur Freude berufen war* (Schiller).

Nebensätze wirken schwächer als Hauptsätze: darum heißen sie ja so. Durch das Häufen von Nebensätzen verflaut, durch das von Hauptsätzen verstärkt sich die Darstellung. Man vergleiche z.B.: ›Und erlöse uns von dem Übel, denn dein ist die Kraft und die Herrlichkeit‹ mit: ›da dein die Kraft und die Herrlichkeit ist‹! Alle unsre großen Dichter bevorzugen in Prosa wie Dichtung den Hauptsatz, bevorzugen ihn in dem Maße, wie sie nach höchster Lebendigkeit trachten. Erst der alternde und gealterte Goethe schrieb viele Nebensätze, nicht zu lange, aber so viele, daß sie seinem Stil jenes besondere, sich bei keinem andern der größten Prosaschreiber im Alter zeigende Gepräge aufdrücken. Der zweite Teil des ›Faust‹ ist reicher an Nebensätzen als der erste von 1790 und 1808; dieser reicher daran als der ›Urfaust‹. Die ›Wanderjahre‹ sind nebensätzlicher als die ›Lehrjahre‹, die ›Italienische Reise‹ in der letzten Form 1814 nebensätzlicher als die Briefe von 1786 bis 1788, aus denen sie zurechtgeschnitten und umgeschrieben wurde.

Man beachte, wie oft Luther angefangene Nebensätze in einen Hauptsatz umbiegt, in Sätzen wie: *Und das ist die Freudigkeit, die wir zu ihm haben, daß, so wir etwas bitten nach seinem Willen, so hört er uns.* Jammerschade, daß wir auch diese feine, nützliche Freiheit eingebüßt haben.

Im griechischen Wortlaut der Kreuzigung Christi (Markus 15, 15–38) gibt es in den 24 Sätzen nur 9 Nebensätze, alle von äußerster Kürze und jeder dem Grundgesetz des Satzbaues untertan: Alles Wichtigste gehört in den Hauptsatz; der ergänzende Nebensatz darf keine neue gleichwertige Tatsache hinzufügen.

Je weniger **Bindewörter**, desto lebendiger der Satz. Selbst die zwischen zwei Hauptsätzen sind oft schon zu viel, mindestens entbehrlich. Schiller schreibt: ›Ich darf ihn hassen, ich hab ihn geboren‹, mit größerer Wirkung als: ›denn ich hab ihn geboren‹.

Gar mancher den flotten Lauf des Gedankens hemmende Nebensatz läßt sich durch kürzere Wendungen ersetzen, und wo immer möglich, das heißt wo dadurch nicht etwa Schwerfälligkeiten andrer Art entstehen, mache der Schreiber davon Gebrauch. ›Meines Erinnerns‹ belastet den Satz weniger als ›soweit ich mich erinnere‹; ›großmütigen Sinnes‹ ist besser als ›mit dem großmütigen Sinne, der ihm eigen war‹; ›die und die eingerechnet‹ spart einen Nebensatz: ›wenn man die und die einrechnet‹. Wir können leider nicht annähernd so viele unabhängige Beugungen wie die Römer mit ihrem sechsten, die Griechen mit ihrem zweiten Fall der Mittelwörter wagen, sollten darin aber gar nicht so zaghaft sein. *Kaum gedacht, wird der Lust ein End gemacht*, oder *Frisch gewagt ist halb gewonnen, Unbeschadet deiner Zustimmung, Stehenden Fußes* – zeigen uns den Weg zu mancher Beflügelung des Satzes.

○ ○ ○

Fern liegt mir's, eine verkehrte Regel aufzustellen: Keine Nebensätze! Es steht mit ihnen wie mit den langen Sätzen: der Meister zwingt die Nebensätze, ihm zu dienen gleich den Hauptsätzen; der Andre schwächt die Hauptsätze durch Mißbrauch ab: *Jan Baas ging auf die Feldarbeit bei den Bauern und flickte Abends an der Mauer herum **und** legte den Wochenlohn in die Hand der kränklichen Mutter **und** nahm am Sonntag gelegentlich ein Mädchen in den Arm* (Frenssen). Dies ist kein erfreulicher Stil, denn es ist absichtliche Manier.

Wie großartig ein einziger mäßiger Hauptsatz wirken kann, lehre uns dieser aus Mörikes ›Mozart auf der Reise nach Prag‹, ein Kleinod in der Krone Deutscher Prosakunst: *Wie von entlegenen Sternenkreisen fallen die Töne aus silbernen Posaunen, eiskalt, Mark und Seele durchschneidend, herunter durch die blaue Nacht.* – Und wie ein Meister sich die Nebensätze zu Willen zwingt, wie er durch ihr Unterholz hindurch hoch erhobenen Hauptes, aller Welt sichtbar auf sein Ziel hinschreitet, möge uns die zwei verhängnisreichen, weltbekannten Sätze neuhochdeutscher Prosa zeigen, die der ›Emser Depesche‹ Bismarcks:

Schachtelung

> Nachdem die Nachricht von der Entsagung des Erbprinzen von Hohenzollern der kaiserlich französischen Regierung von der königlich spanischen amtlich mitgeteilt worden ist, hat der französische Botschafter in Ems an Seine Majestät den König noch die Forderung gerichtet, ihn zu autorisieren, daß er nach Paris telegraphiere, daß Seine Majestät der König sich für alle Zukunft verpflichte, niemals wieder seine Zustimmung zu geben, wenn die Hohenzollern auf ihre Kandidatur wieder zurückkommen sollten. Seine Majestät der König hat es darauf abgelehnt, den französischen Botschafter nochmals zu empfangen, um demselben durch den Adjutanten vom Dienst sagen lassen, daß Seine Majestät dem Botschafter nichts weiter mitzuteilen habe.

Mustergültig bis auf die zwei voneinander abhängigen Daß-Sätze, deren zweiter sich leicht hätte umwandeln lassen in: Seine Majestät verpflichte sich. Das ›demselben‹ in der Emser Depesche wird durch den besondern Nachdruck entschuldigt, der ›demselben‹ gegeben werden sollte; in ältern Zeiten hätte man geschrieben: Und selbigem Botschafter usw.

○ ○ ○

Eine wohlgeordnete Tafel aller möglicher Satzmischformen wird hier nicht versucht: sie würde dem Leser nichts nützen. Nicht einmal ein Verzeichnis der besten Formen: dem unbegabten Schreiber helfen die besten Muster nichts, der Begabte findet sie allein. Hier wie fast überall wird an Rat nichts weiter geboten als der vor gewissen Satzfehlern warnende, die sich schon bei geringer Achtsamkeit meiden lassen. Der nach einer noch so schönen Regel gebaute, nicht aus dem echten Gefühl entspringende schöne Satz taugt nichts. Die scheinbar harmonischen Perioden können wirkungslos, die allen Regeln einer erklügelten Harmonie widersprechenden meisterlich sein. Hat sich der Wenigbegabte aus dem Vorangegangenen nur die Mahnung entnommen, sich auf reichliche Nebensätze erst dann einzulassen, wenn er sich ihrer Herrschaft versichert hat, so ist schon viel gewonnen.

Die meisten des Schreibens am meisten Beflissenen haben ihren Satzbau, besonders den Kunstbau, mehr am Lateinischen als am Deutschen geübt, und viele können sich ihr Lebtag nicht von den Folgen befreien. Der lateinische Satz hat sein Gutes und hat sein weniger Gutes; sein wenigst Gutes für uns ist, daß er im Sprachwesen des Lateinischen, nicht in dem des Deutschen wurzelt. Der Römer durfte in den Hauptsatz einen Nebensatz schachteln, der den Hauptsatz zunächst gar nicht zu Worte kommen läßt: er schrieb ein Hauptwort hin, unterbrach sich dann und sagte von dem Hauptwort Dinge aus, die nach unsrer Auffassung entweder in einem besondern vorangehenden Hauptsatz oder in einem eignen, dem Hauptsatz vorangehenden Nebensatz abgetan werden sollten. *Cäsar, nachdem er die Gallier besiegt hatte, begab sich nach Rom:* dies ist die Musterform, für den Römer ausgezeichnet, für uns unerträglich.

Machen wir kein großes Aufheben von dieser schlechten Satzform, erklären wir sie einfach für unzulässig, und damit abgetan. Die Schulen sollten noch strenger beim Übersetzen aus dem Lateinischen und aus dem Französischen (*César ayant vaincu ...*) darauf achten, daß wirklich ins Deutsche übersetzt werde; sollte beim Lesen der Deutschen Klassiker nicht unterlassen, den Schülern die üblen Folgen zu zeigen. Sie kommt leider bei unsern Allerbesten gelegentlich vor: *Luther, als er* (bei Lessing); *Ein Fremder, wenn er Frankfurt lange nicht besucht hat, erstaunt* (bei Goethe), und stimmt uns zu milderer Verurteilung. Mörike, der feine Satzbauer, fügt mehr als einmal in dieser Weise: *Mozart, nachdem man ausgestiegen, überließ wie gewöhnlich der Frau die Bestellung des Essens*; und bei Kleist stehen zu Dutzenden solche Sätze: *Der Roßhändler, nachdem er den Hut gerückt hatte, trat an den Schinderkarren heran.* Sie sind nicht selten bei Keller: *Man setzte sich zu Tisch, und die Mägde, nachdem sie ihren Dienst vorläufig getan, nahmen desgleichen Platz.* Man kann nicht sagen, daß die Schachtelung hier merklich stört. Ärger schon bei Gerhart Hauptmann: *Er beobachtete mit einem sorglichen Ausdruck das schlafende Kind, welches er, nachdem er die zudringlichen Fliegen eine Weile von ihm abgehalten, schließlich weckte.* Ähnlich bei Spielhagen: *Goethe, als er in die Werkstatt jenes wunderlichen Schusters in Dresden trat, sah ein Bild von Ostade.*

O O O

Treppensatz

Eine besonders unschöne Ausartung des ewigen Unterordnens ist der **Treppensatz**, wie man ihn viel zu höflich und mit einem schiefen Bilde genannt hat: der **daß–daß–daß–Satz**, in welchem das zweite ›daß‹ vom ersten, das dritte vom zweiten abhängt. Ebenso schlimm steht es mit gehäuften Bezugsätzen oder andern Nebensatzgebilden dieses Baustiles. Schopenhauer vergleicht diese aneinandergeleimten Nebensätze mit dem ›Bau der Korallenpolypen‹. Selbst dieses Bild scheint mir nicht ähnlich genug; ich schlage vor, sie Bandwurmsätze oder Kettensätze zu nennen. Und wäre es selbst Goethe, dem einmal solch Ungetüm durchgeschlüpft: – *wurde des Herren Angesicht so sichtlich verdunkelt, daß es Zeit war, daß Lotte mich beim Ärmel zupfte und mir zu verstehen gab, daß ich mit Friedriken zu artig gewesen* (›Werther‹), was folgt hieraus für uns? Daß Goethe besser getan hätte, den Satz durch eine leichte Änderung zu schmeidigen; aber durchaus nicht, daß wir nun ebenso schreiben dürfen.

Allerliebst ist Reuters Spott über solche Bandwurmsätze: *Un wenn de Franzos' kümmt, den ik säuk, denn segg em, ik hadd seggt, Du haddst seggt, din Großmoder hadd Di vertellt, wenn hei säd, wat sei säd, süllst Du em seggen, hadd ik seggt, hei süll nich Schapskopp tau di seggen* (Franzosentid, 16).

Schon ein zweigliedriger Kettensatz kann höchst garstig sein: *Die Handelsbörse zeigt hier dieselbe Gewissenhaftigkeit, womit einst der geschworene Heraldiker im vorigen Jahrhundert die Diplome untersuchte, womit der Adelige seine Vorzüglichkeit dokumentierte* (so bei Heine!).

Der Leser renke zu seiner Übung diese Sätze selber ein! In vielen Fällen hilft schon das Umwandeln eines der Nebensätze in einen Hauptsatz: *Wir hoffen, daß der Reichskanzler die Wahlen so zeitig anberaumen wird* (wir hoffen, der Reichskanzler wird … anberaumen), *daß der Reichstag sich noch im Frühherbst versammeln kann.* – Gehäufte Bindewörter kann man mindern durch allbekannte Mittel wie: Umkehrung statt ›wenn‹ (›wäre ich‹ statt ›wenn ich wäre‹), Hauptsatz mit ›zwar‹ statt mit ›obgleich‹ (›Ich bin zwar‹ statt ›Obgleich ich … bin‹). Vor dem überhäufigen Gebrauche wird gewarnt: an die Stelle der Schwerfälligkeit tritt dann Manier.

Muß man solche Selbstverständlichkeiten anraten wie die, den bezüglichen Satz möglichst nahe an sein Hauptwort im Vordersatze zu rücken? Man muß, denn Sätze wie dieser schwer verunglückte sind nicht ganz selten: *Gestern Abend fand ein Ball beim Herzog statt, der sehr voll war.* – Aber, Herr Herzog!

○ ○ ○

Eine gesonderte Betrachtung fordert der **unechte Bezugsatz**, dem oft die besten Schreiber gleich den schlechten zum Opfer fallen. Der Bau eben dieses Satzes kann als Muster dienen. Noch schlechter gebaut sind folgende Sätze:

> Mehrere hiesige Kinder spielten gestern im Hafen auf dem Eise: dabei fiel ein kleiner Junge ins Wasser, den mehrere Arbeiter wieder herauszogen. (Stettiner Zeitung) – Goethe kehrte ihm (Herder) schmerzlich den Rücken und wechselte kein Wort mehr mit dem einst so mächtigen Wecker und Warner, der noch im Jahre 1803 aus dem Leben schied. (Eugen Wolff) – Goethe verließ die Freundin (Friederike), die im November 1813 unverheiratet starb und seitdem vielfach verleumdet ist. (Goedeke) – Noch heute enthält der kleine Teich viele kleine Fische, an denen sich die rings lagernden Kreuzfahrer erquickten. (L. A. Frankl) [800jährige, längst verzehrte und immer noch lebende Fische!] – Voltaires Umkehr riß keineswegs seine Schule mit, die sich vielmehr bis in die Ideologie hin erstreckte und noch unter Napoleon die herrschende Philosophie blieb. (Julian Schmidt) – Man will die Schwurgerichte durch eine besondere Art von Schöffengerichten ersetzen, deren Konstruktion in der Luft schwebt und als völlig unpraktisch erscheint. (Köhler) [Das ist gewiß nicht die **Absicht** des Gesetzgebers.) –

Das Gemeinsame dieser Beispiele liegt in der schwer ausrottbaren Sucht von uns Deutschen Schreibern – uns, denn bin ich sicher, daß mir kein ähnlicher Satz widerfahren ist? –, einen nicht ergänzenden, sondern steigernden neuen Gedankenwein in den alten Satzschlauch zu füllen. Diese Satzform ist allerdings oft sehr bequem, bleibt aber bedenklich, ja gefährlich durch die Verführung zum Mißbrauch. Als Regel sollte gelten: Nur das Ergänzende, verhältnismäßig Nebensächliche, Abhängige gehört in den Nebensatz; Hauptsachen gehören in den Hauptsatz. Ehedem, es ist aber schon lange her, hätte man richtig geschrieben: *Mehrere Berittene verfolgten den fliehenden Verbrecher; der aber entkam.* Der Deut-

Unechter Bezugsatz

sche Hang, zwei selbständige, nebengeordnete Hauptsätze in die Form der Über- und Unterordnung zu zwingen, machte aus dem hinweisenden ›der‹ ein bezügliches, und so entstand der schiefe Satz: ... *Verbrecher, der aber entkam.* Ebenso steht es mit folgenden Beispielen, deren bezügliche Nebensätze nicht gewachsen, sondern geleimt sind: *Beide Fälle von Selbstmord betrafen Maurer, die gegenwärtig den besten Erwerb haben* (Württembergischer Staatsanzeiger). Sollte der Selbstmord den Erwerb gar gesteigert haben? – *Der Jäger befahl dem Schützen, den Jungen festzuhalten, der sich aber weigerte.* Durch den bezüglichen Satz wird aus dem Nacheinander ein Ineinander zweier Handlungen und ein völliger Unsinn.

○ ○ ○

So ganz allein stehen wir mit diesen unechten Bezugsätzen nicht; auch im Französischen und Englischen kommen sie nicht selten vor, allerdings wohl kaum bei den allerbesten Schriftstellern.

Milder sind Bezugsätze zu beurteilen wie dieser in einer Stillehre heftig getadelte von Kleist: *Der Roßkamm, der wohl sah, daß er hier der Gewalt weichen mußte, entschloß sich, die Forderung zu erfüllen.* ›Der‹ steht hier nur ungeschickt statt: Da der Roßkamm wohl sah, oder: Der Roßkamm, wohl sehend. Die Angst vor dem nützlichen Mittelwort der Gegenwart verführt zum schädlichen Unterordnen.

Schlimmer noch ist es um einen Satz bei Novalis bestellt: *Der König ließ ihr den Becher reichen, aus dem sie nippte und mit vielen Danksagungen hinweg eilte.* Wir werden aber selbst diesem doppeltfalschen Beziehungssatze gegenüber das Richtschwert sinken lassen; denn so, wie Novalis einmal oder selten, ebenso hat – nicht genau gezählt, doch nicht zu hoch geschätzt tausendmal – wer geschrieben? Goethe! Keine zweite bestimmte Stileigenheit ist so unverkennbar Goethisch wie diese:

> Marianne schaute mit einem traurigen Blick nach ihr auf, den Wilhelm bemerkte und in seiner Erzählung fortfuhr. – Ich erinnre mich seiner Auktion, der ich vom Anfange bis zum Ende beiwohnte und manches erstand. – Da droben ist die Taube, nach der Franziska so lange geschossen und sie niemals getroffen hat. – Er hatte eine gewisse leidenschaftliche Kontroverse eingeschoben, die ich wegließ und ein heitres Naturgedicht dafür einlegte. – Rugantino tritt auf mit der Brieftasche, welche er geöffnet hat und die Papiere ansieht.

Goethe ist in unserm ältern Schrifttum nicht der Einzige, der die bezüglichen Sätze mit so kühner Freiheit behandelt. Bei Schiller heißt es in Maria Stuart: *Das tat ich aus Achtung für die würdige Person der Lords, nicht für ihr Amt, das ich verachte.* Klopstock dichtet: *Seele die du mir schufst, ihr Ewigkeit gabst,* und Winckelmann schreibt: *Ein System, welches man wählte und ihm blindlings folgte.* – Bei Luther sind Satzbindungen dieser Art recht häufig: *Gott, dem alle Welt die Ehre tut, vor ihm sich fürchtet.* Hier stört uns das Abweichen von der richtigen Form so gut wie gar nicht. Wir empfinden, in der gehobenen Rede werden die Bindewörter lästig, wirken sie zu flach; der Flug der Kunstprosa stürmt über die Schulrichtigkeit hinweg und bahnt sich die eigne Spur mit der eignen Richtigkeit.

○ ○ ○

Ich habe eine neue Bekanntschaft von einem alten Manne gemacht, welcher, wenn ich nicht wüßte, daß er Goethe wäre, und auch dennoch hat er keinen angenehmen Eindruck auf mich gemacht. Dieser merkwürdig gebaute Satz steht in einem Briefe der Frau Charlotte Kestner von 1816 nach einem Besuch in Weimar, jener Lotte Buff aus der Wetzlarer Zeit, die von Goethe im ›Werther‹ verewigt worden war. Die gute Lotte war eine der Schreiberinnen, die sich beileibe nicht auf das Glatteis der Nebensätze begeben sollten. Ihren Satzbau nennt man mit einem gelehrten griechischen Wort **Anakoluthie**, mit einem etwas weniger gelehrten: aus der Konstruktion fallen, und auf Deutsch: Verbruddelung oder **Satzbruch**. Frau Kestner verbruddelte ihren Satz aus Ungeschick, und der Leser sei vor der bewußten oder unbewußten Nachahmung gewarnt. Es sei denn, daß er ganz sicher ist, ein Genius zu sein: der Meister kann die Form zerbrechen mit weiser Hand, zur rechten Zeit. Alle größte Prosakünstler haben Satzbruch begangen, desto kühneren, je gewaltiger der Fluß ihrer Rede war. Er kommt selbst bei den achtsamen Griechen und den peinlichen Römern vor.

Wo sich's um die Freiheit des Meisters handelt, fehlt natürlich Goethe nicht:

> Mich kann das, Leonore, wenig rühren,
> Wenn ich bedenke, wie man wenig ist,
> Und was man ist, das blieb man andern schuldig.

Der Bau ist ihm denn auch von den Schulfüchsen zu Ende des 18. Jahrhunderts benörgelt worden.

> Ich habe gefunden, daß, so leicht man ..., ebenso selten ist eine Art ... – Für andre wird auch eine Sonne scheinen. Sie werden sich an ihr hervortun und uns indessen ein helleres Licht erleuchten (aus dem berühmten Brief an Auguste von Stolberg-Bernstorff, 7. 4. 1823).

Unser größter Satzzertrümmerer außer Goethe war Bismarck: in seinen Reden fast regelmäßig einmal unter je 4–5 Sätzen; natürlich am öftesten, wenn er in der Erregung des Augenblicks oder unterm allzu reichen Zuströmen des Stoffes die ihm ja ohnehin nur karg zugemessene Geduld verlor und durch alle Dämme des Satzes brach: *Die von Ihnen sonst verehrte Majorität ... sobald Sie sie haben, ist der Glanz der Majorität gar nicht hoch genug zu preisen; sobald Sie sie nicht haben, schieben Sie die Vertretung der Regierung zu.* Seltner ist diese so wirksame Unordnung in Bismarcks Briefen; in seinen Noten wird sie kaum zu entdecken sein.

In Mörikes ›Mozart‹, sicher absichtlich, um die Lebendigkeit der Rede zu malen:

> Meine einfältige Meinung ist, daß, wenn Don Giovanni nicht aller Welt den Kopf verrückt, so schlägt der liebe Gott seinen Musikkasten gar zu (ähnlich dem Satze Luthers auf S. 543 und der Märchensprache: Fundevogel und Lenchen hatten sich so lieb, daß, wenn eins das andre nicht sah, ward es traurig).

Die Sprecherin bei Mörike hätte eben gar nicht mit ›daß‹ einsetzen sollen.

Gar zu weit geht Keller in einem Satze des ›Grünen Heinrichs‹: *Es gelang mir mehrere Male, mich mit klopfendem Herzen in den angefüllten Saal zu schleichen, und überflog mit befriedigten Blicken die Dekorationen.* – Heinrich Seidel schreibt in seiner gemütlichen eignen Jugendgeschichte: *Wenn mein Bruder Werner und ich einmal mit ihm ausfuhren und einem von uns wurde der Hut abgeweht, so ...* Warum eigentlich nicht?

SECHSTER ABSCHNITT
Der Schachtelsatz

Vielen von unsern Schriftstellern gefällt ein verworrener Stil; sie häufen Schachtelsatz auf Schachtelsatz, und oft findet man erst am Ende einer ganzen Seite das Zeitwort, von dem der Sinn des ganzen Satzes abhängt. Nichts verdunkelt so sehr den Satzbau.
FRIEDRICH DER GROSSE IN SEINER SCHRIFT ÜBER DIE DEUTSCHE LITERATUR

Wenn es eine Impertinenz ist, andre zu unterbrechen, so ist es nicht minder eine solche, sich selbst zu unterbrechen (indem man) ... eine Phrase zerbricht, um eine andere dazwischen zu leimen.
SCHOPENHAUER

Es rauscht in den Schachtelhalmen.
SCHEFFEL

Der **Schachtelsatz** ist seit dem 16. Jahrhundert, seit der Verlateinerung unsers Stils durch die Humanisterei, eines der Grundrechte Deutschen Schreibervolkes. Auserlesene Perlen zu finden, ist nicht schwer; schwerer, die Schnur nicht zu lang zu strecken. Hier wandelt der Gelehrte mit dem Ungelehrten, mit dem Gesetzgeber der Richter, der König mit dem Dichter auf den gleichen Höhen der schachtelnden Deutschen Menschheit.

> Habe Ihr Schreiben vom 7. dieses Monats, in welchem Sie mir die Anzeige machen, daß am 13. dieses Monats das von Ihnen verfertigte Modell der Dichtergruppe in München eintreffen werde, empfangen,

welche Anzeige ich, der ich bezüglich der Herstellung dieses Denkmales, wozu ich, was Ihnen bereits bekannt, das Erz als Geschenk gab, außer diesem weiter nichts damit zu tun habe, mich aber recht sehr freue, das Modell von einem so ausgezeichneten Künstler wie Sie sind, hergestellt zu sehen, mit Vergnügen gelesen, Sie dabei zugleich gern der Gesinnungen meiner Wertschätzung versichernd, Ihr Ihnen wohlgewogener Ludwig (der Erste von Bayern, an den Bildhauer Ritschel über das Denkmal Goethes und Schillers in Weimar).

Wer ... den Widerstand des Verpflichteten gegen eine Handlung, die dieser zu dulden **verpflichtet ist, beseitigt, handelt** nicht widerrechtlich (§ 229 des Bürgerlichen Gesetzbuches).

Ein rheinischer Anwalt stellt im Namen seiner Partei den Antrag:

Das Gericht wolle erkennen, der Beklagte sei schuldig, mir für die von mir für ihn an die in dem von ihm zur Bearbeitung übernommenen Steinbruche beschäftigt gewesenen Arbeiter vorgeschossenen Arbeitslöhne Ersatz zu leisten.

Gegen den Angeklagten wird, weil er sich einer Ungebühr schuldig gemacht hat, indem er, nachdem er wiederholt zur Ruhe verwiesen und ihm schließlich eine Ordnungsstrafe angedroht war, sich der Worte ... bediente, gemäß § ... eine Ordnungsstrafe von 10 M. festgesetzt. (Von einer Ordnungsstrafe gegen den Assessor, der diesen Satz verübte, wurde abgesehen?)

In dem gegen ihn von einem durch das Überströmen des Wassers des Godesberger Baches auf seine angrenzenden Immobilien (in der Deutschen Barbarensprache: Grundstücke) geschädigten Eigentümer angestrengten Prozesse wurden ... (Bonner Zeitung). – Für die nach der durch das von dem Kloster Loccum erbaute Hospiz in weiteren Kreisen bekannt gewordenen Insel Langeoog kommenden Badereisenden hat sich ... (aus einer Kasseler Zeitung von 1889).

Es war am 15. Februar Abends um 9 Uhr, als der große Geist in dem westlichen Eckzimmer des ersten Stockes am Ägidienmarkt 12 – die beiden von Lessing bewohnten Zimmer sind jetzt zu einem vereinigt – aus der zerrütteten Hülle schied. (Düntzer über Lessings Tod) – Der scharfe Widerspruch, zu dem er vielen gegenüber, deren Annahmen er zurückweist, sich für genötigt hält, zeigt ... (H. Grimm) – Aber das herrliche Ganze zu würdigen, hindert die Meisten die Fülle der Schwierigkeiten, welche diese Dichtung, in der die Mühe eines Schaffens nach literarischen Mustern und mit wissenschaftlichen Hilfsmitteln stellenweise fühlbar genug wird, dem Verständnis, oft selbst nur des Wortlautes, entgegensetzt. (Burdach, Einleitung zum Westöstlichen Diwan) – Und vor der Helena hat schon Heine, dessen Faustisches Tanzpoem in fernabgelegene Sphären des Sinnentaumels springt, die auch von ihm gegen den zweiten Teil erhobenen Waffen bewundernd gestreckt. (Erich Schmidt)

Schachtelsatz

In Stettin **liefen** gestern drei Dampfer, die der bekannten Rhederfirma ..., welche schon seit 30 Jahren mit so großem Erfolge diesen Verkehrszweig pflegt, der allerdings noch immer nicht den Aufschwung nehmen will, der ihm zukommt, gehörten, bei prächtigem Wetter, wie man es schon lange nicht genossen, unter großer Beteiligung der Behörden und des Publikums (vom Stapel?) **ein**. (Aus einer Stettiner Zeitung).

Nach Abschluß der angeordneten (!) Untersuchung haben wir dem Direktor der Anstalt eröffnet, daß wir uns eines näheren Eingehens auf die besonderen Umstände der einzelnen körperlichen Züchtigungen von Schülern, die zum Teil längere Zeit – ein bis 2 Jahre – zurückliegen und manches, was für eine milde und entschuldigende Beurteilung des fraglichen disziplinären Vorgehens **spreche, enthielten, glaubten enthalten zu sollen**. (Aus dem Schreiben einer badischen Schulbehörde).

Alle diese Gewächse aus dem Schachtelhalmröhricht Deutscher Prosa sind echte menschliche Urkunden. Bezweifelt wird, gewiß mit Unrecht, die Echtheit dieses hessischen bürgermeisterlichen Erlasses: *Derjenige, der denjenigen, der den Pfahl, der an der Brücke, die auf dem Wege, der nach Worms führt, liegt, steht, umgeworfen, anzeigt, erhält eine Belohnung.* Warum sollte er nicht echt sein? Allerdings stoßen 6 Zeitwörter zusammen; das ist doch nur ein kleiner Gradunterschied im Vergleich mit folgendem Satz eines berühmten Reiseforschers: *Er hatte schon den Ernst des Daseins kennen gelernt und war allen Gefahren, welche möglicherweise an ihn herantreten konnten und welche (!) ein jeder, der diese wilde Gegend zu jener Zeit, als diese Geschichte dort* ***spielte, durchstreifte, gewärtig sein mußte, gewachsen.***

○ ○ ○

Gegenüber einer so hervorstechenden Stileigenschaft wie der Deutschen Schachtelei fühlt man vor allem den Wissensdrang nach ihren Seelengründen, auf Gelehrtendeutsch: nach ihrem psychologischen Kausalitätsprinzip. Alles Forschen dieser Art muß auf eignem Erleben und Beobachten (auf ›individueller Experimentalempirie‹) beruhen. An Gelegenheit hierzu mangelt es keinem Deutschen, denn wer von uns hätte nicht schon geschachtelt? Der jedem Schreiber bekannte oder zur genauesten Bekanntschaft

Schachtelsatz

dringend empfohlene Vorgang ist dieser. Er sitzt am Schreibtisch, die Denkerstirn übers Papier gebeugt, die Feder von Rand zu Rand laufenlassend, schreibt also Prosa. Fahren wir der Höflichkeit wegen doch lieber mit Ich fort. Ich denke einen Gedanken, so klug oder so platt, wie er mir eben aufgegangen, sagen wir: über die alte Neigung der Deutschen Gebildeten zum Schachteln, und schreibe ihn hin. Im Schreiben kommt mir – man kann sich nicht in jedem Augenblick so straff zusammenraffen, zumal bei einer halbunbewußten Tätigkeit wie dem Niederschreiben des Fertiggedachten, daß einem die Gedanken nicht doch einmal hin und her schweifen, wie z. B. in dieser viel zu langen Schachtelei – kommt mir die Erinnerung an allerlei in jungen Jahren gelernte Schulweisheit. An das geringere Schachteln in der Sanskritdichtung, das üppigere bei den griechischen Prosaschreibern, das überwuchernde bei gewissen Römern, die Strenge der Franzosen, den Wechsel zwischen Straffheit und Läßlichkeit bei Shakespeare: lauter dem Gegenstande nicht allzuferne Nebendinge. Man möchte den Leser so gern belehren, und – man ist ja nicht bloß ein Schreiber, sondern ein Mensch mit menschlichen Schwächen, darunter der lieben Eitelkeit, deren Befriedigung einem so süß eingeht. Schon hat das Hirn von der Stelle aus, die den Willen leitet, den Befehl in den Nervenstrang entsandt: Sprich dem Leser getrost von den alten Indern, vielleicht freut's ihn; und selbst wenn nicht, wie groß stehst du ihm gegenüber da, der als junger Fuchs wahrscheinlich kein Sanskrit getrieben! Der Arm hebt sich, die Weiche zwischen den Gedankengleisen wird umgestellt, der Zug der Darstellung bekommt das Zeichen: Freie Fahrt! von der Schachtelei der Deutschen zur Nichtschachtelei der Inder. O, die Weichenzunge ist so fein, sie schließt sich unter dem Griff eines leidlich gewandten Stilweichenstellers eisernfest an das neue Gleis: es wird keinen Stoß und Ruck geben, unter tausend Lesern wird kaum einer den Übergang merken: Schreib's hin! – Nein! Ich schreib es nicht hin! Einer wird es doch merken, und merkt es kein Leser, dann bin ich dieser Eine: nie werde ich beim Überlesen vor dem Druck, beim Prüfen des Druckbogens, beim Blättern in meinem fertigen Buch jene glänzende Stelle erblicken, ohne mich zu schämen.

Es gibt ein Hauptgesetz für den Stil wie für jede Kunst, z. B. für das Drama: **Einheit der Teilnahme**. ›Der leitende Grundsatz der Stillehre sollte sein, heißt es bei Schopenhauer, daß der Mensch nur einen Gedanken zur Zeit deutlich denken kann; daher ihm nicht zugemutet werden darf, daß er deren zwei oder gar mehrere auf einmal denke.‹ Von Cäsar meldet eine Überlieferung, er habe gleichzeitig zwei Schreibern diktiert; sicher keine wichtigen Schriftstücke. Aber um wie viel leichter ist doppeltes Diktieren – jeder unsrer geübten Reichstagsstenographen leistet das täglich –, als doppeltes Lesen! Das doppelte Diktieren ist ein Nacheinander, das doppelte Lesen ein Durch- und Ineinander; und der Doppeldiktierer spricht seine eignen Gedanken aus, der Leser soll die ihm fremden des Schreibers aufnehmen. Was muß da nach dem Willen des Schreibers nicht alles gleichzeitig in der Schwebe bleiben, in jener Schwebelei, die mit klarem Denken und dessen Ausdruck, dem klaren Stil, nichts zu schaffen hat.

Indessen wir wissen ja schon: Der Stil ist der Mensch, und hier lernen wir hinzu: **Der Stil ist die Gesellschaft**. Deutschland ist die Heimat des Gespräches, bei dem man froh sein kann, wenn höchstens zwei auf einmal sprechen. Jeder unterbricht jeden, warum sollte er nicht sich selbst unterbrechen? In der englischen Kinderstube wird gewarnt: *Don't Interrupt!* Es ist nicht bloß gelehrttuerische Eitelkeit, es ist ebenso sehr Mangel an Selbstzucht, die uns zur Schachtelei verleitet. Nichts da von ›überreich zuströmenden Gedanken‹, deren Gedränge den Stopfstil erzeuge: wer wahrhaft reich an wertvollen Gedanken ist, legt so viel Wert auf jeden einzelnen, daß er ihn nicht durch die andern verstümmelt oder zerquetscht. Jakob Minor hat E. Schmidts Stopfstil entschuldigend verglichen mit einem übervoll gepackten Koffer. Nun, wer in seinen Koffer überflüssiges stopft, ist ein ungeschickter Reisender; und wer durch den überflüssigen Kram das Notwendige zerdrückt und unbrauchbar macht, der bliebe besser zu Hause.

Die größten Denker haben dieser wichtigen Seite des Geisteslebens ihre besondere Aufmerksamkeit zugewandt: sie stimmen überein im verwerfenden Urteil. Aristoteles drang darauf, vor allem ›den Hauptsatz vollständig auszusprechen‹. Und Schopenhauer schalt auf die Inanspruchnahme des Gedächtnisses, statt des Verstandes, durch ›jene langen, mit ineinander geschachtelten Zwischensätzen bereicherten und, wie gebratene Gänse mit Äpfeln, ausgestopften Perioden‹. Goethe, der noch bildhaftere, verglich den Stil der Deutschen Gelehrten ›und ihre mit Zitaten und Noten überfüllten Abhandlungen, wo sie rechts und links abschweifen und die Hauptsache vergessen machen, mit Zughunden, die, wenn sie kaum ein paarmal angezogen haben, auch schon wieder ein Bein zu allerlei bedenklichen Verrichtungen aufheben, so daß man mit den Bestien gar nicht vom Fleck kommt, sondern über Wegstunden tagelang zubringt‹.

○ ○ ○

Es gibt Schreiber, denen man immerfort, wie den unsachlichen Rednern im Reichstag, zurufen möchte: Zur Sache! Dem immer wieder abschweifenden Reichstagsredner entzieht der Präsident nach zweimaliger Verwarnung das Wort; ein immer wieder abschweifendes Buch werfe der Leser einfach in die Ecke. So verliebt ist der Stopfschreiber in jeden seiner Gedankensplitter, daß er um jeden wie um ein Heiligtum kämpft: nur hinein! Er kennt und liebt sie alle, denn er ist ihr Erzeuger; was kümmert ihn der Leser, über den sie mit der Plötzlichkeit alles Unbekannten hereinhageln? Satzfetzen nach Satzfetzen soll der Leser im Kopf behalten, keinen verlieren, ängstlich nach den ergänzenden Satzfetzen haschen – eine Hasenjagd, kein ruhiges, belehrendes Lesen.

Der Schachtelstil des abschweifenden Stopfschreibers verführt, nein zwingt zum flüchtigen Lesen: die so mühsam zusammengeklaubten Stopfsel werden aus Ungeduld einfach überhüpft, um die zerbrochenen Stücke zusammenzukitten, und bleiben tote Last, verlorene Liebesmüh. Einheitliche Wirkung eines Schachtelsatzes ist unmöglich: erst die weit entlegene zweite Hälfte klärt die erste Hälfte auf, deren Inhalt schon verblaßt ist.

Untersuchen wir ein paar Einzelfälle auf ihre Seelengründe, zwei von den harmloseren. *Morgen früh wird das Reichsluftschiff zu der bisher mißglückten Fahrt nach Köln aufsteigen.* – Daß dies blanker Unsinn ist, nur nebenbei. Der Verfasser, ein gehetzter Zeitungschreiber, hatte entweder keinen Raum oder keine Zeit zu einem besondern Satze: ›bisher sind solche Fahrten noch immer mißglückt‹; er half sich durch das Stopfen des einen selbständigen Gedankens in einen andern.

Ein Professor ist kein Zeitungschreiber, will selbst dann keiner sein, wenn er für Zeitungen schreibt; er muß also Zeit haben, und an Raum gebricht's ihm nicht. Warum also schreibt er in einem seiner immerhin unschuldigsten Stopfsätze: *Derselbe gab 1588 ein noch auf der Schwelle des 18. Jahrhunderts neu aufgelegtes treffliches Reimwerk heraus.* Der Zwischensatz ist entweder ganz überflüssig, oder, wenn wissenswert, jedenfalls nicht hierher gehörig. Lieber noch eine Anmerkung unten, als ein Hineinpferchen in den ruhigen Satz, wenn denn durchaus nicht, gemäß der Reihenfolge der Gedanken, einfach und klar geschrieben werden durfte: *Derselbe gab 1588 ein treffliches Reimwerk heraus; noch auf der Schwelle usw. wurde es neu aufgelegt.* Aber einfach und klar wäre laienhaft, der gelehrte Fachmann muß sich auf andre Weise auszeichnen. Daß man ein auf der Schwelle des 18. Jahrhunderts aufgelegtes Werk nicht schon 1588 herausgeben kann, nur so nebenbei. – *Just* (in Lessings Minna) *war nur Packknecht, und man merkt es ihm an, wie die Kyropädie verächtlich vom σκευοφόρος spricht* (E. Schmidt). Was um des Himmels willen hat Xenophons Kyropädie und der griechische Packträger mit Tellheims Just zu schaffen? Und wenn der einfache und genügende Satz durchaus mit dem Wissenskram der Eitelkeit bepackt werden sollte, warum dann nicht alle Packknechte der Weltliteratur zu Hilfe rufen, warum z. B. nicht Sancho Pansa?

Nennten wir nur das Abschweifen und Schachteln, die Stopfsel und Füllsel mit ihren Deutschen Namen, so wäre schon viel gewonnen; jetzt aber heißen sie griechelnd Parenthesen, und dadurch werden sie vornehmer. Vornehm oder nicht, mit seltnen Ausnahmen taugen sie nichts, ja sie schaden. *Clemens der Siebente, diesen Namen hatte Medici angenommen, nachdem ihm die Auswahl viel Kopfzerbrechen gekostet, berief Michelangelo im Jahre 1525 zu sich* (H. Grimm). Was in der weiten Welt hat das Kopfzerbrechen des Medici um seinen Papstnamen mit der Berufung des Künstlers nach Rom zu tun?

Im ersten Epeisodion – so heißen die zwischen die Chorlieder eingeschobenen Dialogpartien – (folgen weitere drei Druckzeilen

Erklärung von Epeisodion mit drei voneinander abhängigen, ineinander verhedderten Nebensätzen) – *kommt atemlos ein Rinderhirte daher* (Th. Ziegler). Das will ich meinen, wenn man ihm den Weg durch einen solchen Zwischensatz versperrt hat. Während der Hirte atemlos rennt, erklärt uns der gelehrte Mann behaglich die Bedeutung von Epeisodion.

○ ○ ○

Zwischengeschaltete Nebenbemerkungen ganz zu verbieten, wäre falsch; sie sind ja der lebendigen Rede nicht fremd, also auch im geschriebenen Satz an sich nicht verwerflich. Es gibt gute und es gibt schlechte Einschiebsel; wie die guten beschaffen sein müssen, läßt sich nicht durch feste Regeln genau bestimmen. Flüchtig müssen sie sein, dürfen den Faden des Satzes nicht zerreißen, sollen ihn wo möglich noch straffer spannen. Ein ausgezeichnetes steht in der bekannten Gellertschen Fabel:

> Er reißt den Degen aus der Scheide,
> Und, o was kann verwegner sein!
> Kurz, er besieht die Spitz und Schneide,
> Und steckt ihn langsam wieder ein.

Kann man das feige Zögern feiner als durch den Schachtelsatz ausdrücken?

Ein berühmter Stillehrer machte Schillern einen Vorwurf aus den Versen: *Die Beschämung gönnt' ich ihr, daß sie mit eignen Augen, denn der Neid hat scharfe Augen, überzeugt sich sähe.* Mit Unrecht, der Zwischensatz stört nicht, wirkt sogar verstärkend. Gleiches gilt von den Versen: *Er hört, schon kann er nicht mehr sehn, Die nahen Stimmen furchtbar krähn,* und: *Es ist etwas Großes, ich muß es verehren, Um einer Herrscherin fürstlichen Sinn.*

In den Versen Chamissos (›Abdallah‹): *Ich weiß in dieser Gegend und kenne wohl den Platz, Und könnte dahin dich führen, den unermeßlichsten Schatz* dienen die Einschaltungen zum geschickten Steigern der Neugier. Geradezu schön wirkt der kleine Schachtelsatz bei Peter Cornelius: *Nun haben wir Wagner, der gewiß für uns Deutsche das ist, was Meyerbeer für die Franzosen war ... heil dem*

Unterschied! ... und wollen ihm nicht freudig zugestehen, daß ...?
Und nichts zu sagen ist gegen D. Fr. Strauß: *Kabale und Liebe ist, trotz aller Unwahrscheinlichkeit, ein Stück – aber man muß es aufführen sehen – von hinreißender Kraft.*

○ ○ ○

Manchmal wird so kunstvoll geschachtelt, als gälte es den Wettkampf mit den chinesischen Elfenbeindrechslern, die eine Kugel in die andre schnitzeln:

> Herr von R. hat der mit der Verwendung der zur Unterstützung der Familien der in der Kohlengrube verunglückten Bergleute eingehenden milden Beiträge sich befassenden Behörde hundert Taler zu diesem Zwecke zustellen lassen. (Aus einer westfälischen Zeitung)
> Nachdem der letzte Versuch, den ein Stuart in Schottland wagte, um den britischen Thron, welchen seine Vorfahren besessen hatten, wiederzuerobern, im Jahre 1746 mißlungen war. (Friedrich Schlegel)

Höchst ungeschickt, und der Zwischensatz, ›welchen seine Vorfahren besessen hatten‹, ist überflüssige Wortmacherei. Auch der erste Bezugsatz wird durch ›eines Stuart‹ überflüssig.

> Hauptmann leidet **in für die in Deutschland** verbreitete poetische Kultur ganz ungewöhnlicher Weise ... (Adolf Bartels)

Ein ungeheures Unglück ist zu berichten, San Francisco ist von einem furchtbaren Erdbeben heimgesucht worden; der Deutsche Berichterstatter läßt sich Zeit – erst schachteln, dann melden:

> San Francisco, die schöne Metropole Kaliforniens am Goldenen Tor, durch das man vom Stillen Ozean in die von malerischen Küstengebilden umrahmte Bai von San Francisco einfährt, ist von einem schweren Erdbeben heimgesucht worden.

○ ○ ○

Hat Lessing einmal geschachtelt, so merkt er's und macht aus seiner Not eine reizvolle Tugend:

> Einen Dichter, dessen großes, ich will nicht sagen größtes, Verdienst in dem war, was wir das Mechanische der Poesie nennen, dessen ganze Mühe dahin ging, den reichsten, triftigsten Sinn in die wenigsten, wohlklingendsten Worte zu legen, dem der Reim keine Kleinigkeit war, – einen solchen Dichter in Prosa zu übersetzen, heißt ihn ärger entstellen, als man den Euklides entstellen würde, wenn man ihn in Versen übersetzte.

Ein nicht immer vorsichtiger Schachteler war Heinrich von Kleist:

> Es traf sich, daß der Kurfürst von Sachsen auf die Einladung des Grafen von Köllheim, der damals an der Grenze von Sachsen beträchtliche Besitzungen hatte, in Gesellschaft des Kämmerers Herrn Kunz und seiner Gemahlin, Tochter des Grafen, zu einem großen Hirschjagen, das man, um sie zu erheitern, angestellt hatte, dahin gereist war.

Man merkt, daß Kleist einmal so etwas wie Regierungsassessor gewesen war. Die wundervollste Schachtelei findet sich aber bei – Goethe, nicht bei der alten Exzellenz, sondern bei dem Herrn Geheimrat vor der Reise nach Italien. Ein herzoglich Weimarischer Husar ist ausgerückt samt den ›anhabenden ledernen Hosen‹; in dieses aufregende Staatsereignis greift Goethes Kanzleistil machtvoll ein:

> Wir haben referieren hören, was Ihr wegen der bei Gelegenheit der an den für den desertierenden Husaren Thon angetretenen Rekruten Birke abzugebenden lederner Hosen zwischen Euch und dem Rittmeister von Lichtenberg entstandenen Differenz mittels Berichts vom 10. hujus, welchem die anschlüssig rückfolgenden Akten beigefügt gewesen, anhero gelangen lassen.

○ ○ ○

In keiner Sprache ist die Schachtelei so bedenklich wie gerade im Deutschen: da das Zeitwort der Nebensätze am Ende steht, so erzeugt jeder Zwischensatz die Gefahr, daß zwei Zeitwörter holprig, stolprig, poltrig zusammenprallen. Für dieses Nachklappen wurden schon ein paar Bespiele gegeben (S. 554); zum heilkräftigen Abschrecken aber gehört eine größere Zahl.

> Wie die internationalen Bankdiebe, die wie erwähnt in Brüssel bei dem Versuche, dem Kunden einer Bank, der in dem Paket 24000 M. in Empfang genommen hatte, das Paket zu stehlen, festgenommen wurden, gearbeitet haben, geht aus Folgendem bevor. (Dresdener Zeitung)

Bei B. Lißmann schließt ein Satz: › ... zu Hause war, spielte, viel Glück machte‹; in der Kölnischen Zeitung einer: ›eingenommen hat, angedeihen zu lassen in der Lage war, haben wir seiner Zeit berichtet‹.

> Wenn man heute von der Höhe des alten Fiesole, das nördlich über der Stadt am Gebirge klebt, hinabsieht, liegen der Dom ... (H. Grimm)

Die Zeitwörter an den Enden der Satzglieder prallen aneinander wie die Billardbälle: klapp, klapp, klapp; oder wie die des Gauklers, der 3, 4, 5 Kugeln durcheinanderwirft und sie zum Schluß in seinen Hut fallen läßt: puff, puff, puff. Moltke, der feinhörige Schreiber, vermied das Zusammenklappen durch das einfache Mittel der Wiederholung: *Diesem Juden, an welchem er ..., von dem er weiß, daß er ihn betrügt und den er doch nicht entbehren kann,* **diesem** *übergibt er die Oberaufsicht.*

Bei unsern Klassikern kommt das Zusammenprallen zwar nicht oft, doch immer noch zu oft vor; unser Ohr ist heute, zum Glück, empfindlicher geworden. Bei Goethe steht einmal: *Die Art, wie dieser mich über den Zustand, in welchem ich es geschrieben, aufklärte, erschreckte mich*, allerdings nur in einem Brief. Und bei Schiller: *Ehe der Tag, der eben jetzt am Himmel verhängnisvoll heranbricht, untergeht, muß ein entscheidendes Los gefallen sein.*

○ ○ ○

Eine andre traurig-spaßige Wirkung der Schachtelei ist die verblüffende **Überraschung**. Der Leser wird durch den ersten Teil des Hauptsatzes in eine falsche Gedankenbahn verlockt und erfährt erst zuletzt, wie gründlich er in die Irre gegangen. Oder er wird durch den ganzen Satz in der grauen Unwissenheit hilflos hin und her gestoßen, hört nur ein unverständliches Geräusch, und erst das letzte Wort bringt des Rätsels Lösung, oft mit höchst drolliger Plötzlichkeit, – Eiskübelstil! Es gibt Scherzaufgaben dieser Art, Kinderspielchen; daß aber ernste Schreiber sie unfreiwillig beisteuern, ist nicht schön. Theodor Mundt beginnt einen Satz: *Unsere Sprache* **hat** *allerdings außerordentliche Vorteile der Flexion, eine ganze volltönende Musik runder und ausgeschriebener Formen, eine ganze Plastik schwellender und von sinnlichem Leben strotzender Wortfiguren* – und der Leser denkt: Was ist das doch für eine herrliche Sprache! Dann kommt der Herr Verfasser und gießt ihm einen Kübel Eiswasser über den Kopf: eingebüßt. Der Satz steht in Mundts Buch ›Deutsche Prosakunst‹! Und wie einfach ist die Besserung: ›eingebüßt‹ hinter ›Flexion‹ gesetzt, und alles ist in bester Ordnung.

> Seltsamerweise **besuchte** Goethe die dicht am Wege liegenden Ruinen von Selinunt [daran tat er recht, aber warum findet der Schreiber dies seltsam?], die bedeutendsten Trümmer Europas, **nicht**. (Haarhaus: Auf Goethes Spuren)
> Gentz: **Ich habe** in dem revolutionären Gange der Zeit nie den natürlichen und verzeihlichen Wunsch, aus einem schlechten zu einem besseren zu gelangen, wohl aber das einseitige und anmaßende Prinzip, die Welt von frischem wieder anzufangen, **gehaßt**.

Bis zum letzten Wort ist man in völligem Dunkel über des Schreibers Wunsch; wie einfach auch hier das Einrenken!

> Düntzer: Riemer **kannte** Goethes Briefe an Frau von Stein [so! warum spricht denn Riemer nie ein Wort darüber?], welche über dieses Verhältnis die genaueste Auskunft geben, **noch gar nicht**.
> Henry Thode: Aus stärkstem Idealismus, zugleich ein Naturalist und ein Phantast, **leistet er** [was wird er wohl leisten?], nur seiner Gefühlsnotwendigkeit folgend [aber bitte, was leistet er?!], auf die (?) grade der bildenden Kunst eigenen Mittel [hier geben wir es auf], in der Schönheit ein entzückendes Gleichnis allgemeinster Wesenszustände und -Eigenschaften zu geben, **Verzicht**.

Ihering: *Der Prinzipat in der theoretischen Jurisprudenz* **ging** *von den beiden romanischen Völkern, dem italienischen* (folgt ein Zwi-

Stopfstil

schensatz) *und dem französischen* (folgt ein zweiter Zwischensatz, aber wir denken noch immer: ging von ihnen aus) *auf die germanischen, die Niederländer und Deutschen*, **über**.

– Umkrempelung unseres Gedankens; Zwang, den Satz unter diesem neuen Gesichtswinkel noch einmal zu lesen. Hätte Ihering angefangen: Von den beiden ging usw., so wäre keine Überraschung eingetreten.

○ ○ ○

Seien wir indessen nicht allzu streng: wer hat uns in unsern jungen Lehrjahren zausend gedroht, daß wir sitzen bleiben, wenn wir so schreiben? Wer uns gesagt, daß dies ein noch größeres Stilverbrechen ist als *quin* mit dem Indikativ? Nichts hat man uns je gesagt. Seien wir um so milder, nehmen wir uns nur um so fester vor, es nie wieder zu tun, wenn wir dergleichen selbst bei unsern Besten finden. Der vorsichtige Lessing schreibt: *Ich habe die erhabene Absicht, die Welt mit meinen Fabeln zu belustigen, leider nicht*, darf allerdings darauf rechnen, daß unser Auge schon bei ›Absicht‹ das ›leider nicht‹ sieht. Bei Strauß: *Maria Stuart erschöpft den tragischen Gehalt der geschichtlichen Situation, die darin behandelt ist, bei weitem nicht*, und: *So setzte Hutten um dieselbe Zeit gleichsam eine eigne Instruktion für ihn über den Punkt, um den es vor allem zu tun war, auf.*

Gelegentlich sogar bei unsrer so stilsichern Ebner: *Er forderte seine Rechnung, bezahlte, ... verließ das Haus und schlug* (wen? was?) *von Pawel gefolgt, der das Köfferchen, den Pelz und den Stock trug* (noch immer wissen wir nicht, wen er schlug), *im Eilmarsch den Weg zum Bahnhof ein.* Eine einzige Schlangenlinie, die den Schluß nach vorn hinüberzöge, und alles wäre sogleich klar.

Hebbel der Prosaschreiber, ist oft ein böser Nachklapper:

> Leute dieser Art [wie Julian Schmidt] verpflanzen die politische Kannegießerei [wohin?], die bekanntlich darin besteht, daß der Philister, dem die ersten Begriffe der Kriegskunst fehlen, hinter seinem Ofen die Feldzüge der Cäsaren und Napoleone korrigiert und die Heroen zehnmal ohrfeigt, ehe er ihnen einmal ein sparsames Lob erteilt, ins ästhetische Gebiet.

In Luthers Satze: *Am Letzten ist auch das wohl zu bedenken, daß man Fleiß und Kosten nicht spare, gute Librareyen oder Bücherhäuser* (!) (Luther kannte noch keine Bibliotheken), *sonderlich in den großen Städten, die solches vermögen, zu verschaffen*, schadet das Nachklappen nicht viel, weil wir etwas Ähnliches wie ›verschaffen‹ schon bei den guten Librareyen ahnen.

○ ○ ○

Endlich noch eine Untergattung des Schachtelhalmstils, die man den **Stopfstil** nennen darf. Schopenhauers Bild von der Gans mit den Äpfeln paßt schon darum nicht recht, weil Äpfel ein wohlschmeckendes Füllsel sind. Ich schmeichle mir, mit dem schon übervollen Eisenbahnabteil und den noch hinzugestopften Fahrgästen ein besseres gefunden zu haben. Ganz neu ist der Stopfstil nicht; ein reizendes Muster bietet uns Pfeffel, ein Erzähler des 18. Jahrhunderts:

> In Hindostan, dem Vaterland
> Der Fabel, das zuerst Verstand
> Den Tieren lieh, und manchem Träume
> Von hohem Sinn das Dasein lieh,
> Schwang sich auf einem Kokosbaume
> Ein Affe fröhlich auf und ab
> Und labte sich mit seinen Nüssen.

Ein ihm zeitgenössischer Meißnischer Pfarrer predigte *von der an dem bei der in dem Dorfe Lerche entstandenen unglücklichen Feuersbrunst geretteten Ziegenbocke erwiesenen Gnade Gottes.*

Einer von den unzähligen Stopfsätzen Erich Schmidts, des nicht zu überbietenden neueren Meisters dieser Stilart, mag uns den Seelenvorgang veranschaulichen, den wir kennen müssen, um ihn zu überwinden. Man prüfe den Satz auf S. 313: Schmidt will den zweiten Teil des Faust löblich gegen die Angreifer verteidigen und ruft Heine als Eideshelfer an: *Vor der Helena hat schon Heine die auch von ihm gegen den zweiten Teil erhobenen Waffen bewundernd gestreckt.* Dies wäre treffend und vollkommen ausreichend. Doch der Schreiber ist einer unsrer kenntnisreichsten Literaturforscher, und ihm dient ein beneidenswertes Gedächtnis. Alles

Stopfstil

einmal irgendwo Gelesene ist ihm gegenwärtig. Ihn umflattern hundert lose oder enger verknüpfte Erinnerungen an wirr schwankende Gestalten, die ihn alle beschwören, sie für diesmal festzuhalten. Sie drängen sich zwischen seine Sätze und Satzglieder, und der in manchen guten Dingen geschmackvolle Gelehrte, der nur so schrecklich viel gelesen, kann der Versuchung nicht widerstehen, dem Leser alles mitzuteilen, was ihm beim Schreiben nebenher eingefallen. Er erinnert sich, daß Heine ja einen ›Tanzfaust‹ geschrieben. Er gehört nicht entfernt hierher, wo es sich ausschließlich um Heines Bewunderung für Goethes Drama im Drama: ›Helena‹ handelt. Zudem wird ja den gebildeten Lesern damit nichts Neues gesagt. Gleichviel, ›Nicht so vieles Federlesen, laß mich immer nur herein!‹ fleht die Erinnerung an Heines getanzten ›Faust‹, und so wird zwischen Anfang und Ende des guten Hauptsatzes der ihn verstopfende Zwischensatz hineingequetscht: *dessen Faustisches Tanzpoem in fern abgelegene Sphären des Sinnentaumels springt*. Allenfalls hätte eine flüchtige Hindeutung, etwa: › ... Montag, den Heine, der Verfasser eines Tanzpoems Faust‹, den Eindruck der lebhaften Beschäftigung Heines mit Goethes Dichtung vertieft. Was aber hat die hineingestopfte Schilderung des Inhaltes von Heines Faust an dieser Stelle zu schaffen? Von der Nudelung des sonst schlanken Satzes zur unförmlichen Dicke nicht zu reden.

Der Leser ist nach einigen Seiten dieses Stopfstils mürbe bis zur Aufnahmeunfähigkeit. Schmidt nennt seinen Stil ›prägnant‹ (vgl. S. 320); Grillparzer nannte dergleichen ›eine verführerische, Kürze lügende Möglichkeit‹. Der Unterschied zwischen Schmidts vorwegnehmender Stopferei und diesem Satze der Norddeutschen Allgemeinen Zeitung ist nur scheinbar: *Am 26. März gebar sie einen in der Hedwigskirche am 7. April getauften Knabe*n. Und Düntzers Satz über Lessings Sterbestunde (S. 554) ist zwar geschmackloser als Schmidts Satz über Heines Faust, sein Baustil jedoch im Grunde der gleiche. – ›*An Kleists Beruf zur selten geübten Lyrik bleibt kein Zweifel*‹ (Schmidt). Also nur zur selten geübten Lyrik war er berufen?

Erich Schmidt ist nicht der einzige Meister dieses Stiles, aber dessen größter. Neben ihm bemühte sich Herman Grimm um diesen Stil, doch mit geringerm Erfolge; glänzend gelungen ist ihm folgender bandwurmartiger Stopfsatz:

> Goethe reist eines Tages Knall und Fall ab, aber es bleibt als Resultat dieser Kämpfe die innige Freundschaft zwischen ihm und der gesamten Familie Buss bestehen, **von der** wir durch einen Briefwechsel wissen, **dessen** Existenz lange Zeit nur bekannt war, **weil** er von der Familie Kestner eifersüchtig bewacht wurde, **der** nun jedoch über zwanzig Jahre bereits gedruckt worden ist.

○ ○ ○

Für kaum einen andern Abschnitt dieses Buches wurden soviel Beispielsätze dargeboten wie für diesen vom Schachtel- und Stopfstil: hier sollte mit allen Mitteln abschreckend gewirkt werden. Neben der Fremdwörterei gibt es kein so unfehlbares Merkmal des Deutschen Stils wie das Verschachteln und Verstopfen der Sätze. Hier läßt sich einmal ein handgreiflicher Rat geben, wie man einem der ärgsten Gebrechen des Satzbaues und damit der ganzen Darstellung siegreich begegnen kann. Man habe die rechte Liebe zur Sache und zum Leser, nicht zu sich und seinen kleinen Eitelkeiten! Die Liebe blähet sich nicht, sie sucht nicht das Ihre: nicht alles, was du weißt oder was dir köstlich scheint, frommt dem Leser, oder doch nicht in diesem Augenblick. Entweder du hast ihm etwas für diesen Satz sehr Wichtiges zu sagen: dann sag es ihm nicht nebenbei, nicht in einem eingeschachtelten, eingeschmuggelten, hineingestopften Nebensatz. Oder es ist minder wichtig, ja überflüssig, dann warte auf die passende Gelegenheit, oder laß es lieber ganz weg. Nichts Nebensächliches kann je so wichtig sein, daß du darum deinen heilen Satz zerreißen und trügerisch wieder flicken mußt. Laß dich vom Prediger Salomonis, einem gar weisen Manne und feinen Satzbauer, belehren: ›Zerreißen und Zunähen, Schweigen und Reden hat seine Zeit.‹ Erinnre dich, so oft du die Feder ergreifst, des Schillerschen Wortes: ›Was er weise verschweigt, zeigt mir den Meister des Stils.‹ Schmuggle nichts in den Satz hinein, was du dich schämst dem Leser offen darzubieten. Diese Scham lehre dich, daß die einzuschmuggelnde Ware den Schmuggel im übervoll gepackten Koffer nicht wert ist.

Stopfstil

Sorgsam wird heute von Schulärzten das Gewicht des Schülerränzels geprüft, um den Kindern nicht ein halbes Pfund mehr, als gerade noch unschädlich, aufzuladen. In diesem Abschnitt habe ich durch stilärztliche Untersuchung von Sätzen mit Rückgratverkrümmungen, Kröpfen, Buckeln, Elephantiasis, Fettsucht, X- oder O-Beinen hoffentlich bewiesen, daß alle diese Satzleiden vom Übergepäck herrühren. Das Kamel, ein ebenso kluges wie geduldiges Tier, läßt sich bis zu den Grenzen seiner Tragkraft bepacken: wird's ihm zuviel, so bleibt es liegen und tut nicht mehr mit. Leser, sei klug wie dieses Kamel und tu nicht mehr mit, wenn dir ein rücksichtsloser Schreiber zu viel von seinem Wissen am unrechten Ort aufpackt, und weigre dich entschieden, dich mit toter Last beschweren zu lassen. Du aber, o Schreiber, vergiß nie, daß du für einen Leser, nicht für dich selber schreibst. Prüfe die Notwendigkeit jedes Zwischensatzes an dieser Stelle, jedes Satzgliedes an dieser Stelle, ja jedes Wortes an dieser Stelle! Stopfe nichts hinein, was selbständigen Wert hat; ein schöngebauter schlanker Satz mit dem gesunden Knochengerüst und nicht überfüllten Geäder strenger Sachlichkeit nützt dem Leser mehr, trägt dir mehr Ehre von ihm ein als das wertvollste Stopfsel, nun gar als das wertlose.

Und wie leicht zu vermeiden ist das Schachteln und Stopfen! Baue lieber einen neuen Satz, ja hilf dir eher mit einer kleinen Anmerkung aus der Not deiner Wissensüberfülle! Man hat die Anmerkerei unsrer Gelehrten so lange verspottet, bis sie in ein viel ärgeres Laster verfielen: des Einschmuggelns der Anmerkungen in den Text. Wer sein Wissen nicht in gesunden Sätzen ohne Anmerkungen ausströmen kann, der schreibe in Gottes Namen alles Nebensächliche unter den Strich: dann kann man das alles auf einmal überschlagen und wenigstens das Obenstehende ohne Ärger lesen. Wo nicht die liebe Eitelkeit zum Schachteln treibt, da gibt es manches gute Mittel, den Satz zu glätten; das beste ist das möglichst weite Voranziehen des Zeitwortes, bei zusammengesetzten Zeitwörtern das Vorrücken ihrer Vorderglieder. Absichtlich schreibt Goethe: *Sie lud mich ein zu einem Feste, wozu auch überrheinische Freunde kommen würden*; der Schachtler setzt das ›ein‹ hinter ›würden‹. Absichtlich schreibt Virchow in einer Abhandlung von 1877: *Ich selbst hatte in einer früheren Zeit die Aufmerk-*

samkeit gelenkt auf... folgen drei Druckzeilen. Der Schachtler setzt ›gelenkt‹ hinter die drei Druckzeilen. Der peinlich klare Forscher Virchow war einer unsrer klarsten wissenschaftlichen Schriftsteller; denn – der Stil ist der Mensch selbst. Den Schachtler dünkt sein Schachtelsatz wegen seiner erkünstelten Verwickeltheit sehr vornehm; der Schreiber des klargebauten Satzes mit klargedachtem Inhalt kennt nur eine Vornehmheit: den natürlichsten Ausdruck für den klaren Gedanken.

SIEBENTER ABSCHNITT
Wortstellung

Aber ich finde sie reich, wie irgend eine der Völker,
Finde den köstlichen Schatz treffender Wörter gehaust,
Finde unendliche Freiheit, sie so und anders zu stellen.
Bis der Gedanke die Form, bis er die Färbung erreicht.

HEBBEL

Dieses Buch wendet sich an Deutsche, die ihre Muttersprache geläufig und mit einer im ganzen richtigen, natürlichen Wortfolge reden; nicht an Ausländer, denen man die Anfangsgründe der für Haupt- und Nebensätze verschiedenen Stellungen darlegen muß. Unter richtiger Wortstellung wird hier nur die zu besonderen Stilzwecken besonders notwendige verstanden. Läßt sich diese in Regeln fassen und lehren? Die Verfasser vieler Deutscher Stillehren haben es geglaubt, sich daher bemüht, sehr schöne Regeln aufzustellen für das, was in einem der Lehrbücher sehr hochklingend, aber sehr phrasenhaft genannt wurde: *der organische Ausdruck der logischen Form.* So vieldeutige Begriffe wie ›logische Form‹ mit allgemeinen Redensarten zu erklären ist zwecklos, nützlicher ist die Untersuchung eines Beispiels.

Moltke beginnt seine klassische kurze Geschichte des Deutsch-französischen Krieges: *Es sind vergangene Zeiten, als für dynastische Zwecke kleine Heere von Berufssoldaten ins Feld zogen, um eine Stadt, einen Landstrich zu erobern, dann in die Winterquartiere rückten oder Frieden schlossen.* Mit dem stärksten Auftakt wird begonnen: alles, was ich euch jetzt sagen werde, gehört der Vergangenheit an. Nicht die zu erzählenden Ereignisse sind die

Hauptsache, sondern daß sie einen völligen Umschwung hervorgerufen haben. Und dieser, im Geiste des Schreibers, allem andern übergeordnete ›logische Wert‹ wird mit Hochton an die Spitze gestellt; alles Folgende ist tonschwächer und von geringerem sachlichem, also auch logischem Wert. – Für dynastische Zwecke zog man früher ins Feld, das ist jetzt vorbei; der neue Zustand des Krieges von Volk gegen Volk, das Nächstwichtige nach dem Ausdruck für die Vergangenheit, wird der Schilderung der ehemaligen Kriegsweise vorangestellt, also das sachlich-logisch Wertvollere dem Minderwertigen.

Im zweiten Satze des Moltkeschen Werkes genau ebenso: *Die Kriege der Gegenwart rufen die ganzen Völker zu den Waffen, kaum eine Familie, welche nicht in Mitleidenschaft gezogen würde.* Voran die ganzen Völker, danach erst die einzelne Familie. Fürwahr Moltke verdankte seine Wortstellung nicht der damals herrschenden Wissenschaft vom Deutschen Stil.

Ein Deutscher, der seine Muttersprache gut kennt, besitzt ohne alle Lehre die wichtigsten Künste der Wortstellung. Gelehrt können sie nicht werden, nicht durch die wissenschaftlichste Stillehre, noch durch das Beispiel unsrer besten Schrift- und Wortsteller. Die Wissenschaft weiß von jenen Künsten nicht mehr, als das natürliche Sprachgefühl des leidlich gebildeten Deutschen weiß und übt; und die Wortstellung der großen Meister ist nicht zum Nachahmen, sondern zum Genießen da. Wer sie nachzuahmen versucht, wird zum lächerlichen Manierer. Was gelehrt werden kann, ist hier, wie schon so oft in diesem Buche, das Abwenden von der angebildeten Unnatur, die **Rückkehr zum eignen Stil**. Dazu dann die Warnung vor einzelnen Gebrechen, die alle aus der Sprachverbildung herrühren und mit einiger Achtsamkeit zu heilen sind. Die natürliche Wortfolge der gebildeten Rede ohne angelernte Verzerrungen in Schrift wiederzugeben, ist brauchbar, ist gut. Der Stilkünstler nun gar bedarf keiner Lehre, denn er ist unser Lehrer.

○ ○ ○

Wer seine Worte durchaus abweichend von der Redesprache stellen will, für den gibt es nicht Lehre noch Warnung; hat er der Welt etwas Außerordentliches zu sagen, so wird sie ihn mit Dank für das Gesagte, mit Abneigung gegen die unnatürliche Form lesen. Sagt er in krauser Wortwürfelei nur das Bekannte oder Unbedeutende, so wird sie's zu den unzähligen Schnurrpfeifereien werfen, die im Massengrabe des Ungelesenen ohne die Aussicht einer Auferstehung modern.

Das Hochziel der Wortstellung ist die der gebildeten, aber noch natürlich gebliebenen Redesprache; für den gesteigerten Ausdruck mit seiner steigernden Wortfolge ist nicht die vermeintliche Wissenschaft vom Stil die Lehrmeisterin, sondern die Dichtung oder die ihr nahekommende große Prosa. ›Poesie und leidenschaftliche Rede sind die einzigen Quellen, aus denen dieses Leben [der Sprache] hervordringt‹ (Goethe). Die kühnste Wortstellung ist gerade die rechte, wenn die Dichtung sie fordert oder erlaubt, und ebenso wenn der Prosastoff und seine Behandlung sie fordern oder erlauben. Rückkehr zur edlen Redesprache: ohne sie keine natürliche, also keine wahrhaft künstlerische Wortstellung. Moltkes zwei Eingangssätze sind edelste Kunstprosa; unterscheiden sie sich aber von der gesprochenen Sprache und von der Wortfolge eines Mannes auf der Bildungshöhe unsers Siegesfeldherrn? So, gerade so, hätte Moltke unvorbereitet im Reichstage gesprochen; so hat er mehr als einmal gesprochen, wenn er sein nachdenkliches Schweigen brach. Der einfachste Schreiber kann, wenn nicht mit gleicher Kunst, doch mit gleicher Kraft der gefühlten Wahrheit seine Worte stellen, wenn er auf niemand hört als auf die sein Schreiben begleitende, es eingebende innere Rede.

Lichtenberg führt Rousseaus Ausspruch (im ›Emil‹) an, der Akzent sei die Seele der Rede, und fügt hinzu: ›Weil dieses bei den Schriften wegfällt, so muß der Leser auf den Akzent geführt werden dadurch, daß man deutlicher durch die Wendung anzeigt, wo der Ton hingehört.‹ Auch dies besagt nur, die Schrift müsse möglichst der Rede angeglichen werden.

Wer aber die Redewortstellung nicht für vornehm, nicht für wissenschaftlich genug hält, dem sei gesagt, daß keins der Meisterwerke der Prosa eine andre kennt. Beide Testamente, Dantes

›Neues Leben‹, Luthers Deutsche Bibel, Sendschreiben und Briefe, Boccaccio, Montaigne, Don Quijote, Robinson, alle Prosaschriften Lessings, Goethes Prosa vor dem Versteifen ins Geheimrätliche, Schillers beide Geschichtswerke und philosophische Abhandlungen – in allen diesen unvergänglichen Büchern reihen sich die Worte zum schönwogenden Reigen nach den Takten der redenden Menschenstimme.

Verlangt man durchaus nach einem erprobten Lehrer oder doch nach einem mustergültigen Vorbilde, so lese man vor allem Lessing: seine Wortstellung ist die der ruhigen oder bewegten Menschenrede, je nach dem Gegenstande. Immer die gleich natürliche, darum vollkommen denkrichtige, ob er einen Brief, einen Schauspielbericht, eine gelehrte Abhandlung, eine leidenschaftliche Replik oder Duplik, ein ausführliches Lehrwerk wie den Laokoon schreibt. Erich Schmidt erblickt mit Recht einen Grund für Lessings erstaunliche Lebendigkeit darin: ›Schriften, deren Gegenstand kaum einen mehr beschäftigt oder deren Einzelergebnisse gering, ja nichtig sind, halten uns zum guten Teil noch heute durch den unverwelklichen Reiz fest, wie sich darin eine starke Individualität ringend kund gibt, den Leser zum Genossen dieser geistigen Gymnastik macht und ihn erfrischt im Stahlbade des Kampfes.‹ Wodurch aber übt der Reiz der ›Individualität‹, d.h. des Eigenwesens, seine Zauber auf uns? Dadurch, daß wir diesen Menschen mit lebendiger Menschenrede, in der ihr eignen Wortfolge, nach anderthalb Jahrhunderten zu uns sprechen hören. Wären Lessings Schriften nur bedrucktes Papier, wären sie gar eitel schnörkelndes gelehrtes Geziere, so wären sie längst den Weg alles Papiers und aller Unnatur gegangen.

Bedarf es der Proben? Man schlage eine beliebige Seite Lessings auf, und man hat ihrer, soviel dort Sätze stehen. Hier eine für Tausende. Er will, im Gegensatze zu Gottsched, dem Harlekin in der Posse das Wort reden: *Ich empfehle die Abhandlung des Herrn Möser über das Grotesk-Komische allen meinen Lesern, die sie noch nicht kennen; die sie kennen, deren Stimmen habe ich schon.* Die Logik, die Syntax, die Regel, die Harmonie der Periode und noch einige ähnliche gestrenge Herrinnen fordern: ›Die Stimmen derer, die sie schon kennen, habe ich.‹ Aber so, wie Lessing geschrieben, hat er gesprochen; sprechen wir alle, wenn wir sprechen, wie wir fühlen: Lessings Wortstellung ist regelwidrig, aber künstlerisch untadelig, denn sie ist die eines hochgebildeten redenden Menschen.

Die ›Logik‹ und die ›logische Form‹ in allen ziemenden Ehren; aber die Logik ist kein Ding für sich, ist mit Wilhelm Busch zu reden ›kein Lebenszweck‹, sondern ein abgezogener Begriff für die Vorgänge beim vernünftigen Denken. Für die Wortfolge gibt es nur eine richtigste logische Form, darf es nur diese eine geben: die dem Zwecke des Schreibens, der Übertragung des eignen Gedankens auf einen Andern zu vollkommenster Wirkung, am vollkommensten dient. Möglich, daß der Satz jener Stillehre über das Aufsteigen vom Untergeordneten und Tonschwachen zum Übergeordneten und Hochtonigen in vielen Fällen richtig ist; in vielen andern Fällen ist er falsch, ist das Gegenteil richtig, und den Ausschlag zwischen den unzähligen Möglichkeiten gibt das Sach- und Kunstgefühl des Schreibers, nicht der Magister der Wissenschaft vom Stil. Eines steht noch über aller Logik, oder vielmehr es zwingt die Logik, sich anzupassen: der sinnliche Eindruck, der aus der innern Anschauung des Lesers oder Hörers entspringt.

○ ○ ○

Über Wortstellung im Einzelnen läßt sich nur sprechen, wenn wir uns klar geworden über den Zweck der jedesmal schönsten. Es gibt ebensowenig eine an sich schönste Wortstellung wie einen schönsten Stil um der Schönheit willen. Wem die schönste Wortstellung Selbstzweck ist, der stelle so schön wie möglich: er wird sehr schöne Rösselsprungbilder fertigbringen, sonst nichts von wirklichem Wert. Was bei solchem Tun herauskommt, ist nicht echte Schönheit, sondern Schönheitelei, wie Goethe dergleichen nannte. Allerliebst ist Molières Verulkung schönheitelnder Wortstellerei im ›Bürger als Edelmann‹. Unser alter Bekannter Herr Jourdain (S. 18) möchte aus seiner ersten Prosalehrstunde gern die schönste Wortfolge für ein Liebesbrieflein davontragen, für den Satz: *Belle marquise, vos beaux yeux me font mourir d'amour.* Dies ist seine schlichtbürgerliche Redeweise; die Worte will er beibehalten, nur sollen sie sein: *tournées à la mode, bien arrangées comme il faut*. Sein Stilmeister schlägt ihm vor: *D'amour mourir me font, belle marquise, vos beaux yeux*, oder: *Vos yeux beaux d'amour me font, belle marquise, mourir* und noch zwei andre ebenso ›schöne‹ Stellungen. Auf die Frage des alten Narren von Schüler, welche denn die beste der fünf sei, muß der gelehrte Stilistiker, Topiker und Heuristiker zugeben: ›*Die Sie zuerst genannt haben: Belle marquise, vos beaux yeux me font mourir d'amour.*‹ Worauf Herr Jourdain: ›Und doch habe ich nicht (Stil) studiert, sondern mache das alles auf den ersten Griff.‹ Dieser erste Griff war in der Tat der einzig richtige: er war der Griff in die Menschenrede.

Dem einen Zwecke der vollkommensten Übertragung des Gedankens dient die Wortstellung; aus diesem Zwecke folgen die Grundsätze für sie als Stilmittel. Der Schreiber will verstanden werden: die Wortstellung darf also das Verständnis mindestens nicht hindern. Er will ohne besondere Mühe des Lesers verstanden werden, denn jede unnötige Mühe vermindert die Nutzwirkung des Geschriebenen: die Wortfolge muß also jede unnötige Mühe ausschließen, muß kraft des Kunstgesetzes vom geringsten Mittel (S. 650) die höchste Wirkung mit der kleinsten Kraft erzeugen. Das Wohlgefallen am schönen Klange der Worte trägt zu ihrer Wirkung bei: die Wortfolge muß den schönsten, weil wirksamsten Klang erzeugen.

Wie jedes Auflehnen gegen die Gesetze in einem freien Lande ein schwereres staatliches und sittliches Vergehen ist als in einem Lande mit gewalttätiger Willkürherrschaft, so verdient jede Anordnung in der Deutschen Wortfolge härtere Rüge als in den anders gearteten Sprachen. Wem die fast schrankenlose Freiheit unsrer satzbaulichen Ordnung nicht genügt, dem ist nur wohl in der Zuchtlosigkeit. Wie starr gefesselt ist der französische Satzrahmen, ja selbst der englische, mit seiner Folge: Satzträge, Aussage, Ziel (auf Pennälerisch: *Subjekt, Prädikat, Objekt*). Schon jedes Voraufrücken fordert im Französischen weitschweifige Umschreibungen: *C'est cet homme-là que j'ai vu*, 9 Wörter, für unser knappes: Den Mann hab ich gesehn. Klopstock machte sich mit Recht lustig über die ›Was-ist-das-was-das-ist-was-das-haftigkeit‹ der Franzosen; er meinte das geschwätzige *Qu'est-ce que c'est que cela?* Selbst die lateinische Stellung *Id ubi vident* ist dem Deutschen nicht fremd; die bayrische Mundart sagt: *Dös wann du sigst ...*, und Mörike schreibt in seinem Mozart: *Ein Gütchen, wenn du hättest, ein kleines Haus bei einem Dorf in schöner Gegend, du solltest wahrlich neu aufleben.*

Denkrichtiger mag die französische und englische Wortstellung sein; doch was nützt dies, wenn sie zwingt, sinnlich Unwichtiges dem Wichtigen voranzusetzen? Hier lohnt für Kundige ein wenig Sprachenvergleichung. Im Griechischen beginnt das 13. Kapitel des 1. Korintherbriefes: Ἐὰν ταῖς γλώσσαις τῶν ἀνθρώπων λαλῶ καὶ τῶν ἀγγέλων, ἀγάπην δὲ μὴ ἔχω ... (Wenn mit den Zungen der Menschen ich spreche und der Engel, Liebe aber nicht habe). Entschieden unlogisch, denn das logisch Wichtigste ist, daß ich überhaupt spreche; mit welchen Zungen, kommt zuzweit. Bevor λαλῶ (ich spreche) erklingt, schwebt der Satz nur halb verstanden im Ungewissen. – Die lateinische Vulgata hält sich treu an die griechische Wortstellung: *Si linguis hominum loquar et angelorum, caritatem autem non habeam ...*

Jetzt rückt die Logik in der französischen Protestantenbibel an: *Quand même je parlerais toutes les langues des hommes et même des anges, si je n'ai point la charité*, erst das Sprechen, dann die Menschen- und die Engelzungen. – Die amtliche Bibel der englischen Kirche ebenso: *Though I speak with the tongues of men and of angels, and have not charity ...*

Endlich Luthers Wiedergabe: *Wenn ich mit Menschen- und mit Engelzungen redete, und hätte der Liebe nicht ...* Kann der geringste Zweifel walten, daß der unlogischen griechischen und Deutschen Wortstellung, in diesem Falle auch der lateinischen, der Vorrang gebührt vor der logischen französischen und englischen? Der Vorrang worin? In der hinreißenden künstlerischen Wirkung gleich der ersten Worte durch den Aufschwung aus dem Reiche der Menschenrede in das der Engelzungen, der sich dann zu dem ja bloß logischen ›Sprechen‹ hinabläßt.

○ ○ ○

Die freie Wortfolge des Deutschen ist gottlob die unlogischere: dafür ist sie aber die dichterischste unter allen Sprachen, gerade darum in den Händen des Meisters das unübertreffliche Werkzeug der Prosa. Mit nie erlahmender Wachsamkeit muß der Deutsche Schreiber die Grenzen hüten zwischen Freiheit und Anordnung auf der einen Seite, zwischen künstlerischer und verstandesmäßiger Fügung auf der andern. ›Ich habe meinen Freund …‹ Was habe ich mit ihm? Die Deutsche Wortfolge nennt mich und meinen Freund, läßt aber zunächst unser Verhältnis ohne jede Andeutung. Der Franzose beginnt: *J'ai tué*, – sogleich weiß ich das in diesem Fall Wichtigste: ein Mord ist begangen. Ob an einem Fremden oder Freunde oder Feinde, steht hier mit Recht in zweiter Reihe. Paul Deschanel nannte die Wortfolge seiner Sprache die richtigste und klarste, weil man in ihr genau in der Ordnung spreche, in der man denkt. Dieses ›weil‹ ist unbeweisbar: es ist nicht genau festzustellen, in welcher Folge man denkt. Es kommt auch nicht darauf an, sondern einzig auf die für das schnelle Verstehen beste Folge, und die ist allerdings die französische. Aber nach Deschanel selbst wäre z. B. die Stellung *Il m'aime* unrichtiger und unklarer als ›Er liebt mich‹.

Die Deutsche Wortstellung läßt entscheidende Dinge in der Schwebe; ändern dürfen und können wir sie nicht, ohne die Sprache zu vergewaltigen. Was folgt daraus? Daß wir dieses für die Dichtkunst unschätzbar wertvolle Gebrechen der Deutschen Prosaordnung nicht steigern dürfen durch Verlängern des Zeitmaßes der ungewissen Schwebe. Die richtige Mitte zu halten zwischen künstlerischer Freiheit und unentbehrlicher Schnellverständlichkeit, ist eine der größten Schwierigkeiten der Deutschen Wortstellung.

Das sicherste Mittel zu ihrer Besiegung ist das möglichst weite Vorrücken des zum Verständnis nötigen Wortes. Wir dürfen nicht sagen noch schreiben: Ich habe gesehen meinen Freund, denn dies ist undeutsch; wir dürfen aber ebensowenig schreiben – sagen tun wir's gewiß nicht –: Ich habe meinen Freund, der (eine Druckzeile), nachdem er (eine Druckzeile), obwohl er (zwei Druckzeilen), gestern, als ich (eine Druckzeile), kurz nachdem ich (1 ½ Druckzeilen), noch ehe ich (eine Druckzeile) … gesehen. Woher die Lächerlichkeit in dem Satze: *Heute Abend Vortrag: Die Abstammung des Menschengeschlechts, von Lehrer Kalb in Gera –*? Der schlaue Schreiber meinte, der Beistrich hinter ›Geschlechts‹ schütze ihn vor jedem Mißverständnis. Er schützt ihn nicht! Er hätte noch schlauer getan, den Lehrer Kalb an die ihm gebührende Stelle zu sehen: hinter ›Vortrag‹. Und der Richter, der in einem Erkenntnis diesen Satz verübte: *Das Berufungsgericht hat die Identität des gepfändeten Ochsen mit dem Richter erster Instanz für erwiesen erachtet*, hätte nachher manches darum gegeben, wenn er in der Sekunda strenger über Deutsche Wortfolge belehrt worden wäre.

○ ○ ○

Gibt es irgendeine allgemeine Regel der Wortfolge, so hat sie zu lauten: **Kein zum Verständnis wichtiges Wort darf ohne zwingende Not verspätet werden.** Je früher das Wort, desto verständlicher der Satz, desto wirksamer auch das Wort, denn erst die richtige Stellung gibt dem mächtigen Wort seine volle Macht. Selbst ein etwas über Gebühr gestreckter Satz kann auf diese Weise durchsichtig gemacht werden: sonst werden oft kurze Sätze zweideutig. Wie sieht man Lessing bemüht um die richtige Wortfolge fürs schnelle Verstehen: *Das allgemeine vorzügliche Kennzeichen der griechischen Meisterstücke in der Malerei und Bildhauerkunst setzt Herr Winckelmann in eine edle Einfalt und stille Größe.* ›Das allgemeine vorzügliche Kennzeichen‹ vorangestellt erfüllt zwei gute Zwecke: in diesen ersten Worten des ersten Satzes des Laokoon will Lessing ohne Umschweife die Aufgabe seiner Arbeit verkünden; zugleich erreicht er durch dieses Vorrücken, daß ›setzt‹ neben Winckelmann steht, während es durch einen Anfang: ›Herr Winckelmann setzt‹ zu lange in der Schwebe bliebe.

Von der Ähnlichkeit, welche die Poesie und Malerei miteinander haben, macht sich Spence die allerseltsamsten Begriffe. Hätte Lessing begonnen: Spence macht sich von ..., so bliebe ›macht sich‹ bis an die letzten Worte des Satzes unverständlich in der Schwebe. Durch Voranrücken bleibt das Zeitwort dicht beim Satzträger und kommt in die nächste Nähe des Satzzieles. Der Leser überzeuge sich selbst, im Lessing hin und her blätternd, von der Häufigkeit dieses

Stilmittels, womit unser größter Meister des lebendigen Stils die Unbestimmtheit verkürzt, das Verständnis beschleunigt.

Ähnlich wie Lessing sucht Schiller durch die Wortfolge Zusammengehöriges zusammenzurücken, um das Verstehen zu erleichtern und die Bedeutung der sich berührenden Worte zu verstärken: *Selbst von den Äußerungen der erhabensten Tugend kann der Dichter nichts für seine Absichten brauchen*, gewiß besser als: ›Der Dichter kann selbst‹, weil hier der Dichter und sein Können zu weit von ›brauchen‹ getrennt würde. Entscheidend für den achtsamen Schreiber ist nicht seine Liebhaberei, sondern die Rücksicht auf das Verständnis des Lesers. Immer wieder fragt er sich: Wieviel vermag der Leser, an den ich mich wende, – und bin ich sicher, daß er der aufmerksamste ist? –, verstehend in der Schwebe zu behalten? Wo diese Achtsamkeit nicht geübt wird, da kommt es zu Mißverständnissen oder Schludrigkeiten wie in den folgenden Beispielen:

> Ich bin es überdrüssig, so einfältigen Plunder in meinem Hause herumliegen zu sehen, in welchem (im Hause?) der größte Mann der neueren Jahrhunderte so armselig mißhandelt wird. (Ein Unbekannter in der ›Kreuzzeitung‹. – Der größte Mann wird aber in den plundrigen Schriften mißhandelt.)
>
> Die ursprüngliche Anlage zum Ehrgeiz konnte nicht anders als sich bei Napoleon zum Ungeheueren entwickeln. (Hans Delbrück)

Ist etwa die ursprüngliche Anlage aller Menschen zum Ehrgeiz gemeint? Nein; dann gehört aber Napoleon (›Napoleons‹) hinter ›Anlage‹.

In hohem Grade schludrig ist E. T. A. Hoffmann; ein Nachschleppen wie: *Sprich das Urteil, wenn du glaubst, daß ich verlassen bin total*, findet sich bei ihm auf jeder zweiten Seite. – Und was sagt man zu dem Büchertitel eines Schulleiters: *Nach welchen Grundsätzen sollen Zensuren erteilt werden in der Volksschule* –?

○ ○ ○

Das Zeitwort ist die Hauptsäule des Satzgerüstes, also darf es nicht länger als unbedingt nötig in der blauen Unbestimmtheit schweben. Zumal der Deutsche Satzbauer, mit seiner Scheu vor dem Punkt, sollte, wo es irgend angeht, das Zeitwort voranrücken, selbstverständlich ohne die Deutsche Sprache zu mißhandeln. Bei zusammengesetzten Zeitwörtern sollte das getrennte Vorderstück nicht endlos spät nachklappen. ›Er brachte den Feind ...‹ – brachte er ihn an, ans, mit, um, unter? Wir wollen nicht nach einem langen Wortschwall durch das entscheidende Wort überrascht werden. Jakob Grimm führt einen Franzosen an, der vom Deutschen Satze sagte: ›*J'attends le verbe*‹ (Ich warte aufs Zeitwort). Bei den meisten Schreibern, besonders bei den wissenschaftlichen, muß der französische Leser länger warten, als seine Geduld reicht. Wir folgen noch immer viel zu sklavisch der lateinischen Wortstellung, die das Zeitwort gern ans Ende rückt; der geschmackvolle Quintilian empfahl diese Stellung, hatte aber dabei kürzere Satzgebilde als unsre ›harmonischen Perioden‹ im Auge. Wo es den Römern auf höchste Deutlichkeit ankam, da rückten auch sie gern das Zeitwort voran, so im Corpus juris: ›*Si quis crediderit pecuniam et pactus sit, ut, quatenus facere possit debitor, eatenus agat.*‹ [Wenn einer Geld verliehen und vertraglich festgelegt hat, daß er nur gerichtlich fordern werde, was der Schuldner leisten kann.*]

Zu wie tiefer Wirkung stellt Fichte gegen den Schluß seiner Reden an die Deutsche Nation das Zeitwort voran: *Denkt, daß in meine Stimme sich mischen die Stimmen eurer Ahnen aus der grauen Vorwelt, die mit ihren Leibern sich entgegengestemmt haben der heranstürmenden römischen Weltherrschaft, die mit ihrem Blute erkämpft haben die Unabhängigkeit der Berge, Ebenen und Ströme.* Nicht nur leichter verständlich, auch künstlerisch wirksamer ist dieses Voranstellen.

Mit wie sicherm Stilgefühl beginnt die große unbewußte Prosakünstlerin Elisabeth Goethe ihre Antwort an den Sohn auf dessen ersten Brief aus Rom: *Jubilieren hätte ich vor Freuden mögen, daß ein Wunsch, der von frühester Jugend in deiner Seele lag, nun in Erfüllung gegangen ist*. Ein meisterlich gebauter Satz.

Sicher hat Goethe mit gutem Bedacht geschrieben: *Eher ziemte sich mir, darzustellen jenes plastische, allenfalls duldende Widerstreben, das die Obergewalt ...* – Wie unschön dagegen wirkt ein Satz wie dieser in Hebbels Tagebüchern: *Das gefährlichste Buch wäre von einem diebischen Zensor, der, wie ein Schneider, alle abgeschnittenen Lappen aufhöbe, um sie dann zu verarbeiten, zu erwarten.* Kaum ein Leser erwartet noch dieses Erwarten.

Welch großartige Wirkung erzeugt Schiller bloß durch das Voransetzen der Satzaussage in den Versen: *Nichtswürdig ist die Nation, die nicht ihr Alles freudig setzt an ihre Ehre.* Durch das Voransetzen wird vorweg jeder Einwand abgeschnitten, daß es noch Nichtswürdigeres geben könne. Die Wortstellung Schillers ist so ›unlogisch‹ wie möglich.

Zu warnen ist vor der Spitzenstellung eines Viertfalls, der nicht sofort als solcher erkannt, sondern mehrere Zeilen hindurch für einen Nennfall gehalten wird. Der Schreiber soll sich der Gebrechen der Deutschen Beugungsformen bewußt sein.

Es gibt eine sprachgesetzliche Regel, die das möglichst weite Voranrücken der persönlichen Fürwörter fordert. Eine weise Regel, keine schulmeisterliche Willkür. Der Satzschritt verlangt dringend nach dem Fürwort, das Verständnis des Zusammenhanges wird dadurch beschleunigt. Diese beiden unbestreitbaren Wahrheiten genügen, um gewisse Stilgecken zum möglichst späten Verschieben von ›mich, dich, sich‹ usw. zu reizen. Bei Harden z. B. ist es die Regel.

○ ○ ○

Was für ein Stilunglück über den Schreiber kommen kann, der ein einzigmal jedes Wort auf die Angemessenheit seiner Stelle im Satze zu prüfen vergißt, zu prüfen durch lautes oder leises Nachsprechen, zu prüfen am Maßstab der Rede, – dafür nur ein paar Beispiele. Wem mag die Ungeheuerlichkeit entschlüpft sein: *In einem solchen überfüllten Zustande verließ Winckelmann die Villa seines Herrn und Freundes ...?* Dem Prosameister Goethe! – Und Börne der Helle schreibt einmal: *Englands Nebel verklärt die Freiheit.* Sehr wahrscheinlich ist Freiheit der Nennfall; läßt sich aber nicht eine geistreiche Wendung des geistreichen Börne denken, durch die es als Viertfall zu fassen wäre?

Zu den Stilblüten niederer Ordnung gehört die wirklich einmal in einer Potsdamer Zeitung gedruckte Anzeige: *Heute nahm der liebe Gott auf seiner Durchreise durch Teltow meinen jüngsten Sohn an den Zähnen zu sich.*

Erfreulicher ist die Beobachtung der Feinheiten der Wortfolge: fast jedes Gedicht Goethes, jede Prosaseite Lessings bietet die herrlichsten Beispiele. Welche reizvolle Kühnheit in den Anfangsversen des Goethischen Spruches: *Schaff, das Tagwerk meiner Hände, Hohes Glück, daß ich's vollende!* Wie schön ist die Stellung des ›mir‹, an derselben Sinnhebungstelle wie ›Mensch‹, in den Versen: *Und wenn der Mensch in seiner Qual verstummt, Gab mir ein Gott zu sagen, wie ich leide.* Man prüfe die Stelle jedes Wortes in diesem Satze C. F. Meyers (über ein Gemälde): *Auf einem weißen Marmortischchen spielten Schach ein Mann und ein Weib, in Lebensgröße.* Man möchte die Handschrift des strengen Verbessrers Meyer sehen, um seine gewiß zahlreichen Ansätze zu dieser einzig richtigen und schönen Wortfolge zu würdigen. – Ähnliches gilt von diesem Satze Hans Hoffmanns: *Es war erbaut aus lauter so klarem Glase, daß von weitem es niemand sehen konnte.* – Nichts ist zu sagen gegen eine Freiheit wie: *Dieser Tatsache gegenüber, was erscheint natürlicher, als daß wir …* (Frenzel).

○ ○ ○

Ein natürliches Gefühl für den Reiz des Wechsels hat die Prosaschreiber aller Zeiten bewogen, bei gleichlaufenden Sätzen, Wiederholungen, Aufzählungen durch Umstellen die Einförmigkeit zu verwischen. ›Chiasmus‹ nannten die Alten dieses Mittel, das Überkreuzstellen, nach der Form des griechischen Buchstaben Chi (X). Bei Cicero allein gibt es sicher ein paar Tausend Beispiele. Luther bedient sich dieses Mittelchens gern und gut: *Sie haben Mäuler und reden nicht, Füße haben sie und gehen nicht.* Der Kunstgriff darf sich nicht aufdrängen; etwas zu durchsichtig ist die Absicht in Goethes Satz: *Man suchte durch Vorstellungen die Gerechtigkeit, die Billigkeit durch Bitten, durch Einfluß die Neigung zu gewinnen.* Dem Leser wird hierdurch die Beobachtung nahegelegt, daß die Verschiedenheit der Stellung in den Satzgliedern aus keiner innern Notwendigkeit entspringt.

Überaus gewagt, aber doch wohl noch binnen der Grenzen

deutschfreier Wortfolge sind Kleists Verse (in der Hermannschlacht):

> Hier übergeb ich, Oberster der Deutschen,
> Den ich in Waffen aufgefangen,
> Aristan, Fürsten dir der Ubier.

In einem Drama, das auf die Hilfe der Gebärdensprache rechnet, ist mehr erlaubt als in der Erzählung oder gar der Abhandlung.

Aufs entschiedenste abzuweisen sind tiftelnde Federfuchsereien, wie sie sich in einigen Stillehren finden. Da wird die Stellung: *Des Volkes Jubel erschallt durch die ganze Stadt* genannt: ›der vollkommenste Ausdruck für die logische Form des ganzen Gedankens, die dem Satze eine schöne rhythmische Form gibt‹. – *Durch die ganze Stadt erschallt der Jubel des Volkes* ist also weniger vollkommene Logik und weniger rhythmisch schön? – Getadelt wird der Satz in ›Dichtung und Wahrheit‹: *Die alte, winkelhafte, an vielen Stellen düstere Beschaffenheit des Hauses war übrigens geeignet, Schauer und Furcht in kindlichen Gemütern zu erwecken*. Verlangt wird im Namen der Frau Logik: *In kindlichen Gemütern Schauer und Furcht*. Im Namen der sinnlichen Anschauung und der Schönheit rückte Goethe Schauer und Furcht in die Nähe der düstern Beschaffenheit und glaubte wohl nicht unlogisch zu handeln, wenn er vor allem das Gefühl selbst ausdrückte, dann erst den Ort, wo es wirkte.

○ ○ ○

Freiheit heißt das höchste Gesetz der Deutschen Wortstellung. O heilige Freiheit, wie viele Verbrechen hat man in deinem Namen begangen! Unzählige Umdrehungen (Inversionen) sind im Deutschen schön, also zweckmäßig und erlaubt; einige sind häßlich, zweck- und sinnwidrig, also unerlaubt; um so gieriger stürzen sich die Stilgecken der Gegenwart gerade auf diese paar unmögliche Wortstellungen. Sie sind der Lieblingstummelplatz jedes Schreibers, der nicht sicher ist, durch seinen Inhalt aufzufallen, der also durch die verrückte Form verblüffen will. Die grundsätzlichen Hintansteller des ›mich, dich, sich‹ gehören zu diesen Vergewaltigern Deutscher Sprachfreiheit. Ach es gibt unter ihnen einige Schriftsteller, die wir ungern in der Gesellschaft sehn, Schleiermacher verdreht auf solche Weise jeden dritten Satz in seinen ›Monologen‹ und macht sie zum großen Teil schon dadurch ungenießbar. Bei Herman Grimm allerdings wundert uns keine noch so verdrehende und verdrehte Geziertheit: *Die Natur scheint sich selbst zu widersprechen oftmals. Unter diesen Umständen beendet er sein Werk, um die Aufstellung durchzusetzen jedoch, muß er erst noch einmal nach Rom.*

Den Stildrechslern, die durchaus nach der Art der Glieder-verrenkenden ›Exzentrik-Künstler und Kautschukmenschen‹ im Zirkus die Satzglieder verrenken wollen, sei als schwer zu überbietendes Muster diese Grabschrift vorgehalten, die Stilübung eines kindlichen Gemütes, das ja so oft den Verstand der Verständigsten übertrifft:

> O Wanderer, der du hier vorübergehst
> Und an diesem Steine bleiben stehst,
> So wisse, hier liegt Balthasar Melcher,
> Ein Schneidergeselle gewesen ist welcher.

Stilgigerls tollste Phantasie, Wirf ein mutloses Anker hie!

ACHTER ABSCHNITT
Zeichensetzung

Es ist schwer, gute Perioden und Punkte zu seiner Zeit zu machen.

GOETHE AUS SESENHEIM AN SALZMANN

Goethe hat noch als reifer Mann erklärt, daß er die ›Interpunktion‹ nicht lernen könne, und mehr als eine Stelle in seinen Gedichten macht nur darum den Goethegelehrten zu schaffen. Mit den Punkten steht es bei ihm gut, die Beistriche und gar die gewichtigeren Zwischenzeichen liegen im Argen. Er war vor allem andern ein Dichter, empfand wie keiner die innere Klangschöne des Verses, kümmerte sich wenig um dessen äußere Notenzeichen. Die Verstandesmenschen sind bessere Zeichensetzer; Lessing war einer unsrer feinsten, auch von Schiller läßt sich lernen. Ein richtiger Satzzeichenkünstler aber war Schopenhauer: als ich einmal einen unbekannten Brief von ihm absichtlich ohne seine Unterschrift veröffentlichte, erkannten Schopenhauer-feste Leser den Schreiber sogleich an einem seiner Punktstriche.

Goethe der Dichter setzt zu wenig Zeichen, Schopenhauer zu viel; jener bereitet dem Verständnis manchmal Schwierigkeiten, dieser beleidigt unsern Schönheitssinn: das Notwendige und darum Richtige liegt in der Mitte. Schopenhauer hat den Grundsatz der Deutschen Zeichensetzung kurz so gefaßt: ›In der Interpunktion steckt ein Teil der Logik jeder Periode.‹ Vergleichend nennt er die französische Interpunktion lax und entschuldigt sie wegen der strenglogischen und daher kurz angebundenen Wortfolge; ebenso die englische wegen der großen Ärmlichkeit ihrer Grammatik. Für die Deutsche Sprache, die eine komplizierte und gelehrte Grammatik habe, fordert er, daß die nicht unmittelbar zusammengehörigen Worte durch die Interpunktion geschieden werden, um den Sinn sogleich augenfällig zu machen.

Schopenhauer war kein Sprachforscher und hatte den tiefern Grund des Unterschiedes zwischen der Deutschen und der französisch-englischen Zeichensetzung nicht erkannt: die Deutsche ist streng logisch, aber pedantisch; die französisch-englische ist rednerisch, daher oft unlogisch. Wir zeichnen: ›Das Buch, das ich gelesen habe, ist langweilig‹, – trennen den Bezugsatz von seinem Hauptwort, trennen dieses von seiner Satzaussage. Da wir unsern Gedanken ›Das Buch ist langweilig‹ unterbrechen, so bezeichnen wir dieses Unterbrechen getreu dem unterbrochenen Gedankenvorgang. Franzosen und Engländer sehen keinen Beistrich zwischen ›Buch‹ und ›das‹, sehen keinen hinter ›gelesen habe‹ und erschweren dadurch das schnelle Erfassen.

Zu einer stilgerechten, nicht schulmeisterlichen Zeichensetzung gelangen wir nur durch die Erkenntnis ihres Zweckes. Die Zeichen sind nicht um ihrer selbst willen da, also nicht um eiserner Schulzucht zu genügen; sie sollen vielmehr das Verständnis des Satzes erleichtern, einen andern Zweck haben sie nicht. Bei der fast unbegrenzten Freiheit unsrer Wortfolge und Satzfügung braucht das Zeichensetzen nicht so langweilig starr zu sein wie im Französischen und Englischen; es darf, ja es soll sich den unendlichen Möglichkeiten des Satzes mit gelenkiger Freiheit anpassen und nur wenige durch die Erfahrung als notwendig bewährte Regeln beachten. Unsre mehr als ein Jahrhundert alten pedantischen Schulgesetze über die Zeichen taugen kaum für einen guten Brief; für jede Druckschrift mit lebendigem Inhalt und reich wechselndem Satzbau sind sie zum nicht geringen Teil unbrauchbar. Freiheit im Zügel des Stilgefühls muß über der Zeichensetzung walten, und zum Glück gibt es ja noch keine amtliche Zeichensetzung. Sie wäre übrigens schwerer festzulegen als die amtliche Rechtschreibung.

Was in unsrer Zeichensetzung für das leichte Verstehen notwendig oder doch sehr nützlich ist, daran halte man streng fest; was schädlich oder überflüssig ist, lasse man fahren. Auch hier also: Einheit im Notwendigen, im Zweifelhaften Freiheit. Notwendig ist der **Punkt** am Schlusse des Gedankens; überaus nützlich das verstärkende Zeichen dafür: der große Buchstabe des nächsten Satzanfanges. In hohem Grade störend, eine echtdeutsche Eigenbrötelei, ist das von Jakob Grimm aufgebrachte, von einigen Germanisten ihm nachgemachte Kleinschreiben nach dem Punkt. Alle andre Völker, die doch zumeist für die Hauptwörter keine großen Anfangsbuchstaben kennen, verkünden vernünftigerweise den neuen Satz durch dieses einfache Mittel.

Wann ein Punkt zu sehen ist, ergibt sich für jeden nichtgeckischen Schreiber von selbst: wann sein Gedanke zu Ende ist. Will man für geringere Gedankenpausen den Punkt anwenden, so zerstört man dessen Wert als des stärksten Pausenzeichens: der Satz schreitet dann nicht mehr, er bummelt oder taumelt oder hopst in Kängurusprüngen. Emerson, der es liebte, in sehr kurzen Sätzen zu schreiben, Tupf neben Tupf zu setzen, die Bindeglieder wegzulassen mußte in Punkten schwelgen; bei Herman Grimm, dessen Stil keineswegs diesen Grundzug hat, war es lächerliche, oft ungeschickte Nachahmung. In rechten Schwung gebracht hat Harden auch diese Geckerei; auf die Spitze getrieben wurde sie von Kerr.

Hingegen ist nichts zu sagen gegen den Punkt zwischen Bölsches Sätzen: *Wer will heute mit gutem Gewissen schon den engeren (?) Nekrolog des 19. Jahrhunderts schreiben. Will persönlich messen, wie groß, wie klein es war.* Hier steht nicht der Punkt in Frage, sondern die Berechtigung des Weglassens des ›wer‹ vor ›will‹. Erst recht nichts einzuwenden ist gegen Lessings Punktsetzung: *In beiden Gemälden hat Polygnotus sich ... gehalten; ohne sich ein Gewissen zu machen, auch Dinge von seiner eigenen Erfindung mit einzumischen. Eine Freiheit, deren sich auch andere alte Artisten bedienten, wenn sie ... wählten.*

Die Punktausstreuer von heute dürfen sich auch nicht auf Goethe berufen: *Ich ertrug's nicht, neigte mich auf ihre Hand und küßte sie unter den wonnevollsten Tränen. Und sah nach ihrem Auge wieder.* Die Ereignispause zwischen den Tränen und dem Ausblick wird ganz richtig durch den Punkt bezeichnet; selbst Punkt Strich (.–) wäre zulässig.

Wie dringend namentlich unsern wissenschaftlichen Schriftstellern ein stärkerer Verbrauch von Punkten zu empfehlen ist, weiß jeder Leser. Das bloße Verdoppeln der Zahl dieses so überaus nützlichen Zeichens würde die Verständlichkeit des Inhalts im gleichen Verhältnis erhöhen. Unsre Gelehrten sollen sich sagen, daß es weit weniger auf die Länge und Breite als auf die Tiefe der Gedanken ankommt.

○ ○ ○

Nicht so einfach wie mit dem Punkt steht es mit dem **Beistrich**. Im allgemeinen ist zu rügen: wir setzen zu viele, setzen sie für kaum merkliche Gedankenpausen, trennen wo wir eher binden sollten, und folgen überhaupt zu starren Regeln. Den Beistrich allgemein vor Bezugsätzen weglassen, wie die Franzosen und Engländer, dürfen wir nicht: unser überwiegendes ›der‹ ist nicht so deutlich erkennbar wie *qui* und *lequel, who, which* und *that*. In gewissen Fällen aber stört der Beistrich durch unnützes Zerhacken des Zusammengehörigen, also besser so: *Bismarck war in allem was er tat, in allem was er sagte, immer nur er selbst*. Der Beistrich nach ›allem‹ würde sogar unlogisch wirken: die Satzglieder ›was er tat‹ und ›in allem‹ würden dadurch gleichwertig nebengeordnet erscheinen, und ein Punktstrich nach ›tat‹ ergäbe eine zu lange Pause.

Ganz überflüssig ist die starre Schulregel über den Beistrich vor ›daß‹; weder die Franzosen noch die Engländer kennen ihn. Der Daß-Satz bildet ja den Inhalt des Hauptsatzes: ›ich glaube, daß‹ ist nichts andres als ›ich glaube das: …‹ Überflüssig ist der Beistrich zwischen mehreren Eigenschaftswörtern, gleichviel ob sie neben- oder untergeordnet sind; nur in seltnen Ausnahmefällen wie diesem sind sie nützlich: *Ein goldenes, silbernes, ehernes, eisernes Zeitalter folgen aufeinander*; Jakob Grimm ließ hier die nötigen Beistriche weg. – Überflüssig ist die starre Regel über den Beistrich vor ›und‹ bei wechselnden Satzträger; der Wechsel macht sich meist auch ohne Beistrich sofort fühlbar. In manchen Fällen kann er nützen, in weit mehren stört er, also – Freiheit!

Lessing und manche seiner Zeitgenossen hielten sich nicht an die strenge Regel über den Beistrich, sondern folgten der höheren, daß alle Zeichensetzung nur Ausdruck von Gedanken- oder

Sprachpausen sei, z.B. *daß schon eine einzige dieser Sünden, diese unendliche Strafe verdiente.* Hier ist der Beistrich nichts als ein Redezeichen.

Nicht fehlen dürfen hier die beiden hübschen Beispiele für die Unentbehrlichkeit des Beistrichs: *Es schrieb ein Mann an eine Wand: zehn Finger hab ich an jeder Hand, fünf und zwanzig an Händen und Füßen; wer dies liest, muß zu lesen wissen.* Er muß vorm Lesen ein paar Beistriche ändern. Unter den englischen Parlamentsmitgliedern, die Karl den Ersten zum Tode verurteilten, soll sich einer mittels eines Beistrichs eine Hintertür zur spätern Rechtfertigung offen gehalten haben: ›*Si omnes consentiunt, ego non dissentio*‹ [Wenn alle zustimmen, dann weiche ich nicht ab*]; hinter *non* stand ein kaum sichtbares Strichlein.

Nicht selten macht sich der Mangel eines Zeichens für einen noch etwas schwächern Einschnitt als den durch Beistrich fühlbar. Es gibt Sätze, in denen es fast unvermeidlich ist, daß Mißverständnisse durch zwei ohne Beistrich nebeneinander stehende Wörter unterlaufen, die keiner Fügungsabhängigkeit unterliegen. Der natürliche Deutsche Satzbau zwingt dazu. Was tun, um den Leser vor dem falschen Aufeinanderbeziehen zu warnen? Die Wortstellung des Deutschen und die Vieldeutigkeit mancher Beugeformen, besonders des Geschlechtswortes, fordern irgendein kleines Pausenzeichen; vielleicht ließe sich durch ein größeres sogenanntes ›Spatium‹ zwischen zwei Worten helfen.

○ ○ ○

Will ich wissen, ob ein Schreiber etwas vom Schritt und Reigen des Satzes versteht, so suche ich zuerst nach seinen **Punktstrichen** (Semikolon). Es gibt Schriftsteller, die sie überhaupt nicht kennen: ein sehr bedenkliches Anzeichen; um so bedenklicher, je längere Sätze sie bauen. Für die mit kurzen Sätzen mag es fast entbehrlich sein; für die Darstellung langen Atems ist es noch wichtiger als der Beistrich. Wer außer dem Punkt nur den Beistrich als Pausenzeichen setzt, der beweist, daß er die Verschiedenheiten des Gewichtes der Satzglieder nicht fühlt oder sie dem Leser nicht mitzuteilen versteht. Solch ein Schreiber ohne Punktstrich ist z.B. Karl

Frenzel: *Bis dahin hatte Rousseau* (folgen vier Druckzeilen) *sich mühselig durchs Leben gekämpft, alles was wir an Briefen von ihm haben* (folgen 5 Druckzeilen) *verrät in keinem Zuge den hervorragenden, ja auch nur den angehenden Schriftsteller*. Ein Punkt hinter ›gekämpft‹ wäre nicht zu viel; ein Punktstrich das Mindeste.

Ein zweiter Satzbauer fast ohne Punktstriche, allerdings einer, der durch noch so viele nicht zu bessern wäre, ist Adolf Bartels. Bei ihm stehen selbst viele Punkte wie rein zufällig da, und die Punktstriche erscheinen oft wie Druckfehler.

> Nehmen wir dazu endlich noch die Entwickelung des Orchesters durch Beethoven ... und sein Bemühen, Wort und musikalischen Ausdruck zur Einheit zu verschmelzen, so sehen wir in ihm allerdings kühn und groß den Schöpfer eines Neuen, an ihn knüpft Richard Wagner an. (Th. Ziegler)

Ein Zusatz ist überflüssig.

Das Fehlen des Punktstrichs stört in Freytags Bildern aus der Deutschen Vergangenheit in Dutzenden von Fällen; oft muß man nach Stocken und Mißverstehen zurücklesen, um den Zusammenhang zu verstehen. – Jakob Grimm, ein feiner Zeichensetzer, schreibt doch einmal: *Sprache ist der volle Atem menschlicher Seele, wo sie erschallt oder in Denkmälern geborgen ist, schwindet alle Unsicherheit über die Verhältnisse des Volks, das sie redete, zu seinen Nachbarn*. Erst beim Einsetzen ›schwindet‹ merken wir, daß hier etwas nicht stimmt: hinter ›Seele‹ gibt es eine zu große Pause für den bloßen Beistrich.

Zu unsern besten Punktstrichlern gehören Lessing und sein Darsteller Erich Schmidt. Lessing liebte das Zeichen, wie es jeder liebt, der Redesprache schreibt: sie fordert strengstes Beachten und Bezeichnen der Pausen. Und was für schöne Sätze kämen bei Schmidt zustande, wenn er die Ladung seiner sämtlichen Satzdreimaster durch einen ihn nicht nachahmenden Bewundrer von allem Stopfballast säubern ließe.

In einem kleinen Aufsatz über das ›Semikolon‹ schreibt Hebbel: ›Am schwersten ist das Semikolon stilrichtig zu gebrauchen, und nur ein Meister weiß es zu handhaben‹; gewöhnlich sei es die ›Deichsel am Beiwagen, auf dem die Nebengedanken nachgekarrt werden‹. Das sei falsch, vielmehr sollte es nur ›Zwillings- und Drillingsgedanken verbinden, die alle ein Recht auf selbständige Existenz haben und deshalb nicht in einen und denselben Oberrock, dessen Knopf der Punkt ist, gesteckt werden können‹. So ganz stimmt dies nicht: trotz ihrer verhältnismäßigen Selbständigkeit sind diese Zwillings- und Drillingsgedanken nur starke Glieder einer noch stärkeren Satzeinheit; sonst wäre ja der Punktstrich überflüssig, weil dann ein jeder von solchen Sätzen für sich dastünde und seinen Punkt hinter sich hätte. Mit richtigerer Anschauung nannte Strauß das Semikolon ›die Taille des Satzes‹: Ober- und Unterleib zusammen geben erst den ganzen Satzkörper.

Der Punktstrich ist ein vortreffliches Satzzeichen, doch darf es nicht gemißbraucht werden. Ein Satz mit mehr als zwei solchen Zeichen schreit nach dem Zerlegen in zwei Hauptsätze mit Punkten. Bei den Franzosen und Engländern ist der Punktstrich sehr selten: ihre Sätze sind ja durchschnittlich kürzer als die Deutschen.

○ ○ ○

Der **Doppelpunkt** (Kolon) steht nach der Schulregel fast nur als Vorzeichen einer wörtlichen Aufführung. Er läßt sich jedoch zu vielen noch nützlicheren Gliederungszwecken verwenden. Ich bekenne: er ist mein Lieblingszeichen nach dem Punkt. Die beiden Punkte übereinander mag man den Angeln einer Tür vergleichen, die aus einem Zimmer ins andre führt. Für nachsätzliche Folgerungen aus Vordersätzen gibt es kein besseres: *Wenden wir unsern Blick auf die kleinsten Teilchen des natürlichen Stoffes: wie tritt sogleich wieder die Macht des sinnlichen Zaubers hervor* (Lotze).

○ ○ ○

›Je mehr **Gedankenstriche** in einem Buche, desto weniger Gedanken‹, heißt es sehr richtig bei Schopenhauer. Eine Ausnahme ist allenfalls zu machen für die modisch gedankenlosen Gedankenstriche der Stürmer und Dränger um Goethe: sie sollten nicht einmal Gedanken vorschützen, sondern waren bloßes Gekleckse. Unsre Jüngstdeutschen allerdings haben den Unfug der gehäuften Gedankenstriche mit Bewußtsein verübt; sie wollten, und einige wollen es noch, dem Leser durch ihre Gedankenstriche angeblich unaussprechbar tiefe Gedanken vorspiegeln und stufen sorgsam durch einen bis fünf oder noch mehr Gedankenstriche die Fadentiefe ihres Gedankenmeeres ab. So schreibt z. B. Peter Altenberg: *Das junge Mädchen begann leise zu weinen. Sie weinte und weinte – –. Die Mutter kam leise herein und ging wieder hinaus – – –.* Fast regelmäßig tritt bei solchen Schreibern zwischen die Gedankenstriche ein verschwenderischer Vorrat von Ausruf- und Fragezeichen.

Der überreiche Gebrauch des Gedankenstriches gilt den Irrenärzten für eines der Anzeichen krankhafter Schreibwut; die meisten schreibenden Irren schwelgen in Gedankenstrichen und Ausrufzeichen. Indessen der Mißbrauch hebt den weisen Gebrauch nicht auf: richtig angewandt ist der Strich, also nicht Gedankenstrich, ein treffliches Zeichen für einen Satzeinschnitt von andrer Art als durch Beistrich, Strichpunkt und Doppelpunkt. Beistrich und Strich nacheinander (, –) sind unersetzbar für die Fälle eines stark einsetzenden gegensätzlichen oder zusammenfassenden Nachsatzes, besonders in Hauptsatzform, der ohne Bindewort bleiben soll, um die Wirkung zu steigern. Diese Zeichengruppe steht am passendsten nach starken Sinnhebungen des Vordersatzes, um nach einer Pause den hochtonigen Nachsatz anzukündigen: *Wie er* (der Wirt in Minna von Barnhelm) *nun seine Zunge wetzt, wie er trippelnd ... die hin und her laufende Minna spielt, wie er dreimal ihre Frage ... nachspricht, – wer könnte dabei ernst bleiben?* (Erich Schmidt). Schreiber mit Redestil können dieses wirksame Sinnzeichen kaum entbehren, und ich bin einer seiner bewußten Liebhaber.

Ausrufzeichen, spärlich gesetzt, sind berechtigt; vorm Häufen warne die Erinnerung an die Schreibwut (Graphomanie in der Ärztesprache). Hin und wieder ein leiser Ruf; was darüber hinausgeht, führt zum **Schreistil**. Richard Wagner nannte sich selbst einen ›exklamatorischen Menschen‹ und erklärte das Ausrufzeichen für die einzige ihm genügende Interpunktion, sobald er die Welt der Töne verlasse. Zum Glück hat er nur gelegentlich in Briefen laut gerufen, in seinen gedruckten Schriften ist das Zeichen spärlich.

Verwandt mit dem Ausrufzeichen ist das **Unterstreichen** des Geschriebenen, das **Sperren** des Gedruckten. Andre Völker haben durch ihren Lateindruck ein viel geschmackvolleres Mittel, den Leser auf ein Wort oder ein Satzglied nachdrücklich hinzuweisen: durch *Schräg(Kursiv)-Schrift*. Die aus dem Romanischen nach den Formgesetzen des gotischen Stils gestaltete eckige Deutsche Druckschrift kennt nur das Sperren, wenn man nicht zu der noch lauter schreienden Fettschrift greifen will. Es gibt Fälle, in denen man durch alle Künste der Wortstellung nicht den gewünschten und berechtigten Nachdruck bewirken kann. Ganz abzuweisen ist das Sperren in dichterischen Werken: hierin muß es dem Dichter gelingen, mit den einfachsten Schriftmitteln, fast ohne Satzzeichen, jede notwendige Wirkung zu erzielen. Anders in wissenschaftlichen Schriften, zumal in Lehrbüchern: hier dürfen alle erlaubte Mittel der Unterscheidung zwischen Wichtigstem und Brauchbarem benutzt werden, allerdings mit weiser Zurückhaltung gegenüber den stärksten. Wer auf jeder Seite durch Sperr- oder Fettdruck dem Leser zuschreit: jetzt aber kommt etwas Großartiges, jetzt etwas Unerhörtes!, der stumpft den Glauben und die Aufmerksamkeit gar bald ab. Dies gilt selbst von Nietzsche, einem sehr argen Unterstreicher.

Nützlich wäre die Einführung eines Tonzeichens, wie es schon manche Schriftsteller zur Unterscheidung von éin und ein gewagt haben. Warum nicht? Es könnte auf jedem ersten Selbstlauter eines Wortes stehen, müßte aber mit ähnlicher Vorsicht behandelt werden wie etwa die Notbremse im Eisenbahnwagen. Wäre dieses Tonmittel allgemein anerkannt, so könnten wir der Zweideutigkeit in dem Lessingschen Satze vorbeugen: *Er wollte mehr als eine Fráu heiraten;* besser als **Frau**. Ich habe mir in diesem Buch erlaubt, in vereinzelten Fällen hiervon Gebrauch zu machen.

Neuerdings ist die Mode aufgekommen, alle **Anführungszeichen** (» «) zu vermeiden. Wustmann hat sie aufgebracht, und jetzt sehen wir sogar Lehrbücher zur Deutschen Sprachkunde erscheinen, in denen alle Beispielwörter unterschiedlos inmitten der Darstellung stehen, in vielen Fällen irreführend, mindestens störend. Allerdings wirken die gehäuften Anführungsstriche unruhig, kribbelig. Die Völker mit der lateinischen Druckschrift haben hierin wiederum einen Vorzug: sie brauchen nur die Beispielworte oder angeführten Sätze in *Schrägschrift* zu drucken. Auch mir blieb nichts übrig, als für mein Buch dieses bequeme Schriftmittel anzuwenden, denn in Büchern zur Belehrung steht jede Erleichterung des schnellen Verstehens noch über der äußern Schönheit des Druckes. Eine brauchbare, d.h. wirksame Deutsche Schrägschrift, die ich vorziehen würde, war leider nicht zu beschaffen. Man wird gewiß im Deutschen Druck wieder zu den Gänsefüßchen zurückkehren. Warum aber jedesmal zwei? Ich wiederhole in diesem Werke die von den Lesern meines ›Goethe‹ freundlich aufgenommene Form der einfachen Gänsefüßchen (‚ ‘) statt der doppelten. Noch vorteilhafter wäre die Hochstellung beider Füßchen: ' ' wie im Englischen.

Der Absatz geht über die Zeichensetzung des Satzes hinaus und wird eingehend an andrer Stelle behandelt (S. 608).

○ ○ ○

Von manchen Lesern dieses Buches bin ich gefragt worden, wie ich über die Frage ›**Deutsche oder lateinische Druckschrift?**‹ denke. Gar nicht denke ich darüber, denn ich mag nicht unnütz mein Hirn anstrengen und mich über Nichtigkeiten ärgern. In welcher Schriftart die Bücher in Deutschland gedruckt werden, ist so lange ganz gleichgültig, wie die allermeisten Bücher in fremdwörtelndem undeutschem Kauderwelsch geschrieben werden. Man verschiebe die Entscheidung über ›Fraktur oder Antiqua‹ bis zu dem Tage, wo bei uns nur Deutschgeschriebenes gedruckt werden soll. Bis dahin aber drucke man alle Fremdwörter in der ihnen gebührenden lateinischen oder griechischen Schrift; vielleicht lernen dann die Leser durchs Auge, was sie offenbar durchs Ohr oder den Sprachverstand zu lernen unvermögend sind: daß das Sprachgewand der meisten Deutschen Bücher, fast aller wissenschaftlicher, eine Narrenjacke ist. In meinem ›Sprich Deutsch!‹ habe ich mich dieses Mittels zur Verstärkung des Ekels vor der Welscherei bedient, – mit Erfolg, wie mir viele Leser versichert haben.

Sollte aber die Frage, ob Deutscher oder lateinischer Druck, noch zu meinen Lebzeiten ernsthaft aufgeworfen werden, so bekenne ich schon jetzt, daß ich alles erhalten zu sehen wünsche, was den meisten Deutschen für Deutsch gilt; daß ich den holden Ausländern zuliebe nicht ein Tüttelchen davon preisgeben will und es mit Lessing halte, der über die ja schon seit Jahrhunderten umstrittene Frage alles gesagt hat, was gescheiterweise darüber zu sagen ist: ›Laßt uns doch das ehrwürdige Altertum unserer Muttersprache auch in den ihr eigenen Buchstaben behaupten! Man wirft unseren Buchstaben vor, daß sie so viel Ecken haben. Welch ein Vorwurf! Gleich als ob die Ecken nicht so ehrlich wären als die Rundungen … Denkt man dadurch die Ausländer zur Erlernung unserer Sprache anzulocken, so irret man sich sehr. Wenn sie bis auf die Buchstaben, welche doch meistens dem Latein sehr ähnlich sind, kommen, so kommen sie auch weiter.‹ (Mylius' Kritische Nachrichten aus dem Reiche der Gelehrsamkeit, 1750) – Über die Jahrhunderte hinweg sei bedankt, weiser Lessing!

SIEBENTES BUCH

Der Aufbau

- 1. Abschnitt
  Ordnung und
  Unordnung 601
- 2. Abschnitt
  Anfang, Übergang,
  Schluß 613
- 3. Abschnitt
  Belebung 631
- 4. Abschnitt
  Kurz und bündig 649
- 5. Abschnitt
  Wortmacherei 657

Wenige schreiben, wie ein Architekt baut, der zuvor seinen Plan entworfen und bis ins Einzelne durchdacht hat; vielmehr die meisten nur so, wie man Domino spielt. – Kaum daß sie ungefähr wissen, welche Gestalt im Ganzen herauskommen wird und wo das alles hinaus soll. Viele wissen selbst dies nicht, sondern schreiben, wie die Korallenpolypen bauen. Periode fügt sich an Periode, und es geht, wohin Gott will.

SCHOPENHAUER

ERSTER ABSCHNITT
Ordnung und Unordnung

Heil'ge Ordnung, segensreiche Himmelstochter,
die das Gleiche
Frei und leicht und freudig bindet. SCHILLER

Dem Schüler wird für seine Aufsätze die Notwendigkeit einer vorherigen ›Disposition‹ eingeschärft, und das ist, bis auf das blöde Welschwort, nicht zu tadeln. Der Anfänger im Schreiben soll lernen, seine Gedanken erst zu ordnen, dann auszusprechen; bewußt oder unbewußt wird fast jeder reife Schreiber ebenso verfahren. Nur selten wird dieser sich schriftliche Merke über die beste Anordnung seiner Gedanken machen; im Geist aber wird auch er vor dem Niederschreiben ein Bild des Baurisses entwerfen und die Hauptzüge beim Ausarbeiten festhalten. Eine unbedingte Regel gibt es so wenig für die Notwendigkeit wie für die beste Form einer vorherigen Einteilung. Gewisse Arten von Schriftwerken schließen eine vorher feststehende Ordnung sogar aus; das einzige, was sie fordern, ist eine gewisse Klarheit über den Inhalt. Man denke an vertrauliche Plauderbriefe ohne einen höheren Zweck als den, sich mit dem entfernten Empfänger schriftlich zu unterhalten. Eine peinliche Ordnung, deren Absicht der Leser heraussfühlt, würde Wesen und Zweck des Briefes zerstören. Ähnlich steht es mit dem ganzen Plauderschrifttum, dessen Reiz nicht zum wenigsten in dem Mangel oder doch Verbergen einer planvoll einteilenden Ordnung liegt. Man lese einen einzigen der *Essais* von Montaigne und überzeuge sich, welche starke Wirkung das Hin- und Herschweifen aus dem Hundertsten ins Tausendste erzeugen kann, wenn es von einem Meister des Plauderstils geübt wird. Wahrscheinlich hatte Montaigne sich vorher wohl überlegt, was er in jedem Aufsatz sagen wollte; seine zahlreichen Anführungen aus den alten Klassikern beweisen eine sorgsame Vorarbeit. Beim Ausführen jedoch vertilgte er die Spuren seines Vorordnens und rief absichtlich den Eindruck der schriftlichen Schlenderei hervor.

Der Plauderer, der durchaus kein Oberflächling zu sein braucht, fühlt den Drang, über einen Stoff, den er zu beherrschen glaubt, allerlei zu schreiben. Er verläßt sich auf sein vom Gegenstande volles Herz und auf das Überströmen des Mundes oder der ihn vertretenden Feder. Für kürzere Arbeiten geht es gar wohl ohne andre ordnende Vorbereitung als ein flüchtiges Überdenken; längere Schriftstücke ohne Bauplan zeigen meist die Spuren dieses Stegreifschreibens: Montaigne ist nur in geringen Gaben auf einmal genießbar, ermüdet bei längerm Lesen durch die sprunghafte Unordnung seiner Schreibweise.

○ ○ ○

Der vorangehende Bauriß wird ohnehin dem gedankenreichen Schreiber nur eine sehr lose Fessel sein. Jeder Geistesarbeiter macht seine Erfahrung mit der umschaffenden Kraft der Arbeit selbst. Die schönsten Baupläne verschieben sich bis zur Unkenntlichkeit, bis in ihr Gegenteil, sobald man ans Bauen geht. Die größte Gewissenhaftigkeit ordnender Vorarbeit schützt nicht vor dem Zuströmen neuer Gedanken, die erst durch die Bewegung der schreibenden Feder wachgerufen werden. Wie oft schon haben große Dichter die Wertlosigkeit eines scheinbar herrlichen Stoffes und ersten Entwurfes nur durch die Goldprobe des Ausführens erkannt.

Vollkommne Klarheit über das, was man zu sagen hat; Klarheit vor allem darüber, ob man etwas zu sagen hat, ist die beste Anordnung. Hier jedoch wie in allen letzten Fragen des Stiles als einer Kunst darf nicht der tausendfach verschiedene Geschmack der Schreiber und der Leser entscheiden, wir müssen nach einem festen Maßstabe trachten und werden ihn finden, wenn wir uns erinnern, daß es keinen an sich schöneren Stil gibt, sondern daß alle seine Schönheit aus dem Zwecke des Schreibens fließt.

Schön ist die Anordnung, die zweckmäßig ist; die zweckmäßigste, die zum wirksamen Übertragen der Gedanken des Schreibers auf den Leser dienlichste ist von den unzähligen möglichen die schönste. Es ist hiermit nicht viel anders als mit den verschiedenen Mitteln der Eroberung des Menschen durch den Menschen, wie der erfahrene Goethe sie in dem offenherzigen Gedichtlein gegeneinander abgewogen hat: ›Geh den Weibern zart entgegen‹, usw. Die regelwidrigste Einteilung kann Wunder tun: hier führen wahrlich alle Wege nach Rom, und nicht allemal ist der kürzeste der beste, der gerade Weg nicht der schönste, nicht immer der krumme der untaugliche. Man kann mit der Tür ins Haus fallen, oder sich über eine Gartenmauer und durch ein Hinterpförtlein ans Ziel schleichen. Man kann, um ein andres Bild zu wählen, zuerst die Nebenkarten und die kleinen Trümpfe, dann Trumpf-Aß auf den Tisch werfen; oder man kann mit dem höchsten Trumpf beginnen, ja all seine Karten vorweg offen ausbreiten, wenn man nur das Spiel gewinnt und es gerade auf diese Weise am sichersten gewinnt.

Der alte Grundsatz: *Medias in res* (mitten hinein in die Sache) ist vortrefflich, kann nie veralten, ist aber nicht der einzig zulässige. Je nach der Fassungsart des Lesers, je nach der Natur des Schreibers – vorausgesetzt, daß es wirklich seine Natur, nicht seine an- und nachgeäffte Manier ist – wird und soll sich die Anordnung gestalten. Früher meinte man, der Schreiber müsse das Kunstgeheimnis seiner Anordnung dem Leser verbergen. Wahr ist hieran nur, daß der Bauplan sich nicht eigensinnig immerfort aufdrängen soll. Der gute Schreiber soll wie ein Künstler, nicht wie ein Kanzleimensch wirken: seine Kunst muß den äußerlichen Rahmen vertilgen, die innere Form an dessen Stelle setzen, die schöne Ordnung der Kunst, nicht die eines Aktenständers fühlen machen.

Hiermit soll nicht gesagt sein, daß die schlichteste Anordnung und ihr unverhohlenes Aussprechen verwerflich sei. In früheren Zeiten machten die besten Schreiber sich und den Lesern die Sache leicht, indem sie einfach gliederten: ›zum ersten, zum zweiten, zum dritten‹ und so fort. Luther bedient sich dieser Anordnung mehr als einmal; in der Schrift ›Von der Freiheit eines Christenmenschen‹ wird sie bis ›zum dreißigsten‹ durchgeführt, ohne uns zu ermüden; denn Luther hat eben mindestens dreißig lesbare Gedanken über die Freiheit eines Christenmenschen mitzuteilen. Lessing legt in seiner gegen Klotz gerichteten Schrift ›Wie die Alten den Tod gebildet‹ seine Anordnung gleich zu Anfang offen dar: *Ich will hier zweierlei beweisen, vors erste: daß ...; vors zweite: daß ...*, und sogleich schwimmen wir mit ihm auf dem hohen Meer seiner Beweisführung.

Wie durchsichtig legt Goethe in allen seinen wissenschaftlichen Abhandlungen, ja selbst in solchen Schriften wie dem Römischen Karneval dem Leser seine Einteilung dar: viele erleichternde Überschriften, durchsichtig reiche Gliederung durch Absätze; kein Versuch, Zusammenhänge zu erkünsteln, wo in der Sache keine sind. In neuster Zeit hat man vielfach die Meinung zu verbreiten versucht, ein Kunstwerk der Prosa müsse ebenmäßig dahinfließen, spärlich gegliedert, die spärliche Gliederung wohl gar durch ›sanfte Übergänge‹ verschleiert. Für eine Reihe von Prosaschriften ist dies nur durch täuschende Scheinmittel und zum Schaden für den Zweck erreichbar. Goethes Darstellung von Winckelmanns Leben und Wirken ist ein Muster ihrer Art, eines unsrer bleibenden Prosakunstwerke; aber Goethe scheute sich nicht, so oft wie nötig Atem zu holen und den Leser Atem holen zu lassen.

○ ○ ○

Alles, was hier über den Aufbau eines Schriftwerkes gesagt wird, muß, wenn es aus dem Wesen der Sache geschöpft ist, für das Kleinste so gut wie für das Größte gelten; denn dieses Buch wendet sich nicht zunächst und zumeist an die Schriftsteller von Beruf. Ein wackrer studierender Sohn eines wackern Vaters hat einem Freunde mit 50 Mark aus ernster Verlegenheit geholfen und schreibt nach Hause um Geld. Wie soll er seinen Brief stilgerecht, will sagen vollkommen zweckentsprechend, anordnen? Soll er einem solchen Vater durch eine stilgerechte Einleitung und alsdann durch ein Aufsteigen vom Minderwertigen zum Notwendigen das Geld aus der Tasche stilen? Das wäre weder sittlich noch darstellerisch zu loben; vielmehr wird der wackre Sohn dem wackkern Vater ohne Einleitung und mit dem Wichtigsten beginnend schreiben: *Lieber Vater! ich bitte Dich, mir möglichst umgehend 50 Mark zu schicken. Meines Freundes Karl Vater ist gestern gestorben, seine Mutter ist in Geldnot, ich mußte ihm Reisegeld leihen und bin nun selbst in Verlegenheit.* Ein solchermaßen aufgebauter Brief entspräche vielleicht nicht allen Regeln der Stillehre von ehedem, wäre jedoch zweckmäßig und trüge darum seine Schönheit in sich.

Oder: Goethe hat die ihn so überaus wichtig dünkende und durch ihre Folgen für ihn und die Wissenschaft wirklich höchst wichtige Entdeckung des Zwischenkieferknochens beim Menschen gemacht und will sie Herdern mitteilen (27. März 1784): *Nach Anleitung des Evangelii muß ich Dich aufs eiligste mit meinem Glücke bekannt machen, das mir zugestoßen ist. Ich habe gefunden – weder Gold noch Silber, aber was mir eine unsägliche Freude macht, das Os intermaxillare am Menschen!* Hier fällt Goethe nicht mit der Tür ins Haus, denn der naturwissenschaftlich nicht gebildete Herder würde über einen Anfang: ›Ich habe den Zwischenkieferknochen beim Menschen entdeckt‹ die Achseln gezuckt haben. Nein, erst muß Goethe dem ihn verehrenden Freunde die ungeheure Wichtigkeit der Entdeckung für den Entdecker aufzwingen: dann wird Herder über eine ihm sachlich nur halb verständliche Tatsache nicht die Achseln zucken, sondern aufhorchen und vielleicht dem Entdecker nachfühlen.

○ ○ ○

Ordnung muß sein; nur nicht die gleiche für jeden Gegenstand, nun gar für jeden Schreiber. Lessing wirft einmal die Frage auf, ob nicht vorzuziehen sei eine ›angenehme Unordnung, welche ebenso weit von der Mode als von der Verwirrung entfernt ist‹. Selbst für den wissenschaftlichen Beweis ist von keinem Aufbau zu sagen, dieser ist der beste, der einzig zweckdienliche. Was ist reizvoller: zu beginnen: *Ich will beweisen, daß das Geviert der Gegenseite eines rechtwinkligen Dreiecks gleich der Summe der Gevierte der beiden Schenkelseiten ist*, oder diesen Beweis selbst logisch und mathematisch richtig durchzuführen und dann zu schließen: *Womit bewiesen ist, daß das Geviert der Gegenseite gleich ist usw. –?* Die Neugier des Lesers wird durch das Vorausschicken des seltsamen, zunächst nicht als zwingend erkannten Ergebnisses wohl noch straffer gespannt als durch das folgerechte Abrollen einer langen Beweiskette; und die Belehrung ist in beiden Fällen die gleiche.

Ordnung muß sein; aber Ordnung ist nicht gleichbedeutend mit kanzleimäßigem Aktenfachwerk, besteht auch nicht einzig im unaufhörlichen Vorwärtsschreiten. Gelegentliches Ausruhen ist noch nicht Einschlafen; ja ein paar Schritte vom Wege können unter Umständen das Wiedereinbiegen in den Hauptweg doppelt reizvoll machen. Nicht jedes Abschweifen ist unbedingt verwerflich; es gibt Abschweifungen, die nicht nur an sich von hohem Werte, die auch für das Ganze ein feiner Schmuck sind. Das wundersamste Beispiel ist Goethes abschweifendes Lobgedicht auf einen hochgesinnten Deutschen Jüngling, nämlich ihn selber, und sein noch zu findendes gleichgesinntes Mädchen inmitten einer unerbittlich scharfen Besprechung der Verseleien eines unbegabten polnischen Juden (in den »Frankfurter gelehrten Anzeigen« von 1772). Der großartige Abschweifer hatte allerdings die großartige Künstlerlaune, sich selber auf der Höhe seiner Abschweifung am Ohre zu zupfen: *Es ist hier vom polnischen Juden die Rede, den wir fast verloren hätten.* Ja, wer so reizend abzuschweifen, so launig einzulenken versteht, der entwaffnet den, nicht mit Unrecht erzürnten, Leser.

Gar anders verhält es sich mit den Abschweifern aus Gedankenflucht, wie vor allen andern mit Jean Paul, der nicht drei Zeilen hintereinander schreiben konnte, ohne aufzustehen, einen wissensreichen Zettel aus einem der Hunderte von Zettelkästen herauszugreifen und so in jedem Abschnitt nach allen Pfeilspitzen der geistigen Windrose abzuschweifen. Ganz anders auch mit den Abschweifern aus Wissensdünkel, denen Goethe durch seinen ebenso treffenden wie derben Vergleich mit den unartigen Zughunden das Urteil gesprochen. Aus Gedankenwirrnis ist z.B. dieser Satz in einer kurzen Darstellung des Lebens Immermanns geflossen: *Es kam zur Vermählung ... Der von seiner Zeit nach seiner Meinung weit unterschätzte Dichter des Jungen Deutschlands er-*

krankte an einem Nervenfieber usw. Als ob Immermanns tödliches Nervenfieber mit seiner Unterschätzung durch die Zeitgenossen im geringsten zusammengehangen hätte. Der Schreiber war unordentlich beim Aufbau gewesen; entdeckte seine Lässigkeit spät, doch nicht zu spät, um nicht die Bemerkung über die urteilslose Mitwelt noch an die richtige Stelle zu setzen, stieß aber durch den Einbau am falschen Ort den Leser mit der Nase auf den Fehler des Schreibers.

Ein andrer Gelehrter, ich will ihn nicht immer nennen, fügt seiner ausgiebigen Schilderung des Riccaut de la Marlinière in Lessings ›Minna‹ noch zwölf breite Druckzeilen hinzu, beginnend mit: *Aber Riccaut hat noch viele Verwandte*, worin uns allerlei für Lessings ›Minna‹ gleichgültige Falschspieler in französischen, englischen, Deutschen Werken aufgeführt werden, abschließend mit Gustav Freytags Udaschkin. Wer außer dem großen Gelehrten kennt diesen Udaschkin? Wer braucht ihn zu kennen, um Riccaut bis in die letzte Faser zu verstehen? Und wenn wir Udaschkin kennten, was dann? Solche überflüssige Abschweifungen lesefrüchtlerischer Eitelkeit rufen obendrein den Einspruch jedes noch Beseneren heraus, dem merkwürdige Falschspieler in spanischen, norwegischen und russischen Dichtungen bekannt sind.

Es gibt viele Gegenstände, die nicht den kleinsten Seitensprung vertragen, es sei denn ein scheinbares Ausbiegen, um mit gesteigerter Schnelle den ursprünglichen Weg fortzusetzen. Die klarsten und ernstesten Denker gehören zu diesen Geradausmenschen; Spinoza, Kant, Schopenhauer. Von Aristoteles rühmte Herder mit schaudernder Bewunderung: ›Er ist ein fester Knochenmann, wie der Tod, ganz Disposition, ganz Ordnung.‹ Schreiber von dieser Art werden bewundert, selten geliebt, aber sie sind unentbehrlich. Damit vergleiche man den Großmeister der Gedankenflucht: Oswald Spengler!

○ ○ ○

Ob ein Schreiber seine Pflicht gegen den Leser fühlt, oder ob er nur an sich selber denkend schreibt, das lehrt uns außer manchem andern die Art, wie er Stoff und Darstellung **gliedert**. Der

Deutsche Schreiber ist im allgemeinen ein schlechter, weil zu karger Gliederer. So schauderhafte Beispiele ungegliederter Schreibweise wie in der Literaturgeschichte von Gervinus oder in der Römischen Geschichte von Mommsen kommen bei französischen oder englischen Schriftstellern von Ruf nicht vor. Bei Gervinus gibt es Abschnitte bis zu zehn großen Druckseiten ohne einen einzigen Absatz! Das Allerverschiedenartigste folgt pausenlos aufeinander; ohne größern Einschnitt als den Punkt müssen wir bei ihm von Iphigenie zu Tasso hinüber. Man erschrickt beinah, wenn einmal ein Absatz kommt, und entdeckt dann meist, daß er gar keine starke Gliederung bezeichnet. Ebenso gibt es bei Mommsen absatzlose enggedruckte Seiten bis zu einem halben Druckbogen und darüber. Dies ist keine Äußerlichkeit, sondern verrät einen Mangel an innerer Form und an Rücksicht auf die Fassungskraft des Lesers.

Der Reichtum oder die Kargheit des Gliederns läßt sich natürlich nicht ein für allemal durch eine Regel nach dem Ellenmaß bestimmen; der Gegenstand und die Darstellungsform, dazu die Aufnahmefähigkeit des Lesers entscheiden. Daß Verschiedenartiges schon für das Auge und dadurch für den innern Sinn durch Absätze, ›Kapitel‹, ja noch größere Abschnitte (›Bücher‹) zu scheiden ist, gehört zu den Grundlehren des Schreibertums. Darüber hinaus fordert die besondere Schwierigkeit eines Stoffes besonders reiche Gliederung, damit der Leser von Zeit zu Zeit die Schrift, das Buch sinken lassen und nachdenken könne. Alle wahrhaft große Schriftsteller haben auf diese natürlichsten Bedingungen des Verhältnisses zwischen Schreiben und Lesen Rücksicht genommen. Um die einfache Zeichensetzung hat sich Goethe wenig gekümmert, in der Bezeichnung der großen Glieder war er ein Meister. Das Gleiche gilt von Schillers und Lessings Prosa.

Der Schreiber soll, wie das Wort Syntax (Schlachtreihe) ursprünglich besagt, als ein Feldherr handeln, der seine Truppen nicht in wirren Haufen übers Schlachtfeld verstreut, sondern sie zu gegenseitiger Unterstützung und zum gemeinsamen Wirken auf das Siegesziel hin wohlbedacht ordnet. Schon die **Raumverteilung** fordert strenge Selbstzucht: nahezu bei jedem Satze, sicherlich bei jedem Abschnitt soll sich der Schreiber den Raumsinn bewahren, der allein ihn vor dem Überwuchern des Nebensächlichen behütet und dem Wichtigen den gebührenden Umfang freiläßt. Sich über einen Gegenstand, der einem geläufig und lieb ist, mit ausschweifender Breite zu ergehen, zeigt keine Zucht und ist keine Kunst; Wegschneiden, Fallenlassen, Ausstreichen, Lichten und Sichten, um Raum zu gewinnen für das Hauptsächliche: das ist die Meisterschaft der Selbstbeschränkung.

Was für ein Zeitraum war es, den Bismarck in seinen ›Gedanken und Erinnerungen‹ zu schildern unternahm! Vom Verlassen des Gymnasiums, vom 17. Jahr, bis zum Tode des Kaisers Friedrich, nahezu 60 Bismarckische Lebensjahre – in zwei müßigen Bänden von weniger als zusammen 700 großgedruckten Seiten. In 33 Kapitel von durchschnittlich 20 Seiten teilt sich ein Stoff, der die Deutsche Geschichte seit Friedrich Wilhelm 4. und einen Teil der gleichlaufenden Weltgeschichte schildert. Und dieser in allem auf greifbare Klarheit ausgehende Schreiber findet selbst das einzelne Kapitel mit seinen vielen Absätzen zu spärlich gegliedert: er teilt es in drei, vier, fünf größere Unterabschnitte je nach der Wucht und dem Zusammenhang der Begebenheiten. Noch weiter geht in der zergliedernden Ordnung Goethe, wenn er seine nur 45 Seiten lange Schrift über Winckelmann außer in Absätze noch in 29 Unterteile zerlegt, ohne sein Kunstwerk zu zerstören.

Man kann in der Gliederung zu weit gehen, den Fluß der Gedanken vertröpfeln lassen, eine Abhandlung, ein ganzes Buch in selbständige Einzelsätze auflösen, wie Nietzsche das unter dem zwingenden Einfluß der großen französischen Spruchschreiber des 17. und 18. Jahrhunderts getan. Diese Übertreibung des Guten ist nicht so schlimm wie die in vielen Deutschen Büchern unerträglich zähflüssige Nichtgliederung. Freilich die bei einigen modischen Gecken übliche Einteilung in lauter kurze Absätze von 1–2 Zeilen gehört überhaupt nicht in die Lehre vom Stil, sondern in die von der menschlichen Eitelkeit. Der Urerfinder war der ältere Dumas: er hatte sich für den Zeitungsdruck seiner Romane Zeilensold ausbedungen und trieb dann gemeine Zeilenschinderei. Diese war gewiß nicht der Anreiz zu folgender Schreibweise J. Schlafs in einem Prosabuch:

> Nun bin ich vor unserm Haus.
> Unserm Haus.
> Mein Gott, diese Stille!

Sie ist einfach Wichtigtuerei mit kindlichem Mittel.

○ ○ ○

In neuster Zeit ist es in einem Teil der Gelehrtenwelt Brauch geworden, sich der **Anmerkungen** ganz zu enthalten, weil der frühere Mißbrauch den Spott über alle wissenschaftliche Schreiberei herausforderte. Wie sich die Liebhaber des Schachtel- und Stopfstils für die fehlenden Anmerkungen zu entschädigen wissen, wurde schon gezeigt (S. 556). Eine andre Mode verlangt jetzt anmerkungslose Buchseiten und Sammeldruck aller Anmerkungen in einem Anhang. Dies hat zu noch größerem Mißbrauch geführt: die vom Buch gelösten Anmerkungen sind jetzt um so länger. Burdach hätte nicht gewagt, zu einem 20zeiligen Gedichtchen Goethes im ›Diwan‹ mehr als sechs enggedruckte große Seiten einer fast überflüssigen Anmerkung hinzuzuschwögen, wenn er sie nach dem alten Gelehrtenbrauch unter die Buchseiten hätte quetschen müssen. ›Was wir Dichter ins Enge bringen, wird von ihnen ins Weite geklaubt‹ (Goethe). Sind Anmerkungen unentbehrlich, – ich bezweifle es –, so setze man sie in kürzester Fassung dahin, wo der Leser sie bequem benutzen kann: unten auf die Seite.

Carlyle der Brummbär hat einmal verlangt: wer zu einem dikken belehrenden Buche kein genaues **Inhaltsverzeichnis** mache, müsse gehenkt werden. Über die Strafart für solche Unterlassung mag man streiten; daß sie strafbar ist, unterliegt keinem Zweifel, wenigstens in solchen Fällen, wo ein Werk nicht bloß durchblättert oder einmal gelesen, sondern dauernd benutzt werden soll.

Zu allerletzt schreibt der Verfasser der kleinsten Abhandlung wie des dicksten Buches das, was der Leser zuerst erblickt: den **Titel** und die Abschnittüberschriften. ›Ein schöner Titel‹, heißt es bei Lessing, ›ist einem Buch noch nötiger, als einem Menschen ein schöner Taufname.‹ Freilich läuft hierbei die gewöhnliche Selbsttäuschung unter, wodurch aus einer bekannten Tatsache eine Ursache gemacht wird. Wie wir jetzt Wolfgang, Friedrich, Otto für die schönsten, ja die einzig möglichen Taufnamen Goethes, Schillers, Bismarcks halten, so erscheinen uns Titel von sehr zweifelhafter Güte als vortrefflich, weil ihre Gegenstände so vortrefflich sind. ›Kabale und Liebe‹ ist der schlechte Titel eines guten Dramas, und Goethes ›Natürliche Tochter‹ würde mit dem schönern Titel, den er seinem Stück in den meisten Briefen gab: ›Eugenie‹, schwerlich mehr gelesen werden. Titel sollen nicht irreführen, nicht zu viel sagen, nicht zu tiefsinnig tun. Die Alten und ihre großen Nachfahren bis zu unsern Meistern trafen mit künstlerischer Schlichtheit fast ausnahmslos das Richtige; der Titel ›Kabale und Liebe‹ wurde ja der Schillerschen ›Luise Millerin‹ von Iffland als Verschönerung aufgeklebt. Die großsprecherisch langen Titel vieler Deutscher und englischer Romane der Gegenwart, z. B. ›Warum tönt dieser Mißklang durch die Welt?‹ von Ossip Schubin, oder ›Schiffe, die nachts vorüberfahren‹ von Beatrice Harraden, verblüffen ein Weilchen und werden dann vergessen. Nicht besser steht es mit den wichtigtuerischen Untertiteln G. Hauptmanns für seine elendesten Stücke, auch für die den großen Dichtungen Andrer – Shakespeares, Grillparzers, der Lagerlöf – nachgedichteten: ›ein Stück zu Spiel und Scherz‹, ›ein Nocturnus‹, ›eine Winterballade‹. – Keller fügte sich den guten Gründen Vischers gegen den ursprünglichen Titel der ›Sieben Legenden‹: ›Auf Goldgrund‹. Matthias Claudius bemerkt einmal sehr fein: ›Es ist sonderbar, daß man hinter kurzen abgebrochenen Titeln fast immer was Gutes findet, und hinter langen mit als und da und Vorder- und Hinterfüßen fast immer was Schlechtes.‹ Und Lessing meinte: ›Ein Titel muß kein Küchenzettel sein. Je weniger er von dem Inhalte verrät, desto besser.‹

ZWEITER ABSCHNITT
Anfang, Übergang, Schluß

Wer das erste Knopfloch verfehlt, kommt mit dem Zuknöpfen nicht zustande.

GOETHE

Der Verfasser glaubt nicht an eine allein seligmachende Regel für den **Aufbau**, ist vielmehr überzeugt, daß es ungefähr ebenso viele berechtigte Baustile gibt wie gute Schreiber und gute Stoffe. Dennoch darf er, mit vorsichtiger Zurückhaltung, einige leitende Grundsätze als durch die besten Prosaschriften bestätigt – nicht eigenmächtig aufstellen, sondern aus ihnen ableiten. Obenan steht der Erfahrungssatz: Da die Teilnahme jedes Lesers an jedem Stoff und jeder Darstellung zufolge der seelischen Kraftgesetze über einen gewissen Punkt hinaus sinkt, so muß nach dem Maße des Sinkens entweder der Stoff oder, wenn dies durchaus nicht möglich, die Darstellung steigen, um den Verlust beim Leser auszugleichen. Die Gesetze für das Drama von der Spannung, der scheinbaren Ruhe, ja dem scheinbaren Rückschritt, vom neuen Anstraffen der Spannung, von einer letzten Steigerung gelten bis zu hohem Grade auch vom künstlerischen Aufbau der Prosa. Hierin liegt kein Widerspruch mit den Ausführungen auf S. 603 über die Möglichkeiten des Einsetzens: in manchen Dramen Shakespeares verkündet der Prolog vorweg das traurige Schicksal der Helden, ohne daß die künstlerische Spannung aufgehoben wird, und nur mit der künstlerischen haben wir es in der Stilkunst zu tun. Das Beispiel des Pythagoreischen Lehrsatzes mit seiner nachfolgenden Beweisführung (S. 606) entspricht ziemlich genau dem Prolog zu ›Romeo und Julia‹ mit dem ihm folgenden Trauerspiel.

Aus dem allgemein menschlichen Nachlassen der seelischen Spannkraft folgt die Notwendigkeit, jede nicht auf einen Sitz zu lesende Schrift gemäß der Anteilsfähigkeit des Lesers so zu gliedern, daß jedes Glied einer möglichst gleichgespannten Aufmerksamkeit teilhaftig wird. Immer wieder muß die Pflicht des Sichversenkens in die Seele des Lesers eingeschärft werden: dem Schreiber ist jeder Abschnitt gleich lieb, dem Leser kann er das nur durch die Kunst des Schreibers werden. Keine Kunst jedoch vermag das Naturgesetz von der Ermüdung der Sehnerven und der Hirnwindungen zu besiegen: gegen das Ende einer längern Schrift ist jeder Leser in andrer Verfassung als zu Anfang. Die berühmten ›harmonischen Perioden‹ bis zu 200 Zentimetern und darüber büßen nach einer gewissen Zeit ihre Wirkung ein, selbst auf den Leser mit gleichem Schreibstil. Die in der Luft schwebenden Bälle angefangener, durch geschachtelte Nebensätze unterbrochener Hauptsätze, angefangener Nebensätze, kurzer oder langer Schachtelstücke, Nebensatzenden, Hauptsatzschlüsse werden bei allzu lange fortgesetztem Periodenballspiel nicht mehr aufgefangen, sondern fallen plump zu Boden. Der einsichtsvolle Schreiber wird daher in den letzten Teilen straffe Sätze bauen, um seinen Leser bis zuletzt festzuhalten.

Wo es sich um eine Beweisführung handelt, müssen wir vom Bekannten über das weniger Bekannte zum Unbekannten aufsteigen; nie darf der Leser schwankenden Boden oder Abgrundleere fühlen, sonst ist der Zweck des Schreibens dahin. Die nichtbeweisende Darstellung gliedert sich nach dem menschlichen Urgesetz vom Reize des Wechsels und wird im allgemeinen vom schwächern zum stärkern Reiz aufsteigen, ohne daß dieser Aufstieg in ungebrochener Linie zu erfolgen braucht. Die Zwischenglieder, die, ohne selbst zu fördern, zur Festigung des Baues nötig sind, müssen so fesselnd werden, wie es der Stoff ohne Stilgaukelkünste erlaubt. Dasselbe gilt für die ja unvermeidlichen Schritte auf ebener Fläche, denen der Spannungsreiz des Stoffes mangelt.

Über allen diesen Grundsätzen und Grundgesetzen des Aufbaues steht das Eine, das not tut: möglichst vollkommne Beherrschung des Gegenstandes. Wie diese sich ihr Eigenwort erzwingt, so ihren eignen Bau. Des alten Cato tiefer Satz *Rem tene, verba sequentur* (Habe die Sache, so folgen die Worte) läßt sich mit gleicher Wahrheit abwandeln in: *dispositio sequetur* (so wird die Einteilung folgen).

○ ○ ○

Nichts ist so schwer wie das **Anfangen**, es wäre denn – das Schließen, und für manchen Schreiber der Übergang. Ohne Scherz: gut anfangen können viele Schreiber, die am Schließen scheitern. Schreiber dieser Art sind jene begabten Stümper, denen, wie etwa den dramatischen Dichterlingen, ein bestechender Einfall kommt; dieser wird an den Anfang gesetzt, weckt die größten Erwartungen, enttäuscht uns im Verlauf, strandet zuletzt auf der Sandbank der Ohnmacht. Ein guter Anfang, der nicht als solcher durch den ganzen Aufbau erwiesen wird, ist keiner.

Welche Forderungen sind für den Anfang zu stellen? Gibt es keine durchweg zutreffende Regel zum Finden des guten Anfangs? Doch, es gibt eine, immer die gleiche wie für alles Wichtigste der Stilkunst: die vollkommne **Klarheit** über den Gegenstand. Mit dieser Klarheit darf der Anfang sehr einfach, sehr gewöhnlich sein: er ist der rechte, wenn er uns in die Klarheit des Folgenden geleitet. Hingegen ist der glanzvollste Anfang, auf den nichts Rechtes folgt, so wenig wert wie eine Protzenpforte zu einem öden Kasernenbau, oder eine Prunktreppe, die zu Dachkammern emporführt. Habe die Sache, so hast du den Anfang, vorausgesetzt daß dir der Zweck alles Schreibens bewußt ist: dem Leser deinen Gedankengang aufzuzwingen. Du kannst es je nach dem Gegenstande, je nach dem Leser und je nach deiner Eigenart auf sehr verschiedene Weise mit dem Anfang halten, – eines wirst du in allen Fällen wünschen: den Leser durch den Anfang zum Anhören des Folgenden zu bestimmen. Je größer die Anziehungskraft des Stoffes, mit desto schwächeren äußeren Mitteln darf man sich fürs Anfangen begnügen.

Der griechische Dichter, der Achilleus und dessen Zorn bei seinen Hörern als bekannt voraussetzte, durfte ganz schlicht beginnen: ›Den Zorn besinge, o Muse, des Peliden Achilleus!‹, um der Aufmerksamkeit sicher zu sein. Tacitus eröffnete sein großes Geschichtswerk mit dem schlichten Tatsachensatztz: *Urbem Romam a principio reges habuere* (Die Stadt Rom hatten vom Anfang an Könige inne). Und Griechenlands größter Geschichtschreiber beginnt sein Werk mit klassischer Einfachheit: *Thukydides, Bürger von Athen, hat den Krieg der Peloponnesier und Athener beschrieben, wie ihn beide Teile gegen einander geführt, und hat das Werk gleich beim Ausbruch des Krieges begonnen in der Voraussicht, daß er sehr bedeutsam und viel merkwürdiger als alle frühere werden müsse.*

Bismarck bedurfte für den Anfang seiner politischen Lebensgeschichte keiner hochgeschwellten Einleitungsphrasen, sondern konnte rein sachlich einsetzen: *Als normales Produkt unsres staatlichen Unterrichts verließ ich Ostern 1832 die Schule als Pantheist, und wenn nicht als Republikaner, doch mit der Überzeugung, daß die Republik die vernünftigste Staatsform sei.* Ein meisterlicher Anfang: sogleich haben wir es mit dem heranreifenden Jüngling zu tun, mit dessen Ansichten über die Grundfragen des Glaubens und des Staatslebens, und sind mit Recht gespannt zu erfahren, wie sich aus dem pantheistischen und republikanischen Jüngling der gottgläubige Vorkämpfer der Königsgewalt entwickeln werde. Dem Schreiber Bismarck stand diese Entwicklung in leuchtender Klarheit vor den rückschauenden Augen: so war ihm jener Ausgangspunkt der natürlichste, darum wirksamste.

Die Berechtigung des Anfangs soll nicht erst durch späteres Überprüfen des Lesers erkannt werden; sie muß beim ersten Lesen selbstverständlich erscheinen, selbst dann, wenn der Anfang so überraschend wirkt wie etwa in Vischers Roman: *Auch Einer – von denjenigen nämlich – kurz man versteht mich. Wer es darf, hebe den ersten Stein gegen ihn auf! Ich meinesteils gedenke es nicht zu tun. – Ich traf ihn auf dem Dampfboot, mit dem ich auf einer Schweizerreise über den Zuger See fuhr.* Wir fühlen sofort: hier wird uns von dem ungewöhnlichen Seelenleben eines ungewöhnlichen Menschen Kunde werden, und für solchen Stoff ziemt sich gar wohl solch überraschender Anfang.

Den Leser festzuhalten gilt's beim Anfangen; mit losem oder straffem Griff, nur still soll er uns stehn. Ob eine Saite leise angerührt, ob sogleich ein starker Vollklang angeschlagen wird, – aufhorchen soll der Leser beim ersten Ton. In einer Schrift über den amerikanischen Dichter Walt Whitman setzt Johannes Schlaf ein mit einem 12 Seiten langen Gerede über die ganz absonderliche Kunstweise seines Helden, sagt uns aber erst auf der 13. Seite, wer der eigentlich war. Also zwölf Seiten lang flimmert eine Kunstweise ohne ihren Künstler nebelhaft vor unserm Innenauge. – Tieck schreibt für den ersten Druck von Kleists ›Prinzen von Homburg‹ eine damals, bei der Unwissenheit über den großen unglücklichen Dichter, sehr notwendige Einleitung, die aber drei Seiten leeres, überflüssiges Geschwätz allgemeinster Art enthält, dann auf anderthalb Seiten über das Stück spricht. – Und Willibald Alexis beginnt seinen Roman ›Ruhe ist die erste Bürgerpflicht‹:

> ›Und darum eben‹, schloß der Geheimrat. In seiner ganzen Würde hatte er sich erhoben und gesprochen. Charlotte hatte ihn nie so gesehen. Der Zorn strömte über die Lippen, bis vor dem Redefluß des Kindermädchens die allzeit fertige Zunge verstummte. Sie war erschrocken zurückgetreten, bis sie sich selbst verwundert an der Tür fand.

Die ersten Worte spannen uns: dann aber beginnt die Unverständlichkeit: Wer ist Charlotte? Ist sie die Herrin oder wer sonst? oder ist sie gar das Kindermädchen? Und dann: wir haben doch nur von dem Redefluß des Geheimrats vernommen und hören nun von dem eines uns unbekannten Kindermädchens. Willibald Alexis hat selten so gesucht und so verworren eingesetzt.

○ ○ ○

Sind **Einleitungen** notwendig? Eine allgemein gültige Regel gibt es nicht, es sei denn die, daß die Einleitung ihrem Namen entspreche: daß sie in einen sonst schwer zu überschauenden Gegenstand hineinleite. Wenn Hegel zu seiner Phänomenologie des Geistes auf eine Vorrede von 56 Seiten noch eine Einleitung von 13 Seiten folgen läßt, so beweist dies Hegels Unklarheit und schriftstellerisches Ungeschick. Die Einleitung soll die Stimmung vorbereiten, oder sie soll einiges zum Verständnis Notwendige kurz vorausschicken, sich aber nicht breitspurig vor- und aufdrängen.

Noch dieses läßt sich als allgemein gültige Wahrheit über das Anfangen sagen: es ist nicht durchaus unzulässig, mit etwas zunächst Unverständlichem zu beginnen, nur muß dieses Unverständliche sich durch die seltsame Form so tief einprägen, daß es später leicht wieder auftaucht und verstanden wird. Die Anfänge der meisten großen Dramen sind nicht ohne weiteres verständlich, fesseln aber durch ihren Ausdruck so lange, bis sie ihr volles Licht empfangen. Man prüfe daraufhin die Hauptdramen Lessings, Goethes, Schillers, Shakespeares; oder die ersten Zeilen bei großen Erzählern wie Dickens (›im Weihnachtslied‹): *Marley war tot, damit wollen wir anfangen. Kein Zweifel kann daran bestehen. Der alte Marley war so tot wie ein Türnagel.* – Oder bei Edgar Poe (im ›Anklagenden Herzen‹): *Allerdings krankhaft erregt, fürchterlich erregt war und bin ich; warum aber mich wahnsinnig nennen?* Diese stark angeschlagenen Töne klingen durch das Folgende hindurch, bis ihre Schwingungen in neue, verständlichere Vollklänge übergehen.

Das Anfangen ist eines der wenigen Stilkunstgeheimnisse, die sich bis zum gewissen Grade – wenn nicht nachahmend, so doch beobachtend erlernen lassen. Man lese die Anfänge der größten Prosawerke mit einem die Absicht und den Eindruck ermessenden Forscherblick, und man wird einen sichern Gewinn davontragen. Die allgemeinste Wahrnehmung wird die sein, daß die Meisterwerke der Prosa sehr einfach einsetzen. Die Vorrede zu Lessings Laokoon hebt an: *Der erste, welcher die Malerei und Poesie miteinander verglich, war ein Mann von feinem Gefühle ... Ein Zweiter suchte ... Ein Dritter ... bemerkte usw.* Dann folgt: *Das erste war der Liebhaber; das zweite der Philosoph; das dritte der Kunstrichter.* Schon sind wir mitten in der Sache.

Seine Abhandlung über die Fabel beginnt Lessing so einfach, aber so kraftvoll wie möglich: *Jede Erdichtung, womit der Poet eine gewisse Absicht verbindet, heißt seine Fabel*; von hier aus ist der Übergang zur Fabel im engern Sinne so leicht wie selbstverständlich.

Der junge Goethe eröffnet seine Besprechung von Sulzers ›Schönen Künsten‹ mit dem leicht hingeworfenen Satze: *Sehr bequem ins Französische zu übersetzen, könnte auch wohl aus dem*

Französischen übersetzt sein; für Goethes und seiner jungen Zeitgenossen Auffassung von der Minderwertigkeit aller französischer Schreiberei war damit Sulzers oberflächliches Gesalbader eigentlich schon abgetan. Man stelle sich vor, mit welchen allgemeinen Redensarten ein neuerer Schreiber seine erste, Jahre hindurch ersehnte Reise nach Italien schildern würde. Goethe beginnt seine Italienische Reise mit verblüffender Einfachheit: *Am 3. September früh 3 Uhr stahl ich mich aus Karlsbad, weil man mich sonst nicht fortgelassen hätte.*

Goethe liest nach langem Zaudern endlich Byrons ›Kain‹ und schreibt sein Urteil nieder. Mit welcher schwülstigen Einleitung aus dem vierten Raum würde heute der erstbeste Fölljetongschreiber beginnen; mit welchen Zirkussprüngen einer unsrer zeitgenössischen sich als dichtergleich aufspielenden ›Kritiklyriker‹! Wie kindlich einfach schreibt der Dichter des ›Faust‹ über das von ihm grenzenlos bewunderte Werk seines nach Schillers Tode größten Mitstrebenden: *Nachdem ich über genanntes Werk fast ein Jahr lang das Wunderbarste mir hatte vorsagen lassen, nehme ich es endlich selbst zur Hand, da es mich denn zum Anstaunen und Bewundern aufregte.*

Wie Goethe, so Schiller: über die größten Gegenstände die einfachsten Anfangsworte. Seine Briefe über die ästhetische Erziehung des Menschen beginnen mit einer Schlichtheit, die den meisten heutigen Kunstschreibern ein mitleidiges Lächeln erregen würde: *Sie wollen mir also vergönnen, Ihnen die Resultate meiner Untersuchungen über das Schöne und die Kunst in einer Reihe von Briefen vorzulegen. Lebhaft empfinde ich das Gewicht, aber auch den Reiz und die Würde dieser Unternehmung. Ich werde von einem Gegenstande sprechen, der ...*

Gleichfalls sehr einfach, aber schon aus ganz anderm Ton gehen die Eingangssätze in Vischers Werke ›Das Schöne und die Kunst‹: *In ein glänzendes Reich des Lichts führt uns die Wissenschaft der Ästhetik; es verknüpft sich mit ihrem Gegenstande das Gefühl reinster Freude. Vom Schönen wird jeder erquickt; die Liebe zu ihm ist allen angeboren; es hat keine Feinde.*

Schiller sammelt seine ›Gedanken über den Gebrauch des Gemeinen und Niedrigen in der Kunst‹ und beginnt: *Gemein ist alles, was nicht zu dem Geiste spricht und kein andres als sinnliches Interesse erregt.* Und die Vorrede zu seinem Abfall der Niederlande fängt an mit einer uns rührenden Rechtfertigung seines Unterfangens: *Als ich vor einigen Jahren die Geschichte der niederländischen Revolution in Watsons vortrefflicher Beschreibung las, fühlte ich mich dadurch in eine Begeisterung gesetzt, zu welcher Staatsaktionen nur selten erheben.*

Wie einfach und groß beginnt Niebuhr sein Lebenswerk: *Ich habe es unternommen, die römische Geschichte zu schreiben: von den Urzeiten der Stadt bis dahin, wo Augustus' Alleinherrschaft über die römische Welt unbestritten anerkannt wurde.* – Wie klar und schlicht setzt Chamisso in seiner ›Reise um die Welt‹ ein: *Wer mich teilnehmend auf der weiten Reise begleiten will, muß zuvor erfahren, wer ich bin, wie das Schicksal mit mir spielte, und wie es geschah, daß ich als Titulargelehrter an Bord des Rurik stieg.* – Wie wunderschön eröffnet Jakob Grimm seine Geschichte der Deutschen Sprache: *Weder das in ungemessener Zeit von den höchsten Sternen auf uns niederfunkelnde Licht, noch die am Gestein der Erde lagernden Schichten unvordenklicher Umwälzungen geben unsere älteste Geschichte her, welche erst anhebt, wann Menschen auftreten.*

Der Major Helmut von Moltke schreibt 1843 einen großen Aufsatz über Grundsätze für die Richtung von Eisenbahnen, zu einer Zeit, als den meisten Lesern alle Vorkenntnisse über das neue Verkehrsmittel fehlten, und in den ersten Sätzen bietet er alles Notwendige zum Verständnis der bedeutsamen Abhandlung: *Viele und denkende Männer halten die Eisenbahnen usw. ..., andre betrachten sie ... die allgemeinere Ansicht indessen ist, daß dieses neue Verbindungsmittel ...* In nur drei Sätzen werden die zahllosen, damals sehr verworrenen Ansichten über die Frage dargelegt, und nun kann der Schreiber selbst einsetzen.

Ihering leitet seinen ›Kampf ums Recht‹ mit dem kurzen wuchtigen Satz ein: *Das Ziel des Rechts ist der Friede, das Mittel dazu ist der Kampf.* Alles hierauf Folgende ist nur die Ausführung dieses Leitsatzes, der ähnlich wie in Wagners Opern immer wieder heraufklingt.

Ungemein schwierig sind die wirksamen Anfänge der einzelnen

Abschnitte eines Sammelwerkes über einen ungeheuren Gegenstand. Mit kleinen Kunstmittelchen ist hier nicht viel ausgerichtet; nur aus der vollen Herrschaft über den Stoff läßt sich der notwendige Wechsel schöpfen. Man denke z. B. an ein Riesenbuch wie Brehms Tierleben, das ja nicht bloß ein Wörterbuch der Tierwelt, sondern ein durchweg fesselndes Lesewerk sein wollte, und prüfe die schriftstellerische Meisterschaft Brehms an dem Eingang des Abschnittes über den Löwen: *Ein einziger Blick auf den Leib des Löwen, auf den Ausdruck seines Gesichtes genügt, um der uralten Auffassung aller Völker, welche das Tier kennen lernten, vom Grunde des Herzens beizustimmen: der Löwe ist der König der vierfüßigen Räuber, der Herrscher im Reiche der Säugetiere.* Er knüpft an den Gesamteindruck jedes Lesers vom Löwen an und spricht einen scheinbar abgedroschenen Satz in so neuer Form aus, daß wir mit einem Schritt dicht vor dem König der Tiere stehen.

○ ○ ○

Die mittelmäßigen und die schlechten Schreiber sind überzeugt, man dürfe nichts in der Welt ohne **Übergänge** darstellen, und halten für einen glänzenden Stilmeister den luftigen Brückenschläger über die breiten Klüfte zwischen den einander fremdesten Gegenständen. Es steht mit den Übergängen nicht anders als mit jedem andern Teil der Stillehre: nur das Natürliche, das Notwendige ist zweckmäßig, also schön; alles Erkünstelte und Überflüssige ist wertlos, mag die Künstelei scheinbar noch so geschickt geübt sein. Innerer Zusammenhang der Dinge fordert und erzeugt darstellende Überleitung; das für den Menschenverstand Zusammenhanglose bleibt ohne Übergang. ›Die gut zugehauenen Steine schließen sich ohne Mörtel aneinander‹, heißt es treffend hierüber bei Cicero. Ein Arzt, der ein Lehrbuch über innere Krankheiten schreibt, braucht keinen Zusammenhang zwischen Typhus und Krebs zu erklügeln, denn die Natur kennt keinen; sondern er darf, ja muß in zwei selbständigen Abschnitten jedes der beiden Leiden behandeln.

In der Literaturgeschichte gibt es erkennbare innere Zusammenhänge, und ein Literaturgeschichtschreiber darf nicht wie der

Sammler eines Schriftstellerkalenders arbeiten. Dennoch führt es zum täuschenden Verdunkeln der wissenschaftlichen Wahrheit, wenn der Schreiber auf diesem Gebiete durchaus überall Zusammenhänge und Übergänge zurechtbosseln will. In jeder Kunst stehen zu allen Zeiten Einzelmenschen ohne sichtbaren Zusammenhang nebeneinander, während Andre durch Zeitgenossen bedingt schaffen. Erkünstelte, redensartliche Übergänge verwischen das Wesen der großen Kunst, pferchen Menschen und Dinge, die nichts Gemeinsames haben, auf dem geduldigen Papier zusammen, und was wie ein unschuldiges Stilmittelchen aussieht, wird zum wissenschaftlichen Truge.

Die Franzosen tadeln mit Recht die mit großer Mühe erdrechselten nutzlosen Übergänge in Boileaus zweitem Gesange des ›Art poétique‹. Er bespricht die verschiedenen Dichtungsarten, zwischen denen gar kein innerer Zusammenhang besteht, und müht sich ab, schöne Verbindungsfäden zu spinnen. Ein scharfer Beurteiler nannte dies die Kunst, zwei Parallelen sich durchaus treffen zu lassen. Die lehrreich abschreckendsten Beispiele der unechten Übergänge findet man in den Wochenrundschauen politischer Zeitungen. Im Hirn ihrer vielgewandten Verfasser geht es zu, wie es im ›Faust‹ beschrieben wird:

> Zwar ist's mit der Gedankenfabrik
> Wie mit einem Webermeisterstück,
> Wo ein Tritt tausend Fäden regt,
> Die Schifflein herüber hinüber schießen,
> Die Fäden ungesehen fließen,
> Ein Schlag tausend Verbindungen schlägt.

Jedes wird mit jedem verknüpft, der König von Portugal mit dem von Dahomey, ein Mordfall in Berlin mit einer Präsidentenwahl in den Vereinigten Staaten. – Ebenso schön, nur noch etwas schnurriger, waren gewisse Festreden, z. B. die an Akademien und Universitäten, mit einer Abhandlung über den Zitteraal beginnend, mit dem Hoch auf den Kaiser schließend. Wo man solcher Reden habhaft werden kann, da lerne man an ihrem letzten Übergange den Unterschied zwischen natürlichem und unnatürlichem Stil, denn zu etwas anderm ist dieser im Schweiße der Denkerstirn geschnitzelte Übergang nichts nütze. Börne berichtet einen schönen Übergang des Festredners Oken vom Zahlengesetz der Wirbelknochen auf Ludwig 1. von Bayern.

Den Schaumschläger erkennt man an wenigen andern schriftstellerischen Merkmalen so sicher wie an seinen **unechten Übergängen**. Es ist damit wie mit einem pfuschenden Tischler, der mit schlechtem Leim gearbeitet hat: es hält nicht, die Stücke klaffen alsbald auseinander. Wo kein innerer Zusammenhang den Übergang fordert, da kann er ja nur durch Blendwerk vorgespiegelt werden. Der Übergang soll ehrlich sein oder er soll gar nicht sein. Es gibt Gedankenreihen, die wegen der Grundverschiedenheit der Gegenstände durch keinen Übergang zu verbinden sind; in solchen Fällen scheue man sich nicht vor einem einfachen ehrlichen ›ferner, sodann, nun, hierauf, außerdem, anderseits‹ usw. Lieber noch scheinbar unkünstlerisch als unwahr; aber das Angemessene ist nicht einmal unkünstlerisch. Tacitus erdrechselt keine kunstvollen Übergänge, wo keine erkennbare Zusammenhänge sind, sondern begnügt sich mit dem ehrlichen *Transeo ad* (Ich gehe über zu) ... Wie bequem macht sich Goethe in Dichtung und Wahrheit den Übergang vom Straßburger Münster auf seinen Tanzunterricht:

> Kann man bei solchen Wirkungen, welche Jahrhunderten angehören, sich auf die Zeit verlassen und die Gelegenheit erharren, so gibt es dagegen andere Dinge, die in der Jugend frisch wie reife Früchte weggenossen werden müssen. Es sei mir erlaubt, mit dieser raschen Wendung des Tanzes zu erwähnen, an den das Ohr, so wie das Auge an den Münster, jede Stunde in Straßburg im Elsaß erinnert wird.

Dies ist die Art der wahrhaftigen Schreiber.

Der schriftstellerisch unfähige gelehrte Literaturforscher Richard Wülker geht in seiner Geschichte der englischen Literatur von Byron auf Shelley über: *Neben Byron steht geistesverwandt sein Freund Shelley, aber trotz vieler Ähnlichkeiten auch wieder eine ganz andre Natur*. Dies ist recht lächerlich, aber es ist ehrlich, so ehrlich wie die bekannten Übergänge unsrer lieben kleinen Untertertianer: ›Ein ganz andrer Charakter als Cäsar war Pompejus.‹ Man sollte nur die Tertianer nicht zwingen, sich einen schöneren

Übergang zu erkünsteln, – sie würden dann zehn Jahre später als Wochenrundschreiber oder als Ergründer des Geheimnisses der dichterischen Zeugung keine Zusammenhänge erschwindeln, die es nicht gibt.

Ich wähle mit Vorliebe die Beispiele für die verschiedenen Formen der Stilunwahrhaftigkeit aus einer gewissen Richtung unsrer neusten Literaturwissenschaft, weil mir kein andres Gebiet so genau bekannt ist, und weil es schwerlich ein andres gibt, auf dem mit so leicht durchschaubaren Stilmittelchen eine Wissenschaft vorgespiegelt wird, die es nicht gibt noch geben kann: die der Nichtdichter von den Geheimnissen des Dichtens. Sprichwörtlich berühmt geworden sind die gewaltsamen Übergänge Richard Meyers. Da er seinem Hauptwerk, der Literaturgeschichte des 19. Jahrhunderts, eine unmögliche, weil nicht durch die natürliche Stufenfolge bedingte Gliederung nach Jahrzehnten zugrunde gelegt hatte, so mußte er die in der Wirklichkeit nicht vorhandenen Zusammenhänge zwischen den einander wildfremden Schriftstellern durch gewaltsame Scheinübergänge erzwingen.

Selten hat sich ein Fehler im Grundgerüst eines Buches so furchtbar gerächt. Eben hat Meyer gesprochen von Ernst Moritz Arndt, dem urgesunden tüchtigen Werksmanne der Tat, und gleich darauf heißt es: *Aber der gleiche* (!) *Geist der Aktivität* (!) *ergreift selbst den weltscheuen, früh gebrochenen Träumer* (Hölderlin). Oder es folgt auf Varnhagen – Chamisso, *der erst recht keinen Schatten wirft, und erst recht fehlt das Solide* (wie dem Peter Schlemihl) *dem leibhaften Weltdurchbummler in den literarischen Siebenmeilenstiefeln: dem Fürsten Pückler.* Von Annette von Droste-Hülshoff muß ein Übergang auf – Heine gefunden werden; nichts leichter als diese Unmöglichkeit: *Im Gegensatz zu den späten Erfolgen Annettens hat Heinrich Heine fast von Beginn seiner Tätigkeit Triumphe gefeiert.* Hätte Annette schon früh Erfolg gehabt, so wäre der Übergang noch leichter gefunden worden. Ein andrer Übergang von Heine führt zu Scherenberg. Auf die Jüdin Rahel Lewin folgt der päpstliche Görres; der Übergang ist sehr einfach: *Auch Joseph Görres, der Begründer der ultramontanen Partei in Deutschland, ist nur Redner* (wie Rahel!). Gleich darauf wird übergegangen zu –

E. T. A. Hoffmann: *Anschauung ist **auch** das große Geheimnis der Kunst, mit der ...*

Der Grund solcher trügerischen Übergänge ist bei Meyer und vielen seiner Fachgenossen der: es soll der Schein erweckt werden, als rieselten, durchsichtig bis auf den Grund, vor den Augen dieser undichterischen Schreiber die tiefsten, die geheimsten Quellen des dichterischen Schaffens ganzer Jahrhunderte; oder als hörten sie, wie Keller einmal ärgerlich gegen die anmaßende Schaumschlägerei der Schererschen Schule losfuhr, ›das Gras wachsen und wüßten besser, woher und wie die Dichter leben und schaffen, als diese selbst‹. Nichts darf nach der Meinung dieser Alleswisser und Allesbesserwisser für die Wissenschaft zusammenhanglos bleiben, überall muß es Übergänge geben, und da die Natur keine oder doch keine erkennbaren geschaffen, so muß die Wissenschaft durch Stilkünsteleien dem Mangel abhelfen. Wie bezeichnend ist es, daß Erich Schmidt, der im Eingang zu seinem ›Lessing‹ die Unmöglichkeit des Erforschens der künstlerischen Zeugung ehrlich bekennt, von der unerträglichen Sucht seiner Schule frei bleibt, gekünstelte Zusammenhänge und Übergänge zu erdrechseln.

○ ○ ○

Ein sehr beliebter Trugübergang ist der mit ›**und**‹. Man hüte sich vor dem falschen ›und‹, das ursächliche oder sonstige Verknüpfungen vorspiegelt, wo es keine gibt oder wo man doch keine erforscht hat. Wir stehen bei Goethe um 1776, und nun heißt es bei R. Meyer: ***Und** an die Lieder von Leipzig* (1768!) *und Sesenheim* (1771!) *schließt sich* (?) *eine neue Perlenschnur schöner Gedichte: Der du von dem Himmel bist, Füllest wieder Busch und Tal* (1776!). Sogleich geht's weiter mit ›und‹, als ob das Eine aus dem Andern folge: ***Und** manche Entwürfe reihen sich an*, nämlich zu dramatischen Arbeiten, die gar nichts mit jener Perlenschnur zu tun haben. Oder es wird berichtet, daß der junge Goethe nach der Rückkehr von Leipzig Wieland liest und sich mit dessen Lebensauffassung vertraut macht: ***Und** schon knüpft sich ganz im Sinne* (!) *dieser Lebensphilosophie* (!) *ein neues Liebesverhältnis an, zu Charitas Meixner*, als ob der junge Goethe zu so unschuldiger Jünglingsschwärmerei den leichtfertig schlüpfrigen Wieland hätte lesen müssen! *Und bald erhebt sich sein Geist **auch** wieder zu eigenem Schaffen. Er liest Arnolds Kirchen- und Ketzergeschichte ...* Also zwischen Wieland und Charitas Meixner und den Nachwirkungen von Arnolds Ketzergeschichte werden durch scheinunschuldige Unds und Auchs Zusammenhänge erleimt, die niemals in Goethes Leben bestanden haben. – Ähnlich bei Scherer, dem für seine Schule tonangebenden ›Und‹-Schreiber: *Die Leiden des jungen Werther erschienen 1774; **und**, obgleich sie ganz Deutsch waren, so eroberten sie doch binnen kurzem die Welt.*

Solches Vorspiegeln nichtvorhandener Zusammenhänge ist nicht auf die Literaturwissenschaft beschränkt; wir finden sie überhäufig bei gewissen neunmalklugen Geschichtschreibern, besonders bei Karl Lamprecht. Dieser will einen engen weltliterarischen Zusammenhang für Fuldas ›Talisman‹ erfinden; das macht er so: *Im Übrigen* (!) *konnten die Stoffe zu den neuen Dramen am besten* (?) *fremden Literaturen entnommen werden, namentlich den phantastischen des Orients* (?). ***Und damit*** [sonst nicht!] *war die Möglichkeit eines entscheidenden Wurfes für Fulda gegeben.* Dann folgt sein ›Talisman‹. Nun war aber dieses Stück, dessen Grundstoff sich schon bei Andersen findet (›Des Kaisers neue Kleider‹), außer jedem Zusammenhang mit der orientalischen Literatur entstanden, mehr oder minder frei erfunden; Lamprechts ›und damit‹ ist nur das wortmachende Ergaukeln eines unauffindbaren innern Zusammenhanges.

Der Leser überzeuge sich selbst von der Verwerflichkeit solcher Übergangskünsteleien durch den Vergleich mit den natürlichen und redlichen Übergängen auf jeder Seite unsrer Klassiker und Nachklassiker. Absichtlich werden hier nur noch zwei Beispiele für die Kunst des Überganges angeführt, die beide beweisen, daß ein sachlicher Schreiber gar keiner besonderen Künste bedarf, um den Leser liebreich von Gegenstand zu Gegenstand zu führen. Goethe hat in ›Dichtung und Wahrheit‹ (Buch 10) von dem kranken Herder gesprochen und will übergehen zum Straßburger Münster. Welche geheimnisvollen Gespinste, ähnlich des Kaisers neuen Kleidern, würden solche Meister des nebelspaltenden Überganges wie Scherer, Meyer, Lamprecht zwischen dem kranken Herder und dem Münster weben und wirken! Goethe führt uns ebenso einfach wie liebreich hinüber: *Entfernen wir uns jedoch nunmehr von der freundschaftlichen Krankenstube ..., begeben wir uns in die freie Luft, auf den hohen und breiten Altan des Münsters.*

Ich rate dem Leser, sich doch lieber Goethe zum Muster zu nehmen, als den berühmtesten jener Gelehrten, die alle Zusammenhänge zwischen Himmel und Erde, oder doch zwischen Himmel und Hörsaal, erforscht haben, oder – durch schleimig-schmeidige Übergänge so tun, als ob.

○ ○ ○

Die altrömischen Schriftsteller über Stil haben die Kunst des **Schließens** nur vom Standpunkte des öffentlichen Redners, besonders des Gerichtsredners, betrachtet, demzufolge die möglichst tiefe Augenblickswirkung der letzten Sätze empfohlen. Gewiß, eine große Versammlung wie der römische Senat, oder eine aufgeregte Volksmenge, oder gar ein Gerichtshof, der unmittelbar nach der Rede des Verteidigers zum Urteil schreitet, lassen sich durch einen wirksamen Schluß hinreißen oder doch beeinflussen. Selbst auf den einsamen Leser wirkt der letzte Eindruck zunächst am stärksten, auf ihn aber doch nur kurze Zeit. Diese Wirkung ist nicht die entscheidende, denn wozu wäre sonst alles Vorangehende? Es stände z.B. schlimm um den Gesamteindruck von Kellers ›Romeo und Julia auf dem Dorfe‹, wenn das ebenso überflüssige wie häßliche Schlußanhängsel entschiede. Man sollte es bei Neudrucken weglassen, wie sich Keller ja selbst vorgenommen hatte.

Völlig zerstörend kann ein Schluß wirken, wenn er, wie manchmal bei Heine, mit teuflischer Absichtlichkeit in die gehobene Stimmung platzt. Wenn z.B. in dem großartigsten seiner Nordsee-Gedichte auf die Schilderung des die Meere überschreitenden Heilands, der durch ihn beseligten und versöhnten Menschheit, der schnöde Ausfall gegen einen gleichgültigen ungenannten Berliner Kirchenstreber folgt, so ist dieser Schluß nicht allein stilwidrig, sondern er läßt den ganzen vorausgehenden Gefühlsüberschwang unecht erscheinen.

Der gute Schluß ist nicht zu verachten, er ist jedoch nicht das in allen Fällen wichtigste Stilmittel. Auch hier wie fast immer muß ehrlich gesagt werden: es gibt keine allgemeine Regel für den Schluß, so wenig wie für den Anfang. Ein sanfter, ja schwacher Schluß zur rechten Zeit und am rechten Ort kann außerordentlich wirken. Lassalle schließt seine mehrstündige berühmte ›Kassettenrede‹ mit einem rednerischen Zusammenbruch: *Meine Herren, ich hätte Ihnen noch vieles zu sagen, viel hinzuzufügen, aber seit acht Tagen stehe ich auf der Angeklagtenbank. Meine Kräfte brechen. Ich kann nicht mehr*. Man beachte die atemlos kurzen Schlußsätze! Natürlich waren sie für die ganze Rede sorgsam vorher ausgearbeitet. – So hat auch Bismarck den berühmten Schluß seiner berühmtesten Rede, der vom 6. Februar 1888, sicher mit voller Absicht zur Wirkung auf den Reichstag und die gesamte Leserwelt nicht aus dem Stegreif gesprochen, denn sie sollte nicht für den Augenblick wirken, vielmehr eine gefahrdrohende Spannung der Weltmächte so oder so lösen:

> Wenn wir in Deutschland einen Krieg mit der vollen Wirkung unserer Nationalkraft führen wollen, so muß es ein Krieg sein, mit dem alle die ihn mitmachen, alle die ihm Opfer bringen, kurz und gut mit dem die ganze Nation einverstanden ist. Es muß ein **Volkskrieg** sein; es muß ein Krieg sein, der mit dem Enthusiasmus geführt wird wie der von 1870, wo wir ruchlos angegriffen wurden. – Dann wird das ganze Deutschland von der Memel bis zum Bodensee wie eine Pulvermine aufbrennen und von Gewehren starren, und es wird kein Feind wagen, mit diesem *furor teutonicus*, der sich bei dem Angriff entwickelt, es aufzunehmen.

Nicht minder wirksam jedoch schließt Moltke seine ›Geschichte des Krieges von 1870‹ mit dem einen, in seiner Schlichtheit großartigen Satze: *Straßburg und Metz, in Zeiten der Schwäche dem Vaterlande entfremdet, waren wieder zurückgewonnen, und das Deutsche Kaisertum war neu erstanden*. Wer einen solchen Satz nach seinem vollen Werte zu schätzen vermag, dem braucht nicht ausführlich erklärt zu werden, was Stil ist.

○ ○ ○

Schon manchmal wurden hier gewisse Fragen der Stilkunst durch Vergleiche mit denen der dramatischen Kunst aufzuhellen versucht. Vom Schließen in der Prosa ist ungefähr das Gleiche zu sagen wie vom Ausgang des Dramas. Das Grundgesetz für beide Kunstgattungen lautet in allgemeinster Form: Spannung und Steigerung. Dies bedeutet indessen nicht, daß die letzte Steigerung mit dem Schlusse zusammenfallen muß. Schillers ganze dramatische Einlage ging auf eine letzte Spannung in den letzten Worten hinaus: ›Dem Manne kann geholfen werden‹ in den ›Räubern‹, ›Ich geh zum Andreas‹ im ›Fiesko‹, ›Jetzt euer Gefangener!‹ in ›Kabale und Liebe‹. Goethe fand die letzten Worte im ›Wallenstein‹ ›Dem **Fürsten** Piccolomini!‹ erschreckend. Der junge Goethe hatte seinen ›Urfaust‹ mit den Verdammungsworten Mephistos geschlossen: ›Sie ist gerichtet!‹; der Sechzigjährige milderte den Schluß in: ›Ist gerettet!‹ Auch ›Iphigenie‹ und ›Tasso‹ enden nicht mit einem letzten Kraftwort, sondern klingen sanfter aus. Ebenso läßt Shakespeare kein einziges seiner erschütterndsten Trauerspiele auf dem Gipfel der tragischen Erschütterung schließen. Die Bühnendichter neuster Zeit schaffen ihre Abschlüsse überwiegend mit dem Blick auf die Augenblickswirkung, man denke namentlich an Ibsens ›Rom‹ und ›Gespenster‹ und an Sudermanns ›Ehre‹.

Für die Prosa darf die Lehre gelten, daß, soweit sie sachlich und als Ganzes wirken soll, ein besonders kunstvoller Schluß überflüssig ist. Der römische Redner schloß zuweilen ganz einfach: *Dixi* (Ich habe geredet). Ebenso schließen – die Sprecher der Indianer. Alles muß einmal ein Ende nehmen, – warum also, wenn der letzte Gedanke ausgesprochen ist, nicht einfach erklären: Ich bin fertig, oder sich einer Wendung bedienen wie Goethe, der eine etwas längliche Einleitung in die Propyläen unvermittelt abbricht: *Doch es wird Zeit diese Einleitung zu schließen, damit sie nicht, anstatt dem Werke bloß voranzugehen, ihm vorlaufe und vorgreife.* Hieraus der Schluß selbst: *Soviel im allgemeinen von der Absicht eines Werkes, dem wir recht viele ernsthafte und wohlwollende Teilnehmer wünschen.* Derselbe Goethe aber schließt ein andermal mit einer völlig überraschenden Wendung, die eine ganz neue unbeantwortet bleibende Frage auswirft: *So entsteht also die Geschichte Laokoons im Virgil bloß als Mittel zu einem höheren Zwecke, und es ist noch eine große Frage, ob die Begebenheit an sich ein poetischer Gegenstand sei* (Abhandlung über Laokoon).

Weitere Beispiele sind unnötig, der lernende Leser findet sie ohne Mühe selbst und wird sich überzeugen, daß bei der grenzenlosen Verschiedenheit der Schreiber und der Gegenstände sich keine feste Regel für den Schluß erquälen läßt.

DRITTER ABSCHNITT
Belebung

Lebe nur! Dem Widerspruch
Wird Lebend'ges nicht entgehen.
Totgebornes trifft der Fluch,
Niemand je im Weg zu stehen.

PAUL HEYSE

Uralt ist der Vergleich des Aufbaues Schrift-gewordener Sprache mit der Baukunst in Stein und anderm Stoff. Wie jeder Vergleich nur ein Angleichen, keine deckende mathematische Gleichsetzung ist, so dieser. Der Baumeister schafft aus totem Stoff, der Stilkünstler aus lebendigem, und vom ersten Federstrich an lebt sein Bau, während der des Steinbaumeisters erst nach der Vollendung lebendiges Bild von außen wird, Fülle des Lebens erst durch den Menschen gewinnt, der darin wohnt und wirkt. Vom Leben im Stil wurde schon gehandelt, als wir die Einzelzelle des Rohstoffes: den Ausdruck, prüften. Leben der Einzelglieder, der Geschosse des Baues, war unser Gegenstand beim Betrachten des Satzes. Zum bewußten Gesamtleben der Schrift steigen wir jetzt auf, wo wir den Rohbau von den Grundmauern zum krönenden First durchmessen haben und ihn den Zwecken geistigen Lebens dienstbar machen wollen.

Vom **lebendigen Stil** wird hier gehandelt, und damit sind wir abermals bei einem der Grundpfeiler unsrer Kunst angelangt. Sich mit einem unlebendigen Stil eingehend zu beschäftigen, widerspräche dem Geiste dieses Buches. Aller Stil ohne ein Menschenbild auf seinem Grunde ist toter als jede tote Sprache, lohnt nicht die Mühe des Untersuchens. Einige in den lebendigen Leib des Menschenredestils eingedrungene leblose Fremdkörper, die für Leben ausgegeben werden, mußten zur Abschreckung genau geschildert werden: das Geziere, die Mode- und Schablonenwörter, die pennälerhafte Fremdwörtelei. Hier aber haben wir es zu tun mit dem Pulsschlag des warmen Lebens selbst, ohne den alles Schreiben gespenstisch wirkt.

Wiederum müssen wir erinnern, daß nur geschrieben wird, weil die Menschenrede nicht so weit dringt wie ihr Abbild, die Schrift. Goethes entschiedenes Wort: ›Schreiben ist ein Mißbrauch der Sprache, stille für sich lesen ein trauriges Surrogat der Rede‹ kann gar nicht oft und eindringlich genug wiederholt werden. Stil ist innere Form der Sprache, und Sprache heißt Sprechen, nicht Schreiben. *Lingua*, Sprache, heißt ja ursprünglich Zunge, ebenso γλῶσσα und die Wörter für Sprache bei den meisten Völkern. Schon der sehr junge Herder trug in sein Reisetagebuch von 1769 ein: ›Man lernt Stil aus dem Sprechen, nicht Sprechen aus dem künstlichen Stil‹, und von dem nur 27jährigen Herder hat der 22jährige Goethe die Grundgesetze des Verhältnisses zwischen Fühlen, Sprechen und Schreiben für sein ganzes Leben gelernt. Jubelnd verkündete er bald nach den ewig denkwürdigen Straßburger Tagen seinem Lehrmeister: ›Wie eine Göttererscheinung ist es über mich herabgestiegen, hat mein Herz und Sinn mit warmer, heiliger Gegenwart durch und durch belebt, das: wie Gedank' und Empfindung den Ausdruck bildet.‹

Ohne Innenleben kein Stil, der diesen Namen verdient. Nur das Leben hat zeugenden Wert für das Menschenleben; nur die ursprünglich einmal im Hirn und Herzen des Schreibers lebendig gewesene Schrift ist lebendige Kunst, ist schöner Stil. Kants berühmte Erklärung: ›Schön ist, was ohne alles Interesse gefällt‹ ist unverständlich, weil wir nicht genau wissen können, was Kant sich gerade hier bei dem Schwammwort ›Interesse‹ gedacht hat. Bedeutet Interesse: lebhafte Teilnahme, so ist die Erklärung grundfalsch, denn nichts ist schön, was kein Interesse erregt; Langeweile ist das Gegenteil von schön. Wo von einem Geschreibe gesagt wird, es ist langweilig, da bedeutet dies: es ist tot, und von allen Schriften dieser Gattung gilt das Wort: Lasset die Toten ihre Toten begraben! und das andre: Nur der Lebende hat Recht.

Lebendiger Stil

Wahrlich, gar kein Recht hat die Langeweile, und Voltaire, der alle Stilgattungen mit Ausnahme der langweiligen für erlaubt erklärte, war ein Weiser. Warum soll ich etwas lesen, was ich ohne Zwang nicht anhören würde? Nicht die wissenschaftlichste Schrift braucht langweilig unlebendig zu sein; nicht die Frömmigkeit, die Sittlichkeit, die abgeklärte Kunst verlangt die Langeweile zur untrennbaren Begleiterin. Als der Minister Rudolf Delbrück im November 1870 dem Norddeutschen Reichstage die Verfassung des zu gründenden Deutschen Reiches ankündigte, mit der öden Schwunglosigkeit des wackern, aber ungewöhnlich langweiligen Kanzleimenschen, der er war, schrieb der Kronprinz Friedrich Wilhelm in sein Tagebuch: ›Ich erfahre Delbrücks Vorbringen der Kaiserfrage, das über alles Maß schwach, matt und trocken; es war kläglich, als ob er die Kaiserkrone in altes Zeitungspapier gewickelt aus der Hosentasche gezogen; es ist unmöglich, in diese Leute Schwung zu bringen.‹

Einzig in Deutschland hat sich die verkehrte Ansicht eingebürgert, die strenge Wissenschaft vertrage sich nicht mit dem lebendigen, dem fesselnden Stil; ja schon der gute Stil sei ein Zeichen der Unwissenschaftlichkeit. Mittelmäßige Deutsche Wissenschafter, die selbst nicht zwei gutgebaute Sätze hintereinander, nicht eine mit Kunstgenuß zu lesende Seite schreiben können, erdreisten sich, die Wissenschaftlichkeit jedes andern Schreibers zu verdächtigen, der sein vollwertiges Wissen in einer durch Adel der Sprache und Reiz des Baues anziehenden Kunstform vorträgt. Was für abgrundtiefe Weisheit müßte die sein, die grundsätzlich jede Schönheit der Form verschmähen dürfte! Es braucht gar keines schönrednerischen Schmuckes, vor allem keines Phrasentums, um die reinste Wissenschaft in künstlerischer Form vorzutragen. Selbst die allerstrengste Wissenschaft soll von Menschen auf Menschen übertragen werden, und zwar mit der höchsten erreichbaren Wirkung; eines der wirksamsten Mittel außer dem sachlichen Wert ist die zum Verständnis und zur dauernden Aufnahme zweckmäßigste Form, und eben diese heißt Kunst. Eine Schrift von höchster Sachlichkeit ist für den, welchen sie angeht, niemals an sich langweilig; sie kann es nur werden durch die Unbegabung des Schreibers, welcher Verworrenheit an die Stelle der Klarheit, Wortmacherei an die Stelle des Eigenworts setzt.

Freilich darf die schmackhafte Zubereitung des trocknen Stoffes nicht in geistreichelndem Geschwöge bestehen. Es gibt eine natürliche Anmut in der ausgesuchten Schlichtheit des Ausdrucks wie des Aufbaues; indessen das geistreiche Spiel ist nicht zu verwerfen, wenn der Gegenstand es verträgt oder gar fordert. Manche immerfort auf ihre strenge und strengste Wissenschaftlichkeit pochende Gelehrte mit kläglichem Stil, welche die ihnen zu hoch hängenden, darum sauren Trauben des ›Feuilletonstils‹ so verachtungsvoll schmähen, täten besser, gerade zum Nutzen für die Wirkung ihrer Wissenschaft, bei den berühmten Feuilletonisten in die Schule zu gehen und sich zu erinnern, daß die größten unsrer Prosaklassiker und Nachklassiker ausgezeichnete Feuilletonisten waren: Lessing, der eigentliche Schöpfer des wissenschaftlichen Feuilletons, Herder, Goethe – von den ›Frankfurter gelehrten Anzeigen‹ bis zu den Feuilletons verschiedensten Inhalts noch in seinen Siebziger- und Achtzigerjahren –, Schiller, Hebbel, Freytag, Moltke. Und der Begründer der wissenschaftlichen Deutschkunde, Jakob Grimm, war einer unsrer sprachedelsten Meister des Feuilletons. Ob man seine kleineren Aufsätze so nennt oder nicht, ist gleichgültig. In Frankreich und England erdreistet sich kein noch so gelehrter Fachmann, einem freien Gelehrten seinen anregenden Stil als wissenschaftlichen Makel zu verdächtigen. Engländer und Franzosen sind stolz auf ihre den Zierden Deutscher Wissenschaft gewiß nicht nachstehenden Macaulay, Darwin, Spencer, Mill, Huxley, Sainte-Beuve, Renan, Taine, Poincaré, den Mathematiker und Naturforscher, die alle zugleich Meister schöner Prosa waren.

○ ○ ○

Lebendig und natürlich sei vor allem der Ausdruck. Der gezierte, der gesuchte, der papierne weckt keine Erinnerung an das lebendige Lippenwort, bleibt also getrocknete Tinte auf Papier, läßt nichts nachschwingen, so scheingroßartig es für den Augenblick tönen, das heißt klappern mag. Man darf im genauen Nachschreiben der lebendigen Rede sehr weit gehen, ohne der Würde des würdigsten Gegenstandes etwas zu vergeben, wenn man nur, mit dem hierfür doch nicht schwierigen Taktgefühl, diesseits der Grenze bleibt, hinter der die Schludrigkeit beginnt. Kein Mensch spricht: vollkommenerem, Bewundererin; jeder nur: vollkommnerem, Bewundrerin: also scheue man sich nicht, diese berechtigte Verkürzung wiederzugeben.

Ebenso steht es mit den Belebungsmitteln des Satzbaues. Die Nebenordnung ist die Regel für den Satzbau des Gespräches: man bediene sich ihrer, wo immer es ohne Stilbruch und ohne Ausarten in Manier angeht. Man verbinde nicht jede zwei nebengeordnete Sätze durch Bindewörter wie ›denn, weil, daß‹ usw., sondern lasse den anmutigen Wechsel zwischen gebundener und ungebundener Fügung walten. Um wieviel lebendiger wirkt dieser Satz Goethes an Knebel: *Ins Karlsbad gehe ich auf alle Fälle, ich bin dieser Quelle eine ganz andere Existenz schuldig*, als wenn ein Bindewort vor ›ich bin‹ stände. Man lasse sich nicht irremachen durch den Einwand der Sprachmeisterer, solche Satzgefüge seien das Vorrecht der Poesie und müßten in der Prosa die Ausnahme bilden. Ganz allgemein: es gibt keine bessere Stillehrerin für die Prosa als die Poesie, wenigstens für die Prosa, welche Gedanken in Leben wandeln will. Alle Dichter, auch die in Prosa, bedienen sich z. B. zur dramatischen Steigerung ihres Vortrages der selbstgestellten Frage und selbsterteilten Antwort. Besonders häufig ist dieser Dramastil im Volksliede: *Was zog er aus seiner Taschen? Ein Messer, war scharf und spitz*. – Walther von der Vogelweide fragt und antwortet:

> Wer sleht den lewen? wer sleht den risen?
> Wer überwindet jenen und disen?
> Das tut jener, der sich selber twinget.

Keine andre Satzform käme diesem Frage- und Antwortspiel an Lebenswirkung gleich.

Bei Lessing ist das Zwiegespräch des Schreibers mit sich selbst eine stehende Prosaform; sogar Dreigespräche kommen vor. Nicht viele Seiten in seinen wissenschaftlichsten Schriften, nicht bloß denen in Briefform, sind ohne ein Beispiel etwa von dieser Art: *Was war Herr Klotz? was wollte er auf einmal sein? Was ist er? Herr Klotz war ein Mann, der* usw.

Frage und Antwort aus demselben Munde sind ja eines der wirksamsten Mittel zum Steigern des Gesprächstones; warum also nicht auch beim Schreiben gelegentlich fragen und selber antworten, z. B. nach dem Muster von Fritz Reuter: *As ick all seggt heww, du jammerst mi. Worüm? – Wil dat du ...*

○ ○ ○

Zu den weiteren Mitteln der Stilbelebung gehört die uns schon aus früheren Abschnitten bekannte **Oberherrschaft des Zeitwortes** als des Trägers der Bewegung. ›Verbum! Leben! Handlung! Leidenschaft!‹ heißt es einmal bei Herder. Ferner möglichst redesprachliche Wortstellung, also Vorrücken des Zeitwortes bis zu den äußersten vom Geiste Deutscher Sprache gestatteten Grenzen; Vermeiden der schachtelnden Satzform; Bevorzugen der Hauptsätze; Abwechslung in der Reihenfolge von Haupt- und Nebensätzen, damit nicht immer wiederkehre: ein Stückchen Hauptsatz, eingeschachtelter Nebensatz, Schlußstück des Hauptsatzes. Die Freiheit Deutscher Wort- und Satzordnung gestattet und das Gesetz vom Reize des Wechsels fordert, daß nicht allzu selten Gebrauch gemacht werde von der Reihenfolge: abhängiger Nebensatz oder mehrere Nebensätze, Hauptsatz oder Hauptsätze. – Und alle diese Mittel zusammen stellen nichts andres dar, als was uns bei jeder Betrachtung der wirksamsten Stilmittel immer aufs neue begegnen muß: die Wiedergabe veredelter Redesprache durch die Schrift.

Ein Erzählungsmeister wie Otto Ludwig, also wahrlich kein auf bloß äußerliche Wirkungen ausgehender Schreiber, forderte für seine Kunst:

> Unterhaltend muß Geschichte und Vortrag sein; unterhaltend die Begebenheit, und unterhaltend die Figuren, unterhaltend der Figuren Dialog und Tun, unterhaltend der Autor selbst. Es muß für **Spannung** im allgemeinen gesorgt sein, an jedem einzelnen Stellchen, und zugleich für Interesse des Details. Die Spannung auf das, was kommen muß, muß sich beständig in Interesse am Detail verwandeln und, wo dieses nachläßt, wiederum jene Spannung wirken.

Um ausnahmsweise einmal in der landesüblichen Fremdwörtlersprache zu reden: Warum soll sich der Leser für etwas interessieren, was entweder an sich nicht interessant ist, oder durch die Form uninteressant erscheint? Auf Deutsch: Soll ich mich gefesselt fühlen, so muß der Schreiber sich bemühen mich zu fesseln. Alles was geschrieben wird, muß irgendwelchen Spannungsreiz erzeugen, das heißt, es muß etwas der Sache oder der Form nach Neues gesagt werden; denn sonst hätte das Schreiben unterbleiben müssen.

Otto Ludwig erklärte den Spannungsreiz jeder Erzählung so: ›Sie muß so sein, daß wir wünschen, sie wäre wahr; sie muß spannen, d.h. das Gemütsvermögen so erregen, daß leidenschaftliche Begierden an den Verlauf der Erzählung sich heften.‹ Was hier von der dichterischen Erzählung gesagt wird, gilt sinngemäß angewandt von jeder Prosaschrift. Natürlich ist die bloße Spannung nichtig: das, worauf gespannt wird, muß die Spannung wert sein. Den Leser durch spannende Form etwas Bedeutsames erwarten lassen und ihn zuletzt enttäuschen, ist für den Schreiber selbst vernichtend. Nichts Wirksameres als die Überraschung mit etwas Erfreulichem, Geistreichem, Künstlerischem; nichts Gefährlicheres als der Mißbrauch dieses Kunstmittels. Die feinsten Witze, die geistreichsten Gedankenblitze beruhen auf der die Spannung belohnenden Überraschung. *Man verschiebe nie auf morgen, was man ebenso gut* – (gelinde Spannung, da wir das Folgende zu wissen glauben) – *auf übermorgen verschieben kann*, eine die Spannung überreich lohnende launige Überraschung. – *Der Mensch unterscheidet sich vom Tier wesentlich dadurch* – (mittlere Spannung, denn wir erwarten einen der uns längst bekannten Unterschiede und raten nur, welcher von den vielen) –, *daß es niemals etwas Zweckwidriges tut*. Dies haben wir nicht erwartet, unsere Spannung kommt reichlich auf ihre Kosten.

Mit überwältigender Wirkung machte Bismarck einmal vor dem preußischen Abgeordnetenhause von diesem Stilmittel Gebrauch, indem er mit scharfer Wendung gegen das Haus Vergleiche mit dem Gesinderecht zog. Als die Abgeordneten murrten, weil sie mit Recht glaubten, sich von dem Minister als Gesinde betrachtet zu sehen, und sogar der Präsident sie ermahnte: ›Kehren Sie sich nicht an den Vergleich, der wahrscheinlich bevorsteht‹ –, fuhr Bismarck ruhig fort: *Der Vergleich liegt mir außerordentlich fern, denn niemand ist weniger geneigt als ich, diesem Hause ein volles Herrenrecht einzuräumen.* – Sehr fein war das scheinbar versöhnliche Wort Franz des Ersten gegenüber Karl dem Fünften: *Was mein durchlauchtiger Bruder will, das will ich auch*, nämlich den Besitz Mailands.

Die höchste Kunst kennt keine witzigen oder geistreichen Überraschungen, und für sie behält Otto Ludwig Recht: ›Alle Wirkungen, die etwas von Überraschung in sich haben, sind bedenklich. Der Reiz des Überraschenden darin stumpft sich bald ab, und es bleibt nur das Absonderliche, Unvermittelte.‹ Für die Prosa jedoch, die nicht zur Höhe der ewigen Kunst emporstrebt, ist die sich gelegentlich bis zur Überraschung steigernde Spannung ein nicht zu verschmähendes Stilmittel.

In meinem Buche ›Was bleibt‹ heißt ein eigner Abschnitt: ›Spannung‹.

○ ○ ○

Unwillkürlich **steigert** jeder auf lebendige Wirkung bedachte Schreiber seinen Stimmton um einen Grad oder mehr je nach dem Auf und Nieder des Stoffes und der eignen Seelenspannung. Soweit hierbei die Grenzen der inneren Form, des Zusammenklanges von Gegenstand und Ausdruck, nicht überschrien werden, läßt sich nicht nur nichts gegen diesen natürlichen Spannungshebel einwenden; sondern der wäre ein Schreiber ohne Mark in den Knochen, ohne Blut in den Adern, der für alle Stufen der Gefühlsleiter nur einen Ton fände.

Man beobachte, wie selbst der alte Goethe mit dem Geheimratstil das Zeitwort aus der Vergangenheit in die Gegenwart steigert, sobald der Atem der Erzählung heißer geht, z. B. noch in den ›Wanderjahren‹. Und der kaltblütige Moltke überträgt auf uns sein hochgespanntes Empfinden in der Schilderung des Endkampfes um St. Privat durch die erregte Gegenwartsform:

> Alle diese Hindernisse werden ... nach und nach überwältigt. Bei untergehender Sonne ist der Angriff bis auf 300 Schritt an St. Privat herangelangt. Abteilungen des X. Korps schließen sich an, und nun erfolgt von allen Seiten her der letzte Anlauf. Mit größter Hartnäckigkeit verteidigen die Franzosen noch die brennenden Gehöfte und die Kirche, bis sie, mehr und mehr umstellt, schließlich um 8 Uhr die Waffen strecken. Über 2000 Unverwundete fallen dabei in Gefangenschaft, und die Verwundeten müssen den Flammen entrissen werden.

Eine so lange Stelle in der Gegenwartsform findet sich bei Moltke nur noch einmal: da wo er die letzten Reiterangriffe der Franzosen bei Sedan beschreibt.

Rein schulmäßig dünken uns heute Kunststückchen steigernder Spannung wie das ehedem hochberühmte, ein wenig lächerlich klingende *Abiit, excessit, evasit, erupit* [Er ging, er wich, er entkam, er brach aus*] in einer der Catilinarien Ciceros; oder die gleichfalls früher sehr bewunderte Stelle in einer seiner Reden gegen Verres: *Es ist ein Vergehen, einen römischen Bürger zu fesseln; Verbrechen, ihn zu züchtigen, fast ein Vatermord, ihn zu töten; wie soll ich es nennen, ihn zu kreuzigen?* – Wie der wahre Meister, der Dichter, steigernd spannt, das kann uns das unerreichte Beispiel der Rede Mark Antons in Shakespeares ›Cäsar‹ lehren. – Von der Übertreibung dieses Stilmittels handelt ein besonderer Abschnitt (S. 699).

○ ○ ○

Es gibt Schriftsteller, die als schwer zugänglich, ja als langweilig gelten, weil sie auf allzu geduldige Leser rechnend nicht früh genug mit der Spannung einsetzen. Raabe gehört zu ihnen: die Fabeln seiner Erzählungen sind nicht im mindesten langweilig, aber man muß sich meist durch einen etwas allzu langen vorbereitenden Abschnitt hindurchlesen. Ist man hierüber weg, so schwimmt man im vollen Strome und wird für die vorausgegangene Anstrengung reich entschädigt: ausgezeichnetes Muster die köstliche Geschichte ›Horacker‹. Andre Schriftsteller können überhaupt nur mit scharfem Winde segeln; so Lessing durchweg, selbst in den stofflich für uns heute langweiligsten Schriften; so Goethe während seiner ganzen vorweimarischen Zeit. Wie unlebendig er werden konnte, wo er nicht nach seinem eignen Grundsatz aus dem von einer Empfindung vollen Herzen schrieb, dafür gibt es ein wundervolles Beispiel in der ›Italienischen Reise‹: die Rede, die er in der äußersten Seegefahr an die verzagten Schiffer gehalten haben will:

> Was euch betrifft (!), kehrt in euch selbst zurück, und dann wendet euer brünstiges Gebet zur Mutter Gottes, auf die es ganz allein ankommt, ob sie sich bei ihrem Sohne verwenden mag, daß er für euch tue, was er damals für seine Apostel getan, als auf dem stürmenden See Tiberias die Wellen schon in das Schiff schlugen, der Herr aber schlief, der jedoch, als ihn die Trost- und Hilflosen aufweckten, sogleich dem Winde zu ruhen gebot, wie er jetzt der Luft gebieten kann, sich zu regen, wenn es anders sein heiliger Wille ist.

Sicher hat Goethe ganz anders zu den jammernden Italienern gesprochen, etwa so, wie Frau von Stein den Aufgeregten, Zornigen schildert: fluchend ›pasquillierend‹, nicht im mindesten abgeklärt, gar nicht olympisch.

Musterwerke hochgespannten Lebens sind z. B. Häußers Vorlesungen zur Geschichte der französischen Revolution, frei gehalten und von Oncken kurzschriftlich aufgezeichnet. Ferner Vischers Vorlesungen über das Schöne und die Kunst, über Shakespeare, über Deutsche Literatur, alle nur nach Merkzetteln, alle in veredelter Redesprache, mit ganz einfachem Satzbau und doch zu höchster Wirkung; ich habe sie in unvergessenen Stunden einst selbst genossen. Brehms Tierleben, ein Werk der stillen Belehrung, anzublättern ist beinah gefährlich: wo immer man es aufschlägt, spannt es uns so unwiderstehlich, daß wir hängen bleiben. – Was für ein Geschichtenerzähler wäre Bismarck geworden, wenn er nicht gerade die Deutsche Frage hätte lösen müssen! Seine brieflichen Schilderungen, namentlich aus Rußland an seine Frau, stehen doch über den meisten Deutschen Reisewerken.

○ ○ ○

Die **Wiederholung** gilt für langweilig, und wir haben ja erfahren, wozu dieser Aberglaube verführt: lieber zum unlebendigen Derselbern (S. 112) als zum gemütlichen Wiederaufnehmen eines Ausdruckes. Es gibt die langweilige, und es gibt die lebendige Wiederholung. Über die langweilige ist nichts weiter zu sagen, als daß die gleichen Ausdrücke kurz hintereinander ohne besondern Stilzweck einem der Grundgesetze alles Stiles widersprechen: dem vom Reize der Abwechslung. Es gibt jedoch Wiederholungen, die nützlich, ja notwendig sind; Wiederholungen, die nicht schwächen, sondern steigern. Cato fürchtete nicht, durch die immerwährende Wiederholung seines Schlußsatzes in jeder Rede: *Ceterum censeo Carthaginem esse delendam* (Übrigens glaube ich, Karthago muß zerstört werden) die Zuhörer zu langweilen. Der Deutsche Schüler lernt als Quartaner: die Wiederholung eines Wortes in demselben Satz ist ein grober Fehler, und schreibt später als Professor der Naturwissenschaft die Unverständlichkeit: *Der Kohlenstoff verbindet sich mit dem Sauerstoff zu Kohlensäure, und der Wasserstoff gibt mit demselben Wasser.*

Die lebendige edle Redesprache wiederholt, um stärker zu wirken, – also darf die lebendige Schriftsprache das Gleiche tun. Unter zwei Bedingungen: die unveränderte Wiederholung soll das einmal Gesagte tiefer einprägen, wenn zu befürchten ist, daß es durch die Mannigfaltigkeit andrer Eindrücke abgeschwächt sei; und die Wiederholung mit bereichertem Inhalt und in andrer Form soll den haftenden, aber vielleicht flachen Eindruck vertiefen. In Belehrungschriften ist die Wiederholung ein fast unentbehrliches Stilmittel, und der Verfasser dieses Buches scheut sich nicht vor dem billigen Vorwurf, alles Wichtigste mehr als einmal in wechselnder Form gesagt zu haben. Jede belehrende Auseinandersetzung, jedes Beispiel wirkt an mehr als einer Stelle, in mehr als einem Sinne. Höher noch als die Formschönheit der künstlerischen Darstellung steht der Zweck alles Schreibens, und der ist in meinem Falle: den Leser nachhaltig zu überzeugen.

Es ist kein Stilfehler, Rücksicht zu nehmen auf die Zerstreutheit und Vergeßlichkeit des Durchschnittslesers unsrer Tage. Man denke nur an die zahllosen Wiederholungen desselben Begriffes mit anderm Ausdruck, die unsre Sprache liebt, oder an die meist stabreimenden Doppelworte: ohne Rast und Ruh, Weg und Steg, über Stock und Stein, Tür und Tor, Schimpf und Schande, nach Fug und Recht, mit Sack und Pack, mit Kind und Kegel. Diente doch im älteren Deutsch und in der Dichtersprache bis ins 18. Jahrhundert das Wiederholen der Verneinung nicht zum Bejahen, sondern zum noch stärkeren Verneinen: *Kein Feuer, keine Kohle kann brennen so heiß, Wie heimliche Liebe, von der niemand nichts weiß.*

Die Dichtersprache, die reinste und reichste Quelle des Kunstprosastils, ist ohne Wiederholung gar nicht zu denken. Am häufigsten macht Lessing von ihr Gebrauch, gleichviel ob in der Vers- oder in der Prosasprache. Wendungen wie ›Kein Mensch muß müssen, und ein Derwisch müßte‹, oder das dreimalige ›Tut nichts, der Jude wird verbrannt‹ sind so Lessingisch wie möglich.

Die Wiederholung darf nicht bloßer Klingklang sein, wie etwa in Platens viel versprechendem und wenig haltendem Gedichtanfang: *Wie rafft' ich mich auf in der Nacht, in der Nacht.* Der wahre Dichter darf mehr als einmal wiederholen, um überwältigend zu wirken, so in Gretchens Verzweiflungsworten: *Wie weh, wie weh, wie wehe!* Und wie fein ist die Wiederholung in den Versen: *Man darf das nicht vor keuschen Ohren nennen, Was keusche Herzen nicht entbehren können.*

Allerliebst ist die Wiederholung in Paul Heyses Spruch:

> Wie aber zügl' ich mein Talent?
> Es treibt mich ruhlos wie im Fieber! –
> So tut, was ihr nicht lassen könnt,
> Doch läßt sich's lassen, laßt es lieber.

Für den starken Eindruck der Wiederholung an der rechten Stelle der Prosa zwei klassische Beispiele aus der neuern Geschichte. *Hat Deutschland derartige Vergewaltigungen seines Rechts und seiner Ehre in früheren Jahrhunderten schweigend ertragen, so ertrug es sie nur, weil es in seiner Zerrissenheit nicht wußte, wie stark es war* (Thronrede des Königs Wilhelm vom 19. Juli 1870). Um wieviel wirksamer als etwa: so tat es das nur, oder so geschah das nur.

In neuster Zeit bedient sich die Wichtigtuerei gern der tiefsinnig klingenden Wiederholung, um sehr gewöhnliche oder hohle Dinge aufzupusten. Kerr über Wedekind: *Er tut in diesem Heftchen keineswegs, was er in seiner Werke manchem tat ... Das tut er nicht. Er tut es nicht.*

Gegensatz

○ ○ ○

Lessing, der Zerstörer der französischen Oberherrschaft im Deutschen Dichtungsleben und doch selbst Schüler der Franzosen in der Stilkunst, hat aus der eignen Grundneigung heraus den Ausspruch getan: ›Jede scharfsinnige Untersuchung läßt sich in eine **Antithese** kleiden.‹ Von einem neuern Meister in der Anwendung der **Gegensätzlichkeit** als Lieblingsstilmittel, Nietzsche, rührt das Warnungswort: ›Die Antithese ist die enge Pforte, durch welche sich am liebsten der Irrtum zur Wahrheit schleicht.‹ Diese beiden Sätze bezeichnen treffend die tiefe Verschiedenheit der beiden Denker. Lessing bedient sich des Gegensatzes aus der Erfahrung der Wahrheit, daß er eines der Mittel zum Erforschen der Wahrheit ist; Nietzsche zwar auch, um zur Wahrheit zu gelangen, noch häufiger jedoch um zu blenden, zu verblüffen. Lessing gebraucht kaum je die Antithese bloß zum geistreichen Spiel, wenn er gleich den Reiz des Gegensatzes, der überraschenden Umdrehung gut kennt und genießt. Auf ihn paßt schlagend C. F. Meyers Wort auf Hutten: ›Ich bin ein Mensch mit seinem Widerspruch.‹

Bei Nietzsche bekommt man durch das geflissentliche Bevorzugen der gegensätzlichen Umdrehung den Eindruck, daß er an jedem Satze zunächst versucht hat, ob er nicht in umgekehrter Form gleichfalls einen Sinn und dann einen überraschenden, witzigen ergebe. Wer in solcher Weise verfährt, dem gelingen natürlich, gleichwie dem Schüttelreimsucher, zuweilen wahre Glücksfunde, so dem gewohnheitsmäßigen Umdreher Nietzsche solche Umdrehungen wie: *Ich brach die Ehe, doch zuvor hat die Ehe mich gebrochen.* Im Zarathustra stehen sie fast auf jeder Seite: *Oft sitzt der Schlamm auf dem Thron, und oft sitzt auch der Thron auf dem Schlamm. – Rate ich euch zur Nächstenliebe? Lieber noch rate ich euch zur Fernstenliebe. Wie kann ich Jedem das Seine geben? Ich gebe Jedem das Meine.* Wer zwanzig Seiten Nietzsches gelesen, der merkt die Manier, fühlt die Absicht, wird stumpf gegen dieses an sich nicht zu verwerfende Mittel lebendigen Stils. Ob der klassische Philologe Nietzsche diese Stilmanier nicht etwa von Seneca gelernt hatte? Bei diesem ist sie durch Dutzende von spielerisch geistreichelnden Sätzen vertreten, z.B.: *Non quia difficilia sunt, non audemus, sed quia non audemus, difficilia sunt* (Nicht weil etwas schwer ist, wagen wir es nicht; sondern weil wir's nicht wagen, ist es schwer).

Lessings zugespitzte Gegensätzlichkeiten wirken durch spärlichere Verteilung wie eine feine Würze; man fühlt, dieser Schreiber will damit nicht glänzen, will nur seine Freude am gelegentlichen Spiel mit dieser Form auf uns übertragen und zugleich die von ihm tief empfundene Wahrheit noch sichtbarer machen, indem er sie von zwei Seiten mit scharfem Lichtwechsel aufhellt. Wenn er z. B. schreibt: *Der wahre Bettler ist doch einzig und allein der wahre König*, so fließt dies nicht aus der Sucht, zu verblüffen, sondern aus einer erhabenen Weltauffassung, für welche die Höhen und die Tiefen der Menschheit gleichmäßig offenliegen. Wenn er ferner den grundlegenden Satz aufstellt: *Der wahre Kunstrichter folgert keine Regeln aus seinem Geschmacke, sondern hat seinen Geschmack nach den Regeln gebildet, welche die Natur der Sache erfordert*, so ist dies die Art des selbständigen Denkers, der an der Richtigkeit einer ungeprüften Überlieferung zweifelnd auf den Gedanken kommt: Wie, wenn die Kunstrichter sich irrten, weil sie alle nur den breiten ausgetretenen Weg gegangen sind? Selbst da, wo er mit dem Umdrehen spielt, tut er's doch mehr aus Freude an der schlagenden Kürze als aus Eitelkeit. Seine zwei berühmten gegensätzlichen Aussprüche über Gottscheds Schriften: *Dieses Buch enthält viel Neues und Gutes, aber das Gute ist nicht neu, und das Neue nicht gut*, und: *Diese Gedichte kosten 2 Taler 4 Groschen. Mit 2 Talern bezahlt man das Lächerliche und mit 4 Groschen ungefähr das Nützliche* sind grausam; indessen mit einem dünkelhaften Rechthaber wie Gottsched durfte sich ein Lessing nicht in lange Auseinandersetzungen über Geschmacksfragen einlassen, den vernichtete man sicherer durch einen einzigen scharfen Schwerthieb des geistreichen Satzes und Gegensatzes.

Kein bedeutender Schreiber kann dieses wirksamen Stilmittels ganz entraten; die Kunst seiner Anwendung besteht im weisen Maß. Nicht um Lessing nachzuahmen, aber um sich der Wirkung fein berechnender Gegensatzsprache bewußt zu werden, lese man immer wieder Lessings Prosa; fast alle berühmteste Stellen, die Grundlagen unsrer Geschmackswissenschaft seit dem

18. Jahrhundert, bewegen sich im Schrittmaß des Gegensatzes; so noch dieser Ausspruch, einer der entscheidendsten (im 17. Literaturbrief): *Der Engländer (Shakespeare) erreicht den Zweck der Tragödie fast immer, so sonderbare und ihm eigene Wege er auch wählet; und der Franzose erreicht ihn fast niemals, ob er gleich die gebahnten Wege der Alten betritt.*

Ein prächtiges Beispiel schlagkräftigen Gegensatzes steht bei Matthias Claudius über die dichterische Grundverschiedenheit zwischen Voltaire und Shakespeare:

> Arouet sagt, ich weine,
> Und Shakespeare weint.

Goethe und Schiller, dieser noch mehr als jener, beide wie Lessing durch die gute Sprachschule der Franzosen geschritten, sind Liebhaber von Satz und Gegensatz. Goethes Faust, zumal der erste Teil, am meisten die Rolle des Mephistopheles, ist fast durchweg Gegensatzstil. Wendungen wie: *Ich bin ein Teil des Teils, der anfangs alles war. Ein Teil der Finsternis, die sich das Licht gebar – Er findet sich in einem ewigen Glanze, Uns hat er in die Finsternis gebracht – Vernunft wird Unsinn, Wohltat Plage, Du glaubst zu schieben und du wirst geschoben – Dem Taumel weih ich mich, verliebtem Haß, verzweifeltem Genuß* (hier die sogenannte *contradictio in adjecto*, der Widerspruch im Beiwort) begegnen einem auf jeder Seite mehrere Male.

Noch häufiger bei Schiller, dessen Stil ja mehr als Goethes zum Rednerischen neigt: *Leicht bei einander wohnen die Gedanken, Doch hart im Raume stoßen sich die Sachen. – Wär' der Gedank' nicht so verwünscht gescheit, Man wär' versucht, ihn herzlich dumm zu nennen. – Großes wirket ihr Streit, Größeres wirket ihr Bund. – Immer die Güte auch groß, immer die Größe auch gut. – Aber der große Moment findet ein kleines Geschlecht.* Über Wilhelm von Oranien: *Er verschwendete Millionen, aber er geizte mit Minuten* – und über Wallenstein: *Er fiel nicht, weil er Rebell war, sondern er rebellierte, weil er fiel.*

Bei Schopenhauer steht einmal boshaft: *Schelling hat sich im Alter von der Offenbarung der Philosophie zur Philosophie der Of-*

fenbarung gewendet. Bekannt ist Feuerbachs gegensätzlicher Ausspruch: *Ob Gott die Menschen geschaffen, ist fraglich; daß sich die Menschen ihren Gott geschaffen, ist gewiß.*

Ein großer Teil des Reizes des Heinischen Stils fließt aus Heines Herrschaft über das Spiel des Gegensatzes: *Mit welchem Freudejauchzen umjubelte dies Volk den jungen Ludwig 14.; mit tränenlosem Kaltsinn sah es den Greis begraben. – Ich bin überzeugt, ein fluchender Franzose ist ein angenehmeres Schauspiel für die Gottheit als ein betender Engländer. – Dieser Sommer ist nur ein grün angestrichener Winter.*

Fast noch besser versteht sich Börne, der im Stil französischste unter unsern neueren großen Prosaschreibern, auf Spruch und Widerspruch:

> Weil ich als Knecht geboren, darum liebe ich die Freiheit mehr als ihr. Ja weil ich die Sklaverei gelernt, darum verstehe ich die Freiheit besser als ihr. Ja weil ich keinem Vaterlande geboren, darum wünsche ich ein Vaterland heißer als ihr, und weil mein Geburtsort nicht größer war als die Judengasse und hinter dem verschlossenen Tore das Ausland für mich begann, genügt mir auch die Stadt (Frankfurt) nicht mehr zum Vaterlande, nicht mehr ein Landgebiet, nicht mehr eine Provinz. Nur das ganze große Vaterland genügt mir, soweit seine Sprache reicht.

In der Bibel, in beiden Testamenten, wird nach morgenländischer Art recht oft vom wirksamen Gegensatz Gebrauch gemacht: *Ein lebendiger Hund ist besser als ein toter Löwe. – Die mit Tränen säen, werden mit Freuden ernten. – Laß deine Linke nicht wissen, was die Rechte tut. Wo die Jünger schweigen, werden die Steine schreien. – Lieber ein Ende mit Schrecken als ein Schrecken ohne Ende* (erweitert aus Psalm 73, 19).

Nicht mit zu hassen, mit zu lieben bin ich da, läßt Sophokles seine Antigone sprechen. Aristoteles empfiehlt die Gegensätze, ›weil sie überaus verständlich sind‹. Bei den Römern ist der scharf herausgearbeitete Gegensatz eines der beliebtesten Stilmittel: *Flectere si nequeo superos, Acheronta movebo* (Kann ich die Götter nicht beugen, so will ich die Hölle bewegen). – *Victrix causa diis placuit, sed victa Catoni* (Götter spenden den Siegern die Gunst, doch Cato Besiegten).

Hierher gehören Deutsche Wendungen wie: ein öffentliches Geheimnis, geschäftiger Müßiggang, die guten Leute und schlechten Musikanten (zuerst bei Brentano), Schleiermachers Wort auf den Philologen Bekker: ›In sieben Sprachen schweigen‹; Manteuffels Wort von dem Mutigen, der einen Schritt zurückweicht; Scheffels Liebe und Trompetenblasen, samt Buschs: *Enthaltsamkeit ist das Vergnügen An Sachen, welche wir nicht kriegen.*

Shakespeare übertrieb im Bann einer Zeitstilmode, des ›Euphuismus‹, das Spiel mit den Gegensätzen, doch bis in seine reifsten Schöpfungen gewahren wir seine Vorliebe für diese wirksame Form:

Fairest Cordelia, thou art most rich, being poor;
Most choice, forsaken, and most lov'd, despis'd. (Lear)

Prächtige Beispiele finden sich in den Junius-Briefen, eines der schönsten in dem schon erwähnten 49sten (vgl. S. 408).

Macaulay greift immer wieder zum gegensätzlichen Bilde, wenn er einen Zustand schildern oder eine nützliche Wahrheit predigen will: *Ein Morgen Land in Middlesex ist besser als ein Fürstentum in Utopien. Der geringste wirkliche Vorteil ist besser als die herrlichsten Versprechungen von Unmöglichkeiten.*

Der unerreichte Meister jedoch des Gegensatzspieles in allen Zeiten und unter allen Völkern war Viktor Hugo. Er war sich dieses Urtriebes vollbewußt: *Vous savez que le bon Dieu est pour moi le grand faiseur d'antithèses* (Sie wissen, der liebe Gott ist mir der große Gegensätzler). Musset, der als französischer Dichter selbst nicht ohne dieses Stilmittel auskam, spottete über Hugos Kunst: *Ravauder l'oripeau qu'on appèle antithèse* (Den Flittermantel flikken, den man Gegensatz nennt). Großartig wirkende Stellen finden sich namentlich in Hugos *Quatre vents de l'Esprit*; die großartigste in der Beschreibung des Begräbnisses Ludwigs 15., dessen faulender Leichnam durch den Sarg tröpfelte:

C'était ce roi, ce maître et cet homme d'orgueil,
Qui tombait goutte à goutte à travers son cercueil.
(Und das war jener Herrscher, der Stolze, der Königsproß,
Der Tropfen so um Tropfen verfault dem Sarg entfloß).

VIERTER ABSCHNITT
Kurz und bündig

Tritt frisch auf, Tu's Maul auf, Hör bald auf!

LUTHER

Peu de paroles et beaucoup de sens (Wenig Worte und viel Inhalt).

FRIEDRICH DER GROSSE AN DEN
MINISTER HERTZBERG

Jeden anderen Meister erkennt man an dem,
was er ausspricht;
Was er weise verschweigt, zeigt mir den
Meister des Stils.

SCHILLER IN DEN ›VOTIVTAFELN‹

Über keine Stilfrage herrscht solch allgemeines Einverständnis wie über die Notwendigkeit der **Kürze**. Ähnlich dem obigen Schillerschen Vers von der Stilmeisterschaft lautet ein französisches Wort: *Le style, comme l'art, vit de sacrifices* (Der Stil, wie die Kunst, lebt von Opfern). Der Zusatz *comme l'art* ist klug, aber nicht scharf genug; er sollte lauten: *parce qu'il est de l'art* (weil er Kunst ist), denn alle Kunst lebt vom Opfer des Nichtnotwendigen. Eben weil der Stil Kunst ist, verwirft er alles Überflüssige. Ohne diesen Grund wäre es schade, einem guten Schreiber nicht endlos zuzuhören. Die Rechtswissenschaft lehrt: *Superflua non nocent* (Überflüssiges schadet nichts); die Kunst verwirft solche Lehre. Mit Recht: denn was nicht wirkt, schadet; es beansprucht Zeit und Kraft des Lesers ohne Frucht. Jedes Wort, das unbedeutende wie das bedeutende, fordert Geistestätigkeit, um begriffen und verarbeitet oder als wertlos erkannt und verworfen zu werden; je mehr Kraft durch Unbedeutendes, gar durch Überflüssiges verbraucht wird, desto weniger bleibt für das Wertvolle. Der Leser merkt schnell, daß ihm Überflüssiges mit untergeschoben wird; er gewöhnt sich aus Notwehr ans Überspringen des Wertlosen, überspringt dabei leicht etwas Wertvolles: der Zweck des Schreibens wird verfehlt.

Aus diesen Tatsachen folgt das **Gesetz des kleinsten Mittels** für den Stil wie für alle Kunst. In Lessings Bildsprache lautet dieses Gesetz: ›Ein Bund Stroh aufzuheben, muß man keine Maschine in Bewegung setzen; was ich mit dem Fuß umstoßen kann, muß ich nicht mit einer Kanone sprengen wollen; ich muß keinen Scheiterhaufen anzünden, um eine Mücke zu verbrennen.‹ Das Sprichwort: ›Mit Kanonen nach Spatzen schießen‹ sagt's noch kürzer. Jakob Grimm schrieb der Sprache an sich diesen Trieb zum kleinsten Mittel zu: ›Die Sprache ist ihrem innersten Wesen nach haushältig und zieht, was sie mit geringen Mitteln erreichen kann, jeder Zeit größerem Aufwande vor.‹ Richtig bis auf das ›jeder Zeit‹: die sparsame Sprache neigt zuweilen zur verschwenderischen Fülle (vgl. S. 641 über Doppelwendungen). Gnade Gott aber der Schrift, an der das Streichen gar nichts ändert, wohl gar bessert! Kein geschwätziges Buch bleibt am Leben:

> Wer die weite Reise zur Nachwelt vorhat, darf keine unnütze Bagage mitschleppen. Wer für alle Zeiten schreiben will, sei kurz, bündig, auf das Wesentliche beschränkt; er sei bis zur Kargheit, bei jeder Phrase und jedem Wort bedacht, ob es nicht auch zu entbehren sei. (Schopenhauer)

Aus allen Jahrhunderten sind wuchtige Kürzen berühmt. Christi Antwort zu Pilatus: ›Du sagst es‹ (im Griechischen nur zwei Worte) ist das berühmteste Beispiel. Shakespeares ›Sein oder Nichtsein‹ ist das Werk eines Meisters; Voltaires Verwässerung in:

> *Demeure, il faut choisir, et passer à l'instant*
> *De la viea à la mort, et de l'être au néant –*

das wortreiche Gewäsch eines Nichtdichters. Mit Recht bewundern die Franzosen das *Qu'il mourût!* in Corneilles ›Horaces‹; ohne den Zwang des Reimes wäre es noch kürzer geworden: *Mourir!* Weniger bewundernswert ist Medeas Antwort bei Corneille auf die Frage:

Votre pays vous hait, votre époux est sans foi!
Dans un si grand revers qui vous reste-t-il?
MÉDÉE: *Moi!*
Moi! dis-je, et c'est assez.

Genug war das erste *Moi*; was folgt, ist überflüssige Beredsamkeit. – Eine ebenso reiche Kürze bei Goethe wurde schon genannt.

Lessing erblickte in der Kürze ein Merkmal der Meisterschaft: ›Welches Kennzeichen der Ursprünglichkeit ist sicherer als die Anwendung gerade um so vieler Wörter, als eben zum vollständigen Ausdruck unentbehrlich sind?‹, ja sogar: ›Für mich ist schon die möglichste Kürze Wohlklang.‹

Man darf noch einen Schritt weiter gehen: Bündige Kürze ist wahrhaftiger als überflüssige Länge. Wer zu einem Gedanken von zehn Worten nicht unter 4–5 Druckzeilen braucht, der erregt den Verdacht der Unwahrhaftigkeit: er möchte durch die Masse mehr scheinen, als er dem Gehalte nach ist. Breitspurigkeit ist Pfuscherwerk, die Selbstbeschränkung zeigt den Meister. ›Es ist ebenso viel Weisheit im Weglassen als im Hinsehen erfordert‹ (Schopenhauer). Viel mehr Weisheit! Jedes Weglassen eines Wortes zwingt zum Verstärken des Stehenbleibenden; keine bessere sprachliche und künstlerische Selbstzucht als das Streichen. Und welch sittlicher Gewinn im Bezwingen der zärtlichen Eitelkeit, die jedes hingeschriebene Wort köstlich findet.

Schopenhauer rügt mit Recht an Herder, er gebrauche in der Regel drei Worte, wo er mit einem hätte auskommen können. Herders schnelles Versinken rührt zum großen Teil von seinem Hange, alles zu sagen und vieles doppelt. *Le secret d'ennuyer est celui de tout dire* (Das Geheimnis, zu langweilen, besteht im Allessagen) heißt es bei Voltaire von solchem gefährlichen Überschwang. Der Meister der Wortkunst soll nicht alles sagen, was er weiß; er soll das Vorletzte sagen und dem Leser das Letzte zu denken überlassen.

○ ○ ○

Kurz und bündig, das heißt: Kurz, aber bündig: die knappe Schreibweise darf nicht zum Gestammel, die Darstellung des Gedankenflusses nicht zum dunklen Sinnspruch ausarten. Es gibt ein Maß auch in der Kürze: die **Bündigkeit**, also der Zusammenhang der Gedankenglieder, muß in der kürzesten Wortfassung erhalten bleiben. Unter den Bedingungen zur Wirksamkeit eines Eindruckes steht neben der Stärke die Dauer obenan. Es ist nicht wahr, daß der kürzeste Satz unter allen Umständen der stilisch beste ist. Zum bloßen Verstehen reicht er vielleicht hin; zum dauernden Nachwirken gehört eine gewisse Fülle. Dies wußten schon die guten Prosaschreiber des Altertums; Plinius schreibt an den oft allzu kurzen Tacitus sehr fein: ›Viele Sachen erhalten durch die längere Dauer ihrer Behandlung gleichsam mehr Nachdruck und Gewicht‹, und einem andern Freunde zur Entschuldigung des etwas ausführlichen Bildes seines Landgutes: ›Mit wieviel Versen haben nicht Homer und Vergil – dieser die Waffen des Äneas, jener des Achilles beschrieben, und beide sind trotzdem nicht langweilig, weil sie nur das ausführen, was sie angefangen haben.‹ Das Notwendige ist niemals langweilig; war es für Homer und Vergil künstlerisch notwendig, die Waffenschilderung anzufangen, so war es notwendig, sie in angemessener Länge durchzuführen. Den Inhalt von Kellers ›Romeo und Julia auf dem Dorfe‹ kann man ausführlich auf einer Seite erzählen; die jener Meisternovelle zugrunde liegende Zeitungsnachricht maß nur acht Zeilen. Zur Kunstwirkung aber, zum Fesseln unsrer vollen und dauernden Herzensteilnahme an dem Geschicke Salis und Vrenchens gehört Dauer.

Der strenge Quintilian verwirft jedes Wort, das ›weder zum Verständnis beiträgt noch zum Schmuck‹. Überstreng und nicht einmal ganz zutreffend für die hauptsächlich von ihm gemeinten öffentlichen Reden. Schon zur Klangwirkung bedarf es einer gewissen Fülle, unbeschadet des Lessingschen Wortes vom Wohlklang der möglichsten Kürze. Es gibt aber noch andre Zwecke als die des Verständnisses, vom Schmuck gar nicht zu reden. Kein großer Schriftsteller, nicht einmal Tacitus, verträgt die peinlich strenge Prüfung auf das unbedingt Notwendige nach dem Grundsatze Quintilians.

Betrachten wir das uns beiden, dem Leser und mir, am nächsten liegende Beispiel: dieses Buch, oder doch einen seiner Hauptabschnitte: über die Fremdwörterei. Ein mit höchster Gewalt bekleideter Selbstherrscher, dessen Wort ehernes Gesetz, dürfte sich mit dem Machtgebot begnügen: Fremdwörterei, also Verleugnung der Muttersprache, ist strafwürdig. Ich besitze keine andre Gewalt als das Wort des freien Schriftstellers und mußte, wenn ich die Überzeugungsfähigen unter meinen Lesern überzeugen wollte, jedes taugliche und anständige rein sachliche Mittel benutzen. Ihrer eines ist Fülle, ist Dauer. In einem Abschnitt für drei bis vier Halbtage Lesens sollte aufgeräumt werden mit dem Wust, den drei bis vier fremdwörtelnde Jahrhunderte zusammengescharrt haben! Wie viel mehr meines seit 50 Jahren aufgespeicherten Stoffes geriet in den Papierkorb als in jenen Abschnitt.

○ ○ ○

›Man soll nie und nirgend der Kürze auch nur das kleinste Opfer auf Kosten der Bestimmtheit und Präzision des Ausdruckes bringen‹ (Schopenhauer). Gewiß nicht; doch hätte Schopenhauer ohne Schaden für die Bestimmtheit die ›Präzision‹ in seinem Satze streichen können. Unter keinen Umständen darf das Streben nach Kürze die Grenze des Verständnisses überschreiten. Annette von Droste hat das in manchen ihrer sonst schönsten Gedichte getan und es selber mit einem alten Römerwort beklagt: ›*Brevis esse laboro, obscura fio*‹ (Ich strebe nach Kürze und werde dunkel). Vollends in belehrenden Werken ist allzu große Kürze oft gleichbedeutend mit Zweckwidrigkeit, z.B. wenn Scherer in einer dicken ›Geschichte der Deutschen Literatur‹ (bis 1832) über einen Dichter wie Lenz weiter nichts als dieses schreibt: *Lenz, ein Deutschrusse, der im Wahnsinn endete, fand in kleinen Liedern und Erzählungen zuweilen eine rührend einfache Poesie; in seinen Dramen gab er sich den tollsten Erdichtungen hin, in denen aber doch hier und da ein glücklich gezeichneter Charakter, eine Naive, ein Pedant, ein gutmütiger Polterer wahres Talent verriet.* – Dies hätte auch Jemand schreiben können, der Lenz nie gelesen. Kein Leser, der Lenz nicht vorher genau gekannt, gewinnt daraus ein Gran wirklichen Wissens; gar für Lenzens Kenner ist solch hohles Gerede erst recht überflüssig.

Wohin die Wortknapserei führen kann, zeigt diese letztwillige Verfügung: *Der Erbe ist verpflichtet, meiner Frau von dem hinterlassenen Silbergerät 100 Pfund nach eigener Auswahl zu überlassen.* Wer soll auswählen, der Erbe oder die Frau?

○ ○ ○

Selbst Cicero, der sich mit so großem Vergnügen reden hört, empfiehlt doch: ›Je kürzer, desto klarer und leichter verständlich‹. – Kein Berufschreiber, Schriftsteller oder nicht, sollte ohne genaue Kenntnis von Tacitus' Stile sein. Dieser kann allerdings nicht durchweg als nachahmenswertes Vorbild dienen, da er die Kürze oft bis zur Manier übertreibend anstrebt; gewisse Stellen aber bei ihm sind Meisterwerke des Verdichtens des Ausdrucks. Britannicus ist bei einem kaiserlichen Festgelage soeben vergiftet umgesunken, die Leiche ist hinausgeschafft: *Ita post breve silentium repetita convivii laetitia* (so hebt nach kurzem Schweigen die Festfreude wieder an). – Bald darauf ebenso knapp: *Nox eadem necem Britannici et rogum conjunxit* (Dieselbe Nacht verband des Britannicus Ermordung und Holzstoß).

Unter den Franzosen gibt es Verdichter und Verwässerer, die am Werke zu sehn höchst lehrreich ist. La Rochefoucauld kürzte seine ›Maximes‹ von Auflage zu Auflage mit sichtlicher Kunstfreude am Streichen. Man vergleiche folgende Stufen einiger seiner berühmtesten Sinnsprüche. In der ersten Ausgabe hatte er geschrieben: *Die Jugend ist eine fortgesetzte Trunkenheit, sie ist das Fieber der Gesundheit, sie ist die Torheit der Vernunft*. In der letzten Ausgabe war nur übriggeblieben: *Die Jugend ist eine fortgesetzte Trunkenheit, sie ist das Fieber der Vernunft*.

Dem Dichter Racine verzeiht man noch das Auswalzen des Psalmverses: *J'ai vu l'impie ... surexalté et élevé comme les cèdres du Liban; j'ai passé, il n'était plus* in die sechs Verse:

> *J'ai vu l'impie adoré sur la terre:*
> *Pareil au cèdre, il cachait dans les cieux*
> *Son front audacieux;*
> *Il semblait à son gré gouverner le tonnerre,*
> *Foulait aux pieds ses ennemis vaincus:*
> *Je n'ai fait que passer, il n'était déjà plus.* (›Esther‹)

Zum breiten Kanzelgeschwätz wird es bei Massillon: zu 8 Druckzeilen dieses Buches. – Und Bossuet reckt die sechs Worte: *Dieu fait la loi aux rois* in die drei Zeilen:

> *Celui qui règne dans les cieux et de qui relèvent tous les empires, à qui seul appartient la gloire, la majesté et l'indépendance, est aussi le seul qui se glorifie de faire la loi aux rois et de leur donner, quand il lui plaît, de grandes et terribles leçons.*

○ ○ ○

Ein Deutsches Meisterwerk der bündigen Kürze sind **Lessings Fabeln**; sie sollten in unsern Schulen das unerläßliche Übungsbuch der Kunst werden, kein Wort über das Notwendigste hinaus zu schreiben. Manche Lessingsche Fabel von 6–10 Zeilen ist von Andern zu langen Abhandlungen breitgezerrt worden. Überhaupt sollten unsre künftigen Schreiber auf ihren Schulen alle ein halbes Jahr hindurch gründliche Kürzungsübungen gemacht haben an eignen Aufsätzen von höchstens 100 Schreibzeilen; daneben an geschwätzigen gedruckten Stellen, ohne Rücksicht auf die Berühmtheit der Verfasser, mit dem Ziel, unbeschadet des Gedankens den Ausdruck von jeder Überflüssigkeit zu säubern. Man mag sie nennen Übungen im Stilkurzschluß. Goethe beneidete das Englische um seine vielen ›schlagenden einsilbigen Worte‹; aber schon die guten römischen Schriftsteller verspotteten die *verba sesquipedalia* (die ellenlangen Worte).

Das Wort Elisabeths im ›Götz‹: ›Bis in den Tod‹ (3. Akt) war erst das Ergebnis entschlossener Kürzung. Im ›Ur-Götz‹ hatte gestanden: › ... bis in den Tod, wie ich will, daß du bei mir bleiben sollst; wo bin ich sicherer als bei dir?‹

Das Zusammenfassendste, was Moltke über das Geheimnis des Kriegsplanes geschrieben, geht auf sechs Druckzeilen:

> Es ist eine Täuschung, wenn man glaubt, einen Feldzugsplan auf weithinaus feststellen und bis zu Ende durchführen zu können. Der erste Zusammenstoß mit der feindlichen Hauptmacht schafft, je nach seinem Ausfall, eine neue Sachlage. Vieles wird unausführbar, was man beabsichtigt haben mochte; manches möglich, was vorher nicht zu erwarten stand. Die geänderten Verhältnisse richtig auffassen, daraufhin für eine absehbare Frist das Zweckmäßige anordnen und entschlossen durchführen, ist alles, was die Heeresleitung zu tun vermag.

Nur vier kurze Sätze! Und, was nicht zu übersehen, kein Fremdwort.

Moltkes Schilderung der Schlacht bei Sedan schließt mit dem kurzen Aufzählen der Verluste des französischen Heeres; dann folgt unvermittelt dieser eine Satz: *Mit der völligen Vernichtung dieses Heeres brach das Kaisertum in Frankreich zusammen.* – Daß solche Kürze das letzte Glied einer Kette künstlerischer Arbeit ist, braucht einem Kenner von Moltkes Schreibweise kaum gesagt zu werden. Unsre Heeresverwaltung hat lange im Stilgeiste Moltkes fortgearbeitet. Treffliche Vergleichsproben liefert z. B. das alte und das neue ›Exerzierreglement für die Kavallerie‹:

Alte Fassung.	Neue Fassung.
... sind Anforderungen, welche wesentlich zum Gelingen aller Bewegungen geschlossener Abteilungen beitragen.	... sind entscheidend für die Geschlossenheit aller Bewegungen.
Die weitere Einübung der geschlossenen Attacke findet im Zuge zunächst in einem, darauf in zwei geschlossenen Gliedern statt.	Die geschlossene Attacke wird zunächst in einem, darauf in zwei Gliedern eingeübt.
Die der Kavallerie beigegebene Artillerie erhöht ihre Selbständigkeit, vermehrt ihre Angriffskraft und gewährt ihr die erforderliche Feuerkraft für die Verteidigung.	Reitende Artillerie erhöht durch ihr Feuer die Angriffs- und Verteidigungskraft der Kavallerie.

Ebenso das alte und das neue Reglement für die Artillerie. Aus der wortreichen Bestimmung: *Die Ausbildung der nicht zu Richtkanonieren ausgebildeten Mannschaften im Richten erfolgt nur in dem in der Schießvorschrift für die Feldartillerie festgesetzten Umfange* ist jetzt geworden: *Den Umfang der Richtausbildung bestimmt die Schießvorschrift.* [Das Vorstehende galt für die Zeit vor 1919].

FÜNFTER ABSCHNITT

Wortmacherei

*Der Zauber des Worts, und der blaue Dunst,
Übertölpung, Phrasen und Blendwerk.*

ARISTOPHANES' ›WOLKEN‹

Mit Geschwätz, mit Worten lasse ich mich nicht abspeisen.

MOSCHEROSCHS ›VERMÄCHTNIS ODER SCHULDIGE VORSORG EINES LIEBENDEN VATERS‹, 1643

Leere Worte, da nichts hinter, und gleichsam nur ein leichter Schaum müßiger Gedanken, nimmt die rein Teutsche Sprache nicht an.

LEIBNIZ

Gewöhnlich glaubt der Mensch, wenn er nur Worte hört, Es müsse sich dabei doch auch was denken lassen.

GOETHE

Ich mag die Wortschnitzler nicht, die weitschweifigen Umwickler, Entwickler und Auswickler der Dinge; die hauen meist in die Luft, statt die Sache zu treffen.

FREIHERR VOM STEIN ZU E. M. ARNDT

Viel Worte machen, um wenig Gedanken mitzuteilen, ist überall das untrügliche Zeichen der Mittelmäßigkeit.

SCHOPENHAUER

> Non, je ne connais pas de métier plus honteux,
> Plus sot, plus dégradant pour la pensée humaine,
> Que de se mettre ainsi la cervelle à la gêne,
> Pour écrire trois mots quand il n'en faut que deux.
>
> Musset
>
> *(Nein, ich kenne kein schändlicheres, dümmeres,*
> *für den menschlichen Geist erniedrigenderes Gewerbe,*
> *als sich das Hirn zu zermartern, um drei Worte*
> *zu schreiben, wo es nur zweier bedarf).*

Die Reihe solcher gewichtiger Aussprüche gegen die **Wortmacherei** könnte um ein Vielfaches vermehrt werden, denn jeder Tüchtige hat einen natürlichen Abscheu gegen das Richtige, das sich für wichtig ausgibt. Wortmacherei ist Scheinleben, ist Unleben, ist Mißbrauch der Sprache. Und dieser Mißbrauch nimmt im letzten Menschenalter ärgerlich zu: das Verwechseln von Worten mit Dingen, von Reden mit Taten.

Wortmacherei ist ein sicheres Kennzeichen des nicht ganz redlichen Schreibers. Er hat Gedanken, doch nicht so viele oder so neue, wie er haben möchte: so füllt er die Gedankenhohlräume mit Wortmacherei. Ein Vergleich aus dem niedern Alltagsleben mag mir hingehn: nicht ganz redliche Geflügelhändler stopfen die Hohlrümpfe ihres Federviehs mit Papier aus. – Je mehr die klaren Begriffe fehlen, desto mehr Worte stellen sich ein, und der Leser ahnt wohl schon, welche Art von Worten als Ersatz bevorzugt wird: die unklaren Welschwörter.

Für die Wirkung der Wortmacherei auf den Leser diene ein andrer Vergleich: die falsche Ernährung eines Zuckerkranken. Diesem werden Speisen zugeführt, die den unverwertbaren Zucker enthalten; der Leser der Wortmacherei bekommt unverwertbare, aber auch tatsächlich wertlose Nahrung. Der etwas hinkende Vergleich läßt sich noch weiter ausspinnen: wie der Arzt dem Zuckerkranken möglichst zuckerarme Speisen verordnet, so hilft sich der Leser von Wortmacherei durch Überschlagen. Daß er hierbei oft etwas nicht Wertloses überschlägt, ist ein geringeres Unglück, als wenn er sich das Gehirn mit hohlem Wortschwalle füllt, und es ist zudem die gerechte Strafe für den Wortmacher.

Harmlos ist die Wortmacherei des Kanzleirats, denn sie will nicht betrügen, sondern bei aller Sachlichkeit nebenher noch die kleine Schreibereitelkeit befriedigen; und da es sich mehr um ein ungefährliches Standesdünkelchen, nicht um den unredlichen Zweck des Einzelschreibers handelt, so bedarf es zur Gegenwehr nur des sanften Spottes. Der Kanzleirat – er führt oft viel höhere Titel, heißt mitunter gar Abgeordneter, Reichsgerichtsrat, Minister – der schreibt nicht: *erscheinen*, sondern in die Erscheinung treten; nicht: *im Mittelpunkt stehen*, sondern eine zentrale Stellung einnehmen; nicht: *verlesen, berücksichtigen, verteilen, betrachten, fertigen, annehmen, erwägen, vorschlagen, durchführen, wegfallen, anzeigen, anmelden, kaufen, weiterführen, verlosen, verhaften, vortragen, abtreten*, – sondern folgende sprachliche Wassersuppen: zur Verlesung bringen, in Berücksichtigung ziehen, zur Verteilung gelangen lassen, in Betracht ziehen, fertigstellen, sich der Annahme hingeben, in Erwägung ziehen oder nehmen; in Vorschlag bringen, zur Durchführung bringen, in Wegfall kommen, zur Anzeige, zur Anmeldung bringen, käuflich an sich bringen, die Weiterführung eintreten lassen, zur Verlosung gelangen lassen oder bringen, in Haft nehmen, zum Vortrag bringen, seine Demission geben. Ein Zug entgleist für den Kanzleirat nicht, sondern kommt zur Entgleisung; eine Verfügung gelangt zur Aufhebung oder wird zur Aufhebung gebracht; ›Das Programm kommt am Eingang zum Saal zur Ausgabe.‹ Eine Arbeit wird nicht begonnen oder angepackt, sondern wird in Angriff genommen, und zwar ›nach vorausgegangener Prüfung‹.

Der innerliche Rechnungsrat, des Kanzleirats Geschwisterkind, der es oft (in seiner Sprache: zu wiederholten Malen) bis zum Finanzminister bringt, nimmt niemals ein, stellt immer in Einnahme, und nicht etwa 10 000 Mark, sondern immer ›die Summe von 10 000 Mark‹. Er verrechnet nichts, bringt stets zur Verrechnung; gibt nichts aus, bringt alles zur Verausgabung; sieht und steht von nichts ab, sondern nimmt von einer Sache Abstand.

Wird der geborene Kanzleirat Straßenbahndirektor, so bringt er ein Warnungsschild an: *Das Abspringen von dem Straßenbahn-*

wagen (nicht: Wagen) *ist verboten, solange sich derselbe* (niemals: er) *in Bewegung befindet* (beileibe nicht: fährt, auch nicht: von dem fahrenden ...). Als Richter oder Anwalt darf er nicht schreiben: Am 9. Oktober wurde das Grundstück aufgelassen, sondern: *wurde die Auflassung des Grundstückes bewirkt*. Schreibt er: ›erfolgte die Auflassung‹, so hält er sich für einen Tacitus an Kürze.

Der Verfasser der noch geltenden Strafprozeßordnung läßt immer nur erfolgen: *die Aufhebung des Urteils erfolgt, die Einsendung der Akten, die Verkündung des Urteils erfolgt,* – man lese z. B. die §§ 387–397. Ebenda wird nicht vermahnt, sondern *die Mahnung ausgesprochen* (366), nicht bestimmt, sondern *Bestimmung getroffen* (494), und zahllose ähnliche kanzleirätliche Verwässerungen. Schreiber dieser Gattung kommen sich großartiger vor, wenn sie sagen: *ich treffe die Bestimmung*, als: ich bestimme; und da ihnen diese Wortreckerei so große Freude macht, sonst aber keinem, außer der Stilkunst, schadet, so wollen wir nicht viel Worte darüber machen, sondern die Beispiele reden lassen.

○ ○ ○

Teils bloße Schludrigkeit, teils aber Hang zur Wortmacherei ist die gedunsene Form der Doppelschreiberei: ... *daß niemand im Stande ist, selbst wo der gute Wille vorhanden war, der Frau Böses nachzusagen, dies zu können* – so in Herman Grimms ›Goethe‹! Bei demselben unglaublich schludrigen berühmten Schreiber: *Bei Manchen habe ich die seltsame Unfähigkeit wahrgenommen, das Wichtige vom Nebensächlichen nicht unterscheiden zu können.* Er spricht denn auch einmal von einer ›realen Wirklichkeit‹ wie Erich Schmidt von einer ›sentimentalen Empfindsamkeit‹.

In der Lage sein oder *imstande sein, zu können* – *erlauben zu dürfen* – *gewöhnlich pflegen,* und zahlreiches ähnliches Spicken des Speckes, wie Goethe sich ausdrückte, werden wir schwerlich mehr loswerden. Sie kommen bei guten Schriftstellern gelegentlich vor und müssen bei diesen, wie immer, milder beurteilt werden als bei solchen, zu deren Wesen die Schluderei gehört. Bei Tieck mit seinem flauen Stil wundern uns die Sätze nicht wie dieser: *Ich war in den Stand gesetzt, die Schilderung ziemlich getreu entwerfen zu können*; bei Spielhagen nicht: *daß eine derartige Popularität oder Volkstümlichkeit ...*

Allzu streng dürfen wir gewisse Verdoppelungen nicht beurteilen. ›Nur allein‹ ist Überfluß, kommt aber bei unsern besten Dichtern und Prosaschreibern vor; bei Goethe z.B. *Weißt nur du, nur du allein*, und: *Nur der bildende Künstler allein ist meist auf eine einsame Werkstatt beschränkt.*

Überstreng, ja ungerecht ist das Verwerfen solcher Wendungen wie ›notwendig müssen, unmöglich können‹. Man darf der Sprache nicht das Recht verschränken, das Können und das Müssen abzustufen. Goethes Satz im ›Faust‹ *Ich kann das Wort so hoch unmöglich schätzen* ist bestes Deutsch, und erlaubt muß es bleiben, zu sagen: *Ich muß heute diesen Brief schreiben. – Verschieb es auf morgen! – Nein, ich muß ihn notwendig heute schreiben.*

Sprachmeisterer haben sogar Wendungen beanstandet wie *Heulend kommt der Sturm geflogen* und *Du sprichst von Zeiten, die vergangen sind.* Der Zustand des Deutschen Stiles stellt uns wahrlich andre Aufgaben als solche Pedanterei. – Selbst bei den peinlichen französischen Stilmeistern kommt gelegentlich viel Schlimmeres vor: *Il en coûta la tête et la vie à Pompée* bei Corneille, *une tempête orageuse* sogar bei Boileau, und bei Montesquieu *Le sénat a été forcé malgré lui.*

○ ○ ○

Das sprachliche Verwässern gleicht der Weinpantscherei, nur daß den Stilverdünnern meist die böse Absicht fehlt. Wenn Ihering z.B. schreibt: *Der Jurist muß nicht bloß über ein sicheres Wissen gebieten, sondern er muß es in jedem Augenblick zur Anwendung zu bringen verstehen*, oder: *Der Zweck eines jeden Examens besteht darin, der prüfenden Behörde die Überzeugung zu verschaffen, daß*, so ist dies bei ihm eben nur das Nachschreiben unzähliger Vorbilder. Gedankenlosigkeit hat den Satz Stifters verschuldet: *Aber wer beschreibt sein Erstaunen, **in das er geriet**, als er die Veränderung sah, die in seinem Zimmer vorgegangen war.*

Öde Wortmacherei ist Henry Thodes Satz über Menzel: *Er machte sich das Schildern ... zur Aufgabe, aber nicht **im Sinne** einer* *nichtssagenden Wiedergabe der Realität.* Und Leo Bergs: *Bleibtreu scheiterte an der Tatsache, daß er den Anforderungen, mit denen er auftrat, sich nicht gewachsen zeigte,* ist breites Geschwätz für: Bleibtreu scheiterte, weil er nichts konnte. Bei Bölsche steht einmal: *Fontane in seinen Märkischen Wanderungen gab hier eine große Hilfe, lange Zeit geradezu die einzige, die **existierte**.* – Bernays, ein Schreiber von bedenklicher Ähnlichkeit mit Schöll: *Das Buch hat neben seinem dichterischen Werte zugleich einen wissenschaftlichen Zweck, dem es in jeder Beziehung **zu genügen weiß**.* Gelehrte oder Schriftsteller mit solchem Stil haben kein Recht, sich über das Zeitungsdeutsch aufzuhalten.

○ ○ ○

Das Mißverhältnis zwischen Form und Gehalt nennen wir **Schwulst**: ein kleiner Kern wird durch Wortmacherei zu großem Umfang aufgeblasen. Solches Aufblasen ergibt natürlich einen Hohlkörper. Hohles Bumbum ist z. B. folgender gar großartig gemeinter Satz von Otto Neumann-Hofer: *Es sind donnernde, brennende, zischende, wühlende Leidenschaften, die Kleist in seinen Stücken ausgewittern läßt.* – Bumbum macht E. T. A. Hoffmann: *Ich bin elend, geschlagen, verloren, herabgestürzt von dem blumichten Gipfel der schönsten Hoffnungen in den bodenlosen nächtlichen Abgrund der Verzweiflung.* – Felix Poppenberg über Heinse: *Ihm wurde ein vielstimmiges Ausdrucksorgan **voll Fülle** der Register erweckt.* – Lublinski spricht von Annettens Versenkung in das Kleinleben der Natur: *Nichts, schlechterdings nichts aus dieser Welt des unendlich Kleinen entgeht ihrem Blick.* Nun, die Bakterien hat sie nicht entdeckt.

Schreibt ein Schwülstiger vom Innenleben, so heißt es regelmäßig: im tiefsten Innern, oder tiefinnerlich. Selbst bei einem so strengen Schreiber wie Eucken steht einmal: *Eine geistige Macht, welche die Welt beherrschen will, muß Wesenhaftes allgemein menschlicher Art in sich tragen.* Ist dies um ein Haar mehr als ›muß Allgemeinmenschliches in sich tragen‹? Lassalle schreibt in seinem Arbeiterprogramm mit schwülstiger Wiederholung: *Der Grund liegt in der ökonomischen, wirtschaftlichen Beschaffenheit des Mittelalters.* Und Speidel, sonst kein schlechter Prosaschreiber, läßt sich einmal hinreißen: *Er (Luther) steht noch mitten unter uns: seine Gestalt bewegt sich, wir sehen sein blitzendes Auge, wir spüren das Frühlingswehen und hören die rollenden Donner seines Mundes und **seines allgewaltigen Wortes**.* Der letzte Zusatz zerstört die ganze Wirkung.

Aller Schwulst ist zu verwerfen; aber Schwulst sind noch nicht harmlose Wörter wie Vorahnung, Vorbedingung, Anrecht, Beihilfe, die von Sprachmeisterern wie Wustmann verdammt werden. Unsre Sprache liebt solche Füllewörter, und sie zu bekritteln ist müßige Pedanterei.

›Getretner Quark Wird breit, nicht stark‹, warnt uns Goethe. Das Breittreten des Nichtigen haben viele unsrer Wortmacher in zarter Jugend von Cicero gelernt. Man lese z. B. den Anfang seiner Rede ›*Pro Murena*‹: *Precor ..., ut vestrae mentes atque sententiae cum populi Romani voluntatibus suffragiisque consentiant eaque res vobis populoque Romano pacem, tranquillitatem, otium concordiamque afferat.* [Ich bete darum, daß eure Überzeugung und euer Urteilsspruch mit dem Willen und der Meinungsäußerung des römischen Volkes übereinstimmt und daß dies euch und dem römischen Volke Frieden, Ruhe, Muße und Eintracht bringt.*] Früher nannte man dergleichen *copia* [Fülle*] und *eloquentia* [Beredsamkeit*]; heute ist man unhöflicher geworden und sagt Schwatzerei. Bald zwei Jahrtausende hindurch wurde an Ciceros erster Catilinarischer Rede diese Breittreterei höchlich bewundert: *Reinige die Stadt von der Ansteckung, die du bereitest; befreie sie von den Ängsten, die deine Gegenwart erzeugt; es seien Mauern zwischen uns und dir. Du kannst nicht länger bleiben; ich werde es nicht dulden, ich werde es nicht ertragen, ich werde es nicht erlauben.*

Jeder kennt den Ausdruck des Exerzierreglements vom ›Treten auf der Stelle‹; es gibt dergleichen bei manchen anspruchsvollen Schreibern. Thode beginnt sein Buch über Giotto:

> Die Schöpfungen der Genies sind der Ausdruck eines **allgemeinen Verlangens** nach einer idealen Gemeinsamkeit. Sie gewähren einem Volke die anschauliche Erkenntnis dessen, was, ihm selber unbewußt, oder doch nur undeutlich, sein Gefühl und seine Phantasie bewegt. Die Quelle künstlerischer Kraft eines mit ungewöhnlichem

geistigen Vermögen begnadeten Einzelnen ist in den Tiefen **allgemeinen Sehnens** zu finden ... In ihr wird das **Verlangen** zu dem das Wesen ganz ausfüllenden Lebensinhalte und damit das Leben selbst zur Offenbarung des **Sehnens**. Die Offenbarung aber verwirklicht das zugleich von dem schöpferischen Genius und von der **Allgemeinheit Ersehnte**.

Es geht noch eine ganze Weile so weiter.

Als ein so ausgeprägter Naturalist sich Hauptmann in seinen bisherigen Dichtungen zunächst darstellt, dem nicht an der Oberfläche haftenden Blick kann unmöglich entgehen, daß diese krassen Erscheinungsformen (!) *des Naturalismus bei Hauptmann doch nur konvulsive Symptome* (!!) *einer gewaltigen inneren Krisis sind, deren Verlauf nicht aus diesen Begleiterscheinungen* (!), *sondern nach den in der konstitutionellen* (!) *Veranlagung tiefer liegenden Ursachen gemutmaßt werden kann* (B. Litzmann). Auf Deutsch: Hauptmann ist nur äußerlich Naturalist, innerlich etwas andres, was wir nicht wissen, worüber wir aber breitspurig schwögen. Sätze dieser Art sollten im Deutschen Unterricht unsrer Schulen zur dauernden Abschreckung zergliedert werden. Heilsam und lustig abwechselnd wäre die umgekehrte Übung, ganz einfache Sätze nach der Art solcher Schreiber ins Unendliche auswalzen zu lassen, z. B. den Satz ›Mein Sohn August Schulze konnte heute wegen Zahnschmerzen nicht zur Schule kommen‹ in eine harmonische Periode von nicht unter 20 Zeilen. Als Muster mag etwa dienen: *Die räumliche Entwicklung eines Individuums jener Tierspezies, die von manchen Völkern für heilig gehalten wurde, hat sich aus ihrer engen lokalen Beziehung zum schützenden Abschluß der Menschenheimstätte in eine nähere Berührung mit dem Grundfundament alles Irdischen formell umgestaltet.* Etwas ›synthetischer‹, aber um wie viel unwissenschaftlicher, würde das lauten: Die Katze ist vom Dach gefallen.

Ein prächtiges Beispiel steht bei dem Schalk Lichtenberg: der selbstverfertigte Satz aus einer Feuerlöschordnung. Der Sinn des Satzes ist diese Selbstverständlichkeit: ›Wenn ein Haus brennt, so muß man die rechte Wand des links stehenden Hauses und die linke Wand des rechts stehenden Hauses zu decken suchen.‹ Der Wortmacher hat dies zu zwölf Druckzeilen ausgereckt. – Es ist für gewisse Schreiber eine Kleinigkeit, über den Satz: ›Wenn es regnet, ist es naß‹, 20 Druckzeilen fertigzubringen. Stopft er 15–25 Fremdwörter hinein, so entsteht ein ›meteorologischer Exkurs‹, und das Geschwätz heißt Wissenschaft.

Matthias Claudius beantwortete die Frage nach dem Unterschiede zwischen ihm und Klopstock so: ›Klopstock spricht folgendermaßen: Du, der du weniger bist als ich und dennoch mir gleich, nahe dich mir und entlade mich, dich beugend, von der Last des staubeinatmenden Kalbfells. – Ich dagegen sage nur: Johann, komm und zieh mir die Stiefel aus!‹

Reizend ist der Spott über den Schwulst in diesem Rätsel Schleiermachers:

> Wenn dich auf rauhem Pfad die erste schreckt,
> Wenn Stürme feindlich dir die letzte rauben,
> Denk an die Zeit mit hoffnungsvollem Glauben,
> Wo still und friedlich dich das Ganze deckt.
> (Auflösung: Nachtmütze)

○ ○ ○

Die großspurige Wortmachereiist niemals schonungsloser bloßgestellt worden als durch Lassalle an dem Beispiele Julian Schmidts. Die ganze Sippe der Wortgaukler hat er für immer vernichtend gekennzeichnet:

> Sie haben sich aus den Schriften der Denker und Gelehrten einiger vornehmer Ausdrücke bemächtigt und mit Hilfe derselben sich eine eigene Art von gespreizter ›Bildungssprache‹ erzeugt, die einen wahren Triumph der modernen Bildung darstellt und zeigt, wohin es die Kunst bringen kann. Es ist eine nach den Gesetzen der belletristischen Routine kaleidoskopartig durcheinander gerüttelte und geschüttelte Anzahl von Worten, die keinen Sinn geben, aber auf ein Haar so aussehen, als gäben sie einen erstaunlich tiefen.

Bei der Ehrfurcht des Deutschen vor allem bedruckten Papier erfreut sich diese Bildungssprache einer scheuen Bewunderung; denn was der Deutsche nicht versteht, ist er aus verkehrter Bescheidenheit geneigt für tief zu halten. Julian Schmidts Satz z. B. *Der Protestantismus nahm die Gegensätze des Göttlichen und des*

Irdischen in das menschliche Herz auf, wo sie sich in konkreter Fülle entfalteten, ist nichts als Bumbum, oder wie Lassalle es nannte: Bimbam, wurde aber für tiefe Weisheit gehalten und würde, von einem berühmten Schreiber veröffentlicht, noch heute dafür gelten.

Rudolf Gottschall schreibt: *Die Lucinde ist das Evangelium ihrer ästhetischen Ethik, ihrer künstlerischen Sittlichkeit*. Gottschall ahnte nicht, daß das zweite nur die Übersetzung des ersten ist, hinzugefügt zum Füllen, zur Wortmacherei.

Fast überall, wo einer mit Subjektiv und Individuum um sich wirft, da urteile man zunächst und bis zum Gegenbeweise: Bumbum, Bimbam. Nordau schreibt von der geschlechtlichen Erregung: *Subjektiv wird dieser Zustand vom Individuum als Liebesdrang oder Liebessehnsucht empfunden*. Wie mag er objektiv und vom Nichtindividuum empfunden werden?

○ ○ ○

Eine besondere Betrachtung gebührt dem wortemachenden Gelehrtendünkel. Die berechtigte Achtung vor der Deutschen Wissenschaft läßt eine strenge öffentliche Prüfung ihrer Ausdrucksformen bei uns selten laut werden; nur so ist die zunehmende Wortmacherei, ja Schaumschlägerei zu erklären, die sich bei vielen Vertretern unsrer Wissenschaft breitmacht. Die einfachsten Begriffe werden nicht mit einem Wort, sondern mit einem langen hohlen Wortschwall bezeichnet; die alltäglichsten Gedanken ohne den geringsten wissenschaftlichen Neuwert durch selbstgefällige Wortmacherei mit wissenschaftelndem Tiefsinn umflittert. Die Überlieferung dieses scheingelehrten Wortgeschwöges reicht, wie die meisten Grundlaster des Gelehrtenstils, bis in die Humanistenzeit. Erasmus machte – schrecklich auszudenken – Lateinübungen im Ausrecken von *Semper, dum vivam, tui meminero* (Immer so lang ich lebe, werde ich deiner gedenken) zu 20 enggedruckten Seiten. Richard Meyer will die großartige Entdeckung mitteilen, daß die ›breiten Bettelsuppen‹ im ›Faust‹ die Rumfordschen Armensuppen bedeuten; hierzu braucht er 5 kleingedruckte Großachtelseiten.

Den Preis aber der unerträglichen Wortmacherei verdiente ein Forscher von so viel wirklichem Wissen, daß er Wortmacherei nicht nötig hätte: Karl Lamprecht. Sein Hauptkunstgriff besteht im Einstreuen viersilbiger geschwollener Fremdwörter, die nicht im mindesten Tieferes oder Feineres besagen als die gewöhnlichen Deutschen Ausdrücke. Es war hohle Wortmacherei, wenn Lamprecht statt ›Volksseele‹ schrieb: *nationale Psyche*; wenn aus der Schilderung von Sinneseindrücken mit gelehrter Vornehmtuerei ein *physiologischer Impressionismus* wurde; aus der Aufzeichnung seelischer Stimmungen ein *psychologischer Impressionismus*. In dieser Wortmachersprache heißt das Armeleutedrama: *primitiver physiologischer Impressionismus*, das Märchendrama: *primitiver psychologischer Impressionismus*. – Lamprecht will sagen, Sudermann sei durch seine Anlage zum Handlungsdrama geführt worden: hieraus wird folgendes Geschwöge: *Die dramatische Ader führte ihn zum Aufsuchen der künstlerischen Disposition einer bei weitem fester geschürzten Handlung*. Lamprecht denkt: Man widersetzte sich der Verderbnis der Sprache; sein Gummistil macht daraus: *Man trat zu der Verderbnis des Wortschatzes der Sprache in Gegensatz*.

Unser alter Freund Schöll, der hier nicht fehlen darf, schreibt: *Dies ist nun auch ein kleines Werk von Goethe, das wir **zu vermissen** haben*. – W. Dilthey schreibt: *Es ist etwas Einfaches in dem geistigen Leben Goethes überhaupt, man fühlt gleich, daß man es hier nicht mit einer komplizierten Natur zu tun hat*. Dies erinnert an den Berliner Scherz: Je einfacher, desto simpler. – Statt ›Erklärung‹ schreibt Dilthey: *hermeneutische Operation*. Von den Sonetten Shakespeares heißt es bei ihm: *Wir können nicht darauf verzichten, einen Kern höchst subjektiv persönlichsten Empfindens in ihnen anzunehmen*. Andre Bereicherungen sind ›Bewußtseinsgefühl‹ und ›Pflichtobliegenheit‹.

Von einem Manne wie Wundt wird der Gedanke: ›Die philologische Vermutung ist eine Art kritischen Versuches‹ ausgereckt: *Die philologische Konjekturalkritik ist eine Art kritischen Experimentalverfahrens*. – Bei Max Herrmann ist die Einschaltung aus ›Ossian‹ in Goethes ›Werther‹ nicht allzu lang, sondern *kompositionell allzulang geraten*.

Gelehrte Wortmacherei

Zwei Dinge sind einander entgegengesetzt. Ist dies klar genug? Man sollte es denken. Hans Delbrück aber hält es für nötig zu schreiben: *Zwei Eigenschaften des Feldherrn scheinen dem dialektischen (?) Verstande fast konträr entgegengesetzt.* Der Berliner Volksmund sagt ebenso schön: ›*Au controlleur*, im Gegenteil‹.

Franz Muncker ist auch einer, nämlich der Unzähligen mit der Subjektivität und der Individualität: *Nicht auf einzelnen Worten beruht die Ähnlichkeit: diese sind nach der subjektiven Individualität der beiden Dichter ganz verschieden.* Denn wie heißt es bei Goethe? ›Die Modernen sollen nur Lateinisch schreiben, wenn sie aus nichts etwas zu machen haben.‹

ACHTES BUCH

Der Ton

- 1. Abschnitt
  Stilgemäß und stillos 671
- 2. Abschnitt
  Schlichtheit 687
- 3. Abschnitt
  Übertreibung 699
- 4. Abschnitt
  Humor, Witz, Ironie 707
- 5. Abschnitt
  Geistreichtum und
  Geistreichtun 721
- 6. Abschnitt
  Geborgter Geist 729

Vom Erhabenen zum Lächerlichen ist nur ein Schritt.
NAPOLEON

ERSTER ABSCHNITT
Stilgemäß und stillos

Humilia subtiliter, magna graviter, mediocria temperate dicere
(Das Schlichte einfach, das Große ernst, das Mittlere maßvoll wiedergeben).
CICERO

Une gravité trop étudiée devient comique
(Eine allzu ausgeklügelte Würde wird komisch).
LA BRUYÈRE

Wir stehen beim Eigenmenschlichsten des Stils, beim Stil des Stils, und müssen wie so oft mit dem Bekenntnis beginnen: Der Ton ist nicht lehrbar; man hat ihn oder hat ihn nicht. Es ist damit genau wie im gesellschaftlichen Verkehr mit dem Takt: den einzelnen Verstoß kann man rügen, und der Belehrte wird diesen Verstoß vielleicht nicht mehr begehen; gegen das Begehen aller andern schützt ihn nur der angeborene und anerzogene, besonders der durch Selbstzucht angeeignete Takt. Was aus diesem Abschnitt an Belehrung zu schöpfen ist, betrifft nicht unwichtige Einzeldinge; die Hauptsache aber bleibt, wie immer, der letzte seelische Kern des Schreibers: seine Sachlichkeit und Wahrhaftigkeit. Wer diese beide besitzt, der trifft den richtigen Ton ohne langes Besinnen, hält ihn fest ohne Mühe, wechselt ihn nach dem Bedürfnis des Gegenstandes, – kurz, der hat Stil. Es ist nicht anders als mit dem Ton des stimmbegabten Sängers: das Gehör, nicht die Lehre, läßt ihn den richtigen Ton treffen und festhalten.

Das Einzige, was für den Ton des Stiles gelehrt werden kann, lautet: Erfülle dich ganz mit deinem Gegenstande; gib nur ihn, nichts andres, nichts von deiner Selbstliebe; sei wahr, sei ehrlich, sei natürlich, sei sachlich, – und der stimmende Ton wird ungezwungen erklingen; er wird selbst durch eine vielleicht ungelenke Ausdrucksweise hindurch erkennbar sein.

Es gibt nicht Einen besten Ton, nicht Einen besten Stil für alle Gegenstände ohne Unterschied. Der Schreiber mit nur Einem Ton für alles hat keinen Stil. Sulzer, der nach Lessings Wort auch über Flöhe erhaben schrieb, war ein schlechter Schriftsteller. Schöll, der über das Kleinste wie Größte in Goethes Leben im feierlichen Priesterstile sprach, war ein Schreiber ohne Stil. Heine, der die erhabene Schilderung des über den Wassern hinschreitenden Christus mit einem gemeinen Ausfall gegen einen schon damals gleichgültigen Streber schloß, sündigte heillos gegen ein Grundgesetz des Stils.

Nicht der Schreiber wählt aus Willkürlaune Ton und Stil; der Gegenstand zwingt sie ihm auf, und nur der eitle, also der schlechte Schreiber widersetzt sich diesem Zwange. Zusammenklang von Gegenstand und Ton ist Stil, ist innere Form; und daß dabei die Eigenseele des Schreibers nicht zu kurz komme, dafür hat die Natur gesorgt, die den natürlichen Schreiber ganz von selbst sein Menschenwesen zugleich mit dem Gegenstande aussprechen läßt.

Darf ich nicht wiederum eins der Beispiele wählen, die dem aufmerksamen Leser und mir für ein Weilchen am nächsten liegen: die Behandlung der Fremdwörterei in diesem Buch? Gibt es nur Einen angemessensten Ton dafür? Die Fremdwörterei ist unkünstlerisch, stillos, geschmacklos, – also muß dies nachdrücklich, je nachdem ernst oder spöttisch, gesagt werden. Sie verletzt das zarte Gefühl für die Heiligkeit der Muttersprache, – also darf man sie zornig schelten. Sie artet in lächerliche Albernheit und Geckerei aus, – also ist jedes anständige Mittel der Ironie und des Hohnes erlaubt. Sie gaukelt nichtvorhandene Tiefe und Gelehrsamkeit vor, – also verdient sie grobe Zurechtweisung. Bleibt nur der Ton sachlich; zeigt der Schreiber, daß er an den aus andern Gründen wertvollen Fremdwörtlern ihren Wert schätzt, ihre sprachliche Verirrung beklagt, so wüßte ich, nach strenger Selbstprüfung, nicht, warum ich nicht alle Tonarten, über die ich zu verfügen glaube, gegen ein so mannigfaltiges Gebrechen unsers Geisteslebens hätte anschlagen sollen. Ob ich in der berechtigten sachlichen Empörung nicht doch einmal falsch gegriffen habe, darüber steht nicht mir das Urteil zu.

○ ○ ○

Wer selbst kalt und träge ist, der schreibt kalt und träge; wem das Blut heißer und schneller durch die Adern pulst, der schreibt warm und behende. Der ewig Nüchterne und Trockne schreibt nüchtern und trocken, der Phantasiemensch lebendig und farbig. So soll es auch sein! Es gibt ein Unglück, wenn der Kalte einmal heiß, der Träge munter, der Trockne bildernd schreiben will. Das Umgekehrte ist ungefährlicher; der sich kühl beherrschende heiße, phantastische Schreiber kann durch solche Selbstzucht die Wirkung steigern. Der nach seinem Urwesen höchst leidenschaftliche Goethe ist durch die Kunst des Selbstbezwingens der Größte unter unsern Großen geworden. Der sich beherrschende Leidenschaftsmensch bleibt noch natürlich; der sich künstlich erhitzende trockne Schleicher bringt nur Unnatur zustande.

Das ganze Geheimnis, leidenschaftlich zu wirken, besteht darin, Leidenschaft zu empfinden. Wehe dem Stil, der leidenschaftlich sein will aus innerer Kälte heraus! Selbst Mephisto hält es nicht lange aus, seinen wahren Stil zu verbergen: ›Ich bin des trocknen Tons nun satt. Muß wieder recht den Teufel spielen‹; denn er ist ein verhältnismäßig ehrlicher Teufel und spricht einen ehrlich teuflischen Stil. Ein trockner Schreiber, der über einen trocknen Gegenstand trocken schreibt, bleibt natürlich und kann unter Umständen wirken: an einer Abhandlung über die beste Häckselmaschine oder über den Gebrauch des Plusquamperfekts bei Gottsched wird man schwerlich den Mangel der Wärme tadeln.

Warm oder kalt, aber beides wahr, beides mit der innern Form dieses Gegenstandes in diesem Schreiber, kann ausgezeichneter Stil sein. Die stilgemäße Kälte wirkt zuweilen wunderbar; was aber niemals wirkt, das ist die Lauheit: ›Ach, daß du kalt oder warm wärest! Weil du aber lau bist, und weder kalt noch warm, werde ich dich ausspeien aus meinem Munde.‹ Die Wärme ist ein natürliches, die Kälte ein mehr künstliches Stilmittel, berechnet auf die gegensätzliche Mitarbeit des Lesers. Die Lauheit ist unter allen Umständen stilwidrig, denn sie zwingt zu der Frage: Warum behandelst du überhaupt diesen Gegenstand?

Echte Wärme teilt sich wohltuend mit; Strohfeuerglut erhitzt uns für den Augenblick, läßt uns nach ihrem Erlöschen erst recht frieren. Schon ein paar Grade zu viel oder zu wenig nach oben oder unten werden von dem Leser mit seinen Sinnen sogleich empfunden. Herders Glut ist echt; aber zu unruhig geschürt, zu flackernd, um dauernd erträglich zu sein. Der große französische Erzähler Mérimée, der Verfasser von ›Carmen‹, der Quelle für die Oper, übertreibt absichtlich die künstlerische Kälte um einige Grade, schafft hohe Meisterwerke ihrer Art, aber die Art ist nicht die höchste. Er liebt seine Kunstweise noch mehr als seine Menschen. Man genießt seine Kunst, doch wird man ihrer nicht froh. Gottfried Keller, nicht weniger künstlerisch als Mérimée, aber wärmer im Ton, steht höher und wird länger leben.

Die richtige Mitte zeigen Goethe und Moltke. Beide sind haushältig mit den Äußerungen ihrer Teilnahme am Gegenstand, Moltke noch mehr als Goethe; doch keiner versteckt sein Gefühl bis zum Nichterkennen, wie Mérimée. Es gibt wenig so feine Reize für den genießenden Leser wie die sich zurückhaltende Wärme: an solchen Schriften übe er seine Mitarbeiterschaft. Der größte Teil von Tacitus' Unsterblichkeit, ein großer von Moltkes beruht in diesem Reiz.

○ ○ ○

Kant schrieb im besten Glauben: ›Der enthusiastische oder begeisterte Stil verdirbt den Geschmack.‹ Zweifellos dachte er dabei nur an den Stil mit begeisterter Form ohne begeisternden Inhalt, und er selbst liefert den Beweis, wie geschmackvoll der begeisterte Stil, der echte Schwung, wirken kann: *Pflicht! du erhabener, großer Name!* oder: *Zwei Dinge erfüllen das Gemüt mit immer neuer und zunehmender Bewunderung und Ehrfurcht: der bestirnte Himmel über mir und das moralische Gesetz in mir.* Hier ist echte Größe, ohne die Spur von Schwulst.

Je seltner bei einem Schreiber solche Aufschwünge, desto tiefer wirken sie. Bismarck haßte, wie jeder wahrhaft große Redner und Schreiber, die Feierlichkeit, mied zumeist selbst die berechtigte; griff er aber einmal zu diesem Stilmittel, so gelangen ihm außerordentliche Wirkungen.

Ranke zerstört durch eine unglaubliche Stillosigkeit diesen Satz (über Hussens Feuertod): *Einen Mann, der anerkannt fromm und in den meisten Artikeln gut katholisch war, dem Feuer zu übergeben, nur weil er die allgemeine Verderbtheit der Priesterschaft heftig anklagte und befehdete: das war doch überaus stark.* Wie überaus schwach ist der Schluß! – Selbst bei Keller stört uns die Stilwidrigkeit zweier Wörter, die der Leser selbst finden wird, in diesem Satze der ›Armen Baronin‹: *Es war wie eine erste Erfahrung in ihrem neu beginnenden Leben, und nach Maßgabe der noch nicht zu Kräften gekommenen Herzschläge verbreitete sich ein schwacher rötlicher Schimmer über die blassen Wangen.*

Die Meister der echten **Erhabenheit** sind selten; es muß eben hierzu ein großer Gegenstand zusammentreffen mit einem großen Schreiber, und die Regel ist, daß der große Moment ein kleines Schreibergeschlecht findet. Das unübertreffliche Vorbild goldechter Erhabenheit ist und bleibt die Bibel, gegen die ungeheure Gewalt des kurzen Verses: Und Gott sprach: *Es werde Licht! und es ward Licht* (im Hebräischen nur sechs Wörter) kommt nichts, selbst bei Homer, Dante und Goethe. Sollte man es für möglich halten, daß ein sprachmeisternder Stilstümper wie Adelung sich zu schreiben erfrechte: ›Diese Stelle sowie die ganze Schöpfungsgeschichte hat nichts Erhabenes, in der von mir (!) angenommenen Bedeutung des Wortes‹ –? Adelungs ›Bedeutung‹ ging nämlich dahin: ›Der erhabene Stil ist diejenige Art des Ausdruckes, welche das Erhabene an den Gegenständen in der Absicht darstellt, Ehrfurcht und Bewunderung zu wecken.‹ Der fleischgewordene Dünkel ahnte nicht, daß die unabsichtliche Erhabenheit die höchste, die absichtliche, wie alle erkennbare Absicht in der Kunst, minderwertig ist. Im Austilgen jeder Absicht zeigt sich der Meister des Stils. Wie ergreifend sind manche Stellen bei Spinoza, dem scheinbar leidenschaftslosesten Denker und Schreiber.

Einer der feinen Franzosen des 18. Jahrhunderts, d'Alembert, hatte erkannt: ›Es gibt keinen erhabenen Stil; der Gegenstand muß erhaben sein.‹ An dem erhabenen Gegenstande wächst selbst ein mittelmäßiger Schreiber; der begabte erhebt sich daran zur Meisterschaft. Man lese am Schlusse der Gespräche Eckermanns die ergreifende Schilderung der Leiche Goethes. – Fichte der Philosoph ist kaum je erhaben im Stil, oft höchst verworren, wortreich, unklar im Ausdruck; Fichte der Redner an die Deutsche Nation, ja schon zuvor an die in den Krieg von 1806 ausrückenden preußischen Soldaten, oder nachher an die Freiwilligen der Berliner Universität von 1813, schwingt sich empor zur Erhabenheit, und mit wie einfachen Mitteln:

> Laßt die Freiheit auf einige Zeit verschwunden sein aus der sichtbaren Welt; geben wir ihr eine Zuflucht im Innersten unserer Gedanken solange, bis um uns herum die neue Welt emporwachse, die da Kraft habe, diese Gedanken auch äußerlich darzustellen. – Nur über den Tod hinweg, mit einem Willen, den nichts, auch der Tod nicht beugt oder abschreckt, taugt der Mensch etwas. – Kein Friede, kein Vergleich, von Seiten des Einzelnen zuvörderst. Das, worüber gestritten wird, leidet keine Teilung: die Freiheit ist oder ist nicht. Kein Kommen und Bleiben in der Gewalt, vor allem diesen steht ja der Tod, und wer sterben kann, wer will den zwingen.

Der empfindsame Jean Paul bekannte: ›Fichte hat in seinem Stile viele Federn aus Luthers Flügeln.‹ Fürwahr, wer echte Größe aus der Fülle des Herzens hören will, der findet in Deutscher Zunge keinen über Luther, auch Lessing nicht, auch Bismarck nicht: ›Ich habe kein besser Werk denn den Zorn und Eifer. Denn wenn ich wohl dichten, schreiben, beten (!) und predigen will, so muß ich zornig sein, da erfrischt sich mein Geblüt, mein Verstand wird geschärft, und alle unlustigen Gedanken und Anfechtungen weichen.‹ Luther konnte weich sein wie ein Mägdelein, furchtbar wüten wie ein Berserker. An Mannigfaltigkeit des Tones, an Herrschgewalt über alle Züge unsrer großen Sprachorgel übertrifft ihn kein Deutscher Mann der Feder. Kommt über ihn der große Herzenszorn, so hält er ihn nicht zurück, sondern sorgt nur, daß Ausdruck und Satzbau auf der Höhe seines Empfindens stehen.

○ ○ ○

Der große Zorn bleibt kaum jemals ganz frei von dem, was zarten Zimperseelen **Grobheit** heißt. Es gibt eine Zeit für die Höflichkeit, und es gibt eine für die Grobheit, oder wie Storm für seine Söhne gedichtet hat:

> Blüte edelsten Gemütes
> Ist die Rücksicht; doch zu Zeiten
> Sind erfrischend wie Gewitter
> Goldne Rücksichtslosigkeiten.

Mit der Feinheit des Schreibers, der niemals grob werden kann, ist es nicht weit her. Alle unsre größten Prosameister, von Luther über Lessing zu Goethe, Bismarck und Vischer, waren so grob wie fein, oft in der Grobheit am feinsten. Ein Pröbchen von Bismarck wurde schon mitgeteilt. ›Wer das Recht auf seiner Seite fühlt, muß derb auftreten; ein höfliches Recht will gar nichts heißen‹, sagt – Goethe!

○ ○ ○

Lessing erklärte dem scheinhöflich nichtsnutzigen Klotz gegenüber, der sich über Lessings unhöflichen Ton entrüstete: ›Die Höflichkeit ist keine Pflicht, und nicht höflich sein, ist noch lange nicht grob sein.‹ Lessing war übrigens doch zuweilen, aus besonderer Verärgerung, um einen Ton zu grob, beinah so wie Luther, z.B. gegen den ihm besonders zuwidern Klotz: ›Seine Lobsprüche waren mir äußerst ekel, weil sie äußerst übertrieben waren, und seine Einwürfe fand ich höchst nüchtern, so ein gelehrtes Maul er auch dabei immer verzog.‹ Wahrlich, im Deutschen lügt man, wenn man höflich ist.

Unsachliches Geschimpfe heißt nicht Beweis. Wer aber durchaus und allemal die zierliche Höflichkeit auch für die sachlichste Schrift fordert, der beraubt den Stil eines unverwerflichen Mittels, vorausgesetzt daß die Sache klotzig grob genug ist, um den groben Keil zu verdienen. Vischers berühmte Abhandlung ›Mode und Cynismus‹ gegen gewisse schamlose Ausartungen der Frauenkleider vor 50 Jahren, damals von den Betroffenen und einigen sanften Säuslern als maßlos grob verschrien, war beinah zu höflich. Den richtigen Ton der Grobheit des echten und berechtigten Zornes trifft Lassalle in seiner Schrift gegen Julian Schmidt, z.B. da wo er ihm nachweist, daß er den nie gelesenen ›Schwabenspiegel‹ des 13. Jahrhunderts für eine Dichtung des 19. Jahrhunderts gehalten und höhnische Schlüsse gezogen hatte auf die ›Anklänge an den Schwabenspiegel‹ bei lebenden schwäbischen Dichtern und Denkern:

> Sie erkennen selbst in den Werken so verschieden angelegter Naturen wie Strauß oder Vischer Anklänge an den Schwabenspiegel, an ein Buch, das Sie nie zur Hand genommen! Es ist diese gewissenlose Frivolität, diese freche Windbeutelei, dieser superlativische Humbug, den Sie mit ernsten Dingen und mit einem Publikum treiben, das sich ernsthaft belehren will. Es ist diese tiefe Unsittlichkeit, die noch viel schlimmer ist als Ihre stupende Ignoranz.

Ungerecht übertreibendes Schimpfen wirkt ebenso abstoßend wie lächerlich, gleichviel wer da schimpft. Schopenhauers gröbste Ausfälle gegen ›Hegel und seine Gesellen‹ empfinden wir nicht als bloßes Geschimpfe: der Leser der Beispiele dieses Buches aus Hegel auf S. 798 und 801 wird Schopenhauers Zorn begreifen. Hingegen ist es widerwärtig, wenn er sehr harmlose, ja sehr vernünftige Dinge immer gleich ›Infamie‹ schimpft, z.B.: *Editionen griechischer, ja sogar horribile dictu lateinischer Autoren mit Deutschen Noten! Welche Infamie!* Sind denn die Editoren Lateiner?

Einer der ärgsten Stilgreuel ist die erheuchelte Erhabenheit; sie steht dicht neben dem unwahrhaftigen Geckengeziere. Wir empfinden sie nicht nur als grobe Stilwidrigkeit, uns empört noch mehr die aus ihr redende Lüge. Die geringste Unechtheit des erhabenen Ausdrucks wirkt abstoßend, es sei denn, daß zu einem spaßigen Zwecke mit dem Bombast gespielt wird. Unerlaubt ist dies nicht, nur müssen gewisse Grenzen innegehalten werden. Erhabenheitspielerei mit dem Heiligsten ist gemein und stilwidrig zugleich.

Echter Schwung entquillt dem übervollen Herzen; er ist wie alles wahrhaft Große sehr einfach. Begegnen wir bei einem Dichter oder Schriftsteller ausgeklügelter Klangspielerei und andern Stilkunststückchen im Aussprechen des Erhabenen, so können wir mit Sicherheit auf die Unechtheit des Gefühls schließen. Die wenigen Scharfsichtigen unter den ersten Lesern von Herweghs Empörungsliedern, so namentlich Vischer, erkannten die Gemachtheit in den ›Gedichten eines Lebendigen‹ an der seiltänzerischen Versekunst und der gefallsüchtigen Reimspielerei. Ebensowenig glauben wir an die Echtheit von Hardens gelegentlichem Hochschwung, wenn wir diesen elendesten aller Stilgaukler jeden seiner Sätze unnatürlich verschnörkeln sehen. Das tiefe Gefühl redet eine sehr einfache Sprache und behilft sich ohne Büchmann.

○ ○ ○

Jeder Gegenstand hat seinen Stil; der Widerspruch zwischen Gegenstand und Stil ist die **Stillosigkeit** oder **Stilwidrigkeit**. Die kleinste Schwingung des Tones über die durch den Gegenstand gezogenen feinen Grenzen hinaus vermag ein ganzes Schriftstück zu töten. Das grobe Ohr vernimmt nur die ärgsten Stilwidrigkeiten als Mißklänge; das feine und feinste empfindet den leisesten Übelklang beinah wie körperliche Pein. ›Die Linie des Schönen ist haarscharf‹ (Hebbel); nur die Meisterschaft und die von ihr untrennbare schlichte Einfalt bleiben stets diesseits der Linie. Die Stillosigkeit nimmt alle Formen an: sie ist warm, wo Kühle verlangt wird; künstlich erregt, wo nur Ruhe sich ziemt; zudringlich und würdelos, wo Abstand und Ernst geboten sind; witzelnd, wo uns der Witz wie ein Peitschenschlag trifft; flach, wo die innere Form die Höhe fordert; kneipenspaßig, wo von großen Menschen und Dingen geredet wird. Stillos ist der Witzbold des Feuilletons, der über das wahrhaft Ernste ungesalzene Scherze treibt; stilloser der Gelehrte, der es durchaus dem Feuilletonisten zuvortun will. Eine der ärgsten Stillosigkeiten neuster Zeit ist der ›Dandyprofessor‹, der mit den witzelnden Tagesschreibern wetteifern möchte:

> Was das Entsetzlichste sei von allen entsetzlichen Dingen?
> Ein Pedant, den es jückt, locker und lose zu sein.
> (Goethe auf Gottsched)

○ ○ ○

Verwandt mit dieser Stillosigkeit sind leider gewisse Ausschreitungen bei ernsten, hervorragenden Gelehrten. Mommsen hat sein Übertragen von Ausdrücken aus der allerneusten Zeitungsprache auf die alten Römer zu entschuldigen gesucht durch den Ausspruch, man könne das Leben im alten Rom gar nicht modern genug auffassen, und hierin liegt wenigstens ein Stilgrundsatz, wenngleich sehr zweifelhaften Wertes. Es ist aber unehrerbietig gegen den Stoff, also gröblich stillos, wenn Wilamowitz z.B. in seinen ernsten Homerischen Forschungen von den Freiern der Penelope schreibt: *Das protzige Pack von adligen Gelbschnäbeln geht auf den Leim.* Oder wenn es bei ihm über die Iphigenie des Euripides heißt: *Da wirkt das Mythische, Echttragische, und hat die Elektra Gevatter gestanden.* Eine gevatterstehende Elektra! Offenbachs durchgängiges Verulken der antiken Götter- und Heldenwelt ist stilgerechter.

Stilwidrige Vertraulichkeit begeht Viehoff in seinem Leben Goethes: *So kam denn unser Freund wieder im Vaterhause an.* Mag man in einem Roman so schreiben, nicht aber in einem ernsten Buch über Goethe. Stillos ist die feierliche Priestergebärde, mit der einige Goethe-Bonzen von den unsäglichsten Verrichtungen ihres zum Buddha oder doch zum Dalai Lama gesteigerten Helden sprechen. So oft ich dergleichen lese, etwa über Goethes heilige Bäder in der Ilm oder über die Symbolik von Pommerscher Spickgans und Teltower Rübchen auf Goethes gastlichem Tisch, fallen mir die schönen Verse ein, womit die Vorrede eines Ulmer Rechenbuches aus der Zeit Wilhelms des Ersten von Württemberg schließt:

> Auf dem oft so dunkeln Lebenspfade
> Leuchtet segnend Jesu göttlich Licht,
> Und durch Wilhelms Vatertreu und Gnade
> Blüht ein klarer Rechenunterricht.

Ein Gelehrter wie Holzmann vergreift sich in seinem streng wissenschaftlichen Werke ›Das Ende des jüdischen Staatswesens‹ in dieser plumpen Weise: *Er fand es am geratensten, still zu verduften.* – Einer der Stillosesten ist Herman Grimm; z.B. über einen schlechten Künstler neben Michelangelo: *Bandinelli hatte sich in den Mediceischen Speck so tief eingefressen, daß er völlig fest saß,* und über Michelangelo selbst: *Im Oktober 1504 waren vier Stück Statuen fertig.* – Speidel über Luther: *Luther ist durch und durch religiös gefärbt. Ein Theologe würde sagen: im Blute Christi gefärbt und zwar in der Wolle.* Luthers Wolle im Blute Christi gefärbt!

Der Naturforscher Karl Voigt geistreichelt folgende Stillosigkeit zusammen:

> Es liegt etwas Stabil-Langweiliges in der Erhaltung des tierischen Organismus in dieser doppelten Buchführung, die über Einnahme von Nahrungsstoffen und Ausgabe verbrauchten Materials von dem Organismus mit ermüdender Gleichförmigkeit geführt wird und wo sich das Haben als Fett ansetzt, während das Soll sich durch Abmagerung kund gibt, und endlich ein Bankerott oder der zunehmende Wucherzins, welchen der Organismus zahlen muß, das ganze Geschäft endigt und die Firma zu den Toten wirft.

Dies sollte zierlich und flott sein; es ist die Zierlichkeit und Flottheit der tanzenden Elefanten. – Ein neuerer Naturforscher schreibt von der Rolle der ›Mikroorganismen‹ im Haushalte der Natur: *So finden wir Bakterien in der Erde, auf dem Waldboden, welke Blätter abbauend, in Kadavern, von demselben Pflichtgefühle beseelt.* Das Pflichtgefühl der Bakterien!

Nur die äußerste Vorsicht, der sicherste Takt schützt vor dem gelegentlichen Vergreifen. Selbst die entfernte Möglichkeit eines Mißverständnisses ist zu vermeiden. Mit überkühner Neubildung schrieb Goethe in Erwin und Elmire von den ›flohenen (entflohenen) Freuden‹. – Stumpfheit des Stilgefühls ließ Tieck im Blonden Ekbert schreiben: *Die Erinnerung an meine damalige Lebensart ist mir noch bis jetzt immer seltsam, von keinem menschlichen Geschöpfe besucht, nur in einem so kleinen **Familienzirkel** einheimisch.* Dabei ist der Blonde Ekbert mit dem kleinen Familienzirkel aufs Gruseln angelegt.

Das Unglaublichste, das Tollste an Stillosigkeit, ja an völlig unschriftstellerischer Geschmacklosigkeit bietet Gerhart Hauptmanns ›Lohengrin‹. Der weihräuchernde Klüngel um diesen ›größten Dichter Deutschlands‹ herum hat mit gutem Grunde dieses Machwerk totgeschwiegen. Hauptmann läßt z.B. seinen Lohengrin, nach dem kurzen Kampfe mit Telramund, ›einige Stunden damit zubringen, in heißen Dämpfen oder heißer, trockener Luft zu liegen, in kühlen Wasserbassins [sprich: Bassänkß! – wie denn sonst?] herumzuschwimmen, kalte Brausen über sich ergehen zu lassen, und Ähnliches mehr. Man [wer? *Masseur* oder *Masseuse*?] knetete ihn, man trocknete ihn‹, als ob Lohengrin ein Preisboxer im Zirkus, nicht ein Gralsritter gewesen sei. – Der Herzog von Eleve bemerkt seiner ›lieben, durchlauchtigsten Nichte Else: ›So einfach sind diese unerledigten Fragen nicht aus der Welt zu schaffen.‹ Und der liebe Lohengrin, den seine und Elsens drei Kinder, das ›vollzählige Kleeblatt‹, eines Tages ein wenig belästigen, sagt urgemütlich: ›Else, Else, befreie mich gefälligst [!] von deiner rebellischen Nachkommenschaft.‹ Die liebe Else führt ihr Kleeblatt vor Lohengrins Tür: ›Sie mußten mit ihren Händchen dawiderschlagend immer wieder Papa, Papa! rufen‹, nämlich weil dieser Papa durchaus für immer von dannen ziehen will. In der Schicksalsstunde der ewigen Trennung spricht Lohengrin die großen Worte gelassen aus: ›Was mich betrifft, so ist meines Bleibens nicht in dieser Welt.‹ – Vollends dem erbärmlichen Hauptmannschen Festspiel von 1913 gegenüber versagen selbst Bezeichnungen wie läppische Stillosigkeit und albernste Geschmacklosigkeit den Dienst.

○ ○ ○

Eine Hauptquelle der Stillosigkeit ist das **Fremdwort**. Streng genommen ist fast jedes Fremdwort stillos: es wirkt unrein, freilich nur auf gesunde Ohren; so unrein wie eine nicht scharf gestimmte Geige oder ein schlecht bestrichener Bogen. Selbst die Welscher räumen ein, daß das Fremdwort in der Dichtung unmöglich, ja schon in der edleren Rede stillos sei (vgl. S. 256 über Röthe). Schon Kant frug: ›Ob nicht ein jedes aus einer fremden Sprache entlehnte Wort in einer feierlichen Rede wie ein Spielwerk, wie Flittern klingt?‹ Schiller schreibt an Körner: ›Lateinische Wörter wie Kultur fallen in der Poesie etwas widrig auf‹, und meinte doch nur Gedankendichtung. Durch seine Minderwertigkeit wird das Fremdwort in die niedern und niedersten Bezirke des Schriftwesens verwiesen; drängt es sich in die höheren ein, so wirkt es je nachdem unpassend, lächerlich, ekelhaft, immer aber stillos. Kein Zufall, sondern künstlerische Absicht verbannte aus der acht Seiten langen Weiherede des Grafen Eulenburg für das Denkmal auf dem Niederwald (28. September 1883) jedes überflüssige Fremdwort. In Gustav Freytags sprachlich ausgezeichneten Bildern aus der Deutschen Vergangenheit gibt es stillose Flecken, so oft er vergißt, was ein kerndeutscher Stoff von dem Deutschen Schreiber fordert. Wie kunstwidrig sind z. B. in dem schönen Abschnitt über die Volkserhebung von 1813 die Ausdrücke: *equipiert, patriotische Spekulation, Departements der Landesregierung*. Welch Vergreifen im Ton, wenn es in einem schwungvollen Satze vom Wirken einer Volkskraft heißt, daß sie *im Reiche des Geistes das Kühnste mit heldenmütiger Konsequenz wagte*. Wie konnte nur Freytag von Jahn schreiben, daß er in den Ruf eines Poltrons kam? Verstehen alle Leser der ›Bilder‹ dieses französische Wort? Ja Freytag wird flach wie ein schlechter Zeitungschreiber, wenn er nicht prägt, sondern formelt; er spricht von dem, was nach 1806 in Preußen lebendig blieb: Beamte und Offiziere, vor allem das Volk selbst, und dies nennt er *ein tüchtiges Material*!

Von Cäsar schreibt Mommsen: *Er hatte sich einweihen lassen in alle Rasier-, Frisier- und Manschettenmysterien der damaligen Toilettenweisheit*, und *Sein Interesse forderte, denselben* (Pompejus) *auf andre Weise zu annullieren als durch den Henker*. Mit welchen Empfindungen wird ein sprachgesünderes Geschlecht dereinst ein Buch mit solchem Stile lesen!

Nicht besser, eher noch schlimmer, jedenfalls häufiger bei Herman Grimm über Homer: *Pandarus will Diomedes nun sicher treffen. Er sucht persönliche Satisfaktion*. Zum Glück ist Diomedes satisfaktionsfähig. Man stelle sich vor: Herman Grimm den Inhalt des Nibelungenliedes in dieser anmutreichen Sprache wiedergebend, etwa: ›Der blessierte Siegfried sucht persönliche Satisfaktion von Hagen‹? Grimm hat mit stilgerechter Feierlichkeit den Anfang der Ilias nacherzählt; dann heißt es: *Von den Individualitäten der Götter sollen wir jetzt erfahren*. Das abgedroschene küchenlateinische Wort platzt ›plebejisch‹ hinein in die Götterversammlung auf dem Olymp. Ebenso platt von Homer: *Mit welcher Feinheit akzentuiert der Dichter hier die Tatsachen*. Über Goethe wird in demselben flott sein sollenden Tone geredet. Grimm hebt hervor, daß es Goethes Eigentümlichkeit war, unablässig über sein Tun und seine Gedanken sich und andern Rechenschaft abzulegen, und knüpft daran die Bemerkung: *Goethe war das größte Reportergenie*. So etwas sagt man allenfalls mit der Zigarre im Munde beim zehnten Glase Wein und gewollter Loddrigkeit; so schreibt aber kein sich, seine Leser und seinen Gegenstand achtender Schriftsteller in einem ernsten Buch über Goethe.

Über Phidias heißt es bei Ernst Curtius: *Ein mit allem Zubehör von Athen (nach Olympia) mitgebrachtes Atelier*. Phidias hatte eine Werkstatt; in einem Atelier hätte Offenbach für seine Spottgottheiten schneidern lassen.

In seinem Buche über die Strategie des Perikles schreibt Hans Delbrück von einer *encouragierenden Rede des Kleon an die Athener*. Warum nicht von einem encouragierenden *Speech*? – Friedrich Delitzsch beschreibt in ›Babel und Bibel‹ ein altassyrisches Bildwerk: *Der König ruhend auf hoher Chaiselongue, die Königin ihm gegenüber sitzend auf hohem Stuhl*. Warum sitzt diese nicht stilgerecht auf einem Fotölch?

Erich Schmidt spricht von dem *nicht ganz originellen Zyklus der Müllerin* von Goethe. Er meint ›Original‹; aber bei der Wahl unter schwammigen Fremdwörtern ist das wohl – ›egal‹. Von Faust und Gretchen: *Die affektvollste Liebestragödie*. Gretchen affektvoll! Die Kerkerszene affektvoll! – Von einer Novelle der Ebner: *Jene Lotti zeigt aber schon einen sicheren Detailsinn*. Sollte es nicht lohnen, Frau Ebner auch auf ihren *En gros*-Sinn zu untersuchen? – Über Immermanns Hofschulzen schreibt er diesen schönen, ich meine wirklich schönen, Satz: *Durch diese Prachtgestalt seines Hofschulzen lebt Immermann im Deutschen Volk; auf dem herausgerissenen Teil eines einzigen unter so vielen Dichtwerken ruht unerschütterlich sein Volksruhm*. Leider schreibt er nicht ganz so, sondern der Satz schließt mit der fremdwörtelnden Platzpatrone: Popularität!, einem platten, ungefühlten, übelklingenden, fast übelriechenden Fremdwort statt eines sich jedem sprachgesunden Schreiber aufzwingenden Deutschen Machtwortes mit edlem Gefühlswert.

Über Goethes Tasso heißt es bei Eugen Wolff: *Wenn Goethe von diesem natürlich gegebenen Schlusse abweicht, so müssen wir vom ästhetischen Standpunkt darin ein bedauerliches Manko sehen*. Vielleicht ergibt sich diesem Germanisten zum Ausgleich bei der Iphigenie ein erfreuliches Saldo. – Über die heidnische Welt zur Zeit des ersten Christentums französelt der Kunstschreiber Richard Muther: *So lechzte man nach mystischen Wonnen, erhoffte im Au delà neue Freuden zu finden.* Fürs irdische Jammertal hält sich *Ici bas* bestens empfohlen.

Rudolf Gottschall spricht vom Deutschen Waldeszauber eines Eichendorffschen Liedes und knüpft daran seine Betrachtung über das Naturleben der alten Germanen, *das uralte Flanieren im duftigen Walde oder auf Bergeshöhen*. Wer malt uns den flanierenden Hermann den Cherusker, zusamt der allda promenierenden Thusnelda! – Der das Französische ganz wunderschön findende Fontane schreibt über die Londoner Nelson-Säule: *Der Sieger von Trafalgar schaut von seiner Colonne herab.* Man greift sich an den Kopf; es steht wirklich Colonne da.

Wie tief der Krebsschaden der stillosen Welscherei sich eingefressen, zeigt uns vielleicht am deutlichsten ein sonst wurzeldeutscher Schreiber wie Rosegger. Da heißt es einmal in seinen ernsten Bergpredigten: *Unsittlich ist es, Bestrebungen lächerlich zu machen, zu verfolgen, bloß weil sie heute nicht realisierbar sind.* Und in einer Predigt über die Verderblichkeit des feigen Zweifels spricht er immerfort von der Skepsis, er der ungelehrte ausgezeichnete Meister eigenwüchsiger Prosa. Aber Rosegger ist nicht der Mann, der seine unbewußte Fremdwörtelei tiftelnd verteidigt, der in ›realisierbar‹ und ›Skepsis‹ feinere Nüankßen zu empfinden vorgibt. In einer andern Predigt bekennt er freimütig: ›Ich nehme auch mich nicht aus, selbst diese Bergpredigt nicht, wenn ich sage, es gibt kaum einen Deutschen Aufsatz, in welchem nicht wenigstens ein paar ganz unnötige Fremdwörter die reine Sprache verunzieren.‹

ZWEITER ABSCHNITT
Schlichtheit

Denique sit quidvis Simplex dumtaxat et unum
(Alles sei einfach und einheitlich).
HORAZ

Ein redlich Wort macht Eindruck, schlicht gesagt.
ELISABETH IN SHAKESPEARES RICHARD 3.,
AKT 4, 4

Die Naivetät bleibt das Ehrenkleid des Genies,
wie Nacktheit das der Schönheit.
SCHOPENHAUER

Alles Edle und Große ist einfacher Art.
GOTTFRIED KELLER IN EINER
BETTAGSVERORDNUNG DES ZÜRICHER RATES

In unsern Tagen die **Schlichtheit** als einen der edelsten, stärksten Reize des Stiles zu rühmen, ist ein fast hoffnungsloses Beginnen. Berühmt, das heißt auffallend für heute, schon nicht mehr für morgen, wird man nicht durch Schlichtheit, sondern durch alle Spielarten des Gegenteils. Unter den von der Menge meistbewunderten Schreibern der Gegenwart ist kein einziger mit schlichtem Stil, kann keiner sein. Die, für heute, berühmtesten Künsteler – nicht Künstler – unsrer Prosa entsprechen dem Bilde Schopenhauers von den Stilgauklern seiner Zeit und ihrem verrückten Gebaren (vgl. S. 61).

Der schlichte Stil ist schwieriger als jeder andre, denn er ist reine Kunst, und die ist schwieriger als jede Künstelei. Von den modischen Schreibern wird er verschmäht, wie die sauren Trauben vom Fuchs. ›Schriftstellerische Vortrefflichkeit besteht darin: **Man brauche gewöhnliche Worte und sage ungewöhnliche Dinge**; aber sie [die Stilgaukler] machen es umgekehrt‹ (Schopenhauer).

Indessen die mit den gewöhnlichen Dingen in ungewöhnlichen Worten haben ihren Lohn dahin, sie verzehren ihren Tagesruhm auf dem Halm. Zunächst trifft der Bedeutungswandel der Wörter mit unheimlicher Schnelligkeit zuerst und zumeist alle übertriebene verstiegene Ausdrücke: heute noch glänzender Einfall, morgen schon entflittertes Modewort. Es geht genau wie mit den Getränken: die schärfsten vertragen wir am kürzesten; ein Trunk aus reinem Wasserquell schmeckt der durstigen Menschheit heute noch ebenso gut wie vor Jahrtausenden. Keine Erklärung des Klassischen ist möglich ohne das Beiwort: schlicht; keine Form der Kunst hat so sichre Aussicht auf Dauer wie die schlichte. Das ist sehr natürlich: der Mensch verträgt wohl gelegentlich und für kurze Zeit verblüffende, aufreizende Eindrücke; nach den Urgesetzen des Empfindens aber stumpfen sich diese Eindrücke schnell ab, um so schneller, je stärker und häufiger. Um von neuem zu wirken, bedürfen sie einer immerwährenden Steigerung, und wie bald ist der Gipfel des Möglichen oder noch Erträglichen erreicht! Der geschmackvolle Leser wendet sich widerwillig ab, und es bleibt nur die Berühmtheit des Ungeschmacks. ›Der einfache Ausdruck ist schon deshalb vorzuziehen, weil alle, auch die glänzendsten Redeflitter, veralten, und weil ein Buch, das damit aufgestutzt ist, deswegen, bei sonst bedeutendem Inhalt, in seiner Form später einen mumienhaften Eindruck machen muß‹ (Hebbel).

Nur der schlichte Schreiber erzeugt im Leser das unentbehrliche Gefühl der Sicherheit; der Stilgaukler läßt ihn stets ein nahes Unheil befürchten: der Seiltänzer wird, er muß einmal herunterstürzen. Ein Weilchen schaut man voll Neugier zu, das Aufsätzchen eines Stilgecken liest man wohl mit einem ähnlichen Vergnüglein wie an dem Gliedermann im Zirkus; aber ein ganzes Buch – brrr!

○ ○ ○

Schlichtheit als Form für Gehalt ist Schönheit; es gibt keinen schönern Stil als den keuschen, wie Schopenhauer ihn nennt. Wie rührt uns das tausend Jahre alte Wort Otfrieds, des Umdichters der Evangelien, womit er im Gegensatze zu den schmuckvolleren fremden Sprachen, besonders der lateinischen, von der Deutschen rühmt: *Si habet thoch thia rihti in scôneru slihti*. Alle schönste Dichtungen der Weltliteratur sind sehr schlicht; alle schönste Prosa sehr einfach, sehr einfältig. Es ist ein Jammer, daß die edle Bedeutung von ›einfältig‹ gesunken ist: die Schuld trägt das Fremdwort ›naiv‹, das die Meisten jetzt kaum noch entbehren können, dessen Herkunft fast allen Benutzern unbekannt ist.

Die Schlichtheit der erhabensten Stellen der Bibel braucht nicht durch weitere Beispiele belegt zu werden. Wie schal sind die Wirkungen der blendendsten Stilkünste unsrer modischen Geschichtschreiber mit ihrem noch so hochentwickelten historischen, historistischen, ja historizistischen Sinn gegen die der schlichten Darstellung des gewaltigen Ringens zweier Völker durch den Nichtberufschriftsteller Moltke! Wir wissen, daß er seinen Stil, außer an Schiller und Clausewitz, an Gibbon gebildet hat, den er als Leutnant übersetzte; gewiß aber hat auf ihn auch Tacitus gewirkt, soweit man überhaupt vom Stil eines Andern lernen kann, ohne den eignen zu verlieren. Gilt doch von jedem bedeutenden Schreiber Hebbels Wort: Was einer werden kann, das ist er schon.

Viele unsrer gepriesenen Stilgaukler von heute empören sich gegen die Schlichtheit, nennen sie Plattbürgerlichkeit, so z. B. Kerr, weil sie bei ihrem eignen Mangel an Dauergehalt den Nachdruck auf die für den Augenblick blendende Flimmerform legen. Die schlichte Form bei wertvollem Kern ist niemals platt, vielmehr gleichbedeutend mit hoher Kunst, je mehr sie sich deckt mit dem natürlichen Ausdruck.

Wie ergreifen uns **Lessings** Briefe an Eschenburg vom 3. und 10. Januar 1778 über den Tod seines Sohnes und seiner Frau:

> Meine Freude war nur kurz. Und ich verlor ihn so ungern diesen Sohn. – Ich wollte es auch einmal so gut haben wie andere Menschen. Aber es ist mir schlecht bekommen. – Meine Frau ist tot, und diese Erfahrung habe ich nun auch gemacht. Ich freue mich, daß mir viele dergleichen Erfahrungen nicht mehr übrig sein können zu machen, und ich bin ganz leicht.

Schlichtheit

Goethe am Begräbnistage Christianens an Zelter:

> Wenn ich dir, derber, geprüfter Erdensohn, vermelde, daß meine liebe kleine Frau uns in diesen Tagen verlassen, so weißt du, was es heißen will.

Schiller an seine Frau über den befürchteten Tod seiner Mutter:

> Von Meiningen erfahre ich eine Nachricht, die mich betrübt (!). Meine Mutter ist wahrscheinlich tot. Ich bin froh, daß sie ihres schmerzenvollen Lebens los ist, aber ich denke ihrer mit Rührung, und es schmerzt mich, daß sie nicht mehr ist. Ein Band, das mich an die Menschen knüpfte und das erste meines Lebens war, ist zerrissen. Sie liebte mich sehr und hat viel um mich gelitten.

○ ○ ○

In den Dingen selbst schlummert verborgenes Walten, und dessen Kraft kann mit den einfachsten Worten entbunden werden. Dies wußte Quintilian: *Vim rebus aliquando ipsa verborum humilitas affert* (Den Dingen verleiht manchmal die Schlichtheit des Wortes Kraft), und ein andrer Römer, Vergil, schrieb das tiefe Wort von den Tränen der Dinge (*Sunt lacrimae rerum*). Man lese die in ihrer Schlichtheit tiefergreifende Stelle bei Tacitus über das Teutoburger Schlachtfeld (auf S. 842). Auch Moltkes Schlußsatz in seinem Kriegswerk schlage man auf (S. 628), und hinzugefügt seien die kargen Worte über die ungeheure weltgeschichtliche Entscheidung, durch die er die Schlacht bei Sedan herbeiführte: *Noch Abends wurde nun der Rechtsabmarsch vom Könige genehmigt, und in der Nacht gingen die Befehle direkt an die betreffenden Armeekorps ab.* Von Moltke endlich noch diese vorausdeutende Stelle seiner Rede im Norddeutschen Reichstag vom 18. Oktober 1867 in bedrohlichen Zeitläuften: *Wir wollen nicht den Krieg. Wir wollen unsere Verhältnisse im Innern in Frieden ausbauen. Wir wollen unsere Deutschen Angelegenheiten in Deutschland regeln, und wenn man uns daran hindert, so wollen wir den Krieg.* Wie man sich in unserm Zeitalter schwülstiger und rasselnder Wortmacherei nach dem Tatenstil der heldischen Männer einer großen Zeit zurücksehnt!

Kants Wort von dem bestirnten Himmel über ihm und dem moralischen Gesetz in ihm (S. 674) sei in Erinnerung gebracht. Wie schlicht, aber wie überwältigend durch Überzeugungskraft wirkt in Fichtes Reden an die Deutsche Nation der Satz vom Siege der Germanen über die Römer: *Diese* (die Cherusker) *und alle Andern in der Weltgeschichte, die ihres Sinnes waren, haben gesiegt, weil das Ewige sie begeisterte, und so siegt immer und notwendig die Begeisterung über den, der nicht begeistert ist.*

Bei den großen Dichtern findet der Leser nicht mehr einzelne Beispiele, sondern alle ihre größten Werke sind Muster keuscher Schlichtheit. Darum hier nur noch zwei weniger bekannte Proben, die an sich Freude machen können. Das schon einmal angezogene, einzig lebendig gebliebene Gedicht eines längst Verschollenen, Franz von Schobers, ›An die Musik‹ (durch Schubert vertont), spricht in rührend einfachen Worten aus, was dem Dichter die Musik gewesen, und schließt mit dem in seiner Schlichtheit klassischen Verse: *Du holde Kunst, ich danke dir dafür!* Gesprochen oder gesungen, die Worte wirken jedesmal hinreißend. – Das andre Beispiel aus einem fast unbekannten Prosabruchstück (›Bei uns zu Lande auf dem Lande‹) unsrer großen Annette von Droste über die Heimat: *Der Boden, wo seine Lebenden wandeln und seine Toten ruhn.*

Zu den großen Schlichten gehört unter denen nach Goethe vor Allen Keller. Auf keinen seines Zeitalters paßt Schopenhauers Wort von den ungewöhnlichen Dingen in gewöhnlichen Worten so schlagend wie auf Keller. Nur eine Erweiterung des Schopenhauerschen Satzes ist Ricarda Huchs Schilderung des Kellerschen Stils: ›Er beherrscht die unerklärliche Kunst, die unendlich oft gebrauchten und abgetragenen Worte neu erscheinen zu lassen. Nie ist ein Wort oder eine Wendung gesucht, und doch erscheinen alle, als wären sie noch nie dagewesen, frisch von Meisterhand geprägt.‹

Sollte diese hohe Kunst nicht erlernbar sein? Einfachheit, Schlichtheit scheinen verwandt, wohl gar gleich mit Kunstlosigkeit; was also wäre dabei groß zu erlernen? Diese vermeintliche Kunstlosigkeit ist aber eine sehr schwere Kunst und kann nicht gelehrt werden. Sie zeigt sich auf dem Gipfel menschlichen Strebens, da wo Kunst und Natur für eines nur werden. Sie wird mit jedem geboren und muß doch von jedem neu ausgegraben werden unter einer Kruste verbildender Stilkünstelei. Gelehrt kann sie nicht werden, wohl aber kann man mit festem Willen auf zwei Umwegen zu ihr gelangen. Der eine führt durch die Dornen und Disteln der berühmt gewesenen oder der heute, das heißt für einige Jahre, berühmten Stilkünstler. Einen Monat nur vom Morgen zum Abend die Werke der Stilgaukler, der Zieraffen und der Schmuckschreiber gelesen, von Saphir über Kerr zu Harden, dazwischen etwa Jean Paul, Mundt, Pückler: und ein Ekel vor dem geistreichsten Bombast, ein Heißhunger nach der schlichten Menschenrede werden sich als Frucht solcher selbstauferlegten Stilfolter mit allen Wonnen der Genesung einstellen. – Der andre, genußreichere Umweg führt durch die allergrößten Werke der Weltliteratur, die sämtlich an Schlichtheit miteinander wetteifern. Wer seinen Geschmack an ihnen gebildet, ist gegen die Ansteckung der Stilkünstelei wie mit einer kräftigen Impfe gefeit. Und wessen Blick beim Lesen in die Tiefe dringt, dem wird bald die Erkenntnis aufgehen für die Meisterkunst, die hinter der Schlichtheit waltet. ›Zur Kunst gehört, die Kunst zu verstecken‹, heißt es bei Quintilian; die versteckte zu entdecken, ist ein Hochgewinn, der reichlich lohnt.

○ ○ ○

Durch dieses ganze Buch geht die Mahnung zur Rücksicht auf den Leser. Alles Schreiben ist ein zweiseitiges Geschäft: jede Schrift will gelesen werden. Jeder schreibt für irgend jemand, muß also zu diesem Zweck immerfort den Leser vor Augen haben, sich in dessen Verständnis, dessen Empfindungswelt hineindenken. Wem die Kraft der Phantasie fehlt, oder wer überhaupt nicht an den Zweck seines Schreibens denkt, der wird schwerlich etwas Verständliches und Wirksames zustande bringen. Je enger der Kreis der Leser, je geistesverwandter dem Schreiber, desto leichter das Schreiben, desto sicherer die Wirkung. Der gelehrte Schreiber, der etwa in einer Zeitschrift für einige hundert Berufsgenossen über einen Fachgegenstand schreibt, wird mühelos den Ton treffen.

Ganz anders der Schreiber, der sich an eine große, fast unbegrenzte Lesermenge auf den verschiedensten Bildungsstufen wendet; dieser hat die Pflicht eines **volkstümlichen Stils**, sonst verfehlt er den obersten Zweck alles Schreibens: verstanden zu werden. Der volkstümliche Stil ist der schwerste von allen, um so schwerer, je ferner der Schreiber den Klassen steht, für die er schreibt.

Je breiter in einem Volke die Kluft zwischen Schrift- und Redesprache, desto seltner und schwieriger die Kunst des volkstümlichen Stils. In Frankreich, wo jene Kluft am schmälsten, verstehen einander die Schreiber und Leser fast durchweg, und mit der wachsenden Schulbildung werden dort die Schätze der heimischen Kunst zu höchster Wirkung kommen können. In Deutschland mit seinem großen Unterschiede zwischen gekünstelter Schriftsprache und lebendiger Volksprache bleiben sehr weiten Leserkreisen viele ausgezeichnete Bücher ewig fremd wegen der Unnahbarkeit ihrer hochgeschraubten, ja verschrobenen Schreibsprache. Nur wenige Deutsche Gelehrte besitzen die feine Kunst, ihr reiches Wissen in einer jedem Mittelgebildeten und nach Bildung Strebenden verständlichen Form auszusprechen. Ja in Deutschland wird diese für die Bildung eines Volkes überaus wichtige Gabe von manchen Gelehrten, denen die Natur sie versagt hat, geringgeschätzt. Und doch lehrt uns die Geschichte, daß die Träger der größten Namen auch in der Wissenschaft volkstümlich zu schreiben verstanden: Jakob Grimm, Helmholtz, Schopenhauer sind jedem Deutschen mit guter Volksschulbildung zugänglich.

Erst die Gabe der Volkstümlichkeit ist der Prüfstein für die unbedingte Herrschaft über den Stoff. Natürlich wird hierbei nicht gedacht an die schwierigsten Aufgaben der Chemie, der höheren Mathematik usw., die ja auf einem den Meisten unbekannten Unterbau ruhen. Im übrigen aber ist das dünkelhafte Geringschätzen des volkstümlichen Stils in der Wissenschaft, soweit sie sich nicht auf einen allerengsten Fachkreis beschränkt, nur das Zeichen eines gewissen Mangels in der Sache selbst. In seiner Verteidigungsrede ›Die Wissenschaft und die Arbeiter‹ wirft Lassalle, der Verfasser der streng wissenschaftlichen Bücher über Heraklit und das System der erworbenen Rechte, die Frage auf:

ob nicht unter einer zum Zwecke der größern Faßlichkeit ganz leichten und populären Form das tiefste Sinnen der Wissenschaft herausgerungen sei? Ob nicht gerade dadurch eine um so vollere Leistung des wissenschaftlichen Gedankens vorliege, als es diesem gelungen ist jede Spur des Ringens mit sich selbst, jede Schwierigkeit, jede Sprödigkeit des Stoffes abzutilgen und sich zur klarsten Durchsichtigkeit zu bringen, zu einem wissenschaftlichen Kunstwerk, welches, wie Schiller sagt, ausgestoßen hat jeden Zeugen menschlicher Bedürftigkeit und sich frei und leicht, gleichsam spielend und von selbst, als das eigene Denken des Hörers zu entfalten scheint?

Einige rückständige Gelehrte, die diese freie Höhe der Wissenschaft noch nicht erreicht haben, suchen ihre Unfähigkeit hinter einer hochfahrenden Verachtung Derer zu verbergen, die gemeinverständlich, wohl gar künstlerisch schreiben. Einer der ersten Fachmänner des Volksbildungswesens, J. Tews, klagt über den Schaden der dünkelhaften Gelehrttuerei: ›Der Fremdwörterkram verriegelt Millionen von helläugigen, geistig frischen, volkstümlich geschulten Volksgenossen Tausende von Türen. Und wir andern? Wir sonnen uns in dem Gefühl der Überlegenheit. Ja, man darf es ruhig aussprechen: mancher Hohlkopf mit einer recht mäßigen fremdsprachlichen Bildung benutzt die fremden Marken und Flickwörter, um sich sehr billig bei ihm sonst überlegenen Leuten in ein besseres Licht zu setzen.‹ Wann wird dieser Bann von der Deutschen Seele gelöst werden?

○ ○ ○

Der volkstümliche Stil verlangt die allerbesten Eigenschaften des Stiles überhaupt; jedem Schriftsteller und Sprecher ohne Unterschied des Standes würde die Übung im Schreiben und Reden fürs Volk zum Segen für alle seine andern Schriften gereichen. Mit dem absichtlich dunkeln, dem tiefsinnig tuenden Stil, dem gezierten, dem fremdwörtelnden, dem schachtelnden, dem schwülstigen, dem wortmachenden, ist ein volkstümlicher Schreiber unmöglich. Dessen Satzbau muß durchsichtig knapp und klar, die Wortstellung auf den ersten Blick verständlich, der Ausdruck scharf und möglichst sinnfällig, die Gliederung bequem sein, die Spannung darf nicht nachlassen. Von wie wenigen Schriften unsrer Deutschen Wissenschaft kann man alles dies rühmen: welch ein beweinenswerter Verlust für unsre Volksbildung!

Da schreibt Häckel ein Buch für jedermann: ›Welträtsel‹ mit dem Untertitel ›Gemeinverständliche Studien über monistische Philosophie‹, und das Werk strotzt von den wildesten Fremdwörtern, darunter Hunderten, zu deren Verständnis die meisten Leser ein Fremdwörterbuch brauchen. Da begegnen uns Sätze wie: *Die anthropologische Weltanschauung wird schon durch deren kosmologische Perspektive widerlegt*, oder: *Diese zweite Stufe erscheint als Reproduktion der Histonalvorstellungen, jener Associon* (!) *von Cellularvorstellungen, die schon mit der Bildung von Cönobien bei den sozialen Protisten beginnt*, oder: *Der amerikanische Indianer, dessen Athanismus* (?) *Schiller in seiner nadowessischen Totenklage so anschaulich schildert*, den aber Häckel durch ein in keinem Fremdwörterbuch stehendes Wort unverständlich macht. – In dem sachlich wertvollen Werke ›Das Deutsche Volkstum‹, herausgegeben von Hans Meyer, wimmelt es von überflüssigen und unverständlichen Fremdbrocken; da wird z. B. ›die physiologische Evolutionstheorie der Lehre von der Epigenesis‹ gegenübergestellt, als ob sich's um eine der Deutschen Sprache unzugängliche eleusische Geheimlehre handelte und nicht um eine Plattheit.

In der ›Sammlung gemeinverständlicher Vorträge‹ von Virchow und Holtzendorff erschien der Aufsatz eines Dr. Töpfer: ›*Das mechanische Wärmeäquivalent, seine Resultate und Konsequenzen*‹. Verständlich? Eher schon, für ein feines Sprachgefühl, gemein.

Einer der ›populären‹ Vorträge Pettenkofers, ›Über das Verhalten der Luft zum Wohnhause des Menschen‹, beginnt: *Wir werden uns diesen Abend mit einigen hygienischen Funktionen des Hauses beschäftigen.* Welcher Mittelgebildete denkt sich etwas Klares bei den hygienischen Funktionen eines Hauses? Weiterhin wird geredet von der *Permeabilität der Mauern und Kleider*, um den Schein einer großartigen Geheimwissenschaft zu erzeugen, und doch ist Permeabilität nicht um einen Deut anders oder mehr als Durchlässigkeit. In demselben Aufsatz heißt es: *Die Fähigkeit der Luft Wasser aufzunehmen, ist bedingt durch die Tension des Wassers, bei verschiedenen Temperaturen zu verdampfen.* Als ich so weit gelesen, warf ich das Buch weg; ich rate dem Leser, es mir nachzutun, aber nicht bloß mit dem Pettenkoferschen Buche.

Ein Mitglied der Berliner Gesellschaft für Erdkunde schreibt einen Zeitungsaufsatz über die Eiszeit, nennt ihn ›Eine populär-wissenschaftliche Skizze‹, wählt aber als Überschrift: ›Das Glacialproblem‹. – Für eine ›Sammlung wissenschaftlich gemeinverständlicher Darstellungen‹ schreibt ein Professor Wilhelm Uhl ein Buch ›Entstehung und Entwicklung unsrer Muttersprache‹, worin es über die bekannte Kindersprache: ›du-bo-bi-bost‹ usw. großspurig heißt: *In der Erfindung neuer Formationen betätigt sich auf dem Gebiete dieser ϑέσει-Sprache mannigfach die unendliche Kinderphantasie. Das beliebteste Prinzip beruht auf der Einschiebung verabredeter Laute zwischen den einzelnen Silben der φύσει-Sprache.* Wie gemeinverständlich! Hoffentlich haben die vernünftigen Leser das Buch an solcher Stelle für immer zugeklappt!

Ein Kreisarzt zur Frau eines kranken Bauern: ›Der Heilungsprozeß geht normal vor sich.‹ Die Frau fürchtete, sie würde durch die Krankheit in einen Prozeß verwickelt werden. – Ein geschwollener großberliner Kinderarzt zur mittelgebildeten Mutter eines kleinen Mädchens: ›Wie steht es denn mit ihrer Psyche?‹ – ›Ganz gut, morgens und abends reichlich, aber etwas dünn.‹

○ ○ ○

Muster von unvolkstümlicher Sprache weist die Arbeiterpresse auf. Die meisten der Zeitungschreiber, die sich ausschließlich an einfache Arbeiter wenden und keine ›akademische Bildung‹ genossen haben, spicken ihre Rede stolz mit Fremdwörtern, ja mit Brocken aus fremden Sprachen: *Die Nationalzeitung, die publizistische femme soutenue der Großbanken, beschäftigt sich mit dem Elend der Arbeitslosigkeit.* Was soll sich der lesende Arbeiter dabei denken? Oder über eine Rede des Grafen Bülow: *Sonst hatte sich ja der Conférencier des Zolltarifes keinen Gemeinplatz entgehen lassen. Die Rechte posierte während der Rede wiederholt steinerne Kälte.* Könnte man doch den lesenden gutgläubigen Arbeitern begreiflich machen, daß der Mensch, der solch Zeug für eine Arbeiterzeitung schreibt, ein nichtsnutziger eitler Schwindelhuber sein muß! – Aus einem Aufruf an Dresdner Bäckergesellen, offenbar von einem ›Akademiker‹ mit geknickter Tertianerbildung: *Die wirtschaftliche Entwicklung, die kein Zurück kennt, sie allein ist der Brennpunkt, wenn ein kleiner Meister nach dem andern krachen geht.* – Aus einer Zeitung für Ofensetzer: *Diese Zahlen allein genügen nicht, um das harte Schicksal der Leute, die plötzlich ihre Entlassung erhalten haben, individuell zu beleuchten.* Was hieran auszusetzen ist? Daß die meisten Töpfer nicht wissen, was ›individuell beleuchten‹ bedeutet; es ist die unverfälschte Assessorensprache. Die strebsamen Arbeiter sollten den verbildeten Schreibern ihrer Zeitungen und Flugschriften erklären: Wahre Bildung fordert die Kunst, zu einfachen Menschen in einfacher, verständlicher Rede zu sprechen; wer das nicht vermag, der ist nicht würdig, unser Führer zu sein, denn ein Führer muß die geläuterte Sprache Derer reden und schreiben, die ihm folgen sollen. Fremdwörtelt doch Lassalle in einem Vortrag für Arbeiter: *Es gibt keinen andern Weg hierzu, als einige Jahre seines Lebens der traurigen und ariden Wissenschaft der Zahlen zu weihen.* In demselben Vortrag redet er von der *Ubiquität* und gebraucht das Wort *peroriert*.

Gab es viele gelehrtere Menschen als D. Fr. Strauß? Und doch sind alle seine Werke im höheren Sinne volkstümlich, selbst die über Hutten und Voltaire. – Muster der Volkstümlichkeit sind die Werke seines Landsmannes Vischer. In dessen Vorlesungen, z. B. denen über das ›Schöne und die Kunst‹, einem der wertvollsten Bücher zur Deutschen Kunstwissenschaft, wird der Beweis geliefert, daß man, das heißt daß ein großer Schriftsteller, über die tiefsten Fragen der Geistesbildung für jeden Leser mit bescheidener Schulbildung verständlich schreiben kann.

Darwins grundlegende Werke sind jedem Engländer mit Durchschnittsbildung ohne weiteres verständlich, ebenso die von Huxley, Spencer, Mill. Damit vergleiche man Lotze, Wundt, Paulsen, um einige unsrer leidlich klaren wissenschaftlichen Schreiber zu nennen. Von Schreibern wie Lamprecht, Simmel, Spengler, Gundolf und Genossen kann man in diesem Zusammenhang nur mit Grausen sprechen.

Der unerreichte, geschweige übertroffene Klassiker der Volkstümlichkeit ist Johann Peter Hebel. Und der Mann war Leiter eines

Gymnasiums! Wo gibt es heute einen seinesgleichen? Gemeinverständlicheres als seine Betrachtungen über das Weltgebäude ist nie wieder über den Gegenstand geschrieben worden. Und wie köstlich würzt er seinen durchsichtigen Volkstil mit dem feinen Salze schalkhafter Laune!

DRITTER ABSCHNITT
Übertreibung

Jeder Superlativ reizt zum Widerspruch.
BISMARCK

Bei genauer Prüfung ist selbst dieses verallgemeinernde Wort Bismarcks ein Superlativ (Höchststeigerung) und reizt zum Widerspruch: es gibt Superlative, gegen die sich kein Widerspruch regt oder doch nur von berufsmäßigen Rechthabern; sonst aber verdient Bismarcks Wort ernsteste – Verzeihung: ernste Beachtung. Der Superlativstil, oder Schlagadodrostil, oder **Schreistil** ist das Vorrecht der Jugend, der Unreife; jeder gute Schreiber tönt mit den Jahren seinen Stil auf ein edles Ebenmaß, die Superlative werden bei ihm seltner. Von Bismarck berichtet einer seiner Mitarbeiter: ›Je älter er wurde, um so größeren Wert legte er auf den Stil. Die Superlative strich er unbarmherzig; das Vorbild für seinen Stil war Luthers Bibel.‹ Sie war es auch für Goethes Sprache. Freilich in dieser Hinsicht nicht für den sehr jungen Goethe und die stürmenden Dränger um ihn. Im Götz steht: *Mir war, als hätt' ich die Sonn' in meiner Hand und könnte Ball mit spielen*, und im Clavigo hatte es ursprünglich geheißen: *O hätt' ich ihn drüben überm Meer! Fangen wollt ich ihn lebendig und an einen Pfahl gebunden stückweise seine Glieder ablösen, vor seinem Angesicht braten und mir's schmecken lassen, und euch auftischen, Weiber!* – Der sich noch toller gebärdende Klinger schrieb in einem Brief: *Ich möchte jeden Augenblick das Menschengeschlecht und alles, was wimmelt und lebt, dem Chaos zu fressen geben und mich nachstürzen.*

Die Gefahr jeder Übertreibung liegt auf der Hand: sie ist ein Abbiegen von der einfachen Wahrheit und wird als das vom Leser bald erkannt. Er verzeiht ein gelegentliches Steigern des Ausdrucks über das durchaus Notwendige hinaus, weil er ja selbst in diesem Tone groß geworden; das immer wiederkehrende Emporschrauben um eine Tonleiter oder mehr klingt ihm sachwidrig und ermüdet ihn.

Der seelische Ursprung des Schreistils ist leicht erkennbar: dem Schreiber fehlt entweder die Kraft der Überzeugung oder die des wirksam schlichten Ausdrucks, und diesen Mangel sucht er durch die Höhe des Tones zu ersetzen. Ein ebenso schlechter Ersatz wie in der Tonkunst der brausende Lärm anstatt der gesanglichen Erfindung. Der Schreistil ist unvornehm, unwahrhaftig, unwirksam, ist schlechter Stil, und jeder, wir alle, sollten uns bemühen, den Ton der Rede und Schrift wieder auf den guten Kammerton edler Einfachheit zu stimmen.

Jeder mit dem Reichstagsleben Vertraute weiß, daß kein Mensch auf schreiende Redner hört, sondern daß gerade deren Reden ihren Widerhall in hundertfachen Zwiegesprächen der Abgeordneten finden. Die Zuhörer fühlen, der Redner selbst traue mehr auf die Macht seiner Lunge als seiner Gründe, und lassen ihn sich ausschreien. – Im Schmerzensjahr 1919 wurde ein widerlicher Mißbrauch getrieben mit dem hohlen Geschrei vom ›flammenden Protest‹; die Feinde Deutschlands lachten darüber verachtungsvoll.

Mit der Schrift nicht anders als mit der Rede. Der übertreibende Schreiber rechnet so: ich steigere meinen Ton auf das Doppelte des Nötigen, also werde ich wenigstens das Nötige bewirken. Er verrechnet sich: der Leser zieht noch mehr als die Hälfte ab, wenn er überhaupt bis zu Ende aushält. Man mache an Zeitungen oder Büchern den Versuch: von 10 Höchstgraden können ohne Verlust, nein zum Gewinn für Wirkung und Schönheit des Stils 9 durch die Grundform ersetzt werden. In einer Zeit so allgemeinen Geschreies wie der heutigen wirkt der leise Stil schon durch seine Seltenheit stärker als das Getöse; an dieses hat sich der Leser von jeher gewöhnt und ist dagegen verhärtet. Zu oft hat er in den Berichten über neue Dramen gelesen: ›stürmischer, hinreißender, überwältigender Erfolg; eine neue, unerhörte dramatische Offenbarung; die tiefgründigste Seelenanalyse; die zarteste, stupendeste, genialste Charakterzeichnung‹, – und hat es erlebt, daß nach drei Wochen kein Mensch mehr nach diesem Genius und seiner unerhörten Offenbarung frug. Oder in gewissen Zeitschriften für Ruhmesversicherung auf Gegenseitigkeit über ein Bändchen gereimter Stümpereien: ›Einfach ein Meisterwerk, ein unzerstörbares Buch‹, und hat nie wieder von diesem Meisterwerk etwas gehört. *Man ist von einer Fuge empor getragen und hat Visionen erlebt, Abgründe gesehen, Unendlichkeit im Chaotischen geahnt.* Worüber mag das geschrieben worden sein? Über die Offenbarung Johannis? Über Dantes Göttliche Komödie? Über Goethes Faust? Nein, so schreibt Bierbaum über Dehmels ›Zwei Menschen‹. – Es ist längst dahin gekommen, daß ein Zeitungsbericht, der von der ›außerordentlich warmen Aufnahme‹ eines neuen Stückes spricht, vom Leser richtig gedeutet wird: Das Stück ist hoffnungslos durchgefallen.

○ ○ ○

Neu ist der Schreistil nicht, denn die Urtriebe des Menschen, auch des schreibenden, bleiben sich gleich. Seit uralten, oder sagen wir leiser: seit alten Zeiten wird übertreibend geschrien. Schon Quintilian rügte die *Hyperbole* als *in usu vulgi et inter ineruditos et apud rusticos* (Übertreibung im Gebrauch des Pöbels, der Ungebildeten und der Bauern). Und im 17. Jahrhundert schalt der Verfasser einer der ersten Deutschen Sprachlehren, Schottel, über ›schrecklich fromm, grausam froh‹, im 18ten Lichtenberg über den Mißbrauch von ›unendlich‹. Wieland schrieb einsichtsvoll: ›Das überlegte und ehrliche ›Gut‹ eines Deutschen Biedermannes sagt oft mehr als das ›Göttlich‹ eines brausenden Französchens.‹ Daß aber in unsern Tagen der Schreistil beinah zur Regel, der vornehme Sprechstil zur Ausnahme geworden, kann kein aufmerksamer Beobachter unsers Schrift- und Redewesens bestreiten. ›Sehr‹, einst ein übertreibendes Beiwort, denn es bedeutete ›wund‹, wird schon selten; an seine Stelle sind getreten: außerordentlich, unglaublich, unendlich, exorbitant und – kolossal. Wenn in München der Preis eines Liters Hofbräu plötzlich von 23 auf 24 Pfennig steigt, so wird in Zeitungen und Versammlungen vor dem vollen Maßkruge rasaunt von einer *exorbitanten, katastrophalen Verteuerung der allervitalsten Lebensbedingungen*. Alles ist heute ›hoch‹: hochgradige Entrüstung, hochmodern, hochkomisch, hochinteressant. Nichts ist bloß tief, alles tiefst: im tiefsten Innern, die tiefste Kenntnis der menschlichen Natur, die tiefste Einsicht. Aber was lesen wir einmal bei Goethe? ›Im tiefsten Sinne hochtragisch‹!

Man darf nicht mehr schreiben: es ist bedauerlich, – kein Mensch würde bedauernd hinhören; sondern: es ist tief bedauerlich, es ist höchst bedauerlich, außerordentlich bedauerlich, im höchsten Grade bedauerlich, unendlich bedauerlich. *Es ist ganz außerordentlich bedauerlich*, – hu, um welches Trauerspiel des Lebens mag es sich handeln? –, *daß Zentrumsblätter ohne genügende Kenntnis der Sachlage falschen Vorstellungen über die Ausführungen des Herrn Erzberger Raum gewährt haben* (Zeitung ›Germania‹).

○ ○ ○

Der Kunstschreiberstil ist fast durchweg Schreistil. *Und wieder öffnen sich unendliche Möglichkeiten* (Poppenberg). Es ist die Rede von geätztem Leder. – *Ein Großer im Reiche des Geistes ist hingegangen.* Um Gottes willen, wäre ein neuer Goethe, Schopenhauer, Darwin gestorben? Nein, Albert Langen, ein Münchener Verleger, ist tot, und ein Berliner Schreiblatt hält ihm die Leichenrede.

Sehr beliebt ist ›unendlich‹; wir verdanken das Bombastwort in seiner nichtigen Bedeutung wohl dem Französischen: *Je vous remercie infiniment* als Dank für Feuer zur Zigarette. *Roosevelt ist unendlich feiner und vornehmer als seine Durchschnittslandsleute* (National-Zeitung). – Gern gehört wird auch *monumental*, obwohl gerade dieses Zierwort angesichts unsrer vieler unkünstlerischer *Monumente* ängstlich vermieden werden sollte. Lublinski nennt Kellers Grünen Heinrich *einen monumentalen Roman*; ich bekenne, daß ich mir dabei nichts vorstellen kann. Was fängt solch Schreiber an, wenn, was doch immerhin möglich, demnächst ein noch monumentalerer Roman gekennzeichnet zu werden verlangt? Etwa einer von Hauptmann oder Mann? Bölsche spricht über ein von Fontane zu schreibendes Gedichtchen auf eine Landschaft: *so daß in dem Kunstwerk dieser Wald und dieses Fließ und dieser Kartoffelacker dir wie ein unendlich feines, seelenvolles Kunstwerk vor die Augen treten.* Sollte ›feines‹ nicht genügen?

Ein ungeheuer bedeutsames Verdienst hat sich die experimentelle Psychologie schon heute erworben. Man ist ergriffen: hat die experimentelle Psychologie es endlich erreicht, jede verbrecherische Anlage rechnerisch und chemisch sicher nachzuweisen? Noch nicht ganz, *aber sie hat die juristischen Kreise auf die Wichtigkeit psychologischer Kenntnisse hingewiesen.* Wir sind schon bedeutend schwächer ergriffen.

Übertrieben, allerdings nur sprachlich, klingt der sachlich wohlbegründete Ausspruch Dahns, Wilhelm Scherer habe *nicht die Spur eines Schattens von Verständnis für Dichtung.* Wirksamer ist das leisere Wort Grillparzers über Scherers Vorgänger Gervinus: *Er versteht von seinem Gegenstande, der Poesie, nicht das Geringste.*

Wie schade, daß M. G. Conrad uns nicht die unvergleichlichen Klassiker nennt, die er in diesem Satze beschreibt: *Es gibt auch unter den Deutschen Geschichtschreibern, die eine unendliche Kraft und Feinheit der Empfindung ... mit vollendeter künstlerischer Noblesse* [!] *des Ausdrucks zu verschmelzen verstehen.* Doch selbst ein so maßvoller Schriftsteller wie Hettner spricht einmal von Goethes ›Natürlicher Tochter‹, die er doch weiterhin verwirft: *In der unsagbaren Macht und Musik ihrer Sprache reiht sich diese Tragödie an das Allervollendetste, was Goethe jemals geschaffen.* Besäße Goethes Sprache wirklich eine unsagbare Macht und Musik, so müßte sie uns vergessen machen *die Marionettenhaftigkeit der Charaktere und die Unmotiviertheit der Handlung.*

Durchweg Schreistilschreiber war Friedrich Wilhelm 4. Man lese z.B. in seinen Briefen an Bunsen die Stellen, wo er seines Gesandten ›herrliche und admirable Vorschläge‹ preist, aber sogleich vergißt, und beachte das doppelte, drei- und mehrfache Unterstreichen, die gehäuften Ausrufzeichen auf jeder Seite. – Zu den Unterstreichern gehörte auch Nietzsche, in den Schriften seiner späteren Jahre mehr als seiner früheren. Beide haben im Wahnsinn geendet.

Aber wir müssen gar milde sein und nie vergessen, daß wir

Schreiber von heute fast allzumal in diesem Punkte Sünder sind, daß die Ausnahmen, z.B. Moltke, sich an den Fingern einer Hand herzählen lassen. Strengen Richtern wird es nicht schwerfallen, mir mehr als einen überflüssigen Höchstgrad aufzumutzen, den ich trotz allen Streichungen habe stehen lassen: man verfällt zu leicht in den Fehler, seine guten Gründe durch Tonsteigerung noch besser klingen zu machen; hier aber ist das scheinbar Bessere der Feind des Guten.

Welche Lächerlichkeiten durch gewisse Übertreibungen erzeugt werden können, lehren Alltagsbeispiele wie: *Ein riesig kleiner Fuß* oder: *Tolstois Wirkung auf uns ist ungeheuer gering* (dies aus einer Leipziger Zeitung).

○ ○ ○

Anders zu beurteilen sind die harmlosen Übertreibungen, die aus der Bildlichkeit unsrer Sprache fließen. Nicht bloß die Deutschen Backfische sagen: Er ist furchtbar nett, ich habe mich schrecklich gefreut; die jungen Französinnen werfen ebenso mit *horriblement* und *terriblement*, die kleinen englischen Fräulein mit *dreadfully* und *awfully* um sich. Man denke an das *awfully* in dem reizenden amerikanischen Kinderbuch ›Helen's babies‹, dessen lustige Übersetzung ›*fubbedoll*‹ (furchtbar toll) sich schnell eingebürgert hat. Sich auszuhalten über ›furchtbar nett, höllisch oder riesig einfach, kolossal billig‹, vollends über bewußt scherzhafte Übertreibungen wie ›pyramidal, gletscherhaft, feudal‹, wäre – furchtbar überflüssig. Und nicht das ›Allermindeste‹ ist zu sagen gegen Wendungen wie: sich sterblich verlieben, sich unsterblich lächerlich machen, vor Sehnsucht vergehen, vor Langerweile auswachsen, vor Zorn aus der Haut fahren, sich die Beine ablaufen oder in den Leib stehen, wie gerädert sein, das Gras wachsen und die Flöhe husten hören, wie ein Bär schnarchen, wie ein Loch saufen. Die Deutsche Sprache mit ihrem überquellenden Bilderreichtum will sich an solchen Übertreibungen austoben, und es wäre eine Verarmung, dürften wir nicht mehr sagen und schreiben: todmüde, bildschön, knallrot, stinkfaul, patschenaß, freßlieb, mutterseelenallein, funkelnagelneu, hagelnagelneu (bei Gotthelf), bombensicher, todsicher, himmelangst, kreuzfidel, mausetot, hundsgemein, steinreich, fuchsteufelswild, saugrob. Überhaupt die Steigerungen ›im Zeichen der Sau‹! Vischer führt als sehr beliebte schwäbische Redewendung an: ›Des isch e saumäßig netts Mädle‹ und verteidigt sie. Warum auch nicht, wenn's Mädle wirklich saumäßig nett ist?

Wollen sich französische Witzblätter über einen Deutschen lustig machen, so lassen sie ihn jedem Beiwort hinzufügen: ›gollossal‹. Mir kommt vor, dieser Mißbrauch nehme in letzter Zeit unter den Gebildeten ab; allerdings habe ich mit eignen Ohren in einer Rede gehört: *Meine Herren, unser Etat wirft für die Stadtbibliothek wirklich kolossal wenig aus* (Zuruf: Sehr richtig!). – Dem *kolossal* macht seit einem Jahrzehnt *katastrophal* den Rang streitig: Die *katastrophale* Mißernte der Gurken, die *katastrophale* Steigerung der Streichhölzer. Das gräßliche Wort ist nur welsch, kommt im Französischen und Englischen nicht vor.

War Kellner nicht eine anständige, angemessene Bezeichnung? Die allgemeine Protzerei des Emporkömmlingswesens in Deutschland hat den Kellner so gut wie ganz unterdrückt und aus jedem ›Stift‹ einen ›Ober‹ gemacht. Eine widerwärtige Spracherscheinung. Wie heißt in dieser Protzensprache der Oberkellner, dieser Übermensch? Nun gar in den Grandhotels? Würde ›Überober‹ ausreichen? Die Franzosen, Engländer, Italiener sind bei *Garçon, Waiter, Cameriere* geblieben. Eine sittengeschichtlich lehrreiche Kleinigkeit, etwa wie das seelenlose Geschnarre rrah! rrah! rrah! statt Hoch! im vorletzten Zeitalter.

Daß die Dichtung den Mund übertreibend voll nehme, darf ihr nicht verwehrt werden. Schillers ›Da gießet unendlicher Regen herab‹, Goethes ›Himmelhoch jauchzend, zum Tode betrübt‹ sind jedem Tadel entrückt. Und wer will Liliencrons Schilderung eines furchtbaren Reiterhiebes bemängeln: ›Er haut mit einem Hieb, als holt' er aus den Sternen aus zur Erde‹ –?

Ob es überhaupt noch möglich ist, den Schreistil mit Erfolg zu bekämpfen? Das Gelärme des Marktes wird immer mannigfacher, immer lauter, und es gehört ein – ich dürfte schon sagen: außerordentlich seltner Entschluß dazu, inmitten des Getöses leise zu sprechen. Auerbach läßt in seinem Roman ›Aus der Höhe‹ die Heldin an eine Freundin über einen vornehmen Ausnahmemenschen schreiben:

> Er ist immer ebenmäßig, nie extrem, und was das Schönste ist, er gebraucht nie einen Superlativ. Ich sagte ihm das einmal; er stimmte mir bei und fügte hinzu: Ich möchte der Welt für die nächsten 50 Jahre jeden Superlativ verbieten; das würde die Menschen zwingen, einfacher und bestimmter zu denken und zu empfinden.

Und die Schreiberin fügt hinzu: ›Wir wollen einen Antisuperlativverein gründen.‹

Nicht nur einfacher und bestimmter denkt und schreibt man ohne Superlative; man wird auch durch den Verzicht auf das allzubequeme Mittel bloßen Einschiebens eines st gezwungen, die ja nicht grundsätzlich zu verwerfende Steigerung des Tones durch andre, edlere Sprachmittel zu bewirken, besonders durch die Wahl eines an sich inhaltsreicheren Ausdrucks. Fast möchte man bedauern, daß uns der echte Höchstgrad verblieben ist; müßten wir ihn gleich den Franzosen durch besondere Einschubwörter bezeichnen, so würden wir ihn gewiß seltner anwenden. Neben uns, ja noch über uns steht die Superlativsprache der Italiener, die es mit ihrem *issimo* ebenso gefährlich bequem haben wie wir: ein *Direttissimo* fährt so schnell wie ein maßvoller Deutscher Personenzug.

Mit festem Willen ist der Schreistil leicht abzugewöhnen. Liest man fleißig unsre Klassiker der edlen Einfachheit und überzeugt man sich von der Möglichkeit, ohne alle oder doch ohne viele Höchstgrade kraftvoll zu schreiben, so wird man sich ein wenig besinnen, ehe man die Feder zum st ansetzt. Außer Moltke, wohl dem größten, diesmal wirklich größten Feinde des Superlativstils, sei Lessing genannt, bei dem sich weniger Superlative finden als bei den andern fünf Klassikern des 18. Jahrhunderts. Hat er doch selbst einmal erklärt: ›Ich brauche nicht gern einen Superlativum ohne Ursache.‹

VIERTER ABSCHNITT
Humor, Witz, Ironie

Auch dem beschwerlichsten Stoff noch
abzugewinnen ein Lächeln
Durch vollendete Form, strebe der wahre Poet.
GEIBEL

Tau jeden richtigen Honnigkauken hürt en
lütt Beting Peper.
REUTER

Man spricht von Humor jetzt oft und viel
Und denkt dabei nur an ein leeres Spiel.
Mancher kursiert als ein Humorist,
Der nichts weiter als Spaßmacher ist,
Nichts ahnt von dem innern Widerspruch,
Von dem Zickzack, dem tiefen Bruch,
Der durch das Weltall dringt.

Hat aber einer die Geistesmacht,
Die scharf durchschaut und doch heiter lacht,
Versteht er über sich selbst zu schweben,
Sich selber dem Lachen preiszugeben,
Dem sei es gegönnt von ganzem Herzen,
Auch einmal einfach närrisch zu scherzen,
Ohne versteckte Gedankentiefen
Seine Freude zu haben am Naiven.
VISCHER

Humor

Das Beste hat aber doch Goethe über den, in Deutschland manchmal ein wenig überschätzten, **Humor** gesagt: ›Der Humor ist eins der Elemente des Genies, aber, sobald er vorwaltet, nur ein Surrogat desselben: er begleitet die abnehmende Kunst, zerstört, vernichtet sie zuletzt.‹ Und tiefer noch: ›Die Menschen soll keiner belachen, als einer, der sie wirklich liebt.‹

Humor wird nicht gelernt, sondern angeboren; man hat ihn oder hat ihn nicht; wehe aber dem Schreiber ohne allen Humor! Der Humor ist so alt wie die Dichtung der Menschheit. Er lächelt in der Bibel und in der altindischen Dichtung; Homer und die griechischen Dramendichter, nicht bloß Aristophanes, haben ihn besessen; er ist dem Nibelungenliede nicht ganz fremd, und selbst bei Dante gibt es vereinzelte Stellen eines, allerdings grimmigen, Humors. Nahezu alle unsre größten Schriftsteller und Männer der Tat waren humorvoll, viele daneben geistreich und witzig. Wir werden hier von Bismarck, ja selbst von Moltke, dem erzenen Manne, humorvolle Witze hören und die beiden darob nicht weniger verehren. Wenngleich wir mit unsrer fast übertriebenen Gerechtigkeit den Orden von der lachenden Träne den Engländern zusprechen, – eine Dichtung wie die Deutsche, mit solchen Großmeistern des Humors in allen seinen Abstufungen, vom herbsten bis zum sonnigsten, mit Luther, Murner, Fischart, Hebel, Fritz Reuter, Brinckman, Otto Ludwig, Keller, Raabe, Vischer, Heinrich Seidel, Timm Kröger, darf die reiche englische Humordichtung bewundern, braucht sie aber nicht zu beneiden. Wenn in dieser Reihe Jean Paul fehlt, so geschieht das, weil seine Humore doch mehr aus den vollen Zettelkästen als aus einer die Welt überwindenden Siegerstimmung flössen. Auch mangelte ihm das Tröpfchen Galle, ohne dessen Beimischung kein echter Humorschreiber denkbar ist, der ›Peper zu dem Honnigkauken‹. Ohne dieses Tröpfchen wird man zum Spaßmacher und Witzbold, und das ist nicht dasselbe.

Gewiß, die höchste Feierlichkeit schließt den Humor aus, aber nur sie; sonst gibt es keine Gattung des Schriftwesens, die einzig mit feierlichem Ernst oder gar mit spreiziger Vornehmheit behandelt werden muß. Das Leben ist ohnehin für den Menschen bitterernst, für sehr viele reichlich langweilig; warum soll also ein Leser, der nach einem Buche greift, den ungemischten Ernst oder gar die ihm schon geläufige Langeweile gedruckt wiederfinden? Die Notwendigkeit einigen Humors folgt aus dem Grundgesetz des guten Stils: dem der Zweckmäßigkeit. Festgehalten soll der Leser werden, denn nur dem Ausharrenden kann der Gedanke des Schreibers vollständig übermittelt werden. Zum Festhalten darf man sich jedes anständigen Hakens bedienen, und einer der anständigsten und zugleich festesten ist der Humor, der dem Leser die Stimmung beibringt, daß es inmitten des Ernstes und der Langeweile dieses Jammertals eine Auffassung der Dinge gibt, die uns über uns selbst hinausschwingt und alle Dinge dieser Welt aus einer großen Höhe geringer erscheinen läßt, besonders die unerfreulichen.

Die meisten Schreiber haben etlichen Humor, nur schämen sie sich dessen, er dünkt sie weniger vornehm als der unwandelbare Ernst. Die wahre Größe schämt sich nicht, den Ernst auch vor der Öffentlichkeit abzulegen, denn sie ist sicher, ihn in jedem Augenblick wieder aufnehmen zu können ohne Verlust für den Wert des Gesamtmenschen.

Wer den Humor Schillers genießen will, muß sich an seine Jugendwerke und an Wallensteins Lager halten. Manches humorvolle Wort steht in Schillers Briefen, und daß er im menschlichen Verkehr nicht immer nur der feierliche Dichter der Braut von Messina gewesen, bezeugen manche Besucher. – Lessing erscheint uns auf den ersten Blick, zumal in seinen Kämpferschriften, zu scharf, um unter die Humormenschen eingereiht zu werden. Bei näherer Prüfung gewahrt man denn doch unter der rauhen Schale einen linden Kern und bekommt das Gefühl, Lessing würde seinem Gegner die ihm zufällig entfallene Lanze lächelnd selbst aufgehoben und dargereicht haben, nur damit der Kampf länger daure.

Das Wesen des Humors, sein Durchtränken des ganzen Stoffes, macht es unmöglich, ihn durch viele, gar durch längere Proben zu beleuchten. Zum Glück ist das nicht nötig: wir Deutsche wissen schon, wer unsre guten Humorigen sind. Ebenso überflüssig ist die Erklärung seines Wesens; ›Humor ist, was man niemals hat, Sobald man's definiert‹, heißt es bei einem unsrer Guten vom jüngern Nachwuchs, Rudolf Presber. Mit einem kurzen Beispiel des Humors eines Mannes, dem man ihn kaum zutraut, sei geschlossen. Moltke an seinen Bruder aus der Champagnerstadt Rheims am 6. September 1870, fünf Tage nach Sedan: *Es ist, wie man uns gewarnt, ganz Rheims unterminiert, und Millionen Minen in Flaschenform sind mit Kohlensäure geladen. Daß davon schon gestern einige Hundert explodiert sind, war bei der Hitze des Tages und den durstigen Kehlen nicht anders zu erwarten.*

○ ○ ○

An der Gabe zum großen Stil würde ich bei jedem Schreiber zweifeln, der unfähig zu einer witzigen Wendung wäre. Man hat den Witz ein ›fragmentarisches Genie‹ genannt, und in der Tat: wem ein guter Witz gelingt, der hat einmal, für diesen Augenblick, den Flügelschlag des Genius verspürt. Witz ist eine Rettung aus dem Widerstreit der Gegensätze des Lebens und er entsteht nur durch den schärfsten Zusammenprall dieser Gegensätze; oder mit einem Vergleich aus der Lehre von der Stromkraft: durch das knisternde Überspringen des Funkens von Pol zu Gegenpol zweier einander genäherter stromiger Drähte. Längere kunstwissenschaftliche Erklärungen sind ebenso überflüssig wie für Humor, und einzig der Geschmack entscheidet, was ein guter, was ein schlechter Witz ist. Wie wär's aber etwa mit diesem Notbehelf: Gutwitzig ist, worüber man lacht, ohne sich hinterher zu schämen? – Wenn Friedrich Wilhelm 4., den man seltsamerweise früher beweislos für besonders witzig hielt, einer Hofdame einen Löffel in die Hand gibt, die Hofgesellschaft fragt, was das sei, und dann selbst antwortet: Löffelgans, so fühlt jeder, dies ist ein schlechter Witz und noch etwas Schlimmeres. Wenn dagegen Schiller den zögernden Goethe zur Fortsetzung des ›Faust‹ anspornt: Gebrauchen Sie Ihr Faustrecht!, so ist das ein feiner, wenngleich nicht gerade Zwerchfell-erschütternder Witz.

Der Reiz des Witzes besteht in der Blitzbeleuchtung der Gegensätze; sein Wert für den Stil, außer im Beleben der trägen Massen, in der Ersparnis: er ersetzt eine lange Beweiskette durch das plötzliche Aufzeigen ihres letzten Gliedes. Indessen mit Blitzbeleuchtungen und Plötzlichkeiten muß der Schreiber sparsam, sogar knauserig sein: es gibt nicht viele ärgere Stillosigkeiten als das Vordrängen des Witzes in einer nicht aufs Witzige gestellten Schrift. Feuchtersleben nennt den Schreiber ›am größten im Witze, wenn er den Verstand hat, nicht zu witzig zu sein; wenn er in jedem Satze etwas Treffendes sagt und nicht, um des Witzes willen, mehr als dieses Treffende sagt‹. Der Witz ist Würze, nicht Speise; ein Gran zu viel an Würze verdirbt die ganze Speise. Seltenheit ist ein Hauptreiz des Witzes: kein großer Schriftsteller ohne einigen Witz, kein größter mit zu viel Witz. Es liegt Wahrheit in Börnes richtig verstandenem Satz: ›Ohne Witz kann man nicht auf die Menschheit wirken‹; dennoch bleibt die Wahrheit in Schillers Vers bestehen: ›Krieg führt der Witz auf ewig mit dem Schönen.‹ Der Witz ist ein blankes schneidendes Schwert, das, zu häufig geschwungen, auf den zurückschlägt, der es schwingt. Er ist eine gute Waffe, aber doch mehr eine des Schwachen als des Starken, mehr des Gedrückten als des Herrschenden. Daher jenes Überwuchern des Witzes bei den Juden, das einen unsrer besten Kenner und Meister des Witzes, Alexander Moszkowski, zu dem gewagten Ausspruch verleitete: ›Der jüdische Witz ist das Fundament und die Krone alles Witzes.‹

○ ○ ○

Zum Wesen des Witzes gehört seine schnelle Abnutzung. Nicht bloß durch das zu häufige Anbringen an sich, sondern durch ein Nachlassen der innern Springfedern der Gegensätze. Die Zahl der guten Witze mit einem Alter von mehr als hundert Jahren ist sehr klein. Die Sammlung der 333 allerbesten in der ›Unsterblichen Kiste‹ von Moszkowski ist ein dünnes Bändchen, und doch würde es bei strengster Musterung auf ein Viertel seines Umfanges schrumpfen. Alle menschliche Dinge sind im Fluß, alle Gegensätze schleifen sich ab, mit ihnen ihr Erzeugnis, der Witz. Man versuche nur sehr alte Jahrgänge von Witzblättern zu lesen!

Der Witz wird nicht gefunden, am wenigsten von dem, der ihn sucht. Aus der Wolke ohne Wahl zuckt der Strahl. Wem die Gabe geworden, alles im hellsten Licht und zugleich im tiefsten Schatten zu schauen, dem glückt der Witz ungesucht. Die Deutschen sind, nach den Juden, das kritischste, oder doch das krittligste Volk der Erde: da ist es nicht verwunderlich, daß sie die besten Witzblätter haben und – daß die Franzosen reichlich daraus schöpfen. Die amerikanischen Witzblätter stehen über den englischen, aber die Amerikaner sind ja ein zum guten Fünftel Deutsches Volk. In neuster Zeit hat der Wettbewerb des Witzbetriebes in Deutschland dazu geführt, daß Witze ›gemacht werden‹. Der geübte Leser entdeckt leicht die Werksgeheimnisse: bei nicht völlig mangelnder Gabe kann er selbst täglich einen brauchbaren Witz vom zerstreuten Professor, hochnäsigen Junker, verbummelten Studenten, frechen Dienstmädchen, eine Kasernenhofblüte und einen Schüttelreim verfertigen. So besteht z. B. das Geheimnis des Kasernenhofwitzes im Auffinden äußerster Gegensätze zwischen der Dummheit eines Rekruten und der Weisheit eines Andern, etwa von dieser Art: ›Im Vergleich mit dir kann sich ja ein Rhinozeros zu den sieben Weisen Griechenlands zählen.‹

Der gesuchte Witz ist schrecklich, denn er ist das Gegenteil des echten. Es ist mit dem guten Witz sehr ähnlich wie mit dem guten Reim: beide fließen aus einem wirklich vorhandenen innern Berühren zweier scheinbar fremder Begriffs- oder Gefühlswelten. Damit wird nicht gesagt, daß der gute Witz immer nur dem Unbewußten gelingt: der witzig Veranlagte darf dem Witz gar wohl entgegengehen, ihm ein wenig nachhelfen; nur wehe ihm, wenn wir das merken. Das macht ja Saphir so unerträglich, daß wir alle seine Witzgeheimnisse kennen und sein Suchen, sein Zurechtmachen deutlich wahrnehmen. Ähnlich bei Jean Paul, ähnlich selbst in vielen Fällen bei Heine, der doch das Suchen nicht nötig hatte. Man sieht ihn oft von weitem auf den Witz lossteuern.

Gelingt es einem witzigen Schreiber, die Vorbereitung eines guten Witzes völlig auszutilgen, so daß dieser uns wie eine Eingebung des Augenblicks erscheint, so erzeugt er unwiderstehliche Wirkungen. Wohl einer der gelungensten ist dieser von Kästner gemachte, von Börne in Schwung gebrachte: *Als Pythagoras seinen Lehrsatz ersonnen, opferte er den Göttern eine Dankhekatombe. Seitdem zittern alle Ochsen, so oft eine neue Wahrheit entdeckt wird.* Kostbar auch dieser von Paul Lindau; er schließt eine scharfe Auseinandersetzung mit Julian Schmidt über Stil- und Sprachfragen: *Und hiermit überlasse ich Sie Ihrem Schicksal oder, wenn Sie das vorziehen: überschicke Sie Ihrem Lassalle* (vgl. S. 665). Schwerlich das Geschenk dieses Augenblicks, wahrscheinlich von langer Hand vorbereitet; aber wie vernichtend flammt der Blitz dieses Wort- und Sachwitzes auf! – Ich gäbe etwas dafür, den Mann gekannt zu haben, der auf die Bemerkung: ›Das ist das Ei des Kolumbus‹ scheinbar erstaunt frug: ›Legt der alte Mann denn immer noch?‹

○ ○ ○

Es gibt Menschen, die lieber eine Roheit begehen, als einen schlechten Witz unterdrücken, und schlecht ist jeder, der für diese Gelegenheit roh ist. Die Menschennatur bleibt sich in ihrem Grundgerüst gleich; schon Quintilian kennt ein altes Wahrwort über den Kitzel *potius amicum quam dictum perdendi* (lieber einen Freund als einen Witz zu verlieren). Ein Witz, der einen Unschuldigen roh beleidigt, ist keiner. Kuno Fischer nennt mit seltsamem Vergreifen ›gut und recht witzig‹ diese Ungezogenheit eines Serenissimus, wahrscheinlich Friedrich Wilhelms 4., der einen dicken Oberbürgermeister mit weißer Weste mitten in einer länglichen Begrüßungsrede unterbricht: *Mein Lieber, erkälten Sie sich Ihren Montblanc nicht.*

Wenn Heine schreibt: *Hier in Hamburg herrscht nicht der schändliche Macbeth, sondern hier herrscht Banko,* so ist das ein dummer Witz, denn der Vordersatz ist sinnlos, nur gemacht, um einen Scheingegensatz zu Banko vorzuspiegeln. – Oder wenn der fürchterliche Saphir wortwitzelt: *Paganini hat die Kunst erfunden, auf einer Saite zu spielen; seit dieser Zeit sind wir noch einseitiger geworden; nur mit dem Unterschiede: Paganini spielt auf der G-Saite, wir mit unsrer Einseitigkeit auf einer Seite, wo es nicht mehr geht.* Und den Menschen haben die Wiener vor hundert Jahren fabelhaft geistreich gefunden.

Teuer zu stehen gekommen ist dem Deutschen Volke sein Ruhm, die besten Witzblätter zu haben und zu lesen. Alles was an vaterländischem Zorn und sittlichem Schamgefühl über viele öffentliche Zustände Deutschlands in der Deutschen Volksseele lebte und lohte, wurde verwitzelt, erschöpfte sich in geistreich giftigem Hohn über Menschen und Dinge, bis der Wille der Volksvertretung und der wahrhaft Edelsten der Nation gelähmt war, durch die Tat oder doch durch mannhaft offnes Wort an der rechten Stelle zu bessern und zu retten. Der ›Simplizissimus‹, die ›Jugend‹, der ›Kladderadatsch‹, der ›Ulk‹, die ›Lustigen Blätter‹ hatten jeden lodernden Unwillen mit ihrem funkelnden Sprühregen sogleich ausgelöscht, und vor lauter ausgezeichneten, für eine Woche von Mund zu Mund getragenen höhnisch begrinsten Witzen – ›Kennen Sie schon den neusten über den Kaiser?‹ – hatte man in den Tag hineingelebt. Wäre an weißer Wand von Geisterhand eine Warnungsschrift erschienen, in der nächsten Nummer aller unsrer vortrefflichen Witzblätter hätten die köstlichsten Witze darüber gestanden. Allem Anscheine nach werden wir fortfahren, das witzigste Volk Europas zu sein, gleichwie die Griechen es waren oder wurden unter dem Joche der ernsteren Römer.

○ ○ ○

Die witzigsten Köpfe hätten es schwer, wenn Lessings Ausspruch allgemeine und buchstäbliche Geltung hätte: ›Was ist pöbelhafter als **Wortspiele**?‹ Er meinte das geistlose Spielen mit Worten ohne würdigen Zweck. Lessing selbst hat das überlegene Spielen mit dem Wortlaut keineswegs verschmäht: *Kein Mensch muß müssen, und ein Derwisch müßte? – Heißt das spielen? schwerlich wohl; heißt mit dem Spiele spielen*, beide im ›Nathan‹. Und warum sollte man nicht mit dem gleichen oder ähnlichen Klang der Worte so gut spielen wie mit der Gleichheit oder Ähnlichkeit der Dinge? Selbst in der Bibel wird zuweilen gewortspielt: im Alten Testament mit fast jedem Eigennamen, z.B. Jakob hergeleitet von akew = Ferse (1. Mose, 25, 26); im Neuen mit Petrus und πέτρα (Fels). Odysseus betrügt den Kyklopen durch das Wortspiel mit Οὖτις = Niemand; Ajax spielt bei Sophokles mit seinem Unglücksnamen Αἴας. Petrarca tändelt zierlich ernsthaft mit *Laura* und *l'aura*. Luther ist ein bald feiner, bald derber Wortspieler, und Fischart übernimmt sich in Wortwitzeleien bis zum Überdruß, gleich seinem Vorbilde Rabelais. Ingrimmig spielt bei Shakespeare Mark Anton an Cäsars Leiche mit *hart* und *heart*. In Romeo und Julia wortspielt der todwunde Merkutio zu den Freunden, die ihn morgen besuchen wollen: *You shall find me a grave man.* Wie fein ist Goethes Wortspiel über den Kern des Humors: *Wer sich nicht selbst zum besten haben kann, Der ist gewiß nicht von den Besten*, und das andre in einem Brief an die Stein: *Ich habe keine zusammenhängenden Gedanken, sie hängen aber alle zusammen an Ihnen.* Goethe hatte Humor genug, sich nicht zu ärgern über Zelters Mitteilung, die Berliner, dieser ›verwegene Menschenschlag‹, hätten zum Epimenides gefragt: ›I wie meenen Sie des?‹ Später lehnten die Berliner eine feierlich langweilige Aufführung der Antigone ab: ›Antik? O ne!‹

Weniger bekannt ist, daß Beethoven gern und gut wortspielte, aber auch sonst sehr geistreich scherzte. Als er Paërs Oper ›Eleonora‹ gehört, rief er aus: *Diese Oper gefällt mir, ich habe Lust, sie in Musik zu setzen*, und schrieb den ›Fidelio‹. In einem Briefe Beethovens heißt es: *Alle Noten, die ich mache, bringen mich nicht aus den Nöten.* – Wer aber würde Witz bei Kant suchen? Wirklich von Kant ist dieser: *Die Damen kommen nicht in den Himmel, denn schon in der Offenbarung Johannis heißt es an einer Stelle, es sei eine Stille gewesen von einer halben Stunde. So was läßt sich aber, wo Frauenzimmer sind, gar nicht als möglich denken.*

Zu den besten Wortwitzen gehört der Schleiermachern zugeschriebene: *Eifersucht ist eine Leidenschaft, die mit Eifer sucht, was Leiden schafft.*

Der kindliche, der von Moltke berichtet wird, gewinnt durch den Augenblick und die Personen seinen Wert, denn es ist nicht gleichgültig, wer einen Witz macht und wann er ihn macht. Moltke nach einem Besuch bei Bismarck im Juni 1866 mit der Türklinke in der Hand, sich beim Abschied zurückwendend: ›Wissen Sie übrigens, daß die große Elbbrücke in Dresden gestern gesprengt worden?‹ – Bismarck fährt erstaunt auf. – Moltke: ›Es war die höchste Zeit, sie war sehr staubig‹, und geht. Sollte Moltke diesen Witz nicht gemacht haben, so wär's schade; der folgende aber von Bismarck ist gut beglaubigt. Als einst das Gerücht verbreitet wurde, er werde aus Gesundheitsrücksichten nach Ägypten reisen, rief er lachend: *Jawohl, und zwar werde ich auf dem Kamel, das die Nachricht gemeldet, durch die Wüste reiten.*

Beglaubigt ist der gute Wortwitz des niederträchtigen Pietro Aretino in einem Drohbrief an einen sich *divino* (göttlich) nennenden Künstler: *Ich habe Euch nur zeigen wollen, daß, wenn Ihr **divino** (di vino – aus Wein) seid, ich auch nicht d'**acqua** (aus Wasser) bin.* Und wahr oder unwahr, ausgezeichnet erfunden ist dieses Geschichtchen von Napoleons Wort nach Rückkehr aus dem ersten italienischen Feldzuge zu einer Italienerin: ›Ach, alle Italiener sind Räuber und Schelme‹, worauf ihm erwidert wird: *Non ogni, ma buona parte* (Nicht alle, aber ein gut Teil). Von Napoleon selbst oder von Hindenburg wird kein beglaubigter Wortwitz erzählt. Ebensowenig gibt es den kleinsten Witz in den Reden des Demosthenes und in Fichtes ›An die Deutsche Nation‹.

Besonders häufig sind die Wortspielwitze im Französischen: die Sprache eignet sich dazu wie keine zweite. Einer der feinsten ist wohl der von Salvandy bei der Aufnahme Viktor Hugos in die Akademie: *Monsieur, vous avez introduit en France l'art scénique* mit einer Aussprache, die den anzüglichen Doppelsinn (*l'arsenic*) heraushören ließ. Auf der gleichen Höhe steht das Witzwort über Napoleon 3., als er nach dem Staatsstreich die Güter der Orléans einzog: *C'est le premier **vol** de l'aigle.*

Einer der guten Witzmacher ist der Volksmund, oder was man so nennen darf. Wahre Juwelen, allerdings meist ungeschliffene, findet man in dem Sprachwerk ›Der richtige Berliner‹. Freilich ist nicht jedes Witzwort echtes Volksgewächs; viele sind wohl aus dem Geiste des Berliners, aber künstlich geschaffen. Echt sind Wendungen wie: *Das geht mir durch Mark und Pfennig. – Er lebt jetzt sehr eingezogen* (von einem verhafteten betrügerischen Verschwender). – Reiche Ausbeute gewährt die Fachsprache der Skatspieler und Kegelschieber.

Der gute Witz darf nicht von langer Hand vorbereitet werden; Witz und Blitz sind so natürliche Reime wie Herz und Schmerz. Ohne Einleitung, als etwas Selbstverständliches, Natürliches muß der Witz plötzlich da sein, anspruchslos und doch für den Augenblick alleinherrschend. Quintilian erklärt das Wesen des Witzes als Überraschung: *cum aliud expectamus* (wenn wir Andres erwarten). Von dieser Art ist das ausgezeichnete Witzwort auf S. 361 vom Verschieben auf übermorgen. Desgleichen die beiden Talleyrand zugeschriebenen Worte: ›Die Sprache ist erfunden, um die Gedanken – zu verbergen‹, und: ›Das ist schlimmer als ein Verbrechen, –

es ist ein Fehler.‹ Von einem andern Franzosen rührt der gemütlich tuende Überraschungswitz her: ›Von allen unangenehmen Geräuschen kommt das Holländische der menschlichen Sprache noch am nächsten.‹

Dem Deutschen geht der Überraschungswitz erst recht nicht ab: Wendungen wie ›Geld allein macht nicht glücklich, man muß – es auch haben‹, oder ›Durch Schaden wird man klug, aber – nicht reich‹, oder: ›Was ist das beste Rettungsmittel in Lebensgefahr? – Gegenwart des Geistes. – Falsch! Abwesenheit des Körpers‹ sind beinah sprichwörtlich geworden, und jede Nummer der ›Lustigen Blätter‹, der ›Jugend‹, des ›Simplizissimus‹ enthält mindestens eine Perle von ähnlicher Farbe.

Am tiefsten wirkt der Witz in der Selbstverspottung. Goethes Freund Zelter, im Hauptberuf Maurermeister, sagte auf dem Sterbebett, als man ihm den Todesschweiß von der Stirn wischen wollte: ›Kinder, det is Maurerschweiß, davon kost' jeder Droppen 'n Dukaten.‹

○ ○ ○

Ironie oder Feinspott ist ätzender Humor, darum nur in kleinen Gaben genießbar. Mehr noch als der Witz ist sie eine Waffe des Schwachen, ja des Ohnmächtigen gegen den unbesiegbar Überlegenen. Sie kann aber in den Händen des Mächtigen ein gutes Gewaffen werden, milder als die rohe Gewalt, und ein Selbstschutzmittel des Starken gegen allzu rücksichtsloses Ausnutzen seiner Stärke. Wie oft muß ein sich dem Gegner hoch überlegen fühlender Schreiber die Versuchung zur wohlverdienten äußersten Grobheit niederzwingen! Er wählt dann lieber das kleinere Übel, die Ironie, um ohne Selbsterniedrigung den Gegner zu vernichten. Bismarck hat im Kampfe mit kurzsichtigen Widersachern die Ironie meist der Grobheit vorgezogen, besonders in den Jahren vor 1866. Man lese z. B. seine Reden von 1863 im Preußischen Abgeordnetenhause gegen die krankhafte Polenschwärmerei. Mit ironischer Aufrichtigkeit erklärte er selbst einmal einem gegnerischen Abgeordneten: ›Ich bediene mich bisweilen der Figur der Ironie; es ist dies eine Redefigur, mit welcher man nicht immer das sagen will, was die Worte buchstäblich bedeuten, mitunter sogar das Gegenteil.‹ Also das Reden in ›Gänsefüßchen‹. Nietzsche bedient sich des Stilmittels der Ironie fast auf jeder Seite.

Die Ironie, gleich dem Witz, heischt strenge Selbstbeschränkung: Übermaß oder gar Regelmäßigkeit ihres Gebrauches wird lästig und zuletzt aufreizend. ›Auf die Dauer fällt dieses rednerische Mittel einsichtigen Menschen verdrießlich, die Schwachen macht es irre und behagt freilich der großen Mittelklasse‹ (Goethe). Salzlos bis zum Läppischen wirkt die Ironie oder gar Selbstironie der Romantiker, auf die sie doch so stolz waren.

Es verdient Hervorhebung, daß bei vielen bedeutenden österreichischen Schriftstellern sich ein Zug leiser Ironie mit Beharrlichkeit geltend macht, z. B. bei Franzos und Schnitzler, aber selbst in vielen der besten Schöpfungen der Ebner-Eschenbach und der Handel-Mazzetti.

Das Meisterstück der Ironie größten Stils ist noch immer Mark Antons Rede an der Leiche Cäsars gegen die ehrenwerten Mörder Brutus und Genossen; doch gebraucht Shakespeare dieses Mittel nur gelegentlich und wirft es weg, sobald es ihm blutiger Ernst wird. Nach ihm hat Swift die Ironie meisterlich geübt, nach seinen eignen Worten, um die *saeva indignatio*, den wütenden Unwillen, der sein Herz zerfleischte, nicht völlig Herr über sich werden zu lassen. Aus loderndem Haß gegen die ruchlose Ausschlachtung Irlands durch die Engländer schrieb er seinen berühmten Aufsatz: ›Bescheidener Vorschlag an das Gemeinwesen, die Kinder der Armen in Irland zu hindern, ihren Eltern oder dem Lande eine Last zu sein, sie vielmehr dem Gemeinwohl nützlich zu machen.‹ Nach einer sehr ruhigen längern Einleitung empfiehlt Swift: die Kinder nach Vollendung des ersten Lebensjahres als Leckerbissen für die Tafel der Reichen zu verwenden, etwa an Stelle der jungen Spanferkel, die ja immer teurer würden. Walter Scott nannte diese Schrift ›eine der außerordentlichsten Humorschriften unsrer Sprache‹; sie ist vielmehr der höchste Gipfel des Schrecklichen, bis auf den sich die Ironie in irgendeiner Sprache jemals verstiegen hat.

Auch des Verfassers der Juniusbriefe liebstes Stilmittel ist die Ironie; sein Meisterstück ist der 49. Brief an den ersten Minister Herzog von Grafton, den man in der Übersetzung von Arnold Ruge nachlesen mag. Bewundernswert ist darin die Feinheit des Überganges aus der höflichen zur unhöflichen, dann zur groben, endlich zur vernichtenden Ironie, bis diese am Schlusse in den furchtbaren offnen Angriff gegen den Minister und dessen königlichen Beschützer ausbricht:

> Solange ich mich erinnere, wieviel Verdienst des Königs geheiligter Charakter in Anspruch nimmt, kann ich Sie nicht, ohne grobe Verletzung des Anstandes, den erbärmlichsten und niederträchtigsten Gesellen im ganzen Königreiche nennen. Ich verwahre mich, Mylord, ich halte Sie nicht dafür, solange noch ein Mann lebt, der Sie seines Vertrauens würdigt und geeignet findet, an seiner Regierung teilzunehmen.

Unter den französischen Meistern ist Montesquieu der unübertreffliche Kunstfechter mit der Waffe der Ironie; viele seiner *Lettres persanes* können sich mit den besten Juniusbriefen messen, ja überbieten diese noch an witzigem Hohn. Man lese z. B. den 37. Brief mit der Schilderung des altgewordenen Ludwigs 14.! Selbst in seinem ernsten Hauptwerk *L'Esprit des Lois* kann sich dieser geistreiche Franzose zuweilen das überlegene Spielen mit der Ironie nicht versagen; sein Abschnitt über die Negersklaverei (Buch 15, Kapitel 5) ist eine Glanzprobe dieses Stiles.

Die Ironie als feste Stileigenheit widerstrebt dem Deutschen Geschmack; wir dulden oder genießen sie nur neben hervorragenden andern Werten, neben dem Humor und der launigen Phantasie wie bei Lichtenberg, neben der lodernden Leidenschaft wie bei Börne. Bei dem Schwachen empfinden wir das Vorwalten der Ironie quälend, bei dem Mächtigen als Mißbrauch der Macht. Es ist bemerkenswert, wie selten sie sich in den Schriften Friedrichs des Großen findet, des Schülers Voltaires, dieses Meisters der auslösenden Ironie. Meist ist sie mit lächelnder Gutmütigkeit gepaart, z. B. wenn er in der *Histoire de mon temps* (Geschichte meiner Zeit) über die lange Dauer der Papstwahl nach dem Tode Clemens des Zweiten berichtet: *Les incertitudes du Saint-Esprit venaient de ce que les factions des couronnes ne pouvaient s'accorder sur le candidat qu'elles voulaient élire.* (Die Unentschlossenheit des Heiligen Geistes rührte davon her, daß die Parteigänger der Mächte sich über den zu wählenden Anwärter nicht verständigen konnten).

Des freundlichen Mozarts vaterländischer Zorn entlädt sich einmal als Ironie: *Da* (wenn Deutschland ein Deutsches Operntheater bekäme) *würde vielleicht das so schön aufkeimende Nationaltheater zur Blüte gedeihen, und das wäre ja ein ewiger Schandfleck für Deutschland, wenn wir Deutsche einmal mit Ernst anfingen Deutsch zu denken, Deutsch zu handeln, Deutsch zu reden und gar Deutsch zu singen.*

In Schillers Jugenddramen nimmt die Empörung alle Formen an, darunter die der Ironie; zu großartiger Wirkung in dem Auftritt zwischen der Milford und dem Kammerdiener bei der Schilderung des Auszuges der an England nach Amerika verkauften Landeskinder (Akt 2). Sodann sei an die Verse der Maria Stuart gegen Elisabeth erinnert: *Man weiß, um welcher Tugend willen Anna von Boleyn das Schafott bestieg.* – Mephisto ist vorwiegend auf Ironie gestellt und zeigt, daß Goethe Herr auch über dieses Stilmittel war, wenn er wollte. Sein Meisterstück ist wohl Mephistos Antwort auf Fausts recht überflüssige Ermahnung: *Was anders suche zu beginnen, Des Chaos wunderlicher Sohn! – Wir wollen wirklich uns besinnen, Die nächsten Male mehr davon.*

Vom Anfang zum Ende leidenschaftsvolle Ironie ist die recht wenig bekannte, von Görres erfundene ›Proklamation Napoleons vor seiner Abreise nach Elba‹. So fein war die Ironie über das Ganze verteilt, daß die Schrift eine Zeitlang für echt gehalten wurde. Klassisch ist die Stelle, wo Görres Napoleon mit schneidender Verachtung sprechen läßt von der ›süßen rosenroten Galle des Deutschen Lammesvolkes‹. Das Kernstück ist in meiner ›Deutschen Meisterprosa‹ abgedruckt.

Aus neuster Zeit nenne ich als ein erlesenes Stück blutigpeitschenden Spottes den einleitenden Aufsatz ›Kulturpolitik‹, wohl von Cossmann, in den ›Süddeutschen Monatsheften‹ (Juni 1916) samt den voranstellenden Bildnissen Wilsons und seines Weibes. Wer sich das Heft irgendwie verschaffen kann, genieße jenes kleine Meisterstück. Leider stumpft sich der Reiz aller solcher Zeitkunstwerke mit dem Versinken ihres Zeitalters ab.

FÜNFTER ABSCHNITT

Geistreichtum und Geistreichtun

Nil sapientiae odiosius acumine nimio
(Nichts ist der Weisheit zuwiderer als
allzu scharfer Geist).
SENECA

Geistreich seid ihr glänzend wahrlich,
daß ich euch bewundern müßte,
Wenn sich nur bei euch nicht jede Zeile
selber geistreich wüßte!
MÖRIKE

Um geistreich zu sein, braucht man nur
vor nichts Respekt zu haben.
BISMARCK

Über den Wert des wahren Geistes, also des **Geistreichen**, verliere ich kein Wort; wünsche aber, daß von den um so notwendigeren vielen Worten über den falschen Geist keines verloren sei. Wahrhaft geistreich ist nur der Schreiber, der zu andern guten Geistern den hat, nicht geistreich scheinen zu wollen. Der Stil des Geistreichen muß nicht die leiseste Absicht der Geistreichigkeit verraten, muß als sein selbstverständlicher, natürlicher Stil erscheinen. Das ist aber nur möglich, wenn der Schreiber Vollgehalt besitzt; bloßer Geist um die Dinge herum, ohne die Dinge selbst, ist nicht Geistreichtum, sondern Geistreichelei, Geistreichtun. Die gerechte Bewunderung aller Völker für ihre geistreichen Schriftsteller bedeutet doch immer: hier hat einer etwas Wertvolles zu sagen, und er steigert den Wert durch die geistreiche Form. Ohne den innern Wert würde uns die geistreichste Form sehr bald langweilig, wie man doch nur einmal einen elenden Braten wegen der guten Tunke hinunterwürgt.

Um Himmels willen nicht mehr Geist haben wollen, als man wirklich hat. Gerade je geistvoller ein Schreiber, desto weniger verzeiht man ihm das Noch-geistreicher-scheinen-wollen. Und man vergesse nicht: je höher hinauf wir in der Wortkunst steigen, desto dünner verteilt finden wir den ›Geist‹, den besondern, weil dort alles Geist ist. Weder die schönsten Stellen der Bibel noch der Ilias und der Odyssee sind geistreich im engern Wortsinn. Und wie unnötig ist das Sichvordrängen und Aufdrängen des Geistreichen! Der Geist läßt sich nicht dämpfen, man wird seiner gewahr ohne absichtliches Zutun des Schreibers. Geist um jeden Preis, Geist an der falschen Stelle, Geist sich verrenkend, nur um sich durch ein Mauseloch einzuschleichen, wohin er nicht gehört, welche Stillosigkeit, ja welche Albernheit!

Da sind die geistreichelnden Verblüffer, die aus Geistesprahlerei frech werden, die respektlos Geistreichen nach Bismarcks Wort. Wie groß kam einst der Kunstschreiber Richard Muther sich und seinen geschmacklosen Bewunderern vor, wenn er Rafael nannte einen ›Commisvoyageur mit dem Musterkoffer seiner Kollegen‹, Rembrandt einen ›polternden Schnapsbruder‹, die musizierenden Engel des Melozzo von Forli ›die Barrisons ihrer Zeit‹. Er und die Seinen verwechselten Schnoddrigkeit mit Geist.

Und dann die atemlosen Sucher nach Geist, nach immer noch mehr Geist, nach Geist in jedem Satz, in jedem Wort, wenn möglich in jedem Satzzeichen. Die Engländer Oskar Wilde und Bernard Shaw sind die neueren Hauptvertreter dieser Gattung. Vor lauter Geistreichtum und mehr noch Geistreichtun werden sie nach kurzer Zeit langweilig; sie werden es um so sicherer, je leichter der erfahrene Leser hinter ihre Taschenspielerkunstgriffe kommt. Vor bald einem Jahrhundert blühte diese Geistreichelei auch in Deutschland; die Jungdeutschen hatten sie uns beschert, meist nach französischen Mustern, und ihre Mit- und Nachläufer setzten das brotlose Handwerk fort. Das war jene Zeit, als Theodor Mundt sich das Ansehen eines übergeistreichen Schriftstellers geben konnte, indem er seinen Philosophasterroman ›Madonna‹ durch eine läppische ›Posthorn-Symphonie‹ eröffnete und sich selbst von Zeit zu Zeit durch ein Trara unterbrach. In neuster Zeit hat Alfred Kerr jene Geistreichelei aufgewärmt: *Traa, traa, wie wenn jemand eine Trompete dicht an unser Ohr setzte. Traa, traa ...* (über Wildenbruchs Kaiser Heinrich), und dieses Traa wird noch neunmal wiederholt. Kann man geistreicher, kann man ursprünglicher sein?

Ganz ausgestorben ist diese Art der Geistreichelei nicht; Herr Schmock mit seinem ›Brillantenstil‹ ist der Erbe der Vergangenheit und zugleich der Ahnherr eines neuen vielgliedrigen Geschlechtes: ›Der Seidenwurm ist, als wäre er sich seiner Rolle und Bedeutung bewußt, ein sehr nervöses Geschöpf, launisch, als wollte er sein kurzes Erdendasein sich möglichst angenehm gestalten‹ (C. Alberti). – Max Dessoir über die einseitige Ausbildung des Gehirns auf Kosten des Leibes: ›Man darf vermuten, daß dem Regenwurm bereits der Hund als ein Gehirnneurastheniker erscheint.‹ – ›Weit draußen irgendwo, wo der Bach rauscht, lege ich mich auf die Opposition des Bauches‹ (Hermann Bahr).

Was aber sind alle diese Geistreichen von Beruf gegen den Größten ihrer Gattung, gegen Saphir, den Affen Heines:

> Der Mensch ist nichts als Obst, welches 70 Jahre am Lebensbaume hängt und dann vom Himmel gepflückt wird. – Die Männer sind bloß die Frachtbriefe, mit welchen die Schöpfung das kostbare Gut, das weibliche Geschlecht, in die Welt sendet. Tränen sind die Augenzeugen des Schmerzes.

Ein Hauptmittel solcher Geistreichelei ist das Bildern; wir werden dieser Stilkrankheit später im Zusammenhang gedenken (S. 760), deshalb hier nur wenige Proben. Gutzkow glaubt geistreich zu bildern: *Napoleon strauchelte so, daß er erst in Elba wieder aufstand,* und wird abgeschmackt. Langbehn, der Verfasser von ›Rembrandt als Erzieher‹, vergleicht das Innere der Peterskirche in Rom der Mittagsonne, das der Markuskirche zu Venedig der Mitternachtsonne. Es wäre mindestens ebenso geistreich, die Peterskirche mit einem hellgelben Schweizerkäse, die Markuskirche mit einem grüngefleckten Gorgonzola zu vergleichen.

Bismarcks Wort von der Respektlosigkeit als dem Hauptmittel, geistreich zu sein, bedarf in neuster Zeit einer Ergänzung: ›Sinnlosigkeit‹. Einer unsrer guten jüngeren Romandichter, zugleich ein feiner Sinnspruchformer, G. O. Knoop, hat hierüber den geistreichen Satz geschrieben: ›Mozart und Wagner verhalten sich zu einander wie Zeit und Raum.‹ Das ist eine vollkommen sinnleere Phrase; wieviel Gescheites aber würden die Leser herauszulesen glauben, wenn man sie druckte! **Denn wo man keinen Sinn findet, vermutet man Geist** (aber nur in Deutschland). Vielleicht gar in Raupachs blutig ernstem Vers in einem seiner Hohenstaufen-Dramen: *Rund ist das Wort, viereckig ist die Tat*. Oder in Mundts Satz: *Rahel* (Levin) *war ein Epos*.

○ ○ ○

Eine Todfeindin hat der wahre Geist: die Eitelkeit; unter ihrem Zwange werden selbst kluge Menschen mit Geist stillos, lächerlich, auf die Länge unerträglich. Wir haben so manchen belesenen und witzigen ›Feuilletonisten‹, der daran scheitert, daß er uns in jeder Zeile mindestens einen Brillanten vorfunkeln lassen will. Nietzsche nennt sie ›die Narren der modernen Kultur‹ und vergleicht sie den Narren der mittelalterlichen Höfe: ›Es ist dieselbe Gattung Menschen, halbvernünftig, witzig, übertrieben, albern, mitunter nur dazu da, das Pathos der Stimmung durch Einfälle, durch Geschwätz zu mildern und den allzu schweren, feierlichen Glockenklang großer Ereignisse zu übertäuben.‹ Vortrefflich, nur sollten diese unentbehrlichen Umgaukler der Ereignisse mehr von den Ereignissen, weniger von sich sprechen. Eitelkeit ist nicht geistreich, oder doch weniger geistreich als ein Geschreibe mit gleichen Geistesgaben ohne Eitelkeit. Das ewige Vonsichsprechen verringert im Leser die Achtung vor dem Gehalt des schriftlichen Ausdruckes dieses Ichs: ›Gewisse moderne Autoren machen Toilette vor dem Publikum und bilden sich ein, diese große Unverschämtheit sei eine große Tat‹ (Hebbel). Aber Hebbel selbst kann durch sein Übermaß von Geist ermüdend wirken; er hat so gewirkt auf einen ihm ebenbürtigen Geist: ›Hebbel weiß alles, selbst was Gott ist, und ich weiß es nicht. Wie wollen wir da miteinander reden?‹ (Grillparzer)

Geistreichelnde Eitelkeit

Lessing war gewiß nicht eitel, aber er war ein Mensch mit menschlicher Schwäche, und auch seine Geisteswaffe wurde einmal stumpf an Schneide und Glanz, als er aus dem Ärger über ein Gedücktsein heraus schrieb:

> Doch wird mir Herr Klotz erlauben, den Abstand, der sich zwischen einem Geheimbdenrate wie Er und einem Magister befindet, für so unermeßlich nicht zu halten. Ich meine, er sei gerade nicht unermeßlicher als der Abstand von der Raupe zum Schmetterlinge, und es zieme dem Schmetterling schlecht, eine Spanne über dem Dornenstrauch erhaben, so verächtlich nach der demütigen Raupe auf dem Boden herabzublicken.

War es etwa Lessings höchster Ehrgeiz, dereinst Geheimbderrat zu werden? Schätzte er diesen Titel oder sonst welche überhaupt? Gab es kein andres Mittel, Klotzens Dünkel zu züchtigen? Sollte es aber Ironie sein, dann war sie so fein geraten, daß sie unfühlbar wurde.

Da wir bei Klotz sind, so mag uns jener gelehrte Windbeutel zum Übergange dienen auf die widerwärtigste Art gewisser Geistreicher, die noch heut ein groß Publikum haben: auf die witzelnden Verunglimpfer des Menschen, um dessen Sache es sich einzig handelt. Erniedrigen sich doch einige dieser Geistreichen bis zur hämischen Verspottung körperlicher Eigenheiten eines Schriftstellers, dessen Bücher sie beurteilen. Dies geht noch über die von Lessing mit so würdigem Ernst gebrandmarkte geistreichelnde Ungezogenheit hinaus: ›Wenn jemals die Unart elender Kunstrichter, zur Mißbilligung und Verspottung des Schriftstellers die Züge von dem Menschen, von dem Gliede der bürgerlichen Gesellschaft zu entlehnen, einen Namen haben soll, so muß sie Klotzianismus heißen.‹

Es gab eine Zeit, wo man in Europa den Deutschen allen Geist abstritt. Ein vergessener, seiner Zeit sehr berühmter Franzose, der Jesuit Bonhours, Lehrer am braunschweigischen Gymnasium, warf 1761 in einer besondern Schrift die Frage auf, ob ein Deutscher überhaupt ein *Bel-esprit* sein könne. Es ist längst nicht mehr nötig, ihn oder einen andern fremden Schriftsteller durch die bloße Namennennung von Dutzenden Deutscher Schreiber zu widerlegen, die es an echtem Geistreichtum mit den geistreichsten Franzosen aufnehmen. Hätte Bonhours etwas von Deutschem Schrifttum gewußt, so hätte er z. B. in Logau schon für sein Jahrhundert einen *Bel-esprit* von der besten Art gefunden. Die stattliche Reihe ausgezeichneter Deutscher Sinnspruchsammlungen von Lichtenberg bis zu Fulda kann sich mit Ehren neben denen der französischen Denker und Stilkünstler auf diesem Gebiet sehen lassen. Eine Sammlung wie Goethes und Schillers Xenien, dazu die von Goethes Sprüchen in Vers und Prosa, und die Sinnsprüche von Hebbel, Storm, Heyse, Keller, Vischer, um nur die in der edelsten Kunstform zu nennen, besitzt kein andres Volk, und die Prosasprüche von Marie Ebner stehen gleichwertig neben den schönsten dieser Art. Nur schwer widerstehe ich der Versuchung, einige der glanzvollsten Geistesperlen aus diesen und andern Schatzkammern, z. B. aus Fuldas ›Buch der Epigramme‹, hier leuchten zu lassen; der Leser kann zu hoher Freude selbst leicht zu den Quellen steigen.

○ ○ ○

In noch einer geistreichen Kunstübung hat Deutschland allerliebste Dinge aufzuweisen: in der **Parodie** und im geistreichen Unsinn. Die Angelsachsen haben ihre Thackeray und Bret Harte; Fritz Mauthner ist nach und neben ihnen nicht zu verachten. Robert Neumanns ›Mit fremden Federn‹ (1928) hat ihn noch überboten. Hoch über ihnen allen steht Vischers Dritter Teil des ›Faust‹, an dem nur so humorlose Menschen wie gewisse Bonzen eines Buddha Goethe Anstoß nehmen. Ein köstliches kleines Werk, der ›Aeolsharfen-Kalender‹ von Heinrich Seidel und einigen Freunden, ist leider durch seine Seltenheit fast unzugänglich geworden; eine ›sprechend ähnliche‹ Probe daraus in Karl Bleibtreus ›lyrischem Heldenstil‹ wird nicht unwillkommen sein:

Bonaparte in Egypten.
Noch hat der Löwe nicht gebrüllt,
Im glüh'nden Wüstensande kauernd,
Mit Tränen ist das Aug erfüllt
Des Krokodils, am Nile lauernd.
Der Zebu weidet vor der Sphynx,
Das Nilpferd Schlamm und Wasser prustet.
Der Ibis singt, und weiter links
Ein Pharaonenenkel hustet.

Parodie

> Ein bunter waffenschwerer Hauf
> Hält vor der dritten Pyramide.
> (Ein Geier, lüstern, sitzt darauf)
> Und ›Durst!‹ erschallt's von Glied zu Gliede.
> Ein Auge unterm kleinen Hut
> Schaut kalt durch eines Fernrohrs Glase.
> ›Bald‹, murmelt's, ›wird *la chose* gut!‹
> Am Horizont gleißt die Oase.

Eines der köstlichsten Stücke dieser Gattung ist Ludwig Eichrodts ›Große Deutsche Literaturballade vom Schulmeister Biedermeier‹. Hierin wird nicht ein einzelner Dichterling, sondern die Auffassung der ganzen Philisterwelt von der Deutschen Klassikerzeit verspottet:

> Gegen Abend in der Abendröte,
> Ferne von der Menschen rohem Schwarm,
> Wandelten der Schiller und der Goethe
> Oft spazieren Arm in Arm.
>
> Sie betrachteten die schöne Landschaft,
> Drückten sich die großen edlen Händ',
> Glücklich im Gefühl der Wahlverwandtschaft,
> Unterhielten sie sich exzellent.
>
> Dieser war schon etwas grau von Haaren,
> Jener zwar nicht weit vom frühen Grab.
> Aber grad in seinen besten Jahren
>
> Als ein Dichter und getreuer Schwab.
> Keiner tät dem andern was verhehlen.
> Sie vertauschten ihre Lorbeerkränz',
> Und die wunderschöne Harmonie der Seelen
> Trübte nicht der Wahn der Konvenienz.
>
> Sehen Sie, so redete der Goethe,
> Dort die schönen Pflanzen in dem Gras,
> Jenes Steingebilde, diese Kröte,
> Dort den Schmetterling und dies und das.
>
> Und die Sonn', erwiderte verwundert
> Drauf der Schiller, sehen Sie, o Freund,
> Eben, sehn Sie, geht sie eben unter,
> So hab ich's im Räuber Moor gemeint.
>
> Unter solchen göttlichen Gesprächen,
> Schritten die verklärten Dichter oft
> Auf des Waldes unbetretnen Hägen,
> Bis es dunkel wurde, unverhofft.
>
> Und die weltberühmtesten der Verse
> Machten miteinander unterwegs
> So der Dichter Tells und der des Lerse,
> Eingedenk des großen Künstlerzwecks.

Parodie

Aus dem gereimten geistreichen Blödsinn älterer Zeiten hat Richard Meyer einige tolle Proben (in Velhagens und Klasings ›Monatsheften‹, 1910) gesammelt, aus denen unterm Zwange des Raumes nur diese eine mitgeteilt sei, eine Prachtstrophe in den Musenklängen aus ›Deutschlands Leierkasten‹:

> Heran, heran zum sprossenreichen Spiegel,
> Zum flüss'gen Dolch, der bunte Schatten teilt,
> Heran, heran mit grinsend mattem Zügel,
> Bis ihr das Ziel Thermopylae erreicht!

Zu funkelnder Glanzwirkung gelangen solche Edelsteine geistreicher Laune erst im Lichte der Öffentlichkeit: sie müssen mit hochgeschwelltem Brustton dargeboten werden. Unfreiwillige Sächelchen von fast derselben Art finden sich in manchen ernstgemeinten Gedichten unsrer Allerallerjüngsten. Man nennt dergleichen zur Zeit ›expressionistisch‹; bis zur nächsten Auflage dieses Buches werden sie irgendwie anders, aber sicher etwas auf istisch heißen.

SECHSTER ABSCHNITT
Geborgter Geist

Zitat – Manier – Phrase

Ich finde, daß Sie ein sehr belesener Mann sind, oder sich wenigstens trefflich darauf verstehen, wie man es zu sein scheinen kann ... Ich mag auch nicht ein Blatt mehr gelesen zu haben scheinen, als ich wirklich gelesen habe; ich finde manchmal sogar, daß ich für meinen gesunden Verstand schon zu viel gelesen habe.‹
LESSING GEGEN KLOTZ

Mon verre n'est pas grand, mais je bois dans mon verre (Mein Glas ist nicht groß, doch ich trink aus meinem Glase.
MUSSET

Ich habe mich in meinem Leben vor nichts so sehr als vor leeren Worten gehütet, und eine Phrase, wobei nichts gedacht oder empfunden war, schien mir an andern unerträglich, an mir unmöglich.
GOETHE IN DEN ANNALEN FÜR 1803

Nach diesen drei Leitsprüchen, also Anführungen (Zitaten), weiß ich mir keinen bessern Anfang als ein viertes: ›Wer kann was Kluges, wer was Dummes denken, Was nicht die Vorwelt schon gedacht?‹ Nicht bloß gedacht, sondern meist so unübertrefflich niedergeschrieben wie z. B. Goethe diesen Gedanken, der zu meiner Einleitung doch unentbehrlich ist. Wie sollte ich als Schreiber mich in diesem Falle verhalten? Sollte ich den Gedanken, dem Goethe die unübertreffliche Form gegeben, auf meine Art prosaisch und um einiges breiter ausdrücken; oder den wohlbekannten Klang anschlagen, der in jedem Leser sogleich den Wiederklang zustimmenden Verständnisses weckt? Daß kein ernster Deutscher Schreiber aus Eitelkeit einen Satz aus Goethes ›Faust‹ anführt, liegt auf der Hand, denn den ›Faust‹ kennen die meisten Leser so gut oder besser als der Schreiber auswendig.

Diese Einleitung mag uns über das berechtigte und das verwerfliche Zitat (Lesefrucht) aufklären. Berechtigt ist es, wenn es durch Gehalt und Form alles überragt, was der Schreiber selbst sagen könnte, und das Gewicht eines Ansehen heischenden Schriftstellers mit in die Waagschale wirft. Verwerflich, wie alles ihr Entfließende, ist das Zitat aus Eitelkeit. Es versteht sich von selbst, daß ein Mensch, der dicke Bücher schreibt, schrecklich viel gelesen hat; braucht er dies seinen Lesern noch zu beweisen? Ich muß, widerwillig, von diesem Buche sprechen: jeder Leser erwartet und fordert von dessen Schreiber, daß er alles Wichtigste des Schrifttums über den Stil kenne, nicht zu reden von den zahlreichen der Beispiele wegen zu lesenden Büchern. Der Leser würde geschädigt, unterdrückte ich die gewichtigsten Aussprüche der großen Stilmeister, seiner und meiner Meister, über unsern Gegenstand. Ich kenne noch einiges außer dem hier Mitgeteilten aus Schriften über Stil, habe mich jedoch auf das sachlich Notwendige und Nützliche beschränkt. Dies aber mußte angeführt werden, um der Sache willen, und ich darf versichern, daß keine einzige Anführung aus einem andern Grunde geschah.

Cicero führt die griechischen Meister seiner Kunst, Quintilian führt Cicero und Andre an, und so fort durch die Jahrtausende der Wissenschaft von den Geheimnissen des Stils. Nur die alles von hoch oben herab verfügenden Sprach- und Stilmeisterer von der Art Wustmanns sind zufrieden mit ihrer Selbstherrlichkeit. Originale, fahrt hin in eurer Pracht!

Zu scheiden also sind sachlich notwendige und fördernde Anführungen von den überflüssigen der eitlen Lesefrüchtlerei. Man blicke in eine der wissenschaftlichen Abhandlungen Lessings mit ihren vielen gelehrten Zitaten oben und in den Anmerkungen unten: jedes unterstützt irgendwie die Beweisführung, keins kramt

Lesewissen eitel aus, und wie vieles hat Lessing der Bücherverschlinger unterdrückt! In Abhandlungen wissenschaftlichen Inhalts kommt nur der Größenwahnsinnige ganz ohne den ›Geist der Andern‹ aus; der wahrhaft wissenschaftliche Schreiber sagt zuvörderst dem Leser, wie weit die Wissenschaft es auf diesem Felde schon gebracht, bevor der Schreiber die Feder ansetzte. Er sagt aber nicht mehr, nennt nicht jeden unwichtigen Vorgänger, nicht jedes mittelmäßige oder dumme Wort eines mittelmäßigen oder dummen Schreibers vor ihm, sonst wird er zum eitlen ›Zitateles‹. ›Durch viele Zitate‹, heißt es bei Schopenhauer, ›vermehrt man seinen Anspruch auf Gelehrsamkeit, vermindert aber den auf Originalität, und was ist Gelehrsamkeit ohne Originalität! Man soll sie also nur gebrauchen, wo man fremder Autorität wirklich bedarf.‹ Also nur dann, wenn's die Sache will, nicht das liebe Selbstlein. Ein Zitat zur rechten Zeit kürzt ab und ist eher Bescheidenheit als Eigenliebe. Wenn jedoch das Zitat nichts Besseres und dieses nicht besser sagt, als es der Schreiber selbst sagen könnte, dann wage er's lieber mit eignem Geist. Spielhagen schreibt den Satz hin: ›Kein literarisches Werk überschreitet die ehrwürdige Schwelle zur Unsterblichkeit, es sei denn gefeit durch die höchste Kraft der Form.‹ Genügte dies nicht? Nein, denn plötzlich beginnt der Mann Latein zu reden: *vis suprema formae*, – ein überflüssiges, obendrein falsches Zitat. Es gibt einen von Goethe bewunderten und uns nur dadurch bekannten Ausspruch des Johannes Secundus (Jan Everhaerts, 1511–1536): *Vis superba formae* (stolze Kraft der Form).

Wieder einmal kann ich's nicht annähernd so gut sagen wie Schiller: ›Ach was haben die Herrn doch für ein kurzes Gedärm!‹, nämlich mit den schnellverdauten Lesefrüchten von gestern oder heute und mit dem Nachschlagen während des Schreibens. Kein übergelehrter Professor mit seinen den Text überwuchernden Anmerkungen nimmt es mit den kurzdärmigen hochberühmten Tagesschreibern auf, die ohne den Büchmann und den Brockhaus oder Meyer unmöglich sind. Namen brauchen nicht mehr genannt zu werden, der Leser kennt sie schon.

Als im Yildiz (!) *die Niederlage der scherifischen Mahalla* (!) *gemeldet war, mag Abdul Hamid lächelnd geseufzt haben: Other men have ill luck too*. Genau so. Englisch ist ja das Nächstliegende für

ACHTES BUCH
Der Ton

SECHSTER ABSCHNITT
Geborgter Geist

Abdul Hamid im Yildiz. Derselbe Zitateles – seinen verhaßten Namen errät jeder Leser, es handelt sich um Deutschlands widerwärtigsten Schreibgaukler – spricht von der Macht des Goldes auch in Marokko, schlägt seinen Büchmann auf (21. Auflage, S. 466), oder hat sich's schon beim gestrigen Ährenlesen aufgesammelt, und legt nun los: *Quisquis habet nummos, secura aura* [Jeder, der Geld hat, segelt mit sicherem Wind*], *die Petronische Weisheit wird zwei Jahrtausende überdauern*. Den Petronius hatte er natürlich auch im Büchmann gefunden.

Hat Schmock seine Weisheit nicht von gestern aus dem Büchmann, so hat er sie von heute aus Fourniers *Esprit des Autres*, worin u. a. die geistreichsten Aussprüche La Rochefoucaulds, Chamforts, Vauvenargues', Volnays und andrer glänzender Aufputzer seiner schriftstellerischen Plattheit und Albernheit stehn. Nur sorge der Leser, daß er, gleich diesem Brillantenschreiber, der rechts und links schreiben kann, immer die neuste Auflage des Trichters geistreicher Gelehrsamkeit im Schrank habe.

Ein Gelehrter, dessen höchster Ehrgeiz war, der belesenste Zeitgenosse – nicht zu sein, aber zu heißen, wollte das Erscheinungsjahr von Emersons Essays anführen. Es steht im Brockhaus, aber dieses dünkte ihn keine Gelehrtenquelle, folglich schöpfte Professor Zitateles aus – der Nordamerikanischen Literaturgeschichte eines unbekannten Italieners, was ein großartiges Quellenzitat ergab. Die Strafe folgte auf dem Fuß: der Italiener hatte eine falsche Jahreszahl genannt! Wie schrieb doch Lessing der Seher über Klotz und dessen unsterbliches Geschlecht? ›Es ist ein seltsamer Kniff mehrerer Gelehrten, über die bekanntesten Sachen grade den unbekanntesten Schriftsteller anzuführen, damit sie ihre Nachrichten ja aus recht besonderen Quellen zu haben scheinen.‹ (Mußte ich diesen schlagenden Satz nicht anführen?)

Kostbare Leistungen gelingen dem pücklernden Zitateles. Du Bois-Reymond berichtet über seinen Versuch, Kraftstrom in das Wasser, worin sich ein Zitterwels befand, zu entsenden: *Wenn er* (der Zitterwels) *in die Nähe der Elektroden kam, zog er sich eilend zurück, erteilte auch wohl selber, gleichsam sein **Anch'io!** sprechend, ein paar Schläge.* Ohne solche Brillantenfunde wäre mein Beispielsuchen auf die Länge der Jahre nicht zu ertragen gewesen.

Die Gräfin Ida Hahn-Hahn läßt einen Menschen, der keine Ahnung von einem Schriftsteller Namens Montaigne hat, plötzlich im Gespräch sagen: *Mon aller n'est pas naturel usw. sprech ich mit Montaigne*, nur weil die Hahn dieses, obendrein falsche, Zitat vielleicht Tags zuvor irgendwo gefunden.

Überhaupt die falschen fremdsprachlichen Anführungen! Will man durchaus das *Hoc volo, sic jubeo* [Dies will ich, so befehle ich*] zum tausendsten Mal auftischen, so schlage man es wenigstens im Büchmann auf und schreibe die richtige Form. Ein Talmi-Mezzofanti wie Harden sollte wissen, daß man in Griechenland nicht Altfranzösisch spricht, und lieber nicht schreiben: *Deus lo vult! so tobt's durch die Straßen von Athen.* Und ein Gelehrter wie Erich Schmidt hätte sich bedenken sollen, ehe er schrieb: *Am 25. August ist der Dichter* (Immermann), *dem eine jugendliche Gattin kaum zwei Monate zuvor ein Töchterchen geschenkt, in reifer Manneskraft einer Vita nuova und einer Fülle von Plänen entrissen worden.* Die *Vita nuova* des Knaben Dante hat mit dem neuen Leben des Vierzigers Immermann nicht das Geringste zu schaffen, und wir würden von Schmidt auch ohne dieses lächerlich unpassende Zitat vermuten, daß er von Dantes *Vita nuova* etwas weiß.

Der fürchterlichste Zitateles aber war und bleibt bis auf diesen Tag Jean Paul; selbst der unaussprechliche Harden reicht ihm nicht an den Zettelkasten. Ein Beispiel für all die Tausende. Jean Paul beginnt seinen Roman ›Der Komet‹ mit einem Urkapitel, worin er als die Heimat des Helden ein Landstädtchen Rom nennt: *Auch der unwissendste meiner Leser, der nie ein Buch gesehen, kann dieses Rom weder mit jenem großen italienischen verwechseln, das so viele Helden und Päpste aufzog, noch mit dem kleinen französischen, das sich bloß durch Eselzucht auszeichnet.* Hierzu die Anmerkung: *Ein Dorf im Departement Deux-Sèvres, siehe in Jöchers Zeitungslexikon, von Mannert neu bearbeitet, den Artikel Rom.*

○ ○ ○

Fast noch schlimmer sind die versteckten Zitate, die mit nur eitel andeutelndem, anspielendem Geziere. Versteht der Leser diese durch nichts aufgehellte Anspielerei Hamanns? *Der eine entdeckt uns, daß er keine beste Welt glaubt, und der andre sieht sich seiner Muse und Schutzengel beraubt bei dem Tode seiner Meta.* Wer ist der Eine, wer der Andre? Hamanns Zeitgenossen wußten noch, daß der Andre Klopstock war; wer der Eine, konnten schon sie nicht mit Sicherheit wissen. Wahrscheinlich Voltaire; aber wer etwas sicher weiß, soll nichts Wahrscheinliches erraten lassen.

Wer versteht diesen Satz Treitschkes (›Deutsche Geschichte‹, 5, 732): *Der große Elchi aus Pera Lord Straford Canning war mittlerweile als außerordentlicher Bevollmächtigter in der Schweiz erschienen.* Ich war in Pera, weiß aber bis heute nicht, was ein Elchi ist; bin ich verpflichtet, es zu wissen?

Ich halte es schon für bedenklich, wenn eine Zeitung, nicht ein Buch, schreibt: *Trotzdem schwanken manche Freisinnige wie das Tier Buridans noch immer, ob sie sich dem rechten oder dem linken Heubündel zuwenden sollen*; dreiviertel der Leser, wenn nicht noch mehr, haben keine Ahnung, was es mit Buridan, seinem Tier und seinen Heubündeln für eine Bewandtnis hat; und dies nicht zu wissen, ist für keinen Zeitungsleser eine Schande.

○ ○ ○

Anspielungen müssen verständlich sein und passen, sonst sind sie in doppeltem Sinne stilwidrig. Von jedermann verstanden und scharf treffend war die Erwiderung, die Bismarck 1849 einem Abgeordneten gab, der ihn ›einen verlorenen Sohn des großen Deutschen Vaterlandes‹ genannt hatte. Er schleuderte den Speer kraftvoll zurück und fügte hinzu: *Ich hoffe, daß er von seiner außerhäuslichen, idyllischen Beschäftigung bald in sein Vaterhaus zurückkehren werde.* Gröber und doch feiner kann man das Schweinehüten nicht bezeichnen.

Wie ein gutes und passendes Zitat im glücklichen Augenblick wirken kann, dafür ein Beispiel aus der Vorweltkriegszeit, der Satz des Kriegsministers von Einem gegen die heeresfeindliche lange Rede eines Abgeordneten: *Seni, komm herab, ... Mars regiert die Stunde.* Selbst die Parteifreunde des Getroffenen stimmten in die schallende Heiterkeit ein.

Besonders vorsichtig sei man mit allzu abgegriffenen, an sich noch so schönen Dichterworten. Herder nennt die ›versaufenden‹ geflügelten Worte: ›Sand ohne Kalkstein‹, und es ist nicht zu leugnen, daß Sammlungen wie die von Büchmann für den Stil mancher Schreiber, nämlich der Abschreiber fremden Geistes, gefährlich sind. Ein selbstgefundenes, selbstempfundenes, nicht abgedroschenes Wort eines großen Dichters kann am passenden Ort wundervoll wirken, jede Erwiderung lähmen, einen langen Beweis krönen. Bekannte Stellen müssen um so anspruchsloser auftreten, je bekannter sie sind, und müssen um so sicherer passen und treffen. Es war das erste Mal vielleicht nicht übel, auf sparsame Verwaltung zu dringen mit dem Worte Hamlets: ›Wirtschaft, Horatio, Wirtschaft!‹ Bekommt man es aber in jedem Leitaufsatz über die Staatshaushalte zu lesen, so wird es bald albern.

Man glaube nicht, daß die Zitiererei eine Erfindung neuerer Zeit sei. Beinah seit Priams Tagen wird zitiert, von den Griechen, den Römern, den Hebräern. Platon führte Stellen aus Homer und Aesop an; Scipio begleitete den Untergang Carthagos mit dem Homerischen Schicksalswort: ›Einst wird kommen der Tag, da die heilige Ilios hinsinkt.‹ Die Griechen gebrauchten bis zum Überdruß das ›Eulen nach Athen tragen‹ aus den ›Vögeln‹ des Aristophanes. Cicero und Horaz sprachen das *Hinc illae lacrimae* (daher die Tränen) aus der ›Andria‹ des Terenz nach. Der Evangelist Matthäus (11, 17) führte einen Satz Aesops an, ohne den Verfasser zu nennen: ›Wir haben euch gepfiffen, und ihr wolltet nicht tanzen.‹ Ja sogar der stilstrenge Spinoza schreibt doch einmal nach: *Solamen miseris socios habuisse malorum* (Trost im Unglück sind Unglücksgenossen).

Ich denke, Leser und Verfasser werden einander verstehen: Zitate sind zwar nicht unentbehrlich, können aber ein nützlicher Schmuck der Rede und in gewissen Fällen ein gutwirkendes Stilmittel sein. Sie sind erlaubt, wenn sie der Sache dienen; verboten, wenn sie nur dem Menschlein, nämlich dem Schreiber, zur Befriedigung kleinlicher Eitelkeit dienen sollen. Zwischen diesen beiden Gattungen des Zitates unterscheidet der schwerlich fehlgreifende gute Geschmack und der ihm so nahe verwandte Takt.

○ ○ ○

Manier

Was ist **Manier**? Manier im schlechten, im geringschätzigen Sinne. Einer ihrer durch eigne lebenslange Übung erfahrensten Kenner, Alfred Kerr, behauptet, er muß es behaupten: ›Manier ist der Defekt im Leser!‹ – Oder: ›Jeder Stil, dessen Melodie im Autor klingt, bevor die übrigen an ihren Gang gewöhnt sind.‹ Wie aber, wenn der Leser trotz seinem Defekt sich nach zehn Minuten an den Gang der Leierkastenmelodie eines Manierschreibers bis zum Überdruß, bis zum Ekel gewöhnt hat? Der Leser ist bei weitem nicht so ›defekt‹, wie die Großmeister der Manier sich einbilden. Zum Wesen der schlechten Manier, und vornehmlich von dieser sprechen wir hier, gehört eben, daß sie sogleich entdeckt wird. Man gebe einem mittelgebildeten Leser je zwei Aufsätze von Saphir, Kerr, Harden, und er wird mit Treffsicherheit den Gang ihrer Melodie, in ehrlicherem Deutsch: den Kniff ihrer Mätzchen, die Zerrsaiten ihres Gesichterschneidens so unfehlbar herausfinden, wie etwa der kunstgeschichtlich ungebildete Besucher jeder großem europäischen Gemäldesammlung den Schimmel in Wouwermanns Bildern.

> Zu fast jeder Zeit ist irgendeine Manier im Schwange und wird bewundert. Die gemeinen Köpfe sind eifrig bemüht, solche sich anzueignen und sie zu üben. Der Einsichtige erkennt und verschmäht sie: er bleibt außer der Mode. Aber nach einigen Jahren kommt auch das Publikum dahinter und erkennt die **Fakse** für das, was sie ist, verlacht sie jetzt, und die bewunderte Schminke aller jener manierierten Werke fällt ab, eine schlechte Gipsverzierung von der damit bekleideten Mauer: und wie diese stehen sie alsdann da. – Es ist damit, wie wenn ein Abszeß aufgeht. (Schopenhauer)

Kerrs Verteidigung der ihm unentbehrlichen Manier (Fakse) verwechselt zwei grundverschiedene Dinge: Stil und Kinkerlitzchen, gesunden Gesichtsausdruck und Fratze. Dieses Buch ruht auf dem Grunde der Überzeugung, daß jeder Schreiber seinen Stil hat oder haben sollte, hält aber nicht für Stil die zu eitler Spielerei ersonnenen und angeübten Gaukelkünstlein und Klaunfaksen. Die echte Manier, diesen scharf umrissenen Ausdruck eines echten Eigenmenschen, hat jeder Schreiber, und gerade daran, daß er sie hat, wird er unter den Vielzuvielen ohne Stil erkannt. Homer hat die große Manier; die Bibel hat sie, nicht eine Manier, sondern so viele, wie mächtige Meister des Stiles hinter ihr stehen. Aeschylos, Sophokles, Euripides haben die echte Stilmanier so unverkennbar, daß ein künstlerisch gebildeter Wissenschafter jedes größere Bruchstück des einen der Drei seinem wahren Verfasser zuschreiben kann.

Lessings Stilmanier ist oft genug beschrieben worden, einmal von ihm selbst angedeutet (im zweiten ›Anti-Goeze‹):

> Also von der, von der Wahrheit, lassen Sie uns sprechen, und nicht vom Stil. Ich gebe den meinen aller Welt preis; und freilich mag ihn das Theater ein wenig verdorben haben. Ich kenne den Hauptfehler sehr wohl, der ihn von so manchen andern Stilen auszeichnen soll; **und alles, was zu merklich auszeichnet, ist Fehler.** Aber es fehlt nicht viel, daß ich nicht die Kunstrichter, die ihn von allen seinen Fehlern säubern wollten, gerade für diesen einzigen um Schonung anflehen möchte. Denn er ist nicht sein Fehler, er ist seine Erbsünde. Nämlich: er verweilt sich bei seinen Metaphern, spinnt sie häufig zu Gleichnissen und malt gar zu gern mitunter eine in Allegorie aus; wodurch er sich nicht selten in allzu entfernte und leicht umzuformende *tertia comparationis* verwickelt.

Ein allzu strenges Selbsturteil, jedenfalls eins der aufrichtigsten in der Geschichte Deutschen Stils. Was Lessing an sich tadelt, ist doch mehr allgemeines Stilwesen als ein zu merklich auszeichnender Fehler, wenn überhaupt Fehler; denn die möglichst helle Sinnen- und Bildhaftigkeit eines Stiles wird zum Fehler nur durch ihren äußersten Widerspruch: das falsche Bildern, das ja aus dem Nichtsehen des Hingeschriebenen fließt.

○ ○ ○

Schlechte Manier ist nur die mit nicht reinkünstlerischer Absicht bewußt geübte Hätschelei gewisser künstlerisch wertloser Ausdrucksmittel. Wo die Kunst aufhört und die Eigenliebe beginnt, dafür gibt es keinen festen Standmesser; der an den besten und den schlechtesten Schreibern geübte geschmackvolle Leser wird die Scheidegrenze wohl in jedem Falle finden. Keller hatte ein so feines Ohr für gewollte Manier, überhaupt für erkennbare Absicht, daß ihn schon der ›leise Hang zur Manieriertheit, wo nicht Affektation des Stiles‹ in C. F. Meyers Prosa störte.

Einzelne Lieblingswörter sind noch lange nicht schlechte Manier; sie werden es erst durch selbstgefällige Absichtlichkeit. Ciceros ewiges *esse videatur* am Schlusse der Sätze ist harmlose Angewöhnung, noch nicht verwerfliche Manier. Eichendorffs immer wiederkehrendes ›Rauschen‹ ist doch eher Stil, wenngleich kein bester, als Manier; und selbst Auerbachs ein bißchen häufiges ›taufrisch‹, das Mauthner in seiner ›Walpurga, der taufrischen Amme‹ so hübsch verspottete, ist höchstens ein winziger Leberfleck, kein Gesichterschneiden wie die Dutzende lächerlicher Geckenmanierwörter einiger unsrer neusten Ritter vom Geist – der Andern. Treitschke hatte seine Lieblingswörter, z.B. Werdegang; doch wer kann dagegen etwas sagen? Was Wustmann dagegen sagte, war eigendünkliche Willkür. Bismarck gebrauchte gerne bequeme Notbehelfe wie ›*rebus sic stantibus* (bei so bewandter Lage), die Imponderabilien, angebrachtermaßen‹. Man mag auch dergleichen Manier nennen, aber wie harmlos ist sie.

Gefiel Schillern eine gute Wendung, so gebrauchte er sie wohl zweimal; der Aufsatz über naive und sentimentalische Dichtung beginnt: *Es gibt Augenblicke in unserm Leben, wo wir ...,* und im Wallenstein wird es wiederholt. Wer wird hier von Manier sprechen? Eher schon kann manches in Goethes Altersstil als unerfreuliche Manier gelten, und doch nicht im verwerflichen Sinne, denn es ist Goethen gar nicht eingefallen, mit seinen immer wiederkehrenden Lieblingen ›anständig, bedeutend, heiter, und so fortan‹ etwas Besondres sagen zu wollen; es waren versteinerte Gewohnheiten.

Manier hingegen, nichts als Manier im schlimmsten Sinne, ist es, wenn Kerr statt ›etwa‹, um bedeutungsvoller zu scheinen, ›etwan‹ schreibt, – regelmäßig! Wenn er, um jemandes Ansicht herabzuwürdigen, nicht ›sagt er‹, sondern ›äußert er‹ schreibt, – regelmäßig! Wenn er irgendein gleichgültiges Wort bedächtig, wie mit einem Nachdruck gebenden Finger an der Nase, in Klammern wiederholt, – regelmäßig! Wenn er als Hauptmittel des Sichlustigmachens das Stottern benutzt: ›Die ... Id... Idee des Werkes‹, – regelmäßig! Der stilgesunde Leser schüttelt sich vor Widerwillen wie beim Anblick eines Unglücklichen, der am Veitstanz leidet.

Auf dem Grenzrain zwischen eigenmenschlichem Stil und bewußter Manier bewegt sich vieles bei Nietzsche. Manier großen Stils, um diese Gegensätze einmal zu vereinigen, ist sein ›Zarathustra‹; wer weiß aber, ob das nächste Geschlecht die Manier nicht deutlicher empfinden wird als den Stil? Manier ist sein ›Moralin, moralinsauer, moralinfrei‹, in die er so rührend verliebt war; sie sind Manier von der schlimmeren Art: der nachgeahmten, denn sie sind eine Nachbildung von Lagardes ›judainfreiem Judentum‹. Ähnlich steht es mit andern Lieblingswörtern Nietzsches: die meisten, vielleicht alle, hat er Andern nachgeschrieben (vgl. S. 178); selbst das ›Herdentier‹ ist aus einer Stelle Schopenhauers entstanden über die Menschen, die am liebsten herdenweise einhergehen. Ebenso ist sein ewiges ›*par excellence*‹ Manier, eine wenig schöne, flache: das Lesen der Evangelien ist ihm ein *raffinement par excellence*, die Bibel das Priesterbuch *par excellence*, die Sünde die Selbstschändungsform des Menschen *par excellence*, Paulus ist der Jude, der ewige Jude *par excellence*. Alle Manier ist langweilig, und Nietzsches nicht kurzweilig.

An Stefan George ist alles Manier, der ›Inhalt‹, der Wortschatz, die Form, alles Mache, alles Unnatur.

Die Meister der künstlerischen Parodie haben sich niemals an die Sprache des jungen Goethe gewagt; seine Altersprosa ist ziemlich oft bis zur Täuschung nachgeschnörkelt worden, z. B. von Pustkuchen, Varnhagen, Schöll. Ja selbst der Stil mancher Altersverse hat sich als nachahmbar erwiesen; zum 28. August 1835 dichtete ein sonst unbekannter Stephan Schuhe dieses angeblich Goethische Gedicht von verblüffender ›Echtheit‹:

Wohl, ihr Kinder, bleibet so
Treu in Wort und Tat verbunden,
Und gedenkt beharrlich froh
Manch erwünschter schöner
  Stunden.

Wirkt ihr klar-verständig fort,
Jeder fest in seinem Kreise,
Trennt uns weder Zeit noch Ort,
Leben wir auf gleiche Weise.

Und ich seh in Folgekraft
Ernten neue Saaten streuen,
Und wie alles fördert, schafft,
Schlingt sich's fort in heitern
  Reihen.

Mächtig, nie sich selbst genug,
Dehnt der Geist die starken
  Schwingen
Regsam frei im weiten Flug,
Immer Schönres zu vollbringen.

Endlich wie der Sterne Heer	Also fühl ich, heitern Blick
Wird Erkenntnis gut sich mehren,	Fernen Räumen hingegeben,
Keiner fragen, streiten mehr,	Über Sternen reinres Glück,
Wem das Beste mag gehören.	Mit der Welt – ein selig Leben.

Wie zum großen Markt der Welt,
Seh ich alle rüstig eilen.
Bringen, forschen, was gefällt,
Und ins Erbe froh sich teilen.

Wäre Schuhe nicht ein ehrlicher Mann gewesen, er hätte mit Fälschungen zu unredlichen Zwecken arge Verwirrung stiften können.

In Immermanns ›Münchhausen‹ stehen allerlei hübsche Nachahmungen guter und schlechter Manieren zeitgenössischer Schriftsteller. Dabei war Immermann selbst nicht frei von Manier: z.B. machte er von der ›Blume unter Trümmern‹, einem seiner Lieblingsbilder, überhäufigen Gebrauch. – Sehr leicht ist Heine in seinem Mittelgut nachzuahmen: man lese z.B. Gumppenbergs köstliche Versuche im ›Teutschen Dichterroß‹, einem für unsern Gegenstand lehrreichen Sammelbuch. Heines Verstränen in jeglicher Mischung, bis zu den vergiftenden eines Weibes, sind unter zehn Malen neunmal Manier.

Die meisterlichsten Nachahmungen von Gumppenberg und Robert Neumann nahmen sich George aufs Korn, und in der Tat: jeder Versmacher kann Georges feierliche Stumpfsinnsweise täuschend nachleiern.

○ ○ ○

Lesefrüchtelei aus Eitelkeit, selbstgefällige oder gar nachäffende Manier, ungefühltes nachschwätzendes hohles Gerede, **Phrase** genannt, sind Geschwister: ihrer aller Mutter heißt Unwahrhaftigkeit, ihr Vater ist der Dünkel. Dies ist die nüchterne Prosa über die drei Unholdinnen; der Dichter erzählt es anders und viel hübscher:

> Die Lüge kam zur Wahrheit: Liebe Wahrheit, borge mir eine Maske. – Ich habe keine Maske, sprach die Wahrheit. – Die Lüge ging zur Täuschung und bat sie um ihre Maske. – Ich brauche sie selber, sagte die

Phrase

> Täuschung. – Nun ging die Lüge ratlos zu ihrem Vater, dem Teufel, und flehte: Vater, verschaffe mir eine Maske, sonst kann ich nicht bestehen. – Gut, mein Kind, du sollst sie haben, sagte der Teufel, und erfand die Phrase. (Rosegger in den Bergpredigten)

Die Erfinderschaft des Teufels ist eine dichterische kleine Übertreibung, und das Wort Lüge ist ein bißchen zu grob für Phrase; denn es gibt unschuldige oder doch entschuldbare Phrasen, die nur durch gedankenloses Nachsprechen entstehen, nicht aus trügerischer Absicht. Trotzdem ist es besser, in solchen Stilfragen, die ja zugleich Seelenkernfragen sind, zu grob als zu höflich zu sein, also mehr die Unwahrhaftigkeit als die Gedankenleere der Phrase hervorzuheben. Phrase stammt von einem anständigen griechischen Wort, das Ausdruck, Ausdrucksweise, auch Satz bedeutet, und hat seinen schlimmen Nebensinn dadurch bekommen, daß man den Satz als solchen, also das Aneinanderreihen von bloßen Wörtern, schärfer aufs Korn nahm. Phrase bedeutet also Wortmacherei und kann einstweilen beibehalten werden, wie einige andre Fremdwörter für verwerfliche Dinge. Die Franzosen gebrauchen das Fremdwort seltner als wir, drücken sich meist sinnfälliger als wir aus: *se payer de mots* (sich mit Worten bezahlen).

Über die Macht der Phrase zu sprechen, ist überflüssig; vor ihr zu warnen, nutzlos. Sie könnte durch eine tiefere Stilbildung gemindert werden, nicht weil dann die Zahl der absichtlichen Phrasenmacher abnähme, wohl aber weil die Leser feinhöriger gegen den hohlen Klang bloßer Worte würden.

Was Schopenhauer über die Phrase sagt, trifft nur die verhältnismäßig gutartige, die gedankenlose: ›Die Schreiberei der Alltagsköpfe ist wie mit Schablonen entworfen, besteht nämlich aus lauter fertigen Redensarten und Phrasen, wie sie eben im Schwange und Mode sind, und die sie hinsetzen, ohne selbst etwas dabei zu denken. Der überlegene Kopf macht jede Phrase [Satz] eigens für den gegenwärtigen Fall.‹ Was in diesem Buche über den ungefühlten Ausdruck, das Modewort, die Wortmacherei gesagt wurde, steht natürlich mit allem über die Phrase zu Sagendem im engen Zusammenhang; nicht minder gewisse Abschnitte über die Fremd-

ACHTES BUCH
Der Ton

SECHSTER ABSCHNITT
Geborgter Geist

wörterei. Der Leser sei erinnert, daß da, wo übermäßig mit Fremdwörtern geklappert wird, ›ein Hufeisen los‹ und die Phrase mitten unter ihnen ist.

›Mehr als ein Wort ein Beispiel tut.‹ Nur der Raum zieht hier die engen Schranken; eine, immer noch höchst unvollständig bleibende, Sammlung hohlen Phrasendrusches könnte in wenigen Wochen auf den Umfang dieses Buches gebracht werden. Eine Auswahl berühmter Phrasen aus dem Staatsleben allein würde ein paar Bogen füllen. Eins der berüchtigtsten Aktenstücke darf hier nicht fehlen: die feige Phrasenmacherei des Berliner Stadthauptmanns Fürsten Hatzfeld vom 21. Oktober 1806 nach der Schlacht bei Jena:

> Nur festes Anschließen an Diejenigen, welche das mühselige Geschäft übernehmen, die von einer solchen Begebenheit unvermeidlichen Folgen zu mindern, so wie die mehr als jemals nötig gewordene Ordnung zu handhaben, kann die schrecklichsten Folgen abwenden, welche der minderste Widerstand oder irgendein unruhiges Benehmen der Einwohner über die Hauptstadt verbreiten würde. – Ich ermahne Jeden (denn hoffentlich werde ich es nicht nötig haben zu befehlen), ruhig bei seinem Gewerbe zu bleiben, und alle Sorgen denjenigen zu überlassen, welche sich rastlos mit seinem Wohle beschäftigen werden (!).

Schon vorher war der noch berühmtere Erlaß des Grafen Schulenburg angeschlagen worden, worin es hieß: ›Jetzt ist Ruhe die erste Bürgerpflicht.‹

Die an ausgedroschenem Phrasenkaff üppigste Zeit Deutschlands war das Jahr vom November 1918 ab: die Scham wird eine Musterlese verhindern. Man denke z.B. an die Dutzende von ›flammenden Protestes‹, die nichts waren als bewegte Luft und Rascheln im hohlen Stroh, und an die blöden ›Verankerungen‹.

Eine im Angesicht der Guillotine grausig klingende Phrase war zur französischen Schreckenszeit die von der *Liberté, Egalité, Fraternité* gewesen; das heuchlerische Geschwätz von der Brüderlichkeit wurde treffend übersetzerisch verhöhnt: ›Willst du nicht mein Bruder sein, schlag ich dir den Schädel ein.‹ Und wie anders als Phrase darf man Jules Favres großartig klingendes, innerlich hohles Wort vom 6. September 1870 nennen: ›Wir geben keinen

Phrase

Finger breit Erde, keinen Stein unsrer Festungen preis‹, geschrieben zu einer Zeit, als die Deutschen Heere mehr als ein Drittel französischen Bodens besetzt und die zwei Hauptfestungen unrettbar umzingelt hielten.

NEUNTES BUCH

Die Schönheit

- 1. Abschnitt
  Schmuck 747
- 2. Abschnitt
  Bild 757
- 3. Abschnitt
  Wohllaut 779
- 4. Abschnitt
  Klarheit und
  Verständlichkeit 795
- 5. Abschnitt
  Hilfsmittel zum
  guten Stil 813

Was aber schön ist, selig scheint es in ihm selbst.
MÖRIKE

ERSTER ABSCHNITT
Schmuck

Wenn die Rose selbst sich schmückt,
Schmückt sie auch den Garten.   Rückert

Die Wahrheit ist nackt am schönsten, und
der Eindruck, den sie macht, um so tiefer,
als ihr Ausdruck einfacher war.
    Schopenhauer

Als Beispiel führt Schopenhauer die Stelle aus Hiob an: *Der Mensch, vom Weibe geboren, lebt kurze Zeit und ist voll Unruhe; geht auf wie eine Blume und fällt ab; fleucht wie ein Schatten und bleibt nicht.* ›Welche Deklamation über die Nichtigkeit des menschlichen Daseins, fragt Schopenhauer, wird wohl mehr Eindruck machen als Hiobs?‹ Das Beispiel ist ausnehmend lehrreich: die Sätze aus Hiob sind ja nicht ganz nackt, es schmückt sie nur der kurze schöne Vergleich ›wie eine Blume‹, sie halten also die gute Mitte zwischen edler Einfachheit und edlem Schmuck. Und siehe da, ein noch kunstvollerer Dichter als der des Buches Hiob, Homer, schmückt seine Betrachtung über die Vergänglichkeit alles Menschenlebens mit einem ähnlichen, nur ausgeführteren Vergleich:

> Gleichwie Blätter im Walde, so sind die Geschlechter der Menschen!
> Einige streuet der Wind auf die Erd' hin, andre wieder
> Treibt der knospende Wald, erzeugt in des Frühlinges Wärme.

Ein den Beiden nicht unverwandter dritter Dichter, der von ihnen so vieles gelernt zu haben bekannte, von Hiob z.B. das Vorspiel zum ›Faust‹, Goethe, hat dem Daseinsjammer des Erdengeschlechtes den einzigen Trost entgegenzusetzen gewagt: *Und wenn der Mensch in seiner Qual verstummt, Gab mir ein Gott, zu sagen, wie ich leide.*

Alle drei Dichtungstellen sind schön, niemand zweifelt daran; sie mögen uns helfen, das Geheimnis des geschmückten, ja des schönen Stiles überhaupt zu lüften. Die Schönheit kann nicht nur von einer Art sein, denn jene drei weltberühmten Stücke sind von sehr verschiedener Schönheit. Die nackteste ist Goethes: nicht ein einziges Beiwort, kein sonderlich dichterischer Ausdruck, nicht einmal eine nur der Dichtung eigne Wortstellung. Das Ganze könnte, wie so oft bei Goethe, ungebrochen gedruckt sein und für edelste Prosa gelten, und es ist zugleich erhabene Dichtung, an Tiefe und Wohllaut selbst von wenigen Goethischen Versen übertreffen. Bescheidener Schmuck höht die Worte Hiobs auf; ein volles Bild prägt sich uns in Homers Versen ein.

So wissen wir nun: ein ganz schmuckloser Stil kann so schön, ja noch schöner sein als der geschmückte; denn als höchsten Schmuck trägt er den Adel des Wortes, des Satzes, des Aufbaues, dazu das reiche Innenleben. Durchzittert ihn gar die herzbezwingende Klangeskunst, so vermissen wir keinen noch so reichen Außenschmuck; ja wir würden ihn für ein Zuviel, daher für stilwidrig halten. ›Jedes überflüssige Wort wirkt seinem Zwecke gerade entgegen‹ (Schopenhauer).

Der Leser, der die Erklärung des besten Stils als des zweckmäßigsten für richtig hält, bedarf keiner andern zur Erklärung des schönen Stils; ›ästhetische‹ Allgemeinheiten können ihm erspart bleiben. Er ist durch zahlreiche Beispiele in den vorangehenden Abschnitten belehrt worden, was schlechter, was schlechtester Stil ist; Beispiele mehr als Worte sollen auch die Lehre vom schönen Stil bilden. Sehr viele dürfen es nicht sein, denn wo wäre bei unsrer trotz alledem herrlichen Prosa der Besten ein Ende? – Als Ergänzung diene der Abschnitt ›Deutsche Prosameister‹ (S. 905).

Man lese diese Stelle aus Kellers ›Tanzlegendchen‹, lese sie den Liebsten oder sich selber laut vor:

> Als nun der nächste Festtag im Himmel gefeiert wurde, und die Musen wieder ihren Dienst taten, nahmen sie einen für ihr Vorhaben günstig scheinenden Augenblick wahr, stellten sich zusammen auf und begannen sänftiglich ihren Gesang, der bald gar mächtig anschwellte. Aber in diesen Räumen klang er so düster, ja fast trotzig und rauh und dabei so sehnsuchtschwer und klagend, daß erst eine erschrockene Stille waltete, dann aber alles Volk von Erdenleid und Heimweh ergriffen wurde und in ein allgemeines Weinen ausbrach. Ein unendliches Seufzen rauschte durch die Himmel.

Es gibt nicht viele schönere Stellen in unsrer Dichterprosa. Man scheut sich, den Reiz zu zergliedern, den dieses aus Seelenfülle, Bildlichkeit, Wortzauber, Satzklang, aus allen im Verein gewirkte Meisterstück auf jeden Leser mit gleichgestimmtem Empfinden übt. Nicht der letzte Reiz besteht in dem entzückenden Schweben zwischen gebundener und ungebundener Rede, das Nietzsche so schön bezeichnet: ›Der Takt eines guten Prosaikers in der Wahl seiner Mittel besteht darin, dicht an die Poesie heranzutreten, aber niemals zu ihr überzutreten.‹ Niemals? Ein bescheidnes, sich nicht zu weit vorwagendes Hinüberschweben schadet nichts; der Künstler kennt die Grenze und achtet sie noch im Überschreiten.

> Aber welche Opfer auch von dem Einzelnen gefordert werden mögen, sie wiegen die heiligen Güter nicht auf, für die wir streiten und siegen müssen, wenn wir nicht aufhören wollen, Preußen und Deutsche zu sein. (Aus dem von dem jüngeren Hippel verfaßten Aufrufe Friedrich Wilhelms 3. ›An mein Volk‹ vom März 1813)

Viele Tausende kennen diese Worte auswendig wie ein sich durch den Vers einprägendes schönes Gedicht.

> Ich werde das Schwingen, Klingen und Singen dieser Morgenröte Deutscher Freiheit, diesen so leuchtenden Anfang eines neuen jungen Lebens nimmer vergessen. Das waren Tage, ja das waren herrliche Tage; die junge Lebens- und Ehrenhoffnung sang und klang durch alle Herzen, sie klang und sang auf allen Gassen und tönte begeistert von Kanzel und Katheder. Der Bücherstaub der Gelehrsamkeit ward von dem Sturmwind des Tages abgewetzt, und der goldene Blütenstaub des fröhlichen Maientages der Hoffnungen und des Gemütes fiel auf die Stirnen, die jener sonst umgraut hatte. (E. M. Arndt)

Auch dieser schwungvollen Stelle wird keiner die Schönheit abstreiten; doch ist sie von wesentlich andrer Art als die der zwei ersten. Den herrlichen Deutschen Völkerfrühling von 1813 galt es rückschauend zu schildern: dazu bedurfte es jedes guten Stilmittels, und eines dieser guten heißt Schmuck. Wiederholung klingender Worte, Bilderreichtum, prangende Beiwörter – nichts verschmähte der schlichte, tüchtige Arndt; doch in nichts vergriff er sich über das Maß des diesmal Erlaubten, ja Gebotenen. Warum stört uns der reiche Schmuck nicht? Warum fällt es uns nicht ein, das Schwingen, Klingen und Singen für Klingklang; die Morgenröte Deutscher Freiheit, den Sturmwind des Tages, den goldenen Blütenstaub des fröhlichen Maientages, den leuchtenden Anfang eines jungen neuen Lebens für Wortmacherei, Phrase, Schwulst zu halten? Weil der Stoff einer der allergrößten ist, einer von jenen, die den allergrößten Stil fordern; weil er von solcher Lebensfülle, solchem Sonnenglanze ist, daß ihm einzig durch Fülle und Glanz, wenn überhaupt, Genüge werden kann. Ein nur um wenige Grade geringerer Stoff, und der herrliche Schmuck würde zum wertlosen Behang, zum Plunder.

Die zwei ersten Stellen wetteifern mit der dritten an Schönheit, sind jedoch schlichter, schmuckärmer. Braucht dem Leser noch gesagt zu werden, warum sie es sind, es sein sollten und mußten? Es bestätigt sich an allen vier das Wort Schillers:

> Untersucht man die Zauberkraft der schönen Diktion, so wird man allemal finden, daß sie in einem glücklichen Verhältnisse zwischen äußerer Freiheit und innerer Notwendigkeit enthalten ist. (›Über die notwendigen Grenzen beim Gebrauche schöner Formen‹)

Befremden könnte in Schillers Abhandlung ein späterer Satz, worin er ›die schöne Form in Schriften für die Jugend über wissenschaftliche Materien‹ verwirft. Bei näherer Prüfung ergibt sich, daß er unter ›schöner Form‹ hier nur die blühende, schmuckreiche Sprache versteht, also etwas für diesen Zweck Überflüssiges. Das Wesen der Schönheit erklärt er daselbst als ›höchste innere Notwendigkeit‹; Hebbel fast wörtlich ebenso: ›Form ist Ausdruck der Notwendigkeit.‹ Damit wird unsre Frage nach der Angemessenheit des Schmuckes beantwortet: Er ist am Platze, wo er notwendig ist, und nur da ist er am Platze. Die sogenannte ›schöne Sprache‹, die man oft an einem sonst wertlosen Schreiber rühmen hört, ist verdächtig: es gibt für den guten Stil keine bloß schöne Sprache, es gibt nur eine vollkommen angemessene Sprache.

○ ○ ○

Der Himmel bewahre uns vor der bloß schönen Sprache. Schmücke dein Heim, schmücke dich selbst, schmücke dein Weib, dein Kind, alles natürlich mit Geschmack; aber schmücke nicht deine Sprache, es sei denn, daß deine Gedanken des Schmuckes wert sind. Nur das Festgewand verträgt Schmuck. Die alten Römer, ein Rednervolk, hatten Freude am Schmuck der Rede, am *sermo ornatus* [geschmückte Ausdrucksweise*], an der *amplificatio* [Ausgestaltung*], und Cicero schwelgte darin. Selbst der nüchterne Quintilian zieht von den zwei Übeln, dem allzu blumigen und dem allzu trocknen Stil, das erste vor, denn: *Facile remedium est ubertatis; sterilia nullo labore vincuntur* (Gegen die Üppigkeit gibt es ein leichtes Mittel, Trockenheit wird durch keine Mühe besiegt). Ich meine, das Ergänzen des Fehlenden ist für den Leser nicht so widrig wie das Wegschneiden des überflüssigen, vorausgesetzt daß die ›Sterilität‹ nicht sogar das Notwendige weggelassen hat.

Richtiger ist der Grund, den Tacitus für die Zweckmäßigkeit einigen Schmuckes gibt: auch der Leib des Menschen bestehe nicht bloß aus Adern und Knochen, sondern aus Lebensblut. Gegen den Schmuck, der pulsendes Leben ist, wird niemand etwas haben; sonst aber weg mit jedem Schmuck nur des Schmuckes wegen! Die blühenden Schreiber, die selbst von Flöhen oder Druckfehlern erhaben singen (vgl. S. 671), die Sulzer, Ramler, Schöll, Bernays usw. sind Stilverderber. Klopstock ist untergegangen an dem Mißverhältnis zwischen Gehalt und Schmuck. Man lese z. B. seine Verse über die Genesung:

> Hätt' ich deinen sanften Gang nicht vernommen.
> Nicht deiner Lispel Stimme gehört,
> So hätt' auf des Liegenden kalter Stirn
> Gestanden mit dem eisernen Fuße der Tod.

Welch eine schöne Sprache! Aber was steht in den Versen? Nicht mehr als: Wär' ich nicht gesund geworden, so wär' ich gestorben, und dieser Gedanke heischte wahrlich keinen Schmuck. – Am Übermaß des Schmuckes, an der allzu schönen, aber flauen, nicht eigenwüchsigen Sprache sind Alexander von Humboldts Ansichten der Natur untergegangen, überflüssiger Schmuck hat denselben Grund wie jede andre Stilunwahrhaftigkeit, wie z. B. die Gelehrttuerei mit Fremdwörtern: der Schreiber ist sich des Mangels an Ewigkeitswerten bewußt und sucht ihn durch Blender zum Reichtum zu machen. Bettelpracht in beiden Fällen. Oft erschrecke ich über die Gleichheit der Auffassungen vom Stil in den ältesten und den neusten Zeiten. Da hatte ein von mir scharf getadelter schlechtschreibender germanistischer Welscher mir munter unterlegend, nicht auslegend nachgesagt: mein ›eigentliches Ideal bleiben die farblosen Korrektheiten‹, und wenige Tage drauf stieß ich im Quintilian auf dessen Abwehr der gleichen Verlogenheit eines römischen Brillantenschmocks: *Nemo ex corruptis dicat me inimicum esse culte dicentibus* (Nenne mich doch kein Lateinverderber einen Feind gepflegter Sprache).

○ ○ ○

Die Wahl zwischen Schmuck und Trockenheit hängt nicht von willkürlicher Geschmackslaune ab, sondern wird geleitet durch das Grundgesetz des Stils: höchste Zweckmäßigkeit. Schmuck an der richtigen Stelle steigert den Eindruck, er vermindert ihn an der falschen; und die äußerste Trockenheit kann da, wo sie hingehört, als Notwendigkeit wirken, wogegen jeder Schmuck von Übel ist. Wie trocken klingt der Schluß der Emser Depesche (S. 545); aber wie mächtig, wie furchtbar hat er nach dem Willen des Verfassers gewirkt! Wie blumig geschmückt war die Depesche Napoleons 3. an seine Kaiserin über die ›zu Tränen rührende Feuertaufe‹ des Prinzen Louis in der sogenannten Schlacht bei Saarbrücken, und wie kläglich hat sie sogar auf die Franzosen gewirkt!

Winckelmann, sonst kein Schmuckschreiber, streut alles, was ihm an schmückenden Stilmitteln zu eigen, über die Schilderungen der Göttergestalten in den römischen Sammlungen aus;

denn sie haben ihn berauscht, und er schreibt im seligen Rausche, z.B. über den Apoll vom Belvedere, wie auf S. 237 steht. Hier ist schöne Sprache in ihrer Art so schön wie der Gegenstand, und so soll es sein.

Es gibt Wortkunst ohne die Spur von Schmuck und doch von untadliger Schönheit. Schön ist die ehern starre Sprache des Mathematikers Euklid: schön die Sprache von Lehrsätzen wie: *Zwischen zwei Punkten ist die gerade Linie die kürzeste. – Wenn jede von zwei Größen einer dritten gleich, so sind sie einander gleich.* Häßlich dagegen: *Eine vollständige Totalität ist identisch mit der synthetisierenden Summe aller ihrer integrierenden individuellen Komponenten* (Sprache eines großen Teiles der Deutschen Wissenschaft).

Reinheit ist schön; schlichte, klare, knappe, bestimmte Sprache ist schön. Ein schöner Schmuck ist endlich noch die **Flüssigkeit des Stils**. Sie ist nicht Dünn- noch Dickflüssigkeit, sondern einfach Flüssigkeit: der Leser soll ohne größere Mühe vorwärts dringen, als die Gedankenschwere des Gegenstandes fordert. ›Die meisten Denker schreiben schlecht, weil sie uns nicht nur ihre Gedanken, sondern auch das Denken der Gedanken mitteilen‹, heißt es bei Nietzsche, der sich wohl an Heines Urteil über Jean Paul erinnerte: ›Statt Gedanken gibt er uns eigentlich sein Denken selbst.‹ Wenn es nur **das** wäre! Viele aber belasten ihre Gedanken mit gelehrt oder geistreich sein sollendem Schmuck, wälzen dem Leser aus Eitelkeit Knubben und Stubben, Blöcke und Pflöcke in den Weg, zwingen ihn zu nutzlosem Abschweifen der Gedanken, halsen ihm unenträtselbare Andeuteleien auf, schmücken ihren Stil mit zierigem Schnörkelkram, – kurz sie machen dem Leser die Arbeit schwerer als nötig. Der Schreiber hat die Pflicht und Schuldigkeit, sich Mühe zu geben, um sie dem Leser zu ersparen. In der Vorrede zu seinem bedeutsamen, schweren Werke ›Die Lebensanschauungen der großen Denker‹ schreibt Eucken vortrefflich: ›Ein Buch, welches sich mit den tiefsten Problemen des Menschenlebens befaßt, läßt sich nicht ohne alle eigene Arbeit aufnehmen; aber wir haben mit größtem Eifer gestrebt, diese Arbeit nicht unnütz zu vermehren.‹ Nur das Nachdenken der Gedanken des Schreibers darf dem Leser Mühe machen, nicht die Elendigkeit seines Stils oder gar die Unkenntnis der Sprachgesetze. Der beste Schreiber ist der, von dem man jeden Satz zwei- und mehrmal liest; aber um sich an der innern und äußern Schönheit zu erfreuen, nicht um seinen verrenkten und verhedderten Satzbau zu entwirren. Jedes Triebwerk, dessen Reibung außer Verhältnis zum Nutzwerte steht, ist unbrauchbar.

○ ○ ○

Die meisten griechischen und römischen Schriftsteller über Stil widmen den größten Teil ihrer Werke dem Herzählen und Betrachten der sogenannten **Figuren**. Eine besonders reiche Unterart ist der **Tropus**, von Cicero Wortvertauschung genannt (*immutatio verborum*). In fast allen Deutschen ›Stilistiken‹ spielen die Figuren und Tropen noch immer eine ungebührlich, ja gefährlich große Rolle: der Umfang des an sie verschwendeten Raumes erzeugt leicht den Wahnglauben, daß man sie alle genau kennen müsse, um einen guten Stil zu schreiben; vielleicht gar den, daß einen guten Stil schreibe, wer sie genau kenne. Wie ich über den Wert der gelehrttuenden Rederei von den Figuren und Tropen denke, steht in der Einleitung; sie gehören in keine lebendige Stillehre, sondern nur in eine Geschichte des Stils, streng genommen nur in eine Geschichte der Stillehre. Das Schönste an ihnen sind die Namen, zumal die großartig klingenden griechischen. Quintilian dachte geringschätzig von solcher Wörtergelehrsamkeit: *Neque enim me movent nomina illa quae fingere utique Graecis promptissimum est* (Mich lassen jene Benennungen kalt, in deren Erfindung die Griechen so ausnehmend behende sind). Indessen der nichtgelehrte Leser soll wenigstens durch einige Proben erfahren, was hinter den großartig klingenden Benamsungen allbekannter, von jedem Schreiber unabsichtlich geübter Redeformen steckt.

Und sammelt im reinlich geglätteten Schrein Die schimmernde Wolle, den schneeigten Lein. Dergleichen heißt Metonymie (Namentausch), denn Wolle und Lein stehen für wollene und leinene Gewänder.

Als Saphir schrieb: *Ich habe diese Liebe gepflegt und großgezogen, wie eine Mutter ihr einziges Kind*, verübte er eine Prosopopoiia (Umwandlung von Dingen und Begriffen in menschliche

Personen, – Verpersönlichung). Der großartige Saphir, der gar nicht ahnte, wie großartig er war!

Windthorst war ein Schlaufuchs: dem so schreibenden Zeitungsmann ist eine Metaphora oder Metapher geglückt. – Der Metapher, der Bilderei, soll allein unter allen Figuren weiterhin eine genauere Betrachtung zuteil werden.

›Kennst du das Land, wo die Zitronen blühn?‹ ist eine Periphrase; ›Dahin! dahin! möcht ich mit dir, o mein Geliebter, ziehn‹ eine Repetitio (Wiederholung).

Die gelehrteste Kenntnis aller Figuren und Tropen fördert den Schreiber nicht um einen Schritt auf dem Wege zum guten Stil. Wer sie mit Bewußtsein, wohl gar mit Absicht anwendet, ist nur ein Stümper, kann es aber noch zum Ziergecken bringen. Cicero hat oft mit Lieblingsfiguren gefährliches Spiel getrieben, und Vergil hat alle Figuren Homers nachgeahmt. Die meisten Römer, vollends ihre Affen, die Humanisten, haben dergleichen gesammelt, durchforscht, bewundert, nachgedrechselt; heute lächeln oder lachen wir darüber. In Bismarcks Reden und Briefen, ja selbst in seinen Noten, begegnen uns alle wirksame Figuren und Tropen der Alten, selbstverständlich ohne die geringste Absicht. Jeder spricht sie, jeder schreibt sie, fast jeder ohne eine Ahnung von der gelehrten Bezeichnung, und so ist's recht. Gerade die Absicht zerstört in diesem Falle die Kunst, der Mißbrauch gar wirkt albern: dies ist der Grund, warum man die lateinischen Schriften der meisten Humanisten nicht mehr lesen kann. *Figurae sicut ornant orationem opportune positae, ita ineptissimae sunt, cum immodice petuntur* (Wie die zweckmäßig angebrachten Figuren den Stil schmücken, so sind sie höchst läppisch, wenn man sie im Übermaß erstrebt). (Quintilian) – Leider fehlt bei ihm das gänzliche Verwerfen der absichtlichen Figur, und doch wird selbst die beste durch die erkennbare Absicht in ihrem Werte vermindert.

ZWEITER ABSCHNITT
Bild

Der Begriff ist der Mann, das sinnliche Bild des
Begriffs ist das Weib, und die Worte sind die Kinder,
welche beide hervorbringen.

LESSING

Am farbigen Abglanz haben wir das Leben.

GOETHE

Gleichnisse dürft ihr mir nicht verwehren.
Ich wüßte mich sonst nicht zu erklären.

GOETHE

In seiner Novelle ›Die Gemälde‹ läßt Tieck einen Philister sprechen: ›Das Morgenrot streut Rosen. Gibt es etwas Dümmeres? Die Sonne taucht in das Meer. Fratzen! Der Wein glüht purpurn. Narrenpossen. Der Morgen erwacht. Es gibt keinen Morgen; wie kann er schlafen?‹ Tiecks Spott ist berechtigt; wer jedes Bild verwirft, weiß nicht, was Schreiben, was Stil ist. Er weiß nicht einmal, was die Sprache ist: der mit der Zeit abgeblaßte, doch immer noch farbige Bildabglanz des Lebens. Dem nüchternsten Stoffel wäre es unmöglich, ganz unbildlich zu sprechen; er dürfte nicht fragen: Wie geht es Ihnen?, denn ein Zustand geht nicht; nicht sagen: Guten Morgen! denn der Morgen ist weder gut noch schlecht. Es gibt keine Sprache ohne Bilder; die scheinbar unsinnlichsten Wörter sind genau betrachtet höchst sinnenhaft: begreifen, fassen, unterbrechen, sich einbilden, sich einprägen, erblicken, mitteilen, einfallen, auffallen, ausdrücken, Zweck (Nagel, Mittelpunkt der Zielscheibe). Alle Begriffswörter waren ursprünglich zum Betasten, zum Begreifen. Die absichtliche Bilderei im Stil ist das Streben zu noch größerer Sinnlichkeit des Ausdrucks.

Die klassischen Sprachen waren gewiß ursprünglich ebenso bildreich wie die Deutsche, nur erkennen wir nicht mehr alle ihre Sinnenbilder. Das Griechische προςκυνεῖν (anhündeln) für verehren, grüßen; ihr βουστροφηδόν schreiben (wie der pflügende Ochs); lateinisches *abundare* (wörtlich: überquellen), *suo Marte, aequo Marte* (mit seinem, mit gleichem Glück, eigentlich: mit seinem, mit gleichem Mars), *candidatus* (der Weißgewandete), *callidus* (schlau, eigentlich mit Schwielen an den Händen) sind ein paar von mehr als tausend Beispielen.

Uns Deutschen erscheint das Deutsche als die bildlichste aller Sprachen, und wir wollen dies als unbeweisbar oder unbestreitbar gelten lassen. Hermann Schrader konnte ein Schriftchen abfassen: ›Das Trinken in mehr als 500 Gleichnissen und (bildlichen) Redensarten.‹ Wie viele mag es für Prügeln geben? *Ungebrannte Asche schmecken oder Jackenfett kriegen, Du kriegst was aus der Armenkasse, Laß deine Knochen numerieren! Laß dich zusammenfegen!* sind ein paar Proben von vielen Dutzenden. Kaum minder bildreich ist oder war das Deutsche fürs Gehenktwerden: z.B. er lernt das Fliegen, guckt durch einen Ring, stirbt am Hanf, macht Hochzeit mit Jungfer Hänfin, geht mit den vier Winden zum Tanze. Wie viele bildhafte Umschreibungen gibt es für den Teufel, das Betrügen (vgl. unter *düpieren* in E. Engels ›Verdeutschungsbuch‹), das Stehlen! Für gar friedliche Dinge schöpft das Deutsche seine Bilder mit Vorliebe aus dem Kriegsleben: *Aufs Korn nehmen, in Harnisch geraten, etwas aus dem Stegreif sagen, im Schilde führen, eine Lanze für jemand einlegen, Einheitsfront, die Flinte ins Korn werfen, vom Leder ziehen, Spießruten laufen* usw. Sehr belehrend ist der Aufsatz ›Die Blumen des Zeitungsstils‹ in Kürnbergers ›Herzenssachen‹; da findet man all die Bilderpracht beisammen, vom Hinwerfen des Fehdehandschuhs übers Verdienen der Sporen bis zum Insgesichtschleudern und Indenkottreten. Man kämpft nicht nutzlos, sondern gegen Windmühlen; man wirkt nicht mit, sondern wirft sein Gewicht in die Waagschale oder legt bei andrer Gelegenheit sein Wort auf die Goldwaage; sagt nicht: Das ist mir denn doch zu toll, sondern: Das geht mir über die Hutschnur. Man hat nicht Angst, sondern läßt sein Herz in die Hosen fallen; wehrt nicht ab: Genug davon!, sondern: Schwamm drüber; fragt nicht: Wovon soll ich leben? sondern: Wovon soll der Schornstein rauchen?

Alles dies und tausendmal, zehntausendmal soviel ist fester Sprachbestand, ist niemands und jedermanns Eigentum. Ein Sprachforscher nannte die Sprache: ›ein Herbarium verwelkter Metaphern‹. Die Sprache, die für uns dichtet und denkt, bildert auch für uns, und kein noch so sprachgewaltiger Schreiber kann mit ihrer Bilderpracht wetteifern. Die Stilkunst hat es überwiegend zu tun mit den bewußten bildlichen Neuschöpfungen; doch auch hier ist ihre Aufgabe weit mehr die einer Abmahnerin vom Schlechten als einer Lehrerin des Guten. Die Kunst, ein guter Maler in Worten zu werden, ist unlehrbar. Jede Stillehre muß sich bescheiden, durch abschreckende Beispiele vor den ärgsten Verzeichnungen zu warnen und als allgemeine Regeln nur diese zwei aufzustellen: Wer kein Meister im Bildern ist, der bildere sparsam! Wie du zu bildern angefangen, so sollst du zu bildern aufhören!

○ ○ ○

Je weniger Bilder, desto weniger schiefe und krumme Bilder. Lieber ein bißchen farblos, aber vernünftig, als bunt wie eine Narrenjacke; lieber gar nicht gebildert, wo man kein Innenbild geschaut hat, als ungeschaute Bilder aus dem Tintenfaß herausgestippt. Wehe dem Bildnerstil des Ewigabstrakten: der Eindruck ist im Geistigen so widerwärtig wie im Straßenleben der Anblick eines Betrunkenen. Wem das innere Sehen beim Schreiben nun einmal versagt ward, der bildere nicht über das Maß dessen hinaus, was ihm die Muttersprache ungebeten und für ihn ausreichend spendet. Was darüber, ist von Übel, denn es ist die Todsünde des Stils: die Stillüge. In seiner überstrengen Anzeige von Bürgers Gedichten tadelt Schiller mit Recht die an so vielen Stellen, selbst in den besten Stücken, ›vermißte Übereinstimmung des Bildes mit dem Gedanken, ... ein unedles, die Schönheit des Gedankens entstellendes Bild‹. Als lehrreichstes Beispiel führt er die Strophe in den ›Beiden Liebenden‹ an:

> Im Denken ist sie Pallas ganz
> Und Juno ganz an edelm Gange,
> Terpsichore beim Freudentanz,
> Euterpe neidet sie im Sange;
>
> Ihr weicht Aglaja, wann sie lacht,
> Melpomene bei sanfter Klage,
> Die Wollust ist sie in der Nacht,
> Die holde Sittsamkeit bei Tage.

Noch eins gehört zum künstlerischen Bilderstil: das Bild selbst muß uns von seiner Notwendigkeit überzeugen. Wir müssen bei seinem Aufsteigen fühlen: dies war mit unbildlicher Sprache gar nicht oder nicht so wirksam zu gestalten. Rundweg verlangt Quintilian von der *Translatio* (Übertragung) – seinem gutlateinischen Wort für das ihm entbehrliche griechische Fremdwort *Metaphora* –, sie müsse *plus valere eo, quod expellit* (stärker sein, als was sie verdrängt). Man kann das Grundgesetz aller Bilderei nicht schärfer und nicht knapper ausdrücken; es deckt sich mit dem Grundgesetz des kleinsten Kunstmittels (S. 650).

○ ○ ○

Für ein Schrifttum ist es allemal ein schlimmes Zeichen, wenn es übermäßig bildert: schwaches Empfinden und Ohnmacht des Ausdrucks verstecken sich am liebsten unter krausem Flitterkram. Im 17. Jahrhundert wurde bei uns bis zum Übelwerden Bilderei mit allem nur erdenklichem Außenwerk getrieben. So dichtete z. B. der fürchterliche Zuckerbäcker Hofmannswaldau:

> Nektar und Zucker und saftiger Zimmet,
> Perltau, Honig und Jupiterssaft –
> Schmeckt mehr bitter als süße
> Gegen den Nektar der zuckernen Küsse.

Heinrich Mühlpfordt schäferte:

> Sie zog den schwarzen Flor von ihren Rosenwangen,
> So kommt die Sonn' hervor im Purpurglanz gegangen.
> Das Haar flog kerkerlos und flochte gleichsam Ringe,
> An denen ein Türkoß, Rubin und Demant hinge.

Doch schon damals setzte der Widerspruch ein; Wernicke spottete:

> In jedem Abschnitt hört man klingen
> Schnee, Marmor, Alabast, Musk, Bisem und Zibeth,
> Samt, Purpur, Seid und Gold, Stern, Sonn' und Morgenröt',
> Die sich im Unverstand verschanzen
> Und in geschlossener Reihe tanzen. –

Es fehlte am vollen Glockenspiel der Anschauung und Empfindung: drum eben klingelte man mit den Schellen der Bilderchen. Nicht bloß in Deutschland; Frankreich war damit vorangegangen. Der große Malherbe, der nichtdichterische Regelschmied der französischen Dichtung, hatte anhündelnd gebildert: *Prends ta foudre, Louis, et va comme un lion!* (Nimm, Ludwig, deinen Blitz und schreite wie ein Leu!), und die klassische Zeit der Franzosen strotzt von ähnlichem Bilderschwulst.

Wie unsre Jungdeutschen geistreichelnd bilderten, wurde schon an einigen Beispielen gezeigt, z. B. für Mundt (S. 724). Selbst Börne gerät ins wilde Bildern, so oft er gerührt wird; hin und wieder denkt man geradezu an Saphir, dem er übrigens teilweise als Vorbild gedient hat:

> Der Frühling des Jahres 1763 brachte nicht nur sich selbst, sondern auch einen Frühling der Poesie mit zur Erde. Er stellte bei seinem ersten Erscheinen die Wiege Jean Pauls in die Welt, um an sie seine eigene Unsterblichkeit anzuknüpfen.

(in der berühmten Gedenkrede auf Jean Paul). Allerdings ganz im Stil; Jean Paul selbst hatte ähnlich gebildert, z. B.:

> Die **Lerche**, die über römischen Ruinen gerade so singt wie über Deutschen Feldern, ist die **Taube**, die uns mit ihrem bekannten Gesang den Ölzweig aus dem Vaterlande bringt.

Einen gefährlichen Hang zur Bilderei haben manche österreichische Dichter, so Lenau, Grün, Hamerling. Lenaus Lerche, die an ihren bunten Liedern in die Luft klettert; die Lerchen als Singraketen, die der Lenz in die Luft schleudert; die vom Lenz an Leuchtern von Smaragd im Frühlingsdom angezündeten Rosen: jedes einzelne Bild läßt sich verteidigen, aber so dicht gedrängt wie bei Lenau wirken sie ein wenig schwülstig oder flimmerig.

Betty Paoli bilderte folgenden wohlklingenden Riesenunsinn:

> So wird fortan in allen künft'gen Tagen
> Hoch über allem Schmerz und aller Lust
> Dein Bild als ew'ge Pyramide ragen
> In der Sahara meiner tiefsten Brust.

Unsre Jüngstdeutschen waren und sind groß im Bildern, sie sind die eigentlichen Überbilderer. Lessing hatte uns alle, auch sie, gelehrt, daß Dichten und Malen zweierlei; aber was ging sie der alte Lessing an? C. Alberti: ›Zwei Kreidefelsen starrten seine Wangen.‹ – Hermann Conradi: *Es war Nacht. Die Sonne war tot. Die Sterne flegelten sich auf den Plüschpolstern ihres Wolkenserails herum ... Er schweigt entweder mit schwarzgrauer Verachtung überhaupt, oder er wirft einige lilarote Bemerkungen mit apodiktischer Sicherheit dazwischen.* – Bleibtreu dichtete von ›ihrer Lippen Erdbeerblüte‹ aus der Tiefe seines Gemütes: er hatte vor lauter Dichten nie eine Erdbeere blühen sehen. Er hatte die einfachsten Dinge nicht gesehn, von denen er als schwungvoller Schlachtendichter schrieb: er läßt Napoleon auf einem Tier reiten, das es nie gegeben: einem fahlen Schimmel, läßt ihn reitend die Landkarte vor sich auf des Pferdes Croupe ausbreiten, läßt die Säbelscheide gegen des Pferdes Bug schlagen: offenbar hatte Bleibtreu, der dichtende Überfeldherr, nie im Leben auf einem Gaul gesessen. Aber stört das einen Dichter, der ›auf den Trümmern individueller Emotionen seine unsterblichen Gebäude errichtet‹?

Zur Zeit ist der unübertroffene Meister dieser Bilderkunst Franz Werfel. Der Leser mache sich selber den Spaß, die tollsten Bilder herauszusuchen: sie erzeugen Schwindelgefühle, – wahrscheinlich weil sie aus dem Gefühlsschwindel herrühren.

Wie Spreu verfliegt das alles vor dem einen Bildverse unsers Matthias Claudius: *Der Wald steht schwarz und schweiget.*

○ ○ ○

Das echte Bild ist das vom Schreiber deutlich gesehene; das unechte ist das mit der Feder auf dem Papier zur Anfertigung des ›poetischen Stiles‹ gemachte. Kein Bild, auch nicht das echteste, ist der Gegenstand selbst, und jeder Vergleich hinkt; nur sorge der Schreiber, daß das Bild uns nicht wie aus einem Zerrspiegel entgegengrinse, der Vergleich nicht auf beiden Beinen hinke, obendrein einen Buckel habe und schiele. Je deutlicher der Schreiber selbst sein Bild, seinen Vergleich gesehen, desto echter wird es werden; ob es an die Stelle paßt, ist eine andre Frage. – Es ist damit wie mit dem Witz, mit dem Geist überhaupt: Bild und Witz sind Gaben, werden geschenkt, entspringen ungerufen und ungewollt dem Gegenstande, drängen sich auf. Dem Suchenden verfliegt das Bild, dem Geistreichelnden verschiebt es sich zum Zerrbild. Schon Quintilian forderte von jedem Bilde, *ut voluntarie, non vi venisse videatur* (es müsse von selbst, nicht durch Gewalt herbeigekommen scheinen). Nein, nicht gekommen scheinen, sondern gekommen sein! Nur der Schmock, der nach Brillanten suchte, konnte schreiben: *In Interlaken wird der Blick unweigerlich auf die Jungfrau kommandiert, auf die große Solistin, die auf einsamer Estrade ihre kümmerliche Begleitung in Grund und Boden singt.* Hatte er die Jungfrau wirklich singen hören? Sind Eiger und Mönch kümmerlich? Es ist ein Tintenbild, ist gemacht, ist nichts.

Nur Wissensdünkel ist Ossip Schubins Bild: *Ihr Gesicht* (einer alten Jungfrau von heute) *erinnert* (wen?) *an Davids Federzeichnung Marie Antoinettes auf dem Armensünderkarren.* Abgesehen von der Scheußlichkeit des Vergleichs, – wie viele Leser kennen denn Davids Federzeichnung? All solch Bilderkram steigt nicht ungewollt aus dem Seelengrunde des Schreibers empor, sondern wird eitel geistreichelnd erquält.

Nicht minder verwerflich ist das Spielen mit den Bildern der Andern, mit den abgegriffenen, abgeblaßten aus dem Bildervorrat der Jahrtausende, verwerflich, weil sie nicht vom Schreiber selbst gesehen waren. Harmloser werden solche Bilder erst, wenn sie als versteinerte Redeformeln gebraucht werden; doch wird sich ein guter Schreiber ihrer selten bedienen, denn er will ja sich selber in Worten geben, keinen Andern. Allzu streng freilich darf man über sie nicht richten: wer unter uns hat solch ein fertiges Bild nicht einmal gebraucht? Nur klar sollen wir uns werden, wie wenig sie taugen. Der Geschmack an dieser Bilderei ist wandelbar: wir finden heute die meisten mythologischen Bilder des 17. und 18. Jahrhunderts abgeschmackt; Moritz, Goethes überflüssiger Lehrer in der Deutschen Verslehre, durfte noch schreiben:

> In einer Ramlerschen Ode des Winters heißen die Schlittschuhe: Schuhstahl, worin der Mann der freundlichen Venus der Blitze Geschwindigkeit barg. Dies ist ein überaus glückliches und wohlgefälliges Bild, weil dadurch eine Menge verwandter Ideen auf einmal zusammenströmen, die auf die Seele eine äußerst angenehme Wirkung tun.

Uns dünken der Schuhstahl, der Mann der Venus samt der Venus selbst weder glücklich noch wohlgefällig noch angenehm. Ein geschmackvoller Schreiber wird auch das Stahlroß und das Dampfroß dem anfängerischen Följetongschmock neidlos überlassen.

Wie gefährlich Schablonenbilder werden können, dafür ein paar Beispiele: *Dies ist die Achillesferse der Wildenbruchschen Dramatik* (B. Litzmann). Derselbe wilde Bilderer spricht von G. Hauptmanns Nachahmung Ibsens und meint: *Aber nie hat er seine eigene Natur dem großen Moloch geopfert.* Ibsen ein Moloch! – Gleich darauf: *Vor allem hat er sich den von Ibsen importierten Symbolisierungsbazillus ferngehalten.* Also der Moloch Ibsen ist zugleich ein ›Importeur von Bazillen‹. Unmittelbar danach: *Jenen Bazillus, der den frischesten lebensvollsten Figuren das Mark aus den Knochen saugt.* Mehr kann man von einem Bazillus kaum verlangen.

Die Achillesferse wird keinem so verhängnisvoll wie den mit ihr spielenden Bilderern. In einem Berliner Zeitungsbericht fand ich diese Perle über einen verkommenen Strolch: *Der leidige Alkohol war seine größte Achillesferse,* und in einer andern Nummer, sicher von demselben Schreiber: *Der Magen war seine Achillesferse.* – Peter Altenberg erfreute sich gleichfalls einer Achillesferse, doch saß sie ihm an einer zwar sonderbaren, doch ungefährlichen Stelle: *Ich habe meine Achillesferse im Gehirn.*

Die Hinterbeine, an deren einem sich doch wohl die Achillesferse befindet, sind ebenso beliebt und ebenso gefährlich wie diese: *Seien Sie versichert, daß sich die Straßenbahnen niemals auf die Hinterbeine stellen werden* (aus einer Rede in der Berliner Stadtverordnetenversammlung).

Schlimmer Bilderunfug wurde mit dem Zahn der Zeit getrieben:

> *Der Zahn der Zeit hat doch schon einigen Rost auf Frau Suchers Organ gelegt* (aus einer Hamburgischen Zeitung). – *Der Zahn der Zeit, der alle Tränen trocknet, wird auch über diese Wunde Gras wachsen lassen.*

Aus Zeitungen schöpfe ich noch folgende Perlen: *Das große Haus, das sein verschwenderischer Sohn führte, fiel als einziger Wermutstropfen in den Becher der Freude des Alten und wurde der Nagel zu seinem Sarge. – Der Bürgervorsteher G. legte den Stadtverordneten den schon seit Wochen in der Ostertorstraße angesammelten Unrat warm ans Herz.*

Abklatschbilder gehören vornehmlich zum stehenden Sprachgebrauch der Zeitungen. Staub aufwirbeln, brennende Fragen, eine Frage anschneiden, sie ventilieren, jemand brandmarken, an den Pranger stellen, auf etwas festnageln, Dampf hinter etwas machen – lauter abgedroschene, ungesehene, aber in ihrer Anspruchslosigkeit ungefährliche Schattenbilderchen.

○ ○ ○

Wer drauflos pinselt, ohne etwas zu sehen, dessen Bilder müssen schief und krumm werden; wer nicht einmal seine eigne Pinselei betrachtet, dem rinnen die Farbentupfe ineinander. Sehen, Hören, Schmecken, Riechen, Fühlen – alles zerfließt in einen wüsten Brei: *Der Sonnenuntergang bot ein bezauberndes Konzert von Farbentönen, die sich in der klaren Flut gebrochen spiegelten* (Häckel).

Börne spricht von dem Argwohn als dem Rost, der das reinste Gold der Tugend verzehrt; wußte er nicht, daß reinstes Gold, noch so sehr beargwöhnt, niemals rostet?

Bei Laube heißt es einmal: *Einige der jungen Männer hatten hier vor Einsamkeit und Sorge den Wahnsinn umarmt.* Und Rückert dichtet: *Ich sah die Brunnen rauschen der Ewigkeit um mich.* Hatte er sie wirklich gesehn?

Einer der lächerlichsten Bilderer war Redwitz in seiner süßlichen ›Amarant‹; an ihm zeigt sich so recht, wie die wildeste Bilderei nur dem Wunsch entspringt, die dichterische Ohnmacht hinter Bilderbogen zu verbergen:

> Ich möcht' das riesige Erdenrad,
> Dem Herrn entrollt vom Lügenschwarm,
> Mit milliardenfachem Arm
> Zurückziehn in des Glaubens Pfad.

Fast immer schief und krumm bilderte Gottschall, aus dem gleichen Grunde wie Redwitz und Julian Schmidt. In Wahrheit ganz undichterisch, suchte er durch blühende Bildersprache den Schein einer überströmenden Phantasie zu erzeugen. Man darf bei ihm die Probe machen: die Nadel zwischen irgendwelche zwei Blätter stechen, um auf jeder der zwei Seiten ein Bild von dieser Gattung zu finden:

> Tragische Paradepferde mit antikem Gebiß (über das Schicksalsdrama). – Der Aufschwung ergießt sich in göttlichem Takte. – Das Deutsche Volk ist eine Danae, die in heißem Glutverlangen sich sehnt, Friedrich Wilhelms 4. Worte (!) goldenen Regen in ihrem Schoße zu empfangen. – Der Lyriker wird keine Nibelungenstrophe in die elegische Schwemme reiten. – Freiligrath steckte zuerst seinen dichterischen Kopf der Tierwelt in den Rachen und zog ihn unversehrt wieder heraus. – Da kam einmal wieder der cararische Marmor der Deutschen Sprache zutage. – Pücklers Tiermalerei ist mit Potterscher Grazie ausgeführt.

Dabei ist Potters berühmtestes Bild, der Stier, so derb, wie eben ein rechter Stier sein muß.

○ ○ ○

Von Günther-Saalfeld rührt für diese Stilgattung das treffende Wort ›Blumenkohl‹ her. Die fremdwörtelnde Stilwissenschaft bedient sich für die taumelnde Bildertrunkenheit des gelehrt klingenden Wortes: Katachrese. Nennen wir also die folgenden Beispiele aus den Schriften unsrer Gelehrten höflicher und stilgerechter ›katachretisch‹:

> Der Hauptschwerpunkt der Forschung gipfelt in der Frage (A. von Wurzbach) – Der blasse Silberton Goethischer Alterspoesie, der nicht selten in dunkle und harte Schwere versinkt. (Burdach) – In den ausgeweideten Trümmern des Faust von Marlowe. (E. Schmidt)

›Die Keuschheit der Tropen‹, heißt es bei Goethe hierüber, ›ihre Propretät (!), ist Grundmaxime des Stils im westlichen Europa, außerdem fällt man ins bodenlos Verwirrte, Absurde.‹ – Bei Hebbel noch schärfer:

> Ein sogenanntes Bild, wenn es nicht aus der Sprache herausgeboren, sondern mühsam ausgesagt und umständlich ausgemalt wird, ist selten etwas anderes als eine chinesische Laterne, die der bankrotte Poet neben einer grauen Abstraktion aufhängt, um Blödsichtige zu täuschen.

Ein gewagtes, aber gewiß nicht verwerfliches Bild.

Aus Unkenntnis der Wortbedeutung schrieb ein Darsteller von Humboldts Leben: *Er entzündete die Oriflamme der Wissenschaft.* – Im Eifer der Rede bilderte ein Reichstagsabgeordneter: *Eine weitverbreitete Eiterbeule hat diese Verbrechen in ihrem Schoße großgezogen.* – Ohne Ahnung vom Wesen des seit hundert Jahren mißbrauchten roten Fadens bilderte ein Berichterstatter: *Wie ein roter Faden zog sich durch die Verhandlung die Person des als Dolmetscher tätig gewesenen Reiters.*

Sehr schön ist auch diese Frucht von den Beeten des Blumenkohls: *Mit einem Fuße stehen wir im Zuchthaus, mit dem andern nagen wir am Hungertuch.*

Sehr gemütlich heißt es einmal bei Seidel mit Absicht: *Der Bengel schob das genaschte Stück Fleisch dem Hunde in die Schuhe.* So schrieb ja Schiller einmal launig: *Meine Füße haben alle Hände voll zu tun.* Mit ähnlicher, allerdings unabsichtlicher Drolligkeit jener Arzt, der da warnte: *Nehmen Sie Ihr krankes Bein ja nicht auf die leichte Achsel!* In der absichtlichen Bildermengerei steckte das Geheimnis der Wippchen-Witze Stettenheims: *Mit tausend Masten den Parnaß erklimmen, aber still auf gerettetem Boot vor die Menschen treten; ... Eine Friedenstaube aus bester Quelle; ... Die Neige bis zum Rande leeren; Dem Fluge der Phantasie auf Schritt und Tritt folgen.* – Schon der Schalk Liscow (1701–1760) führte das Beispiel bei einem Gegner an: *einen mit den Herzen seiner Untertanen gepflasterten Weg.* – Eines aber dieser tollgewordenen Bilder ist zu geschichtlicher Berühmtheit oder doch sprachlicher Unsterblichkeit gelangt: der *Prinzipienreiter*, dessen fürstlich reußischen Ursprung Büchmann kündet.

○ ○ ○

Der Bilderrausch des Schreibers wird zum Stiljammer des Lesers. Viele Schreiber haben keine Ahnung, wozu Bilder überhaupt dienen sollen; sie glauben, man könne allerlei Bilderchen über die Darstellung streuen, etwa wie man Zucker und Zimmet über einen sonst faden Reisbrei streut. Undichterische, unbildnerische Menschen und Redner, die Mühe genug haben, einen Satz in schlichter Prosa richtig zu bauen, wollen durchaus bildern; die alte Überlieferung vom blühenden und glänzenden Stil verführt sie zu den ärgsten Albernheiten. Da redet ein Prediger, der sich lieber auf Jesu herrliche Gleichnisse beschränken sollte, diesen blühenden Blödsinn daher: *Das bescheidene Veilchen des Glaubens blüht am glänzendsten, wenn die Hammerschläge des Schicksals es auf dem Amboß des Herzens zu leuchtenden Strahlen erwecken.* Da baut ein gewisser Köhler in einer Zeitschrift ›Wirtschaftsfreund‹ folgenden Kohl: *Die Wiege dieses für die Landwirtschaft so wichtigen Huhnes hat in Spanien gestanden.* ›Dieses Huhn stammt aus Spanien‹ wäre klar und ausreichend, aber der Mann muß bildern. Da faselt ein Abgeordneter in einem der größten Parlamente Deutschlands: *Die Universitäten sind wie rohe Eier: man darf sie kaum anfassen, sofort stellen sie sich auf die Hinterfüße und wehren sich,* und ein andrer zeichnete dieses tiefsinnige Bild: *Der Sturz Delcassés war eine Eintagsfliege.*

Das Pflaster ist so schlecht, daß ein Loch dem andern die Hand reichen kann (Wiener Gemeinderat). – *Dieser Paragraph ist wie eine Oase hineingeschneit in eine Wüste* (Deutscher Reichstag).

Überhaupt die Herren Staatsmänner! Ob die Politik den Charakter verdirbt, ist noch nicht ausgemacht; daß die meisten Politiker im dichterischen Bildermalen schlechte Musikanten sind (um ähnlich wie sie zu bildern), hat mich die Erfahrung eines

Menschenalters gelehrt. Ein Herrenhausmitglied sagte in seiner ersten Rede: *Da ja die Etatberatung die Muttermilch für parlamentarische Säuglinge bildet, aus der ich neulich auch einen tiefen Zug getan habe, so ...* und wunderte sich, als man ihn auslachte. Nur ein bewußt schiefes Bild war die Wendung: *Der Tabak muß stärker bluten*; trauriger Ernst aber: *Die breite Schulter des Bieres ...* und *Der Diamantenbergbau in Südwestafrika liegt noch in den Windeln.* – Der ›Kreuzzeitung‹ verdanken wir diese Bereicherung der Naturgeschichte: *Der Entwurf eines Bürgerlichen Gesetzbuches gleicht dem Kamel, das vor seinen Verfolgern den Kopf in den Sand steckt.*

An verlogener Bilderei hat die Nationalversammlung von 1919 alle ihre Vorgängerinnen überboten: je bildungsärmer die Herren Volksvertreter und ›Volksbeauftragten‹, desto reicher an Blumenkohl. Ein Redner forderte, daß ›der Tropfen demokratischen Öles [nach einem schönen Bilde Uhlands] noch ganz anders herniederrieseln‹ müsse. Einer der ›Unabhängigen‹ bilderte: ›Diese Nachricht trägt ihre unsaubere Quelle deutlich an der Stirn.‹ Ein andrer: ›Dies ist der Gesichtspunkt, der uns trägt.‹ Einer der fünf oder zehn Reichswirtschaftsminister erklärte gewichtig: ›Die Not besteht nicht nur, sie ist sogar vorhanden.‹ – In der preußischen Landesversammlung von 1919 sagte ein ›Mehrheitssozialist‹: ›Wir begrüßen das hohe Lied der Arbeit, das der Finanzminister gestern hier angeschnitten hat.‹

Sehr schön ist auch Blumenkohl von dieser Art:

Das Gespenst von Hammerstein und Stöcker ist schon so abgedroschen, daß nur ein politisches Wickelkind darauf herumreiten kann. (Nationalzeitung) – Dieser See wird den Forschern noch viele interessante Nüsse zu knacken geben. (Münchener Neueste Nachrichten) – Eine imposante junonische Erscheinung (in einer Elbinger Zeitung über einen Bassisten). – Tausende von Existenzen kommen an den Rand des Bettelstabes. (Dresdener Zeitung)

Ein österreichischer Justizminister ermahnte 1848 die Wiener Studenten: *Der Wagen der Revolution rollt einher und fletscht die Zähne.* Und eine große Wiener Zeitung berichtete jüngst über einen Brand zur Winterszeit: *Das Komité ließ Glühwein verteilen, wodurch manche Träne getrocknet wurde.*

Großartig im Bildern sind die Verfasser der Börsenberichte;

hier jedoch handelt es sich meist um absichtliche Bilderpracht: *Schweine verhielten sich leblos. Getreide befindet sich auf der Retirade ohne Aussicht auf Besserung.* Ein Sprachmeisterer, der diese Börsenscherze ernst nahm, bilderte selbst, ihre Kühnheit streife ans Aschgraue. Was er sich dabei gedacht, bleibt dunkel – wie die Pechhütte.

Köstlich ist noch diese Perle unsrer älteren Dichtung, aus dem Roman des jetzt verschollenen, einst hochberühmten Karl van der Velde; sie steht ganz am Schlusse:

> Da sank das holde Geschöpf, einer Purpurrose gleich, an des Kriegers Panzer, und unten bliesen die Trompeten gedämpft und feierlich: Nun danket alle Gott!

Dergleichen erfindet nur das einfältige Genie.

○ ○ ○

In seiner Schrift ›Über die Deutsche Literatur‹ erzählt Friedrich der Große, ein Berliner Professor habe von einer Königin von Preußen gesagt: ›Ihro Majestät glänzen wie ein Karfunkel am Finger der itzigen Zeit.‹ Vor 60 Jahren war das geschehen, aber das tolle Bild hatte sich dem König unvergeßlich eingebrannt.

Großartig hat zuweilen Lassalle gebildert, so in den berühmt gebliebenen Worten von der vielleicht einst hereinbrechenden Revolution ›mit wildwehendem Lockenhaare, erzne Sandalen an ihren Sohlen‹. Jedoch da auch er bei jeder Gelegenheit bildern wollte, so widerfuhren ihm dieselben Lächerlichkeiten wie die an dem wilden Bilderer Julian Schmidt von ihm so herb gerügten. Die Begeisterung läßt ihn gut, die Verachtung klüglich bildern: *Vielleicht hoffte man, daß eine solche Anklage wirken würde wie ein nasses Handtuch, um das in leiser Röte erglühende Gesicht unserer Bourgeoisie geworfen.* – Im ›Arbeiterprogramm‹ führt er zahlreiche Ereignisse seit dem 15. Jahrhundert auf und schließt: *Alle diese Ereignisse ziehen an dem Triumphwagen der Bourgeoisie.* – Bei Bertha von Suttner beichtet sich jemand *allen Sauerteig vom Herzen herunter*, und bei ihrem Landsmann Baron von Torresani steht: *Er rieb sich seine geistigen Hände.* Dies erinnert lebhaft an Reuters reizendes Bild: *Von butwennig let sei sick dat nich alltau siehr marken, äwer inwennig wrung sei de Hän'n un smet up Antonen en Blick ...* (›Reis' nah Konstantinopel‹).

Achim von Arnim läßt in ›Isabella von Egypten‹ *die Sterne sich in eines Mädchens glatten* (eingefetteten?) *Locken wie im Haupthaar der Berenice spiegeln*; sein Zeitgenosse Clauren-Heun spricht von der *Alpenpracht der bebenden Schwanenbrust der holden Jungfrau*, und – Wolfram von Eschenbach vergleicht einmal eine Frau wegen ihrer Schlankheit mit einem am Bratspieß steckenden Hasen! Er zog sich durch dergleichen die Rüge Gottfrieds von Straßburg zu, in ›wilden Mären‹ zu bildern.

○ ○ ○

Genug von diesem tollen Bilderguckkasten des Deutschen Stils aus acht Jahrhunderten, und eingetreten in die Hallen edler Kunst! Lehrreicher sind, wie stets, die Tollheiten; erfreulicher werden die Proben kühner und zugleich meisterlicher Bildsprache sein. Wer scharf zusieht, kann auch aus ihnen lernen: einmal, daß nur bildern darf, wer zu schauen und treu nachzuzeichnen versteht; dann, daß das Bild erst vonnöten und von Wirkung ist, wann das hochgespannte Gefühl einen volleren Strom der Rede fordert.

Der Morgenländer ist ein Sinnenmensch, drum ist er ein Bild- und Gleichnismaler. Er sagt nicht bloß ›gnädig sein‹, sondern ›sein Antlitz leuchten lassen‹; die Hände werden ›in Unschuld gewaschen‹, er ›pflügt mit fremdem Kalbe‹, Vergängliches ist ihm ›Spreu im Winde‹, er schreit ›gleich dem Hirsche nach frischem Wasser‹. Fast alle schönste Stellen des Neuen Testaments sind Bilder und Gleichnisse: *Neuen Wein in alte Schläuche füllen; nicht wert sein, jemandem die Schuhriemen zu lösen; Mücken seihen und Kamele verschlucken; ein Ankertau durch ein Nadelöhr ziehen; klug sein wie die Schlangen und ohne Falsch wie die Tauben; den Wölfen in Schafskleidern gleichen; den Teufel durch Beelzebub austreiben; feurige Kohlen aufs Haupt sammeln* usw. Was in der Bibel oft nur sinnlicher Ausdruck morgenländischer Alltagsrede ist, das haben wir zum festen Bibelspruch, zum geflügelten Wort gemacht: *die Lenden gürten, mit gleicher Elle messen, mir geht ein Licht auf, sein*

Pfund vergraben, an seine Brust schlagen, sein Licht auf oder unter den Scheffel stellen.

Luther bildert zuweilen ebenso wirksam wie kühn, z. B. wenn er die fremden Sprachen die Scheiden nennt, darin das Messer des Geistes steckt. Von ihm rühren die Bilder her von den Schwarmgeistern, den aufeinander platzenden Geistern, und viele andre.

Shakespeare der große Dichter ist selbstverständlich der große Bilderer: des Gedankens Blässe, das Kanonenfutter, der Kaviar fürs Volk, die Milch der Menschenliebe sind nur ein paar vereinzelte Proben, allbekannte; seine schönsten Bilder sind viel weniger bekannt geworden, z. B.: ›Mein holdes Schweigen!‹ aus dem Munde Coriolans an sein scheues, liebendes Weib.

Unser größter Bilderer außer Goethe war Lessing, und, wenn wir allein an die Prosa denken, überhaupt unser größter. Lessing bildert nur, um noch sichtiger zu werden, sehr oft um lange trockne Auseinandersetzungen durch ein hellaufleuchtendes Bild überflüssig zu machen. Vom kleinsten Farbentupf durch ein einziges Wort bis zum breit ausgeführten Stilgemälde überschreitet seine Sprache alle Stufen dichterischer Veranschaulichung. Da spricht er von des Nichts unfruchtbaren Lenden, vom Wetterleuchten des Witzes, nennt die Anrede ›Frau Mutter‹: Honig mit Zitronensaft; schildert die *kurzsichtigen Starrköpfe, die Luthers Pantoffeln in der Hand, den von ihm gebahnten Weg schreitend, aber gleichgiltig dahinschlendern.* Und gar die prachtvollen Bildersätze von der Rechten und Linken Gottes mit der Wahrheit und dem Suchen nach Wahrheit, von der Windmühle außer dem Dorfe (vgl. S. 118), von dem Druckwerk und den Röhren seiner eignen Dichternatur. Lessings Bilder stammen aus allen Bereichen der toten und der belebten Welt, spiegeln den Himmel wieder und verschmähen die Pfütze nicht, wenn sie passend und wirksam ist:

> Es ist erlaubt, Ihnen den Eimer faulen Wassers, in welchem Sie mich ersäufen wollten, tropfenweise auf den entblößten Scheitel fallen zu lassen. – Weil ich das Gift, das im Finstern schleicht, dem Gesundheitsrate anzeige, soll ich die Pest ins Land gebracht haben?

Über Goethe, den ewigen ›Gleichnismacher‹, wie er sich selbst nannte, muß man sich gewaltsam kurz fassen, denn sonst wäre kein Aufhören. Der Schädelforscher Gall hatte ihm auf den Kopf zugesagt, er könne den Mund nicht auftun, ohne einen Tropus auszusprechen: für einen Leser seiner Werke allerdings keine besonders auffallende Entdeckung. ›In Gleichnissen laufe ich mit Sanchos Sprichwörtern um die Wette‹, schrieb Goethe an die Stein. Die Begeisterung ist ihm je nachdem eine Auster oder ein Hering. Er und Lavater stehen zueinander *wie zwei Schützen, die mit den Rücken an einander lehnend nach ganz verschiedenen Zielen schießen.* – Die welkende Blume des Vertrauens, die Sandbänke der Zärtlichkeit, die Gedichte als gemalte Fensterscheiben; Kultur, die alle Welt beleckt; der sehr grobe und sehr feine Vergleich der Deutschen Gelehrten mit Zughunden – nur der Raum zwingt zum widerwilligen Abbrechen.

Unerschöpflich ist Goethe in Vergleichen für sein Leben: *die klingelnde Schlittenfahrt seiner Jugendtage; die Pelikannatur des Dichters des Werther; sein Lied schwebt gleich dem Geier; die sich hoch in die Luft spitzende Pyramide des Daseins.* Dann die spaßigen Selbstvergleichungen: mit einem Käse, einer giftfressenden Ratte, einem Frosch, einem Strumpf; endlich der allerschönste: *Ich komme mir vor wie jenes Ferkel, dem der Franzos die knupperig gebratene Haut abgefressen hatte, und es wieder in die Küche schickte, um die zweite anbraten zu lassen.*

○ ○ ○

Um an dieses besagte Ferkel einen andern großen Gleichnismacher anzuknüpfen: Bismarck vergleicht einmal die Deutschen Kleinstaaten mit *Ferkeln, die man auf der Wolfsjagd im Schlitten mitnimmt und die man kneift, damit sie durch ihr Schreien die Wölfe anlocken;* sie sollten nur noch mehr schreien, nämlich über die Höhe der Matrikularbeiträge. Der boshafte Tagebuchschreiber Chlodwig Hohenlohe bildert gleichfalls einmal sehr anschaulich mit den Ferkeln: *Ein chinesischer Gesandter mit einer Brille sah aus wie eine Institutsvorsteherin, seine zwei dicken Sekretäre wie gemästete Spanferkel.*

Es ließe sich ein hübsches bebildertes Bändchen füllen mit Bismarcks großen und kleinen Gleichnissen, von denen kaum eines verfehlt, keines unwirksam war. Das ›Stolpern über juristische Zwirnsfäden‹ hat er Schillern nachgebildet; sonst war sein ganzes Bilderbuch eigne Arbeit:

> Setzen wir Deutschland in den Sattel; reiten wird es schon können. – Ein braves Pferd stirbt in den Sielen (von sich selbst). – Wir tun nicht gut, den Milchtopf abzusahnen und das Übrige (Süddeutschland) sauer werden zu lassen (gegen den verfrühten Eintritt Badens in den Norddeutschen Bund). – Das zerschlagene Eisen der altpreußischen Monarchie (1806) wurde unter dem schweren und schmerzlichen Hammer zu dem Stahl geschmiedet, der 1813 die Fremdherrschaft mit scharfer Elastizität zurückschleuderte (höchst kühn und höchst gelungen). – Die Hechte im europäischen Karpfenteich hindern uns, zu Karpfen zu werden. – Ich wirke wie das rote Tuch ... ich will den Vergleich nicht fortsetzen ... wie der Uhu in der Krähenhütte: sowie ich komme, ist etwas los.

Den schlechten Schreibern, die sich etwa zur Rechtfertigung ihrer wüsten Pinseleien auf die Tollkühnheit solcher Bilder berufen möchten, sei gesagt: Je größer der Gegenstand, desto erlaubter die Kühnheit; auch ist es nicht gleichgültig, wer mit schrankenloser Phantasie bildert, Bismarck oder der Erz- und Überschmock Harden.

Ein herrlicher Bilderer ist Gottfried Keller, einer der markigsten Zeichner, der farbensattesten Maler. Wie Goethe, wie Bismarck lehrt er uns, daß dem Seher der kühnen Gesichte das kühnste Bild erlaubt ist. *Das rote Fähnchen ihres Blutes flatterte jetzt schon etwas kräftiger an den weißen Wangen; – Schon hat die Nacht den Silberschrein des Himmels aufgetan; – Der goldne Überfluß der Welt; – Die Seele des Lasterhaften, die sich vor Vergnügen ihre unsichtbaren dunklen Hände reibt; – der unvergleichliche ›Maus der Zahllose‹:* wie ist das alles doch so wunderschön in seiner ausgelassenen Waghalsigkeit! Und wie überwältigend wirkt Kellers Bild über W. Jordans stabstammelnde Nibelunge: *Es braucht eine **hirschlederne Seele**, das alte und einzige Nibelungenlied für abgeschafft zu erklären, um seinen modernen Wechselbalg an dessen Stelle zu setzen.*

In Kleists ›Hermannsschlacht‹ spricht der Römer Septimius zu Hermann:

> Also gebeut dir das Gefühl des Rechts,
> In deines Busens Blättern aufgeschrieben.

Der Busen hat keine Blätter; aber das ist ja die Zaubermacht des Dichters, daß auf sein Wort sich alles in alles verwandelt. Arndt sah in dem gekrümmten Rhein bei Mainz *ein vorgebeugtes Knie, das Frankreich, wenn es ihm gefällt, auf Deutschlands Nacken setzen und womit es dasselbe erwürgen kann,* und warum soll eines Dichters Phantasie dies nicht so sehen dürfen? C. F. Meyer gebraucht ein andres Knie des Rheins zu einem nicht minder sinnvollen Bilde; in der Geschichte seines Erstlingswerkes spricht er davon, daß er in seiner geistigen Entwicklung *zu einer scharfen Wendung bereit war, etwa wie sie der Rhein zu Basel nimmt*. Und was ist einzuwenden gegen Freiligraths Bildgedicht auf den doch französischen Alexandriner: *Spring an, mein Wüstenroß aus Alexandria!*

Goethe nannte das Gleichnisbildern: ›das Wechselwesen der Weltgegenstände‹; noch schärfer Vischer: ›die Herstellung der Ureinheit auf dem Wege der Phantasie‹. Jeder wahre Dichter und gleich ihm jeder aus der Tiefe schöpfende Prosaschreiber erblickt in den Dingen der irdischen Sinnenwelt nur die Sinnbilder einer noch größeren, sieht in allem Vergänglichen nur ein Gleichnis. Für Freiligrath ist das Deutschland seiner Zeit eine hinkümmernde Pflanze; er sieht sie mit Geistesaugen dereinst erblühen und ruft: *Herrgott im Himmel, welche Wunderblume Wird einst vor allen dieses Deutschland sein!* Aus einem ähnlichen schönen Bilde entsprang der Vers von Strachwitz aus Deutschland: *Herzblatt du der Weltenblüte!* Und bedenkt einer bei seinen Worten: *Wer je der Klinge fest und traut Ins zornig blaue Aug' geschaut,* daß die Schwertklinge keine Augen hat? Will's der Dichter, so hat sie welche.

Meisterlich ist bei Görres das Bild des Volkspöbels: *Wie Staubwolken treibt der Wind des Glückes sie vor sich her, das Unglück aber regnet sie schnell zu Kot zusammen.* – So schön wie kühn ist Dahns Vergleich der Schillerschen Sprache:

> ... Kam jener königliche Schiller mit edelstolzem Heldengang,
> Wie einen Kaisermantel prächtig wirft er die Sprache um sich her.
> Sie rauscht bei jedem Schritt ihm mächtig, von Wohllaut und Gedanken schwer.

Hat die Seele Flügel? Wie sollte sie, da sie doch keinen Leib hat? Und doch erscheint uns Herweghs: *Raum, ihr Herrn, dem Flügelschlag einer freien Seele* als etwas ganz Natürliches. – Anastasius Grün über Lenau: *Es ist dein Lied der rätselvolle Falter, Der einen Totenschädel trägt zum Schilde.* – Hebbel über Gutzkows Ideen und deren dichterische Gestaltung: *Es ist, als ob Kornsäcke auf der Kaffeemühle durchgemahlen werden sollten.* – Strauß über Goethes ›Wilhelm Meister‹: *Auf dem klar und sanft hingleitenden Flusse der Erzählung schwimmen die schönsten Lieder wie kleine bewimpelte Nachen.* Strauß war eben, was nicht bekannt genug ist, ein Dichter und sah wie einer. – Wie entzückend ist dieses Bild in Annette von Drostes Erzählungsbruchstück ›Bei uns zu Lande auf dem Lande‹: *Ich fange an mit der gnädigen Frau, einem fremden Gewächs auf diesem Boden, wo sie sich mit ihrer südlichen Färbung, dunklen Haaren, dunklen Augen ausnimmt wie eine Burgundertraube, die in einen Pfirsichkorb geraten ist.*

Mommsen, von dem wir einige schöne Gedichte haben, nennt die Alpen einmal einen ›gewaltigen Gebirgsvorhang‹, und das Bild ist nicht unerlaubt. – Inhaltlich berechtigt oder nicht – Berlin als Wasserkopf der Monarchie (in einer Rede des Abgeordneten Bachem von 1882) war von greifbarer Anschaulichkeit. Das Wort ist viel älter, wie schon Büchmann lehrt, der Smollett (1771) anführt; es ist aber auch in Deutschland schon vor 1882 gesagt worden, z. B. von Niehl in ›Land und Leute‹ (10. Aufl., S. 103): ›Die großen und kleinen Großstädte sind die Wasserköpfe der modernen Zivilisation.‹ – Und wer will etwas einwenden gegen das vielleicht kühnste aller je gewagter Bilder, gegen Napoleons Satz: *Von der Höhe dieser Pyramiden blicken 40 Jahrhunderte auf euch herab?*

Horaz, um mit einem der Alten zu schließen, gebot im allgemeinen über keine sehr bildreiche Phantasie; ein unvergeßliches Bild aber zeichnet sein Vers: *Post equitem sedet atra cura* (Hinter dem Reiter hockt die düstre Sorge).

○ ○ ○

Ein kühner Bilderer ist der Volksmund, zumal der geringschätzende: *Heringsbändiger, Ellenreiter, Ladenschwengel, Stoppelhop-*

ser (Inspektor), Küchendragoner, Teigaffe, Krawattenmacher (Wucherer) und *Schieber* sind glücklich gezeichnet, und Redensarten wie: *Es regnet Schneidergesellen oder Bauernjungen, Er kommt so langsam wie die Fliege aus dem Milchtopf, Ein Gesicht wie auf dem Rohrsessel gesessen* sind auch ›nicht von schlechten Eltern‹.

Die altdeutsche Dichtung ist zumeist sparsam mit Vergleichen: im ganzen Nibelungenliede stehen nur 20, gegenüber den 178 der Ilias. Alles menschliche Urteilen ist ja nur ein Vergleichen, also müßte die Sprache sich je nach dem Fortschreiten der Urteilskraft bildreicher gestalten. Schon Aristoteles rühmte als eine Eigenschaft der Geistesgröße: τὸ ὅμοιον θεωρεῖν (das Gleiche wahrzunehmen), und Goethe empfahl gemütlich: ›Bei schwerbegreiflichen Dingen tut man wohl, sich auf diese Weise zu helfen.‹ Der Philosoph findet den letzten Grund: ›Gleichnisse sind von großem Werte, sofern sie ein unbekanntes Verhältnis auf ein bekanntes zurückführen‹ (Schopenhauer).

DRITTER ABSCHNITT
Wohllaut

*Man sagt: der Deutschen Sprache Art
Ist ungefüge, spröd und hart.
Ja, wenn der rechte Schmied nur käme
Und sie auf seinen Amboß nähme
Und rüstig mit dem Hammer schlüge
Wie Stahl, dann würde sie gefüge.*

AUS DEM ALTDEUTSCHEN GEDICHTE
›PILATUS‹ UM 1180

*Der Mann, der nicht Musik hat in ihm selbst, –
Trau keinem solchen. Horch auf die Musik.*

SHAKESPEARE

Welch ein Geheimnis liegt in diesen Wundertönen!

NACHLASS ZUM ›FAUST‹

Tanzen können mit den Füßen, mit den Begriffen, mit den Worten: habe ich noch zu sagen, daß man es auch mit der Feder können muß?

NIETZSCHE

Ob es wirklich schreibende Menschen ohne alle Musik in ihnen selbst gibt? Oft möchte man's meinen, wenn man Sätze liest, an denen man sich beim lauten Lesen die Zunge zerbricht. In einer Stillehre mit einem langen Abschnitt über Wohlklang fand ich diesen Satz: *...so gilt auch für die Glieder der zusammengesetzten Sätze das Gesetz...*

Indessen ich möchte annehmen, daß solche und andre Mißklänge mehr aus der uns bekannten Deutschen Stilschluderei herrühren als aus gänzlichem Mangel an Tongefühl: die unachtsam gewesenen Schreiber haben unachtsam und ohne hinzuhören durchgelesen. Bei dem Einen oder Andern mag es so stehen, wie Vischer schreibt: ›Die Natur trennt oft, was an sich zusammengehört, segnet ein Menschenkind mit der Gabe der idealen Anschauung, des fein schwingenden Gefühls, und versagt ihm das feine Gehör.‹ Solch ein Unglücklicher ist freilich übel dran, ihm kann keiner helfen als er selbst: durch halblautes Überlesen seines Geschreibes, vorausgesetzt daß er nicht zu den innerlich Taubstummen gehört. Wer jedoch die holde Gabe des feinen Gehörs für den eignen Stil empfangen, der pflege sie liebreich: ihre Wirkungen vermögen manchen Fehler auszugleichen, manches Ohr und damit manches Herz zu bezwingen, wo der Verstand sich widerspenstig zeigt.

Ist es nur Zufall, daß, mit der einzigen Ausnahme Richard Wagners, alle große Tonmeister eine wohlklingende Prosa geschrieben haben? Schwerlich; so wenig wie die andre Tatsache, daß unsre edelste Prosa weit überwiegend von unsern großen Dichtern herrührt. Freilich ist es mit dem Sinn für Wohllaut in der Wortkunst nicht anders als mit den Sinnen für alle Künste: Was dem Einen sin Uhl, ist dem Andern sin Nachtigall. Für Wustmann war z.B. ›Habt ihr ihr ihr Buch wiedergegeben?‹ Nachtigallenlaut; uns klingt es mehr wie Uhlengepiepse, und einen unparteiischen Dritten gibt es in solchen Geschmacksfragen nicht.

Wozu aber wird auch von der Prosa Wohlklang verlangt? Hier geht es nicht bloß um den Geschmack, hier greift vielmehr wiederum das oberste Stilgesetz durch: Wohlklang ist auch für die Prosa zweckmäßiger als Übelklang oder eindrucksloses Lautgetöne. Was im Alltagsleben gilt, was der kunstloseste Mensch als eine Macht empfindet: Wohllaut der Menschenstimme, das ist für die Wirkung der Prosa von gleicher Wichtigkeit. Quintilian nennt das Ohr ›das Vorzimmer des Gefühls‹ und schreibt: *Nihil potest intrare in affectum, quod in aure, velut quodam vestibulo, statim offendit* (Nichts erlangt Eintritt ins Gefühl, was in dessen Vorzimmer, dem Ohre, sogleich Anstoß erregt). Der Mensch ist Gottlob noch immer ein

Sinnenwesen, nicht bloß ein Gemisch oder gar eine Synthese aus Verstand und Druckpapier, – also muß die Prosa außer zum Verstande auch zu den Sinnen sprechen. Wer auf die Tonwirkung des Geschriebenen verzichtet, beraubt sich eines der stärksten Eindrucksmittel. Oft genug haben sinnlose oder doch gedankenarme Dichtungen allein durch ihren Klang hinreißend gewirkt. Auf den Wellen des süßen Wohllauts dringt der matte Gedanke leichter bis ins Herz, und selbst der dumme bis in dessen Nähe. Es soll Menschen geben, die Stefan Georges sinnloseste Verseleien ›schön‹ finden, weil wohlklingende Wörter aneinander geleimt sind.

Lessings Ausspruch: ›Meine Prosa hat mir stets mehr Mühe gekostet als meine Verse‹ ist, in seiner Tiefe betrachtet, nicht bloß ein geistreicher Augenblickseinfall, sondern eine wertvolle Stilwahrheit. Dem Versdichter hilft ein Heer von Mitteln, die dem Prosaschreiber mangeln: dichterische Steigerung des Ausdrucks, klingender Satzschritt, Reim; der Prosaschreiber muß alles dies durch weniger fest umgrenzte Hilfen ersetzen.

○ ○ ○

Es gibt keinen an sich schönen Stil, es gibt nur Eine wahre Schönheit des Stils: Einklang zwischen bedeutendem Inhalt und angemessener Form. So gibt es auch keine musikhafte Prosa an sich, denn diese müßte Klingklang heißen. Echte Musik hat nur die Prosa, die der Musik wert ist: Unsinn in noch so wohlklingenden Wörtern bleibt Unsinn; es gibt keine ›schöne Sprache‹ für wertlosen Inhalt.

○ ○ ○

> Als verre als ichz bedenken kan,
> Sô soll ich mich bewarn daran,
> Daz ich iu niemer Wort gesage,
> Daz iuwern ôren missehage.

So heißt es im ›Tristan‹ Gottfrieds von Straßburg, und es wäre gut, wenn sich alle Schreiber darnach richteten. In einem Falle ist mir's übel gelohnt worden: ich hatte das ›sich‹ möglichst weit vorangerückt, – da rügte mir ein gestrenger Freund, daß ich einige Male nicht ›daß sich‹, sondern ›daß ... sich‹ geschrieben. Er hatte nicht gemerkt, daß mir höher noch als die ja nicht unverbrüchliche Regel des Voranrückens der Fürwörter die andre stand: den gefährlichen Zusammenstoß von ›daß sich‹ zu vermeiden. Aus ähnlichem Grunde schreibe ich ›im Gegensatze zu‹. Die Sprache selbst weist uns den Weg: viele lautliche und sprachgesetzliche Wandlungen die Jahrhunderte hindurch sind nur durch das Verfeinern des Gehörs der Sprechenden zu erklären. Die Frage, ob e oder nicht e im Drittfalle (!) der Einzahl (König oder Könige), ist fast nur eine des Wohlklanges, doch sind dessen Gesetze dunkel. ›Dank vom Hause Österreich‹, nicht Haus, trotz dem Gähnlaut (Hiatus): e ö.

Die Franzosen gehen in ihrer Angst vor dem Gähnlaut so weit, daß sie dem Dichter die unentbehrlichsten Verbindungen verbieten: kein französischer Dichter darf schreiben oder schreibt: *mère et enfants, tu es, tu as, il y a, tu aimes*. Dies ist Unnatur und führt zu lächerlichen Umwegen. Wie weit dürfen wir im Vermeiden des Gähnlauts in der Prosa gehen? Allzu peinlich braucht man nicht zu sein, wird ihn aber meiden, wo man es ohne Zwang vermag. Goethe wurde erst nach seiner italienischen Reise strenger, wandelte z. B. den Vers der ersten ›Iphigenie‹: ›O süße Stimme, o willkommener Ton!‹ in: ›O süße Stimme, vielwillkommener Ton‹, obwohl die erste Fassung nicht übelklingend heißen kann. Man denke sich z. B. Kellers Verse: ›Trinkt, o Augen, was die Wimper hält, Von dem goldnen Überfluß der Welt!‹ geändert in: Trinkt, ihr Augen ..., – wäre dies noch dasselbe? Und Goethe hatte geschrieben und stehen lassen: ›So oft er trank daraus‹. Vermeiden wird der achtsame Schreiber den Zusammenstoß gleicher Selbstlaute, doch ohne peinliche Angst. Goethe schrieb sogar im Vers: ›Ich freue mich bei einem jeden Schritte‹, da er mit Recht die zwei verschieden betonten ei nicht als störenden Zusammenstoß empfand. Die Verschiedenheit der Tonhöhe mildert für das Deutsche Ohr so manchen Gähnlaut, der die französischen Versdichter seit Malherbe unerträglich dünkt. Einen Zwang: ›da aber, – die ist, – liebe Else‹ zu meiden, wird und soll der Deutsche Schreiber nicht dulden.

○ ○ ○

Nötiger als die Scheu vor dem Zusammenstoß gleicher Selbstlaute ist die vor dem Häufen der Mitlaute, namentlich der **Zischlaute**. Über das Binde-s zwischen Zischlauten wurde schon gesprochen (S. 124). Nur ein Ohrloser wie Jean Paul konnte Jetztzeit erfinden, und unbegreiflich ist es bei Hebbel (in dem Gedichte ›Tieck‹). Jean Paul bildete auch ›Selbstzwist‹, und gar in seiner ›Vorschule der Ästhetik‹! In der Novelle eines vielgenannten süddeutschen Schreibers fand ich jüngst das ebenso schöne ›Juchzschrei‹. Ohrlose Schreiber bringen solch Hottentottengeschnalze fertig wie: die ›Nietzeschen Anschauungen‹, mit ›Treitschkescher Entschiedenheit‹. Schon die einfachen Namen Nietzsche und Treitschke sind nicht gerade Musik mit ihrem Zauberklang.

Eine Sprachmeisterregel verbietet die Häufung einsilbiger Wörter. So allgemein ist solche Regel nicht haltbar; Goethes Verse: *Wohl hast du Recht, ich bin nicht mehr ich selbst, Und bin's doch noch so gut, als wie ich's war* (Tasso, 2254) gehören nicht zu seinen schönsten, verletzen aber noch nicht unser Ohr. Der auf und nieder wogende Atem der Verse, dazu der sich Wortgruppen bildende Sinn des Satzes (nicht ›Satzsinn‹) lassen uns diese 20 aufeinander folgenden Einsilber kaum als solche empfinden. Der Zufall ließ mich gar ein Stück Deutscher Prosa mit 41 einsilbigen Wörtern hintereinander entdecken, von – Nietzsche! Man prüfe selbst, ob sie wohl oder übel lautet: sie steht im Zarathustra, in dem Abschnitt ›Das andere Tanzlied‹, 2, beginnt: › ... wir uns auch nicht‹ und schließt ›daß ich auf ...‹ Auch hier achte man auf den Klang der Wortgruppen. Anders steht es mit dem Häufen von wert-, ja sinnlosen Silben in diesem gelallten Satze Johannes Schlafs: ›nur zwar wohl schon nur mehr noch Freude‹.

Alle Bildungssprachen lieben das Spielen mit dem **Gleichklang**, wenngleich nur die altgermanische Dichtung den Anlautreim (Allitteration) zum Rang einer festen Versform erhöht hat. Noch heute spielt dieser ›Stabreim‹ in allen germanischen Sprachen eine nicht unverächtliche Rolle; Wilhelm Buschs ›Max und Moritz‹ z. B. verdanken ihm ein Stückchen ihrer Unsterblichkeit. Bei den Engländern sind Büchertitel wie *The woman in white* und Schlagwörter wie *Men, not measures* immer noch sehr beliebt. Doch schon die Alten kannten den Wert dieses feinen Stilmittels: Heraklit schrieb den stabreimenden Spruch vom πόλεμος πάντων πατήρ [Der Krieg ist der Vater aller Dinge*]; die Römer schufen den Ehrennamen eines *Pater patriae* [Vater des Vaterlandes*], freuten sich an Sätzchen wie *Dies diem docet* [Der Tag belehrt den Tag*], ... *Homines dum docent, discunt* [Die Menschen lernen selber, indem sie lehren*], und Cäsar stabreimte im großen Stil sein *Veni, vidi, vici.*

○ ○ ○

›Bilde, Künstler, rede nicht!‹ heißt Goethes kürzestes und inhaltsreichstes Mahnwort an die Bildner jeglicher Art. Von den Kunstmitteln des Bildners in Worten war hier schon oft die Rede, besonders in dem Buch über den Ausdruck. Zu ergänzen ist er jetzt durch einen Zusatz über die **Tonmalerei.** Sie ist eine Kunst, kann also nicht gelehrt werden; lehrbar ist nur das Handwerksmäßige, was jeder Kunst eigen, und dessen ist in diesem Falle sehr wenig. Auch der Anfänger weiß etwas von den Zusammenhängen des Inhalts und des Wortklanges; kennt viele Stellen in unsern Dichtwerken, wo sich die innere Form im Sprachklang offenbart. ›Horch, die Glocken hallen dumpf zusammen‹ in Schillers Kindesmörderin, – ›Von dem Dome schwer und bang Tönt die Glocke Grabgesang‹, – ›Völker verrauschen, Namen verklingen‹ werden von jedem Leser als notwendiger Ausdruck der Worttonkunst gefühlt. Aber ›die Kunst ist eine Vermittlerin des Unaussprechlichen‹, heißt es bei Goethe, und Torheit wäre es, die Art dieser Vermittlung im einzelnen genau ergründen zu wollen. Von einer auszubildenden Wissenschaft des tonkünstlichen Zusammenhanges zwischen Gehalt und Form kann keine Rede sein; es bleibt beim Vermuten und Ahnen, denn hier sind wir im Reich des Unbewußten und des Unwißbaren.

Wir vermuten in den Selbstlautern von Goethes Versen ›Mit hundert schwarzen Augen sah‹ und ›Umsausten schauerlich mein Ohr‹ künstlerische Ausdrucksmittel für die Finsternis und die Winde. Wir glauben in den zwei, drei betonten und halbbetonten i und im Takte des Verses ›Warum ziehst du mich unwiderstehlich‹ das Ziehen zu fühlen; aus der stabreimenden Wiederholung des Anlauts ›Nach ewigen, ehernen großen Gesetzen‹ das unwandelbare Geschick zu spüren; beim hohlen Ton vom ›wesenlosen

Scheine‹ in die gleichförmig graue Ferne zu blicken; bei den gefärbten Umlauten in ›Nun glühte seine Wange rot und röter‹ die Röte des Höhengefühls aufblühen zu sehen. Doch wie ungreifbar ist dies alles, wie geheimnisvoll dämonisch! ›Wollte man darüber nachdenken, man würde verrückt und brächte nichts Gescheites zustande‹ (Goethe zu Eckermann). In der hochberühmten Liedfuge ›Ganymed‹ spielt unser Tönemeister im ersten Satz auf den Saiten *G, L, N, Ü*, und keine Selbsttäuschung ist es, wenn wir uns bei den Versen: ›Wie im Morgenglanze Du rings mich anglühst‹ vom ersten Sonnenleuchten angestrahlt fühlen. Solche sich jedem Ohr aufzwingende Klangmittel wie in den Versen: ›Töne, Schwager, ins Horn, Raßle den schallenden Trab‹, oder: ›Wenn die Räder rasselten, Rad an Rad, rasch ums Ziel weg‹ finden sich auch bei geringeren Dichtern. Nur den ganz Großen aber gelingt die Verzauberung des Lesers, die bannendere noch des Hörers, durch die ihn wohlig umflutenden Sprachwellen im ›Fischer‹:

> Labt sich die liebe Sonne nicht,
> Der Mond sich nicht im Meer?
> Kehrt wellenatmend ihr Gesicht
> Nicht doppelt schöner her?

oder durch die traumhaft ahnungsvollen Klänge in den feierlichen Versen:

> Sag, was will das Schicksal uns bereiten?
> Warum band es uns so rein genau?
> Ach, du warst in abgelebten Zeiten
> Meine Schwester oder meine Frau.

Und wann hat je ein Dichter mit den Tönen der Menschensprache das Ungeheuerste nachzumalen gewagt und vollbracht, wie Goethe in der Geburt des neuen Lichtes:

> Horchet! horcht dem Sturm der Horen!
> Tönend wird für Geistesohren
> Schon der neue Tag geboren.
>
> Felsentore knarren rasselnd,
> Phöbus' Räder rollen prasselnd;
> Welch Getöse bringt das Licht!

Hoffentlich wähnt kein Leser, diese Tonkünste seien mit klügelnder Absicht zustande gekommen. Goethe selbst hätte nur sein obiges Wort an Eckermann wiederholen können. Ursprünglich hieß es bei Goethe: ›Denn ich bin ein Mensch gewesen, Und das heißt ein Streiter sein.‹ Die vier ei im zweiten Vers zwangen zu der Änderung: ein Kämpfer sein.

Welche wundersame Ton- und Taktmalerei in Mörikes lieblichen Versen: *Zierlich ist des Vogels Schritt im Schnee, Wann er wandelt auf des Berges Höh.* Nur vier zweisilbige Wörter, kein Wort über zwei Silben, neun einsilbige: glaubt man, dies sei Zufall? Doch ebenso falsch wäre der Glaube, hier walte bewußte Absicht. – Oder man lese Kellers Gedichtanfang: *Ich will spiegeln mich in jenen Tagen, Die wie Lindenwipfelwehn entflohn*: fällt dem Leser hiebei nichts auf?, z. B. daß kein R vorkommt? – Oder die berühmte Prosastelle in Mörikes Mozart über das Endspiel des ›Don Juan‹: *Mozart löschte ohne weiteres die Kerzen der beiden neben ihm stehenden Armleuchter aus, und jener furchtbare Choral ›Dein Lachen endet vor der Morgenröte‹ erklang durch die Totenstille des Zimmers. Wie von entlegenen Sternenkreisen fallen die Töne aus silbernen Posaunen, eiskalt, Mark und Seele durchschneidend, herunter durch die blaue Nacht.* Ward in Deutscher Prosa je ein schönerer Satz geschrieben als der letzte? je ein in seiner erschütternden Klangsprache vollendeterer von einem Griechen oder Italiener?

Daß es einem Schreiber mit Musik in ihm selbst möglich ist, in nichtdichterischer Prosa vollwürdig eines Dichters zu sein, das lehrt uns Vischers Erklärung zu den ersten Versen Iphigeniens bis zu den Worten ›Ein ehrenvoller Tod ist ihm bereitet‹: ›*Wie schreitet, weilt, sinnt und schreitet wieder und weilt betrachtend, gefühlhauchend, in wallenden Togafalten die weitere feierliche Rede*‹. Allerdings war Vischer selbst ein Dichter, und keiner von den geringen. – Alle große, schon alle gute Prosa ist Musik; jeder Prosameister muß etwas, muß sogar recht viel vom Dichter und Tonmeister zugleich haben.

○ ○ ○

Wohlklang, Selbst- und Mitlauter

Die gebildete Deutsche Sprache dichtet und denkt für uns; befriedigt sie aber unser Bedürfnis nach **Wohlklang**? Ziemlich genau so alt wie die ältesten Nachrichten von den Germanen sind die Klagen über Rauheit und Mißklang ihrer Sprache. Um die Mitte des ersten Jahrhunderts n.Chr. schrieb der Römer Pomponius Mela, leider ohne Beispiele, eine römische Zunge könne die Namen mancher Deutscher Berge nicht aussprechen. Kleist hat diese Ansicht sehr fein in der Hermannschlacht verspottet:

> Pfiffikon! Iphikon! – was das, beim Jupiter!
> Für eine Sprache ist, als schlüg' ein Stecken
> An einen alten, rostzerfress'nen Helm!
> Ein Greulsystem von Worten.

Im vierten Jahrhundert verglich der Kaiser Julian den Klang der Deutschen Schlachtlieder mit Raubvogelgekrächze. Wir brauchen keinen Wert auf solche Geschmacksurteile zu legen; wir kennen das Gotische des vierten Jahrhunderts, finden es an Wohlklang dem Griechischen und Lateinischen nicht nachstehend, und andre Völker stimmen uns darin bei. Fast jede nicht verstandene Sprache klingt dem Hörer übel. Besäßen wir Urteile von alten Germanen über den Klang des Lateinischen, so würden die vielleicht besagen, daß die Römersprache sich wie das Piepsen von Sperlingen anhöre; sie hätten damit mehr Recht als die Römer mit ihrem Urteil über das Deutsche: auf 100 Selbstlauter und Zwielauter im Lateinischen kommt i 28mal, ist also ein vorherrschender Laut, häufiger selbst als i in der heutigen Aussprache des Griechischen.

Durch alle Jahrhunderte ziehen sich die Klagen Deutscher Schreiber über die Sprödigkeit des Deutschen. Otfried schalt in einer Zeit der Anbetung des Lateinischen: ›Diese barbarische [Deutsche] Sprache ist rauh und wild und des regelnden Zügels der grammatischen Kunst ungewohnt‹, mahnte aber seine Leser: *lli du zi note, theiz scono thoh gilute*, glaubte also an die Möglichkeit, ihr dennoch Wohllaut abzuringen, gleich dem Verfasser des Pilatus-Gedichtes, dessen Worte über diesem Abschnitt stehen. Aber hat nicht selbst Goethe in unmutiger oder übermütiger Laune die Deutsche Sprache als den ›schlechtesten Stoff‹ für den Dichter bezeichnet und dadurch Klopstock zu grimmigem Zorne gereizt?

Sehr ähnlich dem Kaiser Julian schrieb Karl August von Weimar 1805 an Schiller aus Anlaß seiner Phädra-Übersetzung: ›Die Deutsche Sprache sanft und klingend zu machen, ist gewiß sehr schwer; sie tönt gar zu häufig wie Hagel, der an die Fenster schlägt.‹ Aber wo Hagelschlag gefühlt werden soll, muß es aus einer Sprache auch hageln können.

Über Wohl- und Mißklang einer Sprache entscheidet vornehmlich die Verteilung ihrer **Selbstlauter**. Für eine der wohlklingendsten Sprachen gilt uns, nicht mit Unrecht, die italienische; ihr Verhältnis von Mit- zu Selbstlautern ist wie 54 zu 46. Im Neuhochdeutschen ist es wie 60 zu 40, aber im Gotischen wie 55 zu 45, nahezu gleich dem Italienischen. Darnach kommt in Betracht die Häufigkeit der einzelnen Selbstlauter: hier zeigt sich allerdings, daß im Neuhochdeutschen das e nicht nur jeden einzelnen Selbstlauter überragt, sondern häufiger ist als alle übrige einfache Selbstlauter zusammengenommen. Von 100 Selbstlautern einschließlich der Doppellaute kommen: auf e 43, auf i 15, auf a 12, auf u 9, auf o 5; also 43 e gegenüber 41 andern Selbstlautern und 16 Doppellauten. Überdies ist kurzes stumpfes e bei weitem häufiger als langes geschlossenes.

Dazu die nicht seltenen **Mitlauthäufungen** im Deutschen. Schon im Gotischen gibt es schwer aussprechbare Gruppen, z.B. *svumfsl* (Teich); und Wörter wie Kopfschmerz, Sumpfpflanze, Strumpfstricker, Machtspruch, Wettstreit, Angstschweiß fallen einer romanischen Zunge nicht leicht. In ›strengst‹ kommen auf einen Selbstlauter sieben Mitlauter. ›Dennoch‹, so heißt es mit Recht bei Jakob Grimm, ›tut der Deutschen Sprache das Überwiegen der Konsonanten gar nicht weh, sondern sie hat noch die Fülle milder und anmutiger Wörter.‹ Ähnlich bei Herder: ›Wahrlich, die schönsten und edelsten Klangworte unserer Sprache sind erschaffen wie ein Silberton, der in einer reinen Himmelsluft auf einmal ganz hervortritt.‹ Der Germanist Edward Schröder, der offenbar vom Sprachwesen des Germanischen nichts weiß, erklärt ›Gaststätte‹ für ›unerträglich‹. In meinen ›Menschen und Dingen‹ (S. 151) steht hierüber das Nötige.

Bei unbefangener Vergleichung, soweit ein Deutscher in diesem Fall unbefangen ist, ergeben sich mancherlei Klangvorzüge unsrer

Sprache vor den romanischen. Für die Dichtung ist der größte, daß wir gewichtiger und edler als diese reimen. Durch unser Grundgesetz: der Hauptton fällt auf die Stammsilbe, die Trägerin des Wortsinnes, gewinnen die Reime im Deutschen mehr Würde und Wucht als im Französischen, Italienischen und Spanischen, wo sie durch die reimenden ein-, zwei-, dreisilbigen Endungen in zahllosen Fällen zum bloßen Klingklang werden. Die ersten zwei Reime in Dantes Göttlicher Komödie: *vita-smarrita* sind für die Deutsche Verskunst wertlos, weil unrein: Stammsilbe reimt auf Endung.

Das Deutsche besitzt jeden schönen Klang der romanischen Sprachen, dazu aber noch einige wichtige Wohllaute, die diesen fehlen: die Doppellaute ei, eu, au, den sanften Hauch des h. Werden wir uns etwa beklagen, daß wir nicht gleich den Franzosen näseln? Außer unsern Welschern, die gern Perron, Façon, Teint, Terrain, Nuance näseln möchten, aber nicht können, findet jeder Deutsche die französischen Nasenlaute widerwärtig. Daß die Franzosen sie herrlich finden, nimmt nicht wunder: in einem nicht übeln Stilbuch van A. Roche heißt es: *Le son nasal donne de l'éclat à la voyelle ... Il contribue à rendre notre langue plus sonore, plus mâle et plus majestueuse.* Auch dem Manne möchte man zurufen, wenn er's nur verstünde: ›Häud di vör de Inbillung!‹ – Und was würden die Franzosen und Engländer sagen zu Vischers Urteil über ihre Sprachen:

> Wie sie zu süßlichem Brei näselnd der Franke vermanscht,
> Wie sie mit Fröschegequak und Zischen und Prusten und Blasen
> Britischer Mund kurios gurgelt und strudelt und quirlt.

Entschiedenen Widerspruch werden wir dem Urteile Hebbels entgegensetzen:

> Schön erscheint sie mir nicht, die deutsche Sprache, doch schön ist
> Auch die französische nicht, nur die italische klingt.

Lassen wir alle diese wenig fördernden, weil befangenen Urteile auf sich beruhen; nehmen wir uns vor, unser Deutsch, ob wohl, ob übel klingend, so holdtönig zu machen, wie es die Sprache nur irgend vollbringt, wenn unser Ohr sich ihr zu Diensten stellt. Nicht in blinder Eigenliebe ihre Mängel übersehen wollen wir, sondern diese nach Möglichkeit abschwächen. Da ist zunächst ihr größter, das tonlose ě in den immer wiederkehrenden Endungen e, er, es, en, em, est, ere, erere, ererer usw. Friedrich der Große hatte dieses Hauptübel erkannt und schlug vor: ›Man darf diesen Worten am Ende nur noch ein a hinzusetzen und sie in sagena, gebena, nehmena verwandeln, so werden sie unserm Ohre gefallen.‹ Friedrichs Zeitgenossen lachten darüber; auch wir lächeln: selbst der mächtigste Fürst kann solche Verwandlungen nicht erzwingen. Unsre Sprachentwicklung hat nun einmal die volleren Selbstlautendungen mit a, i, o bis zur Tonlosigkeit abgeschliffen; müssen wir aber mehr als durchaus nötig diese Tonlosigkeit vorherrschen lassen? Ernst Eckstein führte folgenden, allerdings von ihm selbst verfertigten Satz an: *Helene Weber gedenkt des Strebens jenes edelsten Menschen, der je Dresdens belebte Wege betreten.* Aber schon die Hälfte, schon ein Drittel der tonlosen ě ist in einem Satz von solcher Länge zuviel. Bei F. Grimm fand ich den Satz: *Dieses schöne, in mehrere vorliegende heutige holländische Volksbücher aufgenommene ... Lied,* und Grimm hatte nichts gemerkt. – Das ist sicher: sowie sich die Rede aufschwingt, mindern sich bei guten Schreibern die ě; jede genaue Untersuchung ergibt, daß in der guten Dichtung das ě seltener ist als selbst in der besten Prosa.

○ ○ ○

Was den Deutschen Schreiber in seinem Streben nach Wohllaut zumeist lähmt, ist das Gefühl: wer dankt mir's? In Deutschland wird fast durchweg ebenso taubstumm gelesen wie geschrieben; ohrlos nennt Schopenhauer die Menschen dieser Art. Die Romanen sehen nicht bloß, sie hören, was sie schreiben. Wir Deutsche sollten alles von uns Geschriebene halblaut überlesen. Keller empfand diesen Mangel schwer:

> Das Auge beim Durchlesen fliegt eben immer ungeduldig über die Schrift hinweg, und das Ohr kann bei mir nichts tun, da ich von Anfang an weder für mich allein laut las, was ich geschrieben, noch jemals eine Umgebung hatte, der ich etwas vorlesen konnte oder mochte.

Molière hatte wenigstens seine Köchin zum Anhören, und er fühlte sich ihr dankbar verpflichtet. Goethe suchte sich schon in der Weimarer Frühzeit gegen die Ohrlosigkeit beim Schreiben durchs Diktieren zu schützen und ist diesem Hilfsmittel bis an sein Ende treu geblieben. So fein war Goethes Ohr durchs Diktieren gegen Mißklänge geworden, daß er den Titel ›Wahrheit und Dichtung‹ wegen der zwei zusammenstoßenden d wandelte in ›Dichtung und Wahrheit‹.

Ohrlos ist Lamprechts Wort ›reizsam‹ gebildet, das dem Schreiber und vielen Lesern so annehmend gefiel. Ein wohlmeinender Ohrloser schlug vor, ›national‹ zu ersetzen durch ›volklich‹; er hörte nicht den Gleichklang mit ›folglich‹; zum Glück wurde es bald durch das treffliche ›völkisch‹ verdrängt.

Wortgeklingel ist nicht Musik. Wenn Bierbaum sein ›Kling Klang Gloribusch‹ anstimmt oder ›Bummel, Bammel, Spinnenräderrockentanz, Nockentanzgeschrammel‹ singt, so wendet sich der zu solchem Ohrenschmaus geladene Gast mit Grausen. Nichts Besseres ist zu sagen von Dehmels ›Glühlala!‹ oder Else Laskers ihm nachgeklingeltem ›Blüheilala!‹ Noch so wohllautender Unsinn, noch so süß hinschmelzende Plattheit sind schlechter Stil. Die Freude am Wohlklang darf nicht einmal dazu verführen, ein klanglich schöneres, aber weniger scharf zeichnendes Wort dem klangärmeren Eigenwort vorzuziehen: dieses hat stets soviel Musik wie nötig. Halten wir es mit dem strengen Quintilian: *Neque ullum idoneum aut aptum verbum praetermittamus gratia lenitatis* (Wir wollen kein taugliches oder gut passendes Wort aus Wohllautsgründen weglassen). Cicero dagegen empfahl die *complementa numerorum*, die rhythmischen Beigaben, – sie finden sich bei ihm bis zum Überdruß. Nachahmer Ciceros sind die mittelmäßigen unter den französischen Prosaschreibern; die guten verwerfen solche *complementa* (im Französischen: *chevilles*, Flickwörter). Besonders sündigen darin ihre Redner, unter diesen am meisten die Prediger: *Je plains en cette chaire un sage et vertueux capitaine, dont les intentions étaient pures, et dont la vertu semblait mériter une vie plus longue **et plus étendue*** (Flechier). Der Klang-Zusatz *et plus étendue* macht den Schluß voller, wirkt aber nicht Sinn-steigernd, sondern schwächend, ja erscheint geradezu albern.

Die schöpferischen Künstler des Wortes erfinden schon die Namen ihrer Menschen tonmalend. Was für wunderschöne Namen wählte oder erfand Shakespeare! Ophelia stand in keiner Quelle, und wie fein wandelte er die von ihm in einer italienischen Novelle gefundene Disdemona (die Unglückselige) in Desdemona, um den Gleichklang mit *this demon* auszuschließen. Aus dem heldisch klingenden Fastolf machte er den dicken Falstaff. Cordelia, Perdita, Imogen, Nerissa, Othello sind Shakespeares Eigenschöpfungen.

Aus der neuern Dichtkunst seien genannt: Kellers Vrenchen, noch einmal sein Maus der Zahllose, die Jungfer Züs Bünzlin; Lux im Sinngedicht; Gutzkows Schlurk in den ›Rittern vom Geist‹; Mörikes schöne Lau; Reuters Bräsig; Sudermanns Michalke in der ›Ehre‹. – Wie unsagbar abgeschmackt ist dagegen der Name Quaquaro für einen echtberlinischen Hausverwalter in G. Hauptmanns ›Ratten‹; wie lächerlich der ernstgemeinte Herr von Kammacher in dessen elender ›Atlantis‹! Oder wußte Hauptmann nichts von Kellers ›Gerechten Kammachern‹?

○ ○ ○

Wohl dem Schreiber, der alles Geschriebene zuerst einem klugen willigen Hörer – noch besser einer solchen Hörerin! – vortragen kann. Vereinigt dieser oder diese mit der Freundschaft oder Liebe die strenge Wahrheit, um so wohler. Vier Ohren hören mehr und besser als zwei; selbst das in die Feder-Sagen ist kein so sichrer Schutz gegen klangliche Unglücksfälle. Platen wird um vieler schönklingender Verse willen als einer unsrer tonschönen Dichter gerühmt; aber wie seltsam: gerade bei ihm gibt es Stellen mit unerträglichen Mißklängen. Einer seiner Hexameter beginnt: *Mit Schießscharten versehn*; ein andrer schließt: *zu ergänzen des Stoffs Fehl*, ein dritter: *Kein Bleiben vergönnt des Geschicks Beschluß mir*. Und dieser merkwürdige Dichter erdreistete sich, die Hexameter in ›Hermann und Dorothea‹ ›holpricht‹ zu schelten. – Bei dem ihm nicht unähnlichen Hugo von Hofmannsthal, dessen Sprachmusik als unübertrefflich gerühmt wird, steht in Prosa: *Der spanische Aufenthalt enthält ein kleines Erlebnis* und im Reimvers: *Und säng recht etwas Trauriges, Indes ich hier im Dunklen säß*.

Wendungen wie ›um nicht zu weinen brauchen‹ (Gutzkow) kommen sehr oft vor; unvermeidlich sind sie nicht, nur muß man sich nicht so sprachwidrig wie Ebers zu helfen suchen: *ohne eine Entdeckung befürchten zu brauchen*. Bei Laube heißt es einmal: *Die Gesellschaft muß sich sicher stellen*, und dem feinhörigen Eichendorff ist einmal widerfahren: *Die Sonne schien schon schief zwischen den Baumstämmen hindurch* (im ›Taugenichts‹).

Strömt im Wohllaut der Sprache das Empfinden aus, so gibt der **Schritt des Satzes** (muß ich ›Rhythmus‹ sagen?) die innere Bewegung wieder. Der für seine eignen Schriften oft vertaubte Jean Paul hatte ein feines Ohr für die Klangwelt der Andern:

> Wie die Begeisterung des Dichters von selber melodisch wird, so wird die Begeisterung großer Menschen, von einem Luther an bis zu Lessing und Herder hinüber, unwillkürlich rhythmisch. Ist nur einmal ein lebendiger und kein gefrorener Gedankenstrom da, so wird er schon rauschen.

Das ist's: der echte Herzschlag (ist ›Rhythmus‹ notwendig und schöner?) des Satzes läßt sich so wenig künstlich erzeugen wie das echte Gefühl. Der gefälschten Begeisterung, dem erheuchelten ›Brustton der Überzeugung‹ entspricht der verlogene Satzschritt. Was vom Satzbau gesagt wurde, daß er etwas ganz Eigenmenschliches ist, gilt ebenso vom Schrittmaß des Satzes und der Darstellung. ›Es gibt einen prosaischen Schritt, aber für jedes Buch und jeden Autor einen andern und ungesuchten.‹ (Jean Paul) Er bietet sich ungesucht dem in der Tiefe empfindenden Schreiber dar und schmiegt sich gehorsam, ewig wechselnd, dem ewig wechselnden Inhalt an. Nietzsche schreibt hierüber nur halb klar:

> Gute Schriftsteller verändern den Rhythmus mancher Periode bloß deshalb, weil sie den gewöhnlichen Lesern nicht die Fähigkeit zuerkennen, den Takt, welchem die Periode in ihrer ersten Fassung folgte, zu begreifen; deshalb erleichtern sie es ihnen, indem sie bekannteren Rhythmen den Vorzug geben.

Ist Satzwohllaut überhaupt zu lernen, dann nur aus den Dichtern. Über den Satzklang bei Goethe verweise ich auf mein Buch über ihn (Band 2, S. 851). Man lese mit lauschenden Ohren besonders

Luther, Goethe, Schiller, Hölderlin, Uhland, Mörike, Eichendorff, Heine, Hebbel, Geibel, Leuthold, Heyse, Storm, Keller, C. F. Meyer, und es müßte wunderlich zugehen, wenn aus ihnen ein Schreiber mit Sinn für Wohllaut nicht einiges lernte. Aus Regeln wie der von der Notwendigkeit des ›aufsteigenden Rhythmus‹ ist nichts zu lernen. Der Leser wird in allen größten Prosawerken auf jeder Seite Satzwohllaut von ganz andrer Art finden: Denn nur ein Gesetz gibt es, für den Schritt des Satzes wie für den Stil überhaupt: sie sind der Ausdruck des Empfindens und Denkens des Menschen.

VIERTER ABSCHNITT
Klarheit und Verständlichkeit

Die größte Deutlichkeit war mir immer die größte Schönheit.

LESSING

Die Deutschen besitzen die Kunst, die Wissenschaften unzugänglich zu machen.

GOETHE

Im ganzen ist der Stil eines Schriftstellers ein treuer Ausdruck seines Innern; will jemand einen klaren Stil schreiben, so sei es ihm zuvor klar in seiner Seele.

GOETHE ZU ECKERMANN

Klarheit und **Verständlichkeit** sind aufs nächste verwandt, aber nicht genau gleich. Ein Mathematiker kann kristallklar schreiben, mir jedoch unverständlich bleiben, weil er bei seinen Lesern voraussetzt, was mir abgeht; Gedankenbahnen durchmißt, die mir ungangbar sind. Ein andrer Schreiber kann mir in jedem Einzelwort verständlich, aber durch die Verworrenheit des Ganzen unklar sein: er hatte die Teile in der Hand, fehlte ihm nur das geistige Band. Hegels einzelne Wörter in den Beispielen auf S. 452 und 454 sind uns zur Not verständlich; die ganzen Sätze hat nie ein Mensch verstanden, auch Hegel nicht.

Mit Ausnahme der absichtsvollen Dunkelmänner, also der Zieraffen und andrer Stilgaukler, ist alle Welt im Lobe der Klarheit einig. Selbst die Dunkelmänner nehmen es übel, wenn man sie so nennt: sich selber kommen sie sonnenklar vor. Der Mensch ist ein lichtfreudiges Wesen, die Helle ihm lieber als das Dunkel, die Nacht ist keines Menschen Freund. Indessen hier wie überall handelt es sich nicht um den tausendfach verschiedenen Geschmack des Einzelnen, sondern um ein allherrschendes Gesetz: Von allen Stilarten ist die klare die beste, denn sie ist die zweckmäßigste. Den hellbelichteten Satz, die durchsichtige Gliederung, den leuchtend erkennbaren Sinn des Ganzen nehmen wir ungetrübt auf, und das ist doch wohl die Absicht des ehrlichen, des guten Schreibers. So wenig oder so viel er uns zu geben hat, ganz will er es geben, nichts soll aus Mangel an Licht übersehen werden. Und die wohlige Empfindung des Lesers, daß ihm nichts verborgen bleibt; seine Freude am Finden, Erkennen, Aufnehmen, Verarbeiten – sie sind Schönheitsgenuß: darum steht dieser Abschnitt in dem ›Buche‹ von der Schönheit; darum an der Spitze des Abschnitts das Bekenntniswort Lessings über seinen Stil.

Es gibt an sich mehr oder weniger klare Sprachen. Vom Französischen hat Rivarol (S. 265) mit ähnlicher Entschiedenheit, wie Lessing von seiner eignen Schreibweise, geurteilt: *Tout ce qui n'est pas clair, n'est pas français* (Alles, was nicht klar ist, ist nicht französisch). Für so wichtig hielt er diesen Satz, daß er ihn mit lauter Großbuchstaben drucken ließ. Man darf ihm zustimmen, wiewohl es auch einige dunkle französische Schriftsteller gibt, allerdings nur absichtlich dunkle, z.B. Mallarmé. Die Franzosen schützen sich gegen sie durch das von Schopenhauer empfohlene Mittel: ›Man werfe das Buch weg, bei dem man merkt, daß man in eine dunklere Region gerät als die eigene.‹ Das Deutsche hat Eigenschaften, die unter der Feder eines unachtsamen Schreibers zur Unklarheit, unter der eines zierigen, eines unredlichen zur Dunkelheit führen. Der gute Schreiber muß die dunklen Winkel seiner Muttersprache kennen und in sie desto stärkeres Licht ergießen. Einem so klaren Kopfe wie E. M. Arndt widerfuhr die Doppeldeutigkeit: ›Und Gott im Himmel Lieder singt.‹ Man sollte es kaum glauben: Nietzsche hat dies wirklich falsch verstanden, oder – verstehen wollen, um einen Witz einzuschmuggeln: ›Ohne Musik wäre das Leben ein Irrtum. Der Deutsche denkt sich selbst Gott liedersingend.‹ (›Sprüche und Pfeile‹, 33). – Ich bekenne: als Knabe habe ich den Vers ebenso verstanden wie Nietzsche und ihn so sehr schön gefunden.

Unklarheit

○ ○ ○

Die zwei hier unterschiedenen Gattungen der Unklarheit, die aus Unachtsamkeit und die aus unredlicher Absicht, verdienen natürlich ein verschiedenes Urteil. Mit der Unachtsamkeit soll man Nachsicht üben, denn wer von uns allen ist sicher vor ihr? Unbarmherzig zu verurteilen ist das absichtliche Verdunkeln, denn es entspringt allemal unlauterer Sinnesart: dem Streben, die bewußte und unbewußte Unklarheit, ja Unwissenheit des Schreibers zu verschleiern und Gedankentiefe vorzuspiegeln. Die absichtliche Unklarheit, die gefährlichste und die gemeinste, ist zur Zeit die vorherrschende; einen ihrer Hauptkunstgriffe, die Fremdwörterei, haben wir untersucht. Nur der ausrottbare Fetischglaube an die Heiligkeit bedruckten Papiers läßt diese absichtlich schwindelnde Dunkelheit in Deutschland noch gedeihen. Rudolf Hildebrand, unser feinster Deutschkundiger nach Uhland und Jakob Grimm, hat nachdrücklich betont: ›Die volle wahre Klarheit ist gebunden an die lebendige Sprache, an die Muttersprache, auch für die Wissenschaft; an das Fremde aber, vor allem an die abstrakte Schulsprache, hängt sich Unklarheit.‹ Eines der überzeugendsten Beispiele sind Friedrich Schlegels ›Fragmente‹: die gescheiten, die klaren Sätze sind überwiegend Deutsch; wo er bewußt oder unbewußt schwafelt, rücken unfehlbar Haufen von Fremdwörtern an. Klar und geistreich sind z. B. die Sätze: *Noten zu einem Gedicht sind wie anatomische Vorlesungen zu einem Braten. – Der Historiker ist ein rückwärts gekehrter Prophet.* Dagegen halte man dieses tiefsinnig sein sollende unverständliche Kauderwelsch: *Moderantismus ist Geist der kastrierten Illiberalität. – Die intellektuelle Anschauung ist der kategorische Imperativ der Theorie.*

Sprachliche Unklarheit ist selten ganz frei von Unredlichkeit. Schon Plutarch schrieb von den Sophisten: ›Sie gebrauchen in ihren Unterhaltungen und Streitschriften Worte als Vorhänge vor den Gedanken‹, wahrscheinlich die Quelle des angeblich Talleyrandschen Wortes von der Sprache als Mittel zum Verbergen der Gedanken, das sich übrigens schon bei Molière findet: *La parole a été donnée à l'homme pour déguiser sa pensée.* Den Nagel aber auf den Kopf trifft ein andrer wasserklarer Franzose, Vauvenargues, der die Klarheit nennt *la bonne foi des philosophes* (den guten Glauben der Philosophen). Schopenhauer, der Hegels sinnlose Dunkelheit immer wieder Unredlichkeit schalt, tat dies nicht aus gekränkter Eigenliebe; wer kann glauben, daß z. B. folgende Sätze Hegels ihm selbst klar gewesen sind:

> Das Selbstbewußtsein in dem Elemente der Unmittelbarkeit oder des Seins die Sittlichkeit ausdrückend, oder ein unmittelbares Bewußtsein seiner wie alles Wesens so als dieses Selbsts in einem Andern. – Der Geist ist in seiner einfachen Wahrheit und schlägt seine Momente auseinander. Die Handlung tönet ihn in die Substanz und das Bewußtsein derselben; und trennt ebenso wohl die Substanz als das Bewußtsein. Die Substanz tritt als allgemeines Wesen und Zweck sich als der vereinzelten Wirklichkeit entgegen; die unendliche Mitte ist das Selbstbewußtsein, welches an sich Einheit seiner und der Substanz, nun für sich wird, das allgemeine Wesen und seine vereinzelte Wirklichkeit vereint, diese zu jenem erhebt und sittlich handelt und jenes zu dieser herunterbringt, und den Zweck, die nur gedachte Substanz, ausführt; es bringt die Einheit seines Selbst und der Substanz als sein Werk und damit als Wirklichkeit hervor.

Das sinnlose Zeug ist hiermit noch lange nicht zu Ende, nur die Geduld des Abschreibers reichte nicht weiter. Und zu den Füßen Hegels haben vor hundert Jahren im zweifelsüchtigen Berlin die klügsten und edelsten Männer gesessen, solcher Weisheit lauschend.

○ ○ ○

Der Stil kann gar nicht hell genug sein; mehr Licht, immer noch mehr Licht! heißt die Forderung des Tages und aller Tage. Dunkel zu schreiben, hat zur äußersten Not nur der ein Recht, in dem eine Überfülle tiefster, selbst ihm noch nicht ganz enthüllter Offenbarungen flutet; solch ein Wundermann aber würde zugleich redlich genug sein, mit dem Schreiben zu warten, bis lichtvolle Klarheit sich über seine Schätze ergossen hat. Gar nicht schroff genug muß gerade in Deutschland Streit verkündet werden dem Aberglauben, Klarheit und Tiefe vertrügen sich nicht.

Was ist klarer und zugleich tiefer als die Worte Jesu? Wer hat mit größerer Leidenschaft nach Klarheit gerungen als Spinoza,

Lessing, Goethe, Schiller, Schopenhauer? Dunkelheit des Ausdrucks ist fast jedesmal Ausdruck der Dunkelheit, denn ›Was ein Mensch zu denken vermag, läßt sich auch allemal in klaren, faßlichen und unzweideutigen Worten ausdrücken‹ (Schopenhauer). Einzig in Deutschland, dem Erblande des gelehrttuerischen dünkelhaften Dunkelstils, herrscht vielfach noch die Scheu vor der Klarheit, welche die Dunkeln Seichtheit schelten, die Ehrfurcht vor dem sich in Dunkel hüllenden Scheintiefsinn.

In ›Westermanns Monatsheften‹ erklärte ein Besprecher der ersten Auflage dieses Buches, mein Stil gefalle ihm nicht, weil er ›zu eindeutig, zu wasserklar‹ sei. Nie ist mir Erfreulicheres über meinen armen Stil gesagt worden; ich muß mich hüten, durch solchen Tadel zur Eitelkeit verführt zu werden. In welche Abgründe aber der Deutschen Auffassung vom Wesen des Stils erschließt solch Urteil den Blick!

Der Deutsche Schriftsteller, der nicht verstanden wird, nennt den Leser einen Esel. Diderot schreibt in seiner ›Philosophischen Unterhaltung‹ mit der Frau Marschall ... –: ›Wenn Sie mich nicht verstünden, so wäre das wohl meine Schuld.‹ Ich denke wie Diderot.

Paul Heyse rät spottend:

Lernt darum den Kunstgriff üben,
Der euch den Erfolg verbriefe:
Müßt das seichte Wasser trüben,
Daß man glaubt, es habe Tiefe.

Die im Trüben nach Bewunderung fischenden Scheintiefsinnigen führen gern Lichtenbergs hübschen Ausspruch an: ›Wenn ein Buch mit einem Kopf zusammenstößt, und es klingt hohl, so liegt die Schuld nicht immer am Buch.‹ Nicht immer! Viel gemeingültiger ist die Fassung: ›so liegt die Schuld nicht immer am Kopf‹.

Der Amerikaner Mark Twain, ein Meister der lachenden Wahrheit, ein herzlicher Freund Deutschlands, hat sich wiederholt liebevoll lustig gemacht über die *awful german language*, weil sie ihm so oft mit unnötiger Unklarheit begegnet war. Wegen solcher Scherze von einem Deutschen zur Rede gestellt, machte er ihm diesen brieflichen Vorschlag, dessen Humor ich nicht übersetzend verwässern möchte: *Clarity and simplicity are possible in that tongue, and people who muddy it and confuse it and darken it ought to be taken out and hanged. If you can get this plan tried, even for a single year, I am sure you will see a change. It will cost the lives of a few authors – possibly a hundred –, but what of that? Great reforms always cost something, and this one would be cheap at the price. There's plenty of authors. There is no use in being stingy with material, when there is such opulence of it and so much to be gained at such a small outlay. Come – sacrifice the hundred!* Hier haben wir einen der Fälle, wo verzärtelndes Mitleid einen unbezweifelbaren Bildungsfortschritt hindert. Dabei hatte der gutgläubige Mark Twain nicht an die Möglichkeit gedacht, daß es absichtliche Verdunkler gäbe; welche Todesstrafe würde er wohl über diese verhängt haben? Vielleicht die mittelalterliche für die Münzfälscher.

○ ○ ○

Keine Entschuldigung der Unklarheit ist die Schwierigkeit des Gegenstandes; vielmehr eine neue Anklage: je schwieriger das Darzustellende, desto klarer muß die Darstellung sein. Unklarheit in wissenschaftlichen Schriften, Unklarheit gar in Lehrbüchern – welches Wort ist zu hart für diese Stilsünde? Denen aber, die Klarheit für nicht vornehm, nicht wissenschaftlich genug halten – auch solche gibt es, allerdings nur in Deutschland –, denen sei ins Gedächtnis gerufen, daß keiner unsrer großen Prosaschreiber sich für zu vornehm gehalten hat, sich die äußerste Mühe um die höchste Klarheit zu geben. Goethe, der sich hierauf verstand, rühmte, nach Schopenhauers Bericht über eine Unterredung, an Kant, ihm würde, wenn er eine Seite von ihm lese, zumut, als träte er in ein helles Zimmer. Wo Kant uns dunkel erscheint, da liegt es an der Neuheit des Gegenstandes, an einer gewissen sprachlichen Spröde Kants, zum Teil an einem Wandel unsers Sprachgebrauches, niemals an einem vornehmtuerischen Tiefscheinenwollen. Dies erkennt man schon an der verhältnismäßigen Sprachreinheit des Philosophen Kant: er gebraucht nur die damals allgemein üblichen Fremdwörter, erfindet sich kein neues Fremdwörterbuch, wie die Philosophen Lamprecht, Simmel, Gundolf, Th. Mann und Genossen.

Wenn wir den Stil Lessings, Goethes, seiner Mutter, Schillers, Clausewitzens, Moltkes, Treitschkes, Freytags, Nietzsches rühmen, drängt sich uns nicht an erster Stelle das Lobeswort Klarheit auf? Moltkes kurze Geschichte z. B. des Krieges von 1870 mit ihrem gewiß verwickelten Stoff ist für jeden mittelgebildeten Laien mit Hilfe einer Karte des Schauplatzes in jedem Satze wie im Ganzen durchsichtig klar. Ich kannte eine edle alte sehr friedliche Frau, die mit Vorliebe Clausewitzens Buch vom Kriege las und durchweg verstand. Damit vergleiche man die Unfähigkeit, wenn nicht den bösen Willen, vieler wissenschaftlicher und andrer Schreiber über sehr einfache Dinge.

Für bewußte Verdunkelung zum Verschleiern tiefer Unwissenheit halte ich Hegels Erklärung der Elektrizität:

> Die Elektrizität ist der Zweck der Gestalt, der sich von ihr befreit, die Gestalt, die ihre Gleichgültigkeit aufzuheben anfängt; denn (!) die Elektrizität ist das unmittelbare Hervortreten oder das noch von der Gestalt herkommende, noch durch sie bedingte Dasein, aber noch nicht die Auflösung der Gestalt selbst, sondern der oberflächliche Prozeß, worin die Differenzen die Gestalt verlassen, aber sie zu ihrer Bedingung haben und noch nicht an ihnen selbständig geworden sind.

○ ○ ○

Steigen wir aus den Reichen der Sinnbilderei in die der Wirklichkeit und fragen uns, warum nicht halb oder ganz dunkel geschrieben werden darf, sondern sonnenhell, so lautet die Forderung an die noch so großartigen Dunkeldunkler: Ihr sollt uns nützen, oder ihr sollt schweigen! Wer drucken läßt, will nützen; und seinen Mitmenschen nützen ist selbst im Zeitalter der Ästheten keine Schande. Auch diese lassen drucken, weil sie ihren Mitästheten zu nützen glauben. ›Nur der Schriftsteller wird uns Gewinn bringen, dessen Verstehen schärfer und deutlicher ist als das eigene, der unser Denken beschleunigt, nicht es hemmt‹ (Schopenhauer). Abermals muß gesagt werden: ein Schriftsteller von mittlerem Wissen und Können, der all seine geistige Habe durch die fleckenlose Klarheit seines Stiles Andern übermittelt, nützt mehr als ein grundgelehrter Schreiber, der einen großen Teil seines Geschreibes in undurchdringliches Dunkel hüllt. Auf den geheimnisvollen Zusammenhang zwischen Dunkel und Dünkel hat übrigens schon der Menschen Weisester, Goethe, hingewiesen: ›Bei Borniertn und Geistigdunkeln findet sich der Dünkel‹ (zu Eckermann).

Einen nicht unebnen seelischen Grund für den Vorzug der Verständlichkeit gibt Cicero in seinen ›Pflichten‹ (2, 3): ›weil der Hörer, der alles versteht, sich in Folge dessen auf seine Gescheitheit etwas einbildet‹. In der ganzen übrigen Bildungswelt gilt der Grundsatz höchster Klarheit; in Deutschland verlangen manche Leser geradezu, durch tiefsinnig scheinende Unverständlichkeit beschwindelt zu werden. Eindeutigkeit und Wasserklarheit (vgl. S. 799) sind ihnen zuwider; sie ziehen Vieldeutigkeit und Pfützentrübe vor: auch in deren Deutung und Aufhellung kann man sich und Andern gescheit vorkommen.

○ ○ ○

Klarheit kann niemals in einen Fehler ausarten. Wenn zuweilen geurteilt wird: Dieser Schreiber ist klar bis zur **Plattheit**, so täuscht man sich über den Sinn von Klarheit und Plattheit. Der klare Schreiber läßt das Licht in die Dunkelheit einströmen; der platte zündet Licht am hellen Tag an. Er schreibt gewichtig Sätze nieder, die man nicht einmal im Gespräch sagen oder beachten würde; aus Überschätzung seiner selbst und aus Unterschätzung des Lesers verkündet er Selbstverständlichkeiten, als seien sie unerhörte Offenbarungen. Der oft geistreiche Friedrich Schlegel salbadert in einem Aufsatz über ›Nordische Dichtkunst‹: *Die Jugend ist der Frühling des Lebens, und die einfachen Freuden der Natur werden vielen immer teuer bleiben.* – Zacharias Werner läßt seine Makkabäermutter Salome nach dem Sieden eines ihrer Kinder in Öl ausrufen: *O es ist schwer doch, von Märtyrern Mutter zu sein!*

Verwunderliche Plattheiten stehen in Platens Dichtung und Prosa:

> Nicht für Handwerksburschen allein, – für denkende Männer,
> Für großfühlende Fraun, dichte der deutsche Poet! –
> Wen die Natur zum Dichter schuf, den lehrt sie auch zu paaren
> Das Schöne mit dem Kräftigen, das Neue mit dem Wahren.

Hat man jemals hieran gezweifelt? muß dies der Dichter in pomphaften Versen sagen? – Platen in Prosa über Homer: *Die Vorzüge der Homerischen Dichtungen sind nicht die Vorzüge unserer Zeit; dafür aber* (haben wir) *andere, von denen sich Homer nichts hat träumen lassen. – Wie oft gewinnen Dinge ein ganz anderes Aussehen, sobald sie bedacht werden. – Bewahre in allen Angelegenheiten die Klarheit des Geistes. – Unter allen Ländern bist du doch immer dem Vaterlande am meisten schuldig* (die letzten drei Sätze aus Platens ›Lebensregeln‹). – Die Franzosen nennen dergleichen Plattheiten ›die Weisheit des Herrn von la Palisse‹, über den es z.B. diese Verschen gibt:

> *Monsieur de la Palisse est mort*
> *En perdant la vie,*
> *Un quart d'heure avant sa mort*
> *Il était encore en vie.*

In dem einstmals als ein Gipfel des Geistreichtums ausposaunten Modebuch von Langbehn: ›Rembrandt als Erzieher‹ steht unter Dutzenden von Plattheiten diese: *Handschrift entsteht immer durch ein Zusammenwirken zweier Faktoren: eines beweglichen, der Hand, sowie eines festen, des Stiftes.* – J. Wassermann erklärt uns mit wichtigtuerischer Plattheit: *Die Art des Erzählens ist nur ein scheinbar Äußerliches, denn in Wirklichkeit ist sie die Seele der epischen Kunst.* Das scheinbar so unschuldige Fremdwort ›episch‹ hatte ihn verführt; gewiß hätte er nicht zu schreiben gewagt: Die Art des Erzählens ist die Seele der Erzählungskunst. – In G. Hauptmanns ›Kaiser Karls Geisel‹ ertönt das abgrundtiefe Wort: *Wer tot ist, ist des Lebens ledig.* Besonders platt, in tiefsinnig tuender Aufplusterung, wird er jedesmal, wo er von einer Zeitung um einen geistreichen Ausspruch ersucht wird; dann vernehmen wir Weisheitssprüche wie diesen: *Irrtümer, durch Überzeugung und Mehrheit getragen, werden nur stärker in ihrer Wesenheit* [!] *als Irrtümer, entfernen sich dadurch aber um so mehr von der Wahrheit.* Man kann sicher sein: wo immer man bei Hauptmann auf so etwas wie einen Gedanken stößt, da ist er nicht von Hauptmann. – Lamprecht stellt die ›schöne Kaiserzeit des Mittelalters‹ und die ›Reformation‹ gegenüber dem ›Zeitalter des Subjektivismus‹, dem 18. Jahrhundert, und fügt begeistert hinzu: *Um wieviel näher aber liegen diese Zeiten dem lebenden Geschlecht!*

Großartig klingende Plattheiten stehen fast auf jeder Seite bei Julian Schmidt: *Das Urteil über ein Volk hängt sehr davon ab, von welcher Seite man es betrachtet.* – *Was wir Zivilisation nennen, ist nicht zu allen Zeiten und bei allen Völkern dasselbe gewesen.* – *Byron hat für uns etwas Fremdes; er sieht kaum mehr wie einer unsrer Zeitgenossen aus.* Byron hatte allerdings eine Entschuldigung: er war schon seit 1824 tot.

○ ○ ○

Anders steht es natürlich mit schalkhaft absichtlichen Plattheiten wie Buschs ewig wahren Versen: *Musik wird oft nicht schön gefunden, Weil sie stets mit Geräusch verbunden*, oder: *Vater werden ist nicht schwer, Vater sein dagegen sehr*. – Auf unabsichtlicher, aber gänzlich anspruchsloser Plattheit beruhen die hinreißenden Wirkungen mancher Verse der schlesischen Dichterin Friederike Kempner, z.B. diese höchst edelsinnige Mahnung ›An die Anarchisten‹:

> Kehrt zurück zu Recht und Ehre,
> Merkt euch der Geschichte Lehre;
> Niemals nützlich war der Mord,
> Und es gibt ein ewiges Dort.

Und diese ebenso unbestreitbare wie entzückende Wahrheit über ›das Tier‹:

> Es liebt und haßt, fühlt Weh und Freude,
> Das müsset ihr ja zugestehn;
> Daß es nicht auch französisch spricht,
> Das ändert doch die Sache nicht.

○ ○ ○

Verständlichkeit

Klarheit ist Schönheit, Klarheit ist Kunst; Dunkelheit ist keins von beiden. Wie viele der Besten greifen immer noch zur Erquickung nach Goethe, wenn sie sich den Kopf wüst gelesen haben an dem anspruchsvoll dunkeln Geschwätz mancher Tagesgrößen. Goethe ist so klar wie die klarsten Franzosen und Engländer, – ein sprechender Beweis, daß das Tiefste sich aufs klarste ausdrücken läßt. Von Goethes Prosa rühmte Heine: ›Sie ist so durchsichtig wie das grüne Meer, wenn heller Sommernachmittag und Windstille, und man ganz klar hinabschauen kann in die Tiefe, wo die versunkenen Städte mit ihren verschollenen Herrlichkeiten sichtbar werden.‹

Und Lessing! Wie ist er besorgt ums Verständnis seiner Leser; wie gliedert er, beleuchtet er jedes Satzglied, meidet er jedes dunkle Wort. Keine der kleinen Hilfen des Stiles verschmäht er, wenn er dem Leser dadurch einen Gefallen tun kann: *Aber ist es denn immer Shakespeare, werden einige meiner Leser fragen, immer Shakespeare, der alles besser verstanden hat als die Franzosen?* Wie kurz ist die Unterbrechung; aber Lessing wiederholt ›immer Shakespeare‹, um den Satz zu schmeidigen und dem Leser das geringste Stocken zu ersparen. – Und in wie strahlendem Licht erscheint uns die Klarheit Schillers in seinen Schriften zur Kunst und zur Sittlichkeit, wenn wir erwägen, daß er ja fast in jeder der erste war, der diese schwierigen Fragen in Deutscher Sprache allgemein verständlich zu behandeln wagte. Über den Unterschied der naiven und der sentimentalischen Dichtung schreibt er so einfach, so klar, daß ihn jeder ein wenig belesene Primaner versteht, mindestens den Wortsinn jedes Satzes ungetrübt aufnimmt. Welcher Hochgelehrte aber versteht z.B. diesen Satz eines hochberühmten Germanisten über Goethes ›Prometheus‹: *Mahomets monotheistischer Aufstieg vom Gestirndienst und die künftigen Wirren des Propheten waren in Hymnen und Gesprächen angelegt* (von Goethe? von alten Arabern? oder von wem sonst?), *längst bevor Goethe nach dem Scherz der geistreichsten Romantikerin* (Karoline? Bettina? Dorothea? Rahel? Günderode? und wie lautete der Scherz?), *den Voltaire* (?) *in Musik setzte* (??), *wie Mozart den Schikaneder* –? Hier geht die Unklarheit des gezierten Ausdrucks, ja die Schiefheit des Satzbaues so weit, daß die zweite Hälfte gar nicht, die erste falsch verstanden wird.

Die Verteidigung der Dunkeldünkler mit der Pflicht des Lesers, durch verdoppeltes Forschen hinter den Sinn solcher Rätsel zu dringen, ist rundweg, im Notfalle grob, abzuweisen. Ein Großgeist für Jahrtausende müßte der sein, der von uns verlangen dürfte, daß wir jeden seiner Sätze zweimal, fünfmal, zehnmal hin und her drehen, um dessen Abgrundtiefe zu ermessen. Von dem Schreiber des Tages für den Tag oder doch nicht weit darüber hinaus fordern wir, daß er dem aufmerksamen Leser beim ersten Lesen zunächst äußerlich verstehbar sei. Man bedenke: jeder Schreiber verlangt vom Leser ein Stück von dessen Lebenszeit; und da will er sich nicht die Mühe geben, ihm so wenig wie möglich Leben zu kosten? Die Forderung, daß jedes Wort jedem gebildeten Leser verständlich sein müsse, ist nicht zu streng. Kein Schreiber weiß bestimmt vorher, in wessen Hände seine Schrift kommt; er will und er soll von jedem Leser seines Bildungskreises verstanden werden. Griechen, Römer, Franzosen, Engländer schreiben so, daß jeder gebildete Landsmann sie versteht; von vielen Sätzen gelehrter Deutscher Schreiber darf man behaupten, daß sie ihren eignen Verfassern nach ein paar Jahren dunkel klingen. Mit Recht fragt Cicero, ›ob es nicht besser wäre, stumm zu sein, als zu sagen, was niemand versteht?‹, und Quintilian geht so weit, zu verlangen: *Oratio debet negligenter quoque audientibus esse aperta* (Selbst nachlässig Zuhörenden muß der Vortrag klar sein). Dies ist übertrieben; durchaus richtig aber seine andre Forderung: *Non solum ut intelligere possit, sed ne omnino possit non intelligere curandum* (Nicht bloß verstanden soll man werden, sondern unter keinen Umständen mißverstanden). Mit aller Schärfe stellte schon Aristoteles den Grundsatz auf: ›Das Wort, das nicht verstanden wird, verfehlt seinen Beruf‹ (wörtlich: wird sein Werk nicht tun), und der durch kein schwindelhaftes Dunkel zu täuschende Schopenhauer hat, ein Menschenalter vor Mirza Schaffys ›Alles gemeinem Verstand Unverständliche hat seinen Urquell im Unverstand‹, rücksichtslos der Katze die Schelle angehängt: ›**Das Unverständliche ist dem Unverständigen verwandt,** und allemal ist es unendlich wahrscheinlicher, daß eine Mystifikation, als daß ein großer Tiefsinn darunter verborgen liegt.‹ Mystifikation ist nur die allzu höfliche fremdwörtelnde Beschönigung für Schwindel.

Unverständlichkeit

○ ○ ○

Jeder Schreiber, dem es um sofortiges Verstandenwerden zu tun ist, sollte sich vor allem der Gefahren bewußt sein, die in gewissen Eigenheiten unsrer recht schwierigen Deutschen Sprache lauern, z.B. der Vieldeutigkeit von die, sie, ihr, der Gleichform von Erst- und Viertfall, Zweit- und Drittfall in der Beugung weiblicher Hauptwörter, gewisser Eigenschafts- und Umstandswörter, und dergleichen mehr. Auch andre Sprachen leiden an gewissen Doppeldeutigkeiten; Quintilian führt als Beispiel die letztwillige Bestimmung an, der Erbe solle dem Erblasser nach dem Tode *statuam auream hastam tenentem* errichten: die Quelle eines Rechtsstreites darüber, ob das ganze Standbild oder nur die Lanze golden sein sollte (vergleiche das Deutsche Beispiel auf S. 653). Der Mangel eines Geschlechtsworts im Lateinischen ist die Ursache dieser Doppeldeutigkeit. Und wieviel Streit hat das doppeldeutige *suo* in Vasaris Bericht über ein Bild Rafaels entfacht: *A Bindo Altoviti fece il ritratto suo* (Dem B. A. machte er sein Bildnis)! Altovitis oder Rafaels eignes Bildnis? Solcher Fallstricke sind im Deutschen weit mehr, und die folgenden Beispiele, allerdings zum Teil von nachlässigen Schreibern, sollen uns alle zur äußersten Vorsicht mahnen.

Gutzkow über die romantische Begeisterung für das Mittelalter: *Der mittelalterliche Enthusiasmus in Deutschland ...* – Wer versteht diesen Satz H. Grimms: *Hoch oben über dem Kreise der Auserwählten die Seligen mit den Werkzeugen des Todes und der Marter Christi, die sie umschweben und im Triumph herbeitragen?* Es ist Grimm zuzutrauen, daß ›sie‹ sich einmal auf die Seligen, das zweite Mal auf Werkzeuge beziehen soll.

Aber, aber – der große Lessing schreibt einmal, allerdings nur in einem Brief an den Bruder: *Da sind ein paar Wolfenbüttelsche Damen, die ihre Männer nach Berlin schleppen.* Nie wird die Lessing-Forschung mit völliger Sicherheit ermitteln, ob die Männer die Damen, oder die Damen die Männer nach Berlin geschleppt haben.

Wer versteht sogleich unzweifelhaft richtig diese Verse C. F. Meyers:

> Frommer Augen helle Lust
> Überstrahlt an voller Brust
> Blitzendes Geschmeide ...?

Schopenhauer wetterte eigensinnig gegen das Vertauschen von ›sicher‹ und ›sicherlich‹, nennt aber nicht den einzigen Grund, der wirklich zur Vorsicht zwingt: die Möglichkeit von Unklarheiten, wie z.B. in diesem Satz Erich Schmidts: *Schiller beherrscht sicher die Stoffe* (in den Balladen), *die er roh aus alten und neuen Büchern schürft.* Beherrscht Schiller sie mit Sicherheit oder sicherlich? Und ist jeder Zweifel unzulässig, ob nicht ›roh‹ ein zu ›schürfen‹ gehöriges Umstandswort ist? Warum nicht Rohstoffe? Warum sie geziert auseinanderzerren und eine, noch so kurz dauernde, Zweideutigkeit schaffen?

Johannes Schlaf über Poe: *Ich denke hier nur etwa des Falles Waldemar, jenes grausigen Stückes ...* Weiterhin: *Gerade dieses Stück scheint mir von einer höchst eigenen Symbolik erfüllt zu sein.* Also ist der Fall Waldemar von Poe ein Drama? Der Leser wird durch die Unachtsamkeit des Schreibers irregeführt, der nicht ein einziges Mal den wahren Sachverhalt mitteilt: es handelt sich um eine Erzählung Poes.

Der Schreiber darf sich nicht begnügen mit dem Bewußtsein, daß er sein Geschreibe noch in der unklarsten Form versteht; er ist verpflichtet, so zu schreiben, daß es der Unkundige, der ja erst durch ihn zu Belehrende verstehe.

> Sage mir deutlicher, wie und wenn,
> Du bist uns nicht immer klar ...
> Gute Leute, wißt ihr denn,
> Ob ich mir's selber war? (Goethe)

H. Grimm über ein Bild Rafaels: *Was die Echtheit anlangt, so stehen auf dem Werke genug Stellen zu Tage, welche Raphaels eigenes Machwerk erkennen lassen.* Also ist es Schund? Erst viel später erfahren wir das Gegenteil: Machwerk bedeutet hier nach Grimms empörender Sprachzuchtlosigkeit einfach Werk.

Gervinus: *An die Stelle des Religionsinteresses trat nun das Handelsinteresse, das nun die Staatskunst vorschrieb.* Ist ›das‹ erster oder vierter Fall? – Adolf Bartels: *Als schöpferische Kräfte brauchen wir die Juden unbedingt nicht.* Sind wir die schöpferischen Kräfte? Sind es die Juden? – Carl Busse über Gustav Falke: *Die Stellung, die er sich dauernd in unserer Literatur schuf, kann ein neues Buch nicht mehr tangieren.* Stellung soll wohl der vierte Fall sein; den Leser aber ›tangiert‹ es, daß er das nicht auf den ersten Blick unzweideutig erfährt; ja den sprachfeinfühligen Leser tangiert sogar die Unklarheit von ›tangieren‹.

Sind Edukte das Wesen einer Substanz, sie sei nun organisch oder kryptobiot? (Feuchtersleben) Von hundert gebildeten Deutschen versteht dies kaum einer; und weder Demosthenes noch Cicero hätten es verstanden.

Der gegen sich selbst ehrliche Leser beantworte sich die Frage, ob er diesen Satz von Franz Blei begreift: *Die Musik des Novalis ist nicht die der transzendentalen Pneumatologen und Theurgen, die in ihrer Seele nach den Geheimnissen forschen.* Wäre es für einen Deutschen Schreiber zu unvornehm, die Sprache seiner Leser zu schreiben? – Ist es schön, daß mindestens alle weibliche Leser, und die meisten männlichen, Paul Heyses Satz über Weibel: *Gleichwohl bedurfte es auch für dieses Stück der mäeutischen Beihilfe guter Freunde* nur mit Hilfe eines Fremdwörterbuches verstehen können? Gehört es etwa zur Allgemeinbildung, ein Unwort wie *mäeutisch* zu verstehen? Ich habe es nach sorgsamer Überlegung nicht in mein Verdeutschungsbuch aufgenommen.

Was bedeutet bei Ranke: *... nachdem man die Geschichte des Tell als eine Sage hat aufgeben müssen?* Hat man sie aufgeben müssen, weil sie eine Sage war, oder hat man ihre Sagenhaftigkeit aufgeben und sie als Geschichte anerkennen müssen?

Über Byron schreibt Bernays: *Ein unauslöschliches Leben glüht hervor aus den lyrischen Gedichten und aus den Werken, die, wie Childe Harold und Don Juan, den Poeten nicht durch eine strengere Kunstform beengt haben.* Also entbehren ›Childe Harold‹ und ›Don Juan‹ einer strengern Kunstform? Aber dies sind ja gerade die zwei Dichtungen Byrons mit der strengsten Kunstform. Bernays wußte dies, fühlte aber nicht, daß jeder Leser durch seine sinnwidrige Wortstellung zu dem gegenteiligen Glauben verführt werden muß.

Ein norddeutscher Stadtrat ordnete beim Heereseinzug von

1871 einen aufsteigenden Tribünenbau an, damit man nicht bloß die Vorderen, sondern auch die Hinteren sehen könne, und war nicht wenig bestürzt über das Gelächter der Leser.

○ ○ ○

Ich wiederhole: Solche Unglücksfälle können jedem Schreiber einmal widerfahren und bieten keinen Anlaß zu überheblichem Pharisäertum. Gewiß aber widerfahren sie dem ehrlichen, schlichten, achtsamen Schreiber seltner als dem eitlen, dem gezierten, dem schludrigen. Begegnen sie uns bei einem guten Schreiber, so sind wir betrübt; bei einem schlechten erregen sie uns die reinste, jedenfalls die ›objektivste‹ aller Freuden, die Schadenfreude. Doch gleichviel ob Trauer oder Freude, sie sollen uns zum Nachdenken zwingen über die Abwendemittel solchen Unfällen gegenüber. Der Leser kennt sie schon alle aus manchem vorausgegangenen Abschnitt. Wer seinen Gedanken bis zur lichten Klarheit in sich durchläutert hat, wird ihn weniger mißverständlich aussprechen als der unbewußte oder bewußte Dunkelmann. Im schlichten Stil sind Unklarheiten seltner als im geschmückten oder gar im aufgeputzten: ›Sage, was du zu sagen hast, wie ein Mensch aus dieser Welt‹, nicht wie ein Geist aus der ›vierten Dimension‹ oder wie ein Pfau in Menschenhaut! – Vergiß nie, was für eine schwierige Sprache die Deutsche ist; sei stolz auf sie, doch sei nicht minder vorsichtig gegen ihre Gefahren!

Schreibe Deutsch, nicht Rackerlatein oder Kellnerfranzösisch: klares Deutsch wird klar verstanden; selbst etwas unklares Deutsch noch klarer als dunstiges Welsch. – Gedenke, daß du nicht für dich, der du alles weißt, sondern für Andre schreibst, die alles erst durch dich erfahren sollen. – Unterschlage ihnen nichts Notwendiges aus Unachtsamkeit, geschweige aus Vornehmtuerei. Eine treffliche Warnerin ist die menschliche Stimme: höre, was du geschrieben! Hast du einen liebreich geduldigen Freund, so laß ihn mithören. Widerfährt dir trotz alledem ein Stilunglück, so tröste dich: menschliche Endlichkeit! Lerne aber daraus: noch klarer zu denken, noch schlichter zu schreiben, noch schärfer nachzuprüfen, noch strenger jedes Aufzucken der Eitelkeit zu unterdrücken, dich noch menschlicher und natürlicher auszudrücken. Und zu guter Letzt: Wenn einer dauhn deiht, wat hei deiht, denn kann hei nich mihr dauhn, as hei deiht.

FÜNFTER ABSCHNITT
Hilfsmittel zum guten Stil

Ajoutez quelquefois et souvent effacez.
(Fügt manchesmal hinzu und streichet oftmals aus.)
                                                BOILEAU

Stilfehler soll man in fremden Schriften entdecken,
um sie in den eigenen zu vermeiden.
                                                SCHOPENHAUER

Die in diesem Buche schon einige Male gestreifte Frage: Läßt sich ein guter Stil erlernen und wie? wird am Schlusse dieses vorletzten größern Abschnittes noch einmal aufgeworfen und zu beantworten versucht. Mehr als das Ergebnis der Erfahrungen eines Schreibers, der sich durch mehr als ein Menschenalter um Sprache und Stil bemüht hat, soll und kann nicht geboten werden. Keine aus dem Wolkenreiche der allgemeinen Redensarten gegriffenen Ratschläge werden hier erteilt; geraten wird nur das Selbsterprobte und Bewährte.

Das Unmögliche zu lehren, vermißt sich der Verfasser nicht: der gute Stil ist unlehrbar. Stil und Stillehre verhalten sich zu einander wie angeborenes Menschenwesen und Erziehung. Wie die Erziehung nicht viel mehr vermag, als gute Triebe zu stärken, böse zu schwächen, üble Angewöhnungen auszutreiben, so wird es keinem Stillehrer je gelingen, dem Schüler des Schreibens einen guten Stil beizubringen, es sei denn jenen guten, den der Schüler ursprünglich in der Anlage besessen, aber durch Verbildung verzerrt hat. So ziemlich alles, was von der Übung abhängt, läßt sich durch Übung erlernen und bis zu hoher Leistung vervollkommnen, vom Seiltanzen bis zum Klavierspielen; Stil dagegen ist das sich in Worten aussprechende Menschenwesen. Gewiß, der Nachahmungstrieb des Menschen befähigt ihn, mittels fleißiger Übung jeden Stil ein paar Zeilen, vielleicht eine Seite lang so nachzuschreiben, daß selbst Kenner beinahe getäuscht werden können; doch nicht für länger. Stil ist ja nicht bloße Form für beliebigen Inhalt; Stil ist Seelengehalt in einer bestimmten Ausdrucksform, und nur diese Form, nicht der Gehalt läßt sich nachahmen, oder nachäffen. Wie sich der alte Goethe räusperte und spuckte, hatte ihm der elende Pustkuchen (vgl. S. 738) für seine falschen ›Wanderjahre‹ abgeguckt; des Goethischen Geistes hatte er keinen Hauch verspürt. Und wie unüberbrückbar ist die Kluft zwischen Schöll, dem Nachahmer des Goethischen Altersstiles, und dem Meister selbst. Goethe blieb noch in der Schnörkelform seines verrufenen Geheimratstiles sonnenklar; den Sinn der Schöllschen Spreizungen muß man mühselig enträtseln, und wie dürftig ist die Auflösung seiner Rätsel. Es bleibt dabei, solange Menschen schreiben: es gibt keinen andern guten Stil als den eignen, wenn er gut ist, und kein andres Mittel zum guten Stil, als seinen eignen Stil zu entdecken und zu pflegen.

Noch einmal sei gefragt: wer hatte den Tockenburger Geisbuben Ulrich Bräker seinen wunderschönen Stil gelehrt (vgl. S. 500)? Die erste Fassung des Kellerschen ›Grünen Heinrichs‹ von 1854 ist in demselben Kellerschen Stil geschrieben wie die zweite von 1880, aber von einem Stillehrer Kellers wissen wir nichts. Auf das in dem Abschnitt ›Satz und Persönlichkeit‹ (S. 501) Gesagte wird hier zurückverwiesen. Kann nicht einmal ein bestimmter Satzbau so gelehrt werden, daß er Eigenstil wird, wie will man auf einen Andern sprachliches Feingefühl übertragen, diese unerläßliche Grundlage alles guten Schreibens?

Das Beste am Stil ist unlehrbar, denn es ist Kunst-gewordene Natur. Doch selbst das Schlimmste läßt sich durch Lehre nicht ausrotten: die Stillüge, der Hang zum naturwidrigen Stil, zum Schwindelstil. Auch er fließt aus den geheimen Seelentiefen, und nicht die edelsten Vorbilder, die noch so eindringlichen Ermahnungen vermögen den bösen Urtrieb eines Schreibers zu vernichten. Die abschreckenden Beispiele dieses Buches werden den Stil niemandes ändern, der von der Natur mit einem der darin gekennzeichneten Unheilstile heimgesucht wurde. Nur für die nicht von Grund aus verderbten oder unheilbar verbildeten Schreiber, die noch unbeschriebenen Blätter, haben die schreckhaften Beispiele Erziehungswert, und nur für solche hat sich der Verfasser die Mühe gegeben, sie durch jahrelanges Suchen bequem darzubieten.

○ ○ ○

Der gute Schreiber bereitet sich vor, ehe er den ersten Federstrich tut. Von Nutzen oder Entbehrlichkeit einer vorherigen Anordnung handelt ein besondrer Abschnitt (S. 596f.). Als durch reiche Eigenerfahrung bewährt darf empfohlen werden, die einzelnen Gedankenkerne, Tatsachen, Anführungen auf einzelne Blättchen von gleicher Größe zu schreiben; der, allerdings kurzschreibende, Verfasser benutzt solche von 7 zu 4 Zentimetern. Die Ordnung dieser Zettel ergibt zugleich die Gedankenfolge der Schrift. Oben rechts sollte auf jedem Zettel ein ›Kopf‹ stehen, das Schlagwort für die Gruppe, den Abschnitt; oben links der Kopf für die Untergruppe. Die Merke sind nicht zu knapp zu halten; man verlasse sich nicht aufs Gedächtnis, denn wie oft benutzt man erst nach Monaten, nach Jahren seine Zettel. – Anführungen aus Büchern schreibe man sofort sehr genau ab; wie schwer ist oft das benutzte Buch später wiederzuerlangen, wie störend unterbricht das Suchen die Arbeit.

Wohl dem Schreiber, der in jungen Jahren gründlich die **Kurzschrift** erlernt und geübt hat: sie ist eine Mitarbeiterin ohnegleichen, erleichtert nicht allein das Sammeln des Stoffes; nein, sie hält den flüchtigen Gedanken im Augenblick des Aufsteigens in seiner vollen Lebensfrische und bis in seine letzten Schwingungen fest. Gewöhnliche Schrift hinkt elend nach, und der Schreiber erlahmt unter ihrer Unbeholfenheit zum Schaden für Schärfe und Fluß seiner Gedanken.

Wer gut, das heißt für einen Andern unbedingt lesbar kurzschreibt, der mag kurzschriftlich sauber selbst ausarbeiten und die Niederschrift von Hilfskräften übertragen lassen. Aufgrund von Erfahrungen, wie sie reicher nicht viele Schreiber besitzen können, empfehle ich solchen, die dazu geeignet sind, als die vollkommenste Art des ersten Entwerfens die Kurzniederschrift mit eigner Hand. Sie ermöglicht dem Schreiber, seinem Gedankenfluge in dessen Eilen oder Zögern zu folgen, vermindert die Reibung zwischen Denken und Niederschreiben um reichlich Dreiviertel der mit der gewöhnlichen Schrift unvermeidlich verbundenen und läßt dennoch dem Geübten jede Freiheit des sofortigen oder späteren Feilens.

In diesem Punkte wird die eigne Kurzschrift allerdings noch vom **Einsagen** übertroffen: beim Einsagen hört man seinen Ausdruck und Stil. Indessen auch dieser Vorteil läßt sich ja mit der Kurzschrift verbinden: man kann einem Kurzschreiber einsagen. Arbeiten für den Tag, zumal Briefe, vertragen dies; schriftstellerische Kunstwerke über den Tag hinaus sollte man keinem Kurzschreiber einsagen: er verführt durch seine fast unbeschränkte Geschwindigkeit zu einer dem Stil gefährlichen Eile. Ein Kurzschreiber von mittleren Gaben schreibt mühelos 200 Silben in der Minute. Gewichtige Arbeiten sagt man am besten einem gewöhnlichen Schreiber in die Feder. Cäsar hat so gearbeitet, Napoleon nicht anders, hat allerdings alle seine Schreiber halb oder ganz tot gehetzt. Goethe hat mehr als 50 Jahre nur eingesagt und mochte zuletzt überhaupt nicht mehr anhaltend selbst schreiben. Schon die Bewegung beim Einsagen – er ging dabei im Zimmer umher – rühmte er als dem Zustrom der Gedanken förderlich: ›Was ich Gutes finde in der Überlegung, Gedanken, ja sogar Ausdruck, kommt mir meist im Gehen.‹

Deutsche Schreiber würden vom Einsprechen zwei Vorteile haben: ihr Ausdruck würde weniger dunstgrau, ihr Satz weniger verschachtelt werden, denn das Sprechen erzieht zu kürzeren Sätzen. Für die schlechtesten Stile: den gezierten, den eitel fremdwörtelnden, den verrückt bildernden, den scheintiefsinnigen, den seiltänzerischen usw. wäre das Einsagen vielleicht das einzige sittliche Heilmittel: die an solchen Stillastern Leidenden würden sich vielleicht vor ihren gebildeten Schreibern schämen. Diese sitzen als sichtbare urteilende Menschen vor ihnen; die Leser sind eine unbekannte, unbeachtliche, verachtete Größe.

Die **Schreibmaschine** wäre die beste Schreibgehilfin für die Einsprechenden, wenn sie geräuschloser arbeitete. Sie würde dann die gute Mitte sein zwischen dem Schreiber mit gewöhnlicher und dem mit Kurzschrift. Welche Werkstatt beschert der schreibenden oder doch der schriftstellernden Menschheit endlich die geräuschlose Schreibmaschine?

Über die Wirkung des **Weingeists** (Alkohols) auf die Schreibtätigkeit, die ja mit der Stilfrage zusammenhängt, wurde einst eine Rundfrage veranstaltet; die meisten Schriftsteller antworteten rundweg gegen den Weingeistgenuß (vgl. ›Literarisches Echo‹, 15. 10. 1906). Goethe hat gelegentlich, ausnahmsweise und nur in jüngern Jahren, mit Burgunder und Champagner nachgeholfen, z. B. um seine Erwiderung auf Friedrichs des Großen Schrift ›Über die Deutsche Literatur‹ ›aufs Trockne zu bringen‹. Leider ist gerade diese Arbeit verloren, so daß die Erforschung der Rolle des Weines in Goethes Stil künftigen Gelehrtengeschlechtern überlassen bleibt. – ›Bekanntlich‹ hat Goethe vom Mannesalter ab die frühesten Morgenstunden zur Arbeit bevorzugt.

○ ○ ○

Zum Schreiben gehört die volle **Herrschaft über die Sprache**: eine scheinbare Selbstverständlichkeit, doch muß sie irgendwo in diesem Buche ausgesprochen werden. Wodurch man in den Besitz jener Herrschaft kommt? Durch Hören und Lesen, durch Leben und Bücher. Bücher sind gut, d. h. die guten; Leben ist besser. Luther bekannte sich zu ihm als dem besten Sprachlehrer: ›Man muß nicht die Buchstaben in der lateinischen Sprache fragen, wie man soll Deutsch reden, sondern man muß die Mutter im Hause, die Kinder auf der Gassen, den gemeinen Mann auf dem Markt drumb fragen und denselbigen auf das Maul sehen, wie sie reden.‹

Ein gutes Deutsches Wörterbuch ist ein guter Freund des ungeübten Schreibers, denn Deutsch ist eine sehr schwere Sprache. Wieland und Goethe haben sich oft aus Adelungs schlechtem Wörterbuch Rat in Zweifeln gesucht. Ob ein Wörterbuch der Sinnverwandten (vgl. S. 163) von Nutzen sei, weiß ich nicht: ich besitze keins. Übrigens gibt es bis zur Stunde kein wirklich brauchbares. Dringend aber zu empfehlen ist ein Entwelschungs- oder Verdeutschungswörterbuch; denn aus dem tiefen, breiten Sumpfe der

Fremdwörterei kommt der auf Reinheit bedachte Schreiber ohne eine hilfreiche Retterhand heute kaum mehr heraus. Mein ›Verdeutschungsbuch‹ hier zu nennen, berechtigt mich die Versicherung vieler Schriftsteller, daß sie es täglich benutzen.

Als ein Mittel zur Ausbildung des Stiles wird oft das **Übersetzen** aus fremden Sprachen empfohlen. In Deutschland mehr als in andern Ländern; die Franzosen z. B. halten mehr von der Erziehungskraft ihrer besten Schriftsteller und der lebendigen Rede. Cicero empfahl und übte das Übersetzen aus dem Griechischen; Friedrich der Große riet den Deutschen Schreibern dringend das Verdeutschen der alten Klassiker. Ich halte das Übersetzen aus fremden Sprachen für ein unter Umständen gefährliches Mittel: man kann sich leicht undeutschen Satzbau und Ausdruck anübersetzen. Die Griechen haben sich nicht im Übersetzen geübt, nicht einmal unter der Römerherrschaft etwas Namhaftes aus dem Lateinischen übersetzt. Nutzen vom Verdeutschen wird nur haben, wer schon bis zu hohem Grade Herr über das Deutsche ist; unreife Schreiber sollten sich davon fernhalten. Eine ausgezeichnete Stilzucht hingegen ist das Übersetzen der eignen Schrift in fremde Sprache, besonders ins Französische. Hätte z. B. Schöll je diesen Versuch gemacht, vielleicht wäre ihm dann die Einsicht aufgedämmert, daß er überhaupt in keiner Menschensprache geschrieben habe, da er in keine Menschensprache übersetzt werden könne. Sprachenkundige Leser mögen sich einmal an das Übersetzen ins Französische wagen mit gewissen schlimmsten Beispielen dieses Buches aus Hegel, Schelling, Schöll, Simmel, Harden, E. Schmidt, Lamprecht usw.

Unsre Klassiker des 18. Jahrhunderts, vornehmlich Lessing, Wieland, Herder, Goethe, Schiller, haben gewußt, wieviel sie für ihren Stil dem **Französischen** verdankten. Selbst Arndt der Franzosenfeind empfahl es den Deutschen Schreibern in seiner Abhandlung über den Gebrauch einer fremden Sprache (›Geist der Zeit‹, Band 1) als einen Zuchtmeister. Nur mit ängstlicher Scheu wiederhole ich diese Empfehlung; denn der Sprachzustand des letzten Menschenalters lehrt, daß den meisten Deutschen Schreibern das Französische nicht zum Vorbild reiner Sprache und klaren Stiles dient, sondern zum sprachlichen Warenhaus, aus dem sie ohne

Wahl, ohne Geschmack für die fremde wie für die eigne Sprache, allerlei Brocken stehlen, um sich vor den bewundernden Landsleuten als Überpariser aufzuspielen. Die Deutschfranzösische Brokkensprache, namentlich die der Kunstschreiber, ist der sicherste Beweis für die Stümperei im Französischen. Nur der Sprachenstümper gebraucht fremde Brocken in Deutscher Rede; der tiefe Kenner einer fremden Sprache schätzt diese zu hoch, um sie durch solche Lumpenflickerei zu verschandeln. Karl Hillebrand, der das Französische geläufig schrieb, hat sich gehütet, sein Deutsch mit französischen Bröcklein zu durchsprenkeln; nur unsre gebildeten Hausknechte aus Paris, die weder das Deutsche noch das Französische beherrschen, treiben Unfug mit beiden Sprachen.

Durchsichtige Gliederung, klarer Satzbau, Bestimmtheit des Ausdrucks – wer am Hange zu deren Gegenteil leidet, der lese die Meister des französischen Stils: Montaigne, Pascal, Larochefoucault und die Moralphilosophen des 17. und 18. Jahrhunderts; lese La Bruyère, Montesquieu, Voltaire, Diderot, Rousseau, Beaumarchais, Joseph de Maistre, Musset, Courier, Sainte-Beuve. Von den neusten nenne ich keinen, denn es steht ja so, daß der Deutsche Schreiber nahezu aus jedem französischen Buch, aus jeder französischen Zeitung mehr für seinen Stil gewinnen kann als aus vielen hochberühmten Deutschen Büchern in jämmerlichem Stil. Mit wie tiefem Schmerz ich dies niederschreibe, wird der Leser nachfühlen; geschrieben aber mußte es werden.

○ ○ ○

In jedem Buch über Stil wird als Hauptmittel zum guten Stil das eifrige Lesen der gutgeschriebenen Bücher, besonders unsrer Klassiker empfohlen. Ich kenne ein noch besseres: das Lesen schlechtgeschriebener Bücher, besonders der Klassiker der schlechten Stile. Gute Bücher können nützen, aber doch nur denen, die eines guten Willens sind, denen ihr natürlicher Stil nicht schon in jungen Jahren durch die Stillüge so verbildet wurde, daß der beste Stil ohne Einfluß auf sie bleibt. Was mich an dem Erziehungswert der gutgeschriebenen Bücher zweifeln läßt, ist die hundertfache Wahrnehmung, daß gewisse Gelehrte, besonders viele Germanisten, die sich ein Leben lang mit dem Durchforschen unsrer Klassiker, mit den edelsten Eigenschaften ihres Stiles beschäftigt haben, gerade an solchen Stillastern kranken, von denen sich bei ihren Lieblingsklassikern nichts findet. Zu den gelungensten Abschnitten in Erich Schmidts ›Lessing‹ gehört der über Lessings Sprache und Stil; was aber hat jener Forscher vom Meister des Stils für den eignen Stil gelernt? Wie scharf ist Schmidts Auge für Lessings Stilredlichkeit: ›Er haßt das ›Kostbare‹ [**Preziöse**], die ›Blümchen‹, jene Erbschaft des Hotel Rambouillet (vgl. S. 79), dessen **gezierte** Gemeinde, von Molière ausgehöhnt, auch keine Kleinigkeit ohne **Wendung** [*Tropus*, Bild] sagen kann. **Er will das Ding beim rechten Namen nennen**, ohne Scheu vor dem delikaten Geschmäckchen.‹ Hat jenes klassische Vorbild des klaren, des natürlichen Ausdruckes seinem Darsteller Schmidt im geringsten genützt?

Ich halte es mit Schopenhauer, der über den Nutzen des Lesens guter Bücher schreibt:

> Keine schriftstellerische Eigenschaft, wie z.B. Überredungskraft, Bilderreichtum, Vergleichungsgabe, Kühnheit oder Bitterkeit, oder Kürze, oder Grazie, oder Leichtigkeit des Ausdruckes noch auch Witz, überraschende Kontraste, Lakonismus, Naivetät u.dgl. m. können wir dadurch erwerben, daß wir Schriftsteller lesen, die solche haben. Wohl aber können wir hierdurch dergleichen Eigenschaften, **falls wir sie schon als** Anlage (*potentia*) **besitzen**, in uns hervorrufen, sie uns zum Bewußtsein bringen, können sehn, was alles sich damit machen läßt, können gestärkt werden in der Neigung, ja im Mute, sie zu gebrauchen, können an Beispielen die Wirkung ihrer Anwendung beurteilen und so den richtigen Gebrauch derselben erlernen; wonach wir allerdings erst dann sie auch actu besitzen. Dies also ist die einzige Art, wie Lesen zum Schreiben bildet, indem es nämlich uns den Gebrauch lehrt, **den wir von unsern eigenen Naturgaben machen können**: also immer nur unter der Voraussetzung dieser. Ohne solche hingegen erlernen wir durch Lesen nichts als kalte tote Manier und werden zu seichten Nachahmern.

Also auch hier nach dem Worte: Wer hat, dem wird gegeben.

Die rettungslos dem widernatürlichen Stil verfallenen Schreiber muß man ihrem Schicksal überlassen. Sie sind um so weniger zu heilen, als sie von der Trefflichkeit ihres Stiles, ja von dessen ›ungesuchter Natürlichkeit‹ (so E. Schmidt über den seinigen) fest überzeugt sind und als Führer eines Klüngels niemals ein Wort strengen Urteils von einem Fachmann zu hören bekommen. Die Mehrzahl der schlechten Schreiber dagegen läßt sich noch bessern, jedoch nicht durch den Hinweis auf die ihnen ja längst bekannten guten Bücher, sondern durch die Erziehung mit abschreckenden Mitteln. Alles Wichtigste in der Stillehre nimmt von selbst die Form des Verneinens an: sie warnt vor den Sünden gegen die Wahrheit, die Klarheit, die Einfachheit des Stiles, und sie verspricht sich mit Recht mehr von abschreckenden Beispielen der Unwahrhaftigkeit, der Dunkelheit, des Schwulstes als von den klassischen Mustern. Lernt man doch Arzneikunde nicht am gesunden, sondern am kranken Menschen.

Jeder schreibende Anfänger steht mindestens so sehr unter dem Einfluß der schlechten wie der guten Bücher: in der Regel genießen gerade die allerschlechtesten Schreiber einen Tagesruhm, gegen den an erzielicher Macht die ewige Geltung unsrer Klassiker nicht aufkommt. Im Stillen ist es der sehnlichste Wunsch vieler zukünftiger Schreiber, es gleich oder zuvor zu tun: Harden in geckenhaft gespreizter und verzerrter Unnatur und Zitatenpracht, Kerr im Gelenke-verrenkenden Drahtseiltanzen und krankhaften Gesichterschneiden, Poppenberg im Plündern des berlinfranzösischen Wörterbuches, Lamprecht in der tiefscheinenden Verblasenheit und fremdwörtlerischen Neuschöpfung, Thomas Mann in der Wichtigtuerei um Nichtigkeiten und im Gespreize mit wilder Fremdwörterei. Einmal hingewiesen auf die Natur- und Kunstwidrigkeit dieser und andrer weitbekannter Prosaschreiber, wird der ernstlich um die wahre Stilkunst bemühte Anfänger zu dauerndem Gewinn durch die Schreckenskammer Deutscher Widerstile wandern.

Schon der ältere Plinius kannte den Nutzen schlechter Schreiber: *Nullus est liber tam malus, ut non aliqua parte prosit* (Kein Buch ist so schlecht, daß es nicht irgendwie nütze), nämlich durch seine verekelnde Schlechtigkeit. Bei unserm derbwitzigen Satirenschreiber Liscow (1701–1760) haben wir sogar eine ernsthaft scherzende Abhandlung über die ›Vortrefflichkeit und Notwendigkeit der schlechten Skribenten‹, worin er diese von sich u. a. rühmen läßt: ›Unsere Schriften, wie elend sie auch sind, geben doch Anlaß zu vielen gründlichen Widerlegungen und sinnreichen Spottschriften, deren die gelehrte Welt notwendig entbehren müßte, wenn niemand wäre, der elend und lächerlich schriebe.‹ Wer den geringsten Schreibkitzel zum Aufplustern und Verschnörkeln des Einfachsten verspürt, der lese nur einen Tag, aber vom Morgen zum Abend, Schölls ›Goethe in den Hauptzügen seines Lebens‹: heilt ihn dies nicht für immer, so heilt ihn nichts. – Wer ein wenig Französisch gelernt hat und sich gestachelt fühlt, der staunenden Welt solch unerhörtes Kellnerwissen durch echte oder falsche französische Bröcklein zu offenbaren, der lese eine Woche oder zwei unsre großartigen Pariser von Pückler bis zu Poppenberg: er wird sich vor jedem Einstreuen eines französischen Wortes in seine Deutsche Rede körperlich ekeln oder die Zahl unsrer ›gebildeten Hausknechte‹ vermehren. – Um sich von dem Hautjucken witzelnder Wortspielerei zu heilen, genügt wohl ein Bändchen von Saphir; und wer in seinem Stil die ersten Anzeichen der eiteln Zitierwut entdeckt, der lese Spielhagen, bei vorgeschrittener Krankheit – es ist eine Pferdekur auf Tod und Leben – die 52 Aufsätze Hardens in einem Jahrgang der ›Zukunft‹. – Gegen die Bilderbetrunkenheit gibt es Gottschall; gegen die fremdwörtelnde Unverständlichkeit und tiefsinnig tuende Wortmacherei die unabsehbare Reihe Deutscher Gelehrter, deren Name Legion, deren zeitgenössische Hauptvertreter der Leser kennengelernt hat.

Solchermaßen gefeit gegen die ärgsten Stilsünden, befestige man sich im guten Stil durch das Lesen guter Bücher. Nicht zum Nachahmen eines ihrer Stile, und wär's des besten; sondern zu jener Selbsterziehung, die im Würdigen der meisterlichen Vorbilder besteht. Die schon mehrmals genannten ebenso traurigen wie drolligen Nachahmer des Goethischen Altersstils mögen uns zur Warnung dienen. Es wird in Deutschland kein Schriftsteller mehr erstehen, der wie Luther schreibt; dennoch können seine Schriften fruchtbringend für unsern Stil werden. ›Wenn irgendwo die echtdeutsche Erscheinung von Leidenschaft und Vertraulichkeit und Weltleben zu studieren ist, so muß sie bei dem urdeutschen Luther zu studieren sein. Von dorther könnte Deutsche Sprache, Deutsches Wesen wieder konkretes (!) Blut gewinnen‹ (Otto Ludwig). Mein Leibgönner R. M. Meyer hatte mir den verblüffenden

Vorwurf gemacht, daß ich Lessing verehre und leidlich darstelle, aber – nicht wie Lessing schreibe, was er für meine Aufgabe und Pflicht hielt. Keiner wird je wie Lessing schreiben lernen: ›Solange Deutsch geschrieben ist, hat, dünkt mich, niemand wie Lessing Deutsch geschrieben‹ (Herder). Doch keinem ist es verwehrt, sich von Lessing in dem Eifer für Wahrheit und Klarheit des Stiles bestärken zu lassen; das ist besser, als wie Lessing oder irgendwer sonst schreiben zu wollen.

○ ○ ○

Ist eine Schrift fertig, ach so ist sie eben nur fertig, nicht vollendet. ›Man muß nicht schreiben, was einem zuerst in den Kopf kommt‹, rät Lessing, und man muß nicht alles stehen lassen, was man hingeschrieben hat. Alle große Stilmeister waren unermüdliche Durchseher ihrer Schriften; nur der Pfuscher ist so verliebt in all sein Tun, daß er sich das Nachprüfen erspart. Alle Kunst ist Wahl, jede zweite Wahl die Richterin der ersten. Indessen um noch einmal, noch strenger künstlerisch zu wählen, muß einem das eigne Werk in die fremdende Ferne gerückt sein, so daß man es ohne verblendende Eigenliebe prüfen kann. Schon Quintilian empfahl, das Geschriebene einige Zeit ruhen zu lassen, damit es uns dann wie neu und fremd erscheine. Ausdrücke, die uns beim Niederschreiben ausnehmend gefielen, haben alsdann ihren ersten Glanz verloren; Sätze, deren kunstvollen Bau wir einst bewunderten, verstehen wir beim Wiederlesen nicht mehr; Gedanken, die uns damals klar vor der Seele standen, scheinen uns Lücken zu haben. Aus eigner Erfahrung empfehle ich mehrmaliges Durchlesen, jedes mit einem besondern Zweck, und führe als Beispiel die Schrift an, deren Zustandekommen ich am deutlichsten in Erinnerung habe: meinen ›Goethe‹. Ich habe die Handschrift fünfmal durchgelesen, und zwar nach einer ersten sachlichen Prüfung unter diesen Hauptgesichtspunkten: 1. Ausdruck (Bestimmtheit, Anschaulichkeit, Wörter auf ung usw.); 2. Beiwörter, Umstandswörter; 3. Satz- und Absatzlänge; Satzzeichen, Satzbau, Wortfolge, Schachtelung, Bezugsätze; 4. Klang; 5. Überflüssiges. Hätten meine Augen nicht versagt – wie gern hätte ich alles noch einmal gelesen, bevor es in den Druck ging. Die Druckbogen wurden zweimal, dreimal genau durchgesehen, und wie unzufrieden war ich, als das Buch endlich sozusagen fertig war.

Die meisten französischen Schriftsteller leiden an dem Fehler einer Tugend: sie können sich im Durchsehen und Ändern nicht genug tun. Balzac hat mehr als die Hälfte der Erträge seiner Romane für die Kosten der Druckänderung geopfert. La Bruyère hat ein einziges Buch hinterlassen, an das er zehn Jahre gesetzt hatte. Wir haben keinen großen Schriftsteller mit nur einem Buch.

Unter den Deutschen Prosakünstlern steht als unermüdlicher Durchseher und Besserer **Heine** obenan; seine auf dem letzten Krankenlager mit Bleistift geschriebenen ›Memoiren‹ haben mir bei der Herausgabe große Schwierigkeiten bereitet durch die übereinander getürmten Lesarten. Und dieser Schreiber, der bis an die Pforten des Todes mit solcher Peinlichkeit seine Prosa feilte, mußte mit der Linken die Augenlider zum Sehen öffnen. – Zu den unermüdlich feilenden Durchsehern gehörte Uhland in seinen Prosaschriften.

›Das Merkmal des wahren Dichters ist die Fähigkeit, zu korrigieren‹, heißt es bei dem formenstrengen Geibel. Der wahre Künstler aber, gleichviel ob in Vers oder in Prosa, fühlt die Grenze, über die hinaus nicht mehr gefeilt werden darf. Zuletzt erlahmt wie die Teilnahme so die Kraft, und schon manches Kunstwerk ist durch allzu langes Umformen verschlimmbessert worden, so z. B. Flauberts letztes Werk ›*Bouvart et Pécuchet*‹. Paul Heyse hat vor dieser Gefahr gewarnt:

> Schaffst du ein Werk der Kunst, gib acht,
> Daß nicht die letzte Hand der ersten schade.
> Den letzten Schritt mach' mit so straffer Wade,
> Wie du den ersten einst gemacht.

Das Bild von der straffen Wade hatte ihm Adolf Menzel geliefert.

○ ○ ○

Die ungefährlichste Art des Besserns ist das **Streichen**. Alle Kunst ist Scheidekunst; in jede mischt sich ein peinlicher Rest von Unkunst, und diesen gilt es auszuscheiden. Dafür ist gesorgt, daß der echte Künstler nichts Unentbehrliches ausstreicht; die geschichtliche Erfahrung mit zwei Bearbeitungen eines Dichterwerkes lehrt, daß selten etwas einmal Gestrichenes wieder aufgenommen wurde. Horaz empfahl: *Saepe stylum vertas* (Wende oft den Schreibgriffel), nämlich zum Auslöschen auf der Wachstafel. Quintilian erblickte im Streichen sogar ein dem Schreiben gleichwertiges Tun: *Stylus non minus agit, cum delet* (Der Schreibgriffel wirkt nicht minder, wo er auswischt); an andrer Stelle: ›Beim Schreiben gefällt uns alles, sonst würden wir es ja nicht schreiben.‹ Lessing rühmte an Klopstock: ›die Kunst, auszustreichen‹ (im 19. Literaturbrief). Und der große Änderer und Streicher Heine schrieb an einen Freund: ›Schone nicht das kritische Amputiermesser, wenn's auch das liebste Kind ist, das etwa ein Buckelchen, ein Kröpfchen oder ein anderes Gewächschen mit zur Welt gebracht hat. Sei streng gegen dich selbst, das ist des Künstlers erstes Gebot.‹ Wohl dem Schreiber, dem beim Schreiben ein kluger, liebender, also strenger Freund, noch besser eine Freundin: die liebevoll kluge Frau, über die Schulter blickt.

Der Hauptzweck des bessernden Streichens sollte das **Kürzen** sein. Man glaubt gar nicht, was alles sich ohne Schaden, nein zum Gewinne streichen läßt. Jedenfalls kann der Leser in dem, was gestrichen ist, keinen Fehler entdecken. Man hat ja nicht für sich, sondern für die Andern geschrieben, und diesen gegenüber gilt das Wort Quintilians: *Obstat quidquid non adjuvat* (Was nicht fördert, das hindert). Wer schon in der Schule das Kürzen und Verdichten gelernt (vgl. S. 664), hat es nachher leichter; wer es nicht gelernt, der hole es nach. Es sollte Übungsbücher fürs Kürzen geben, mit Beispielen wie: *Ein Mensch, der seinen Willen gestählt und kraftvoll gemacht, wird sich auch im Notfall den richtigen Weg erschließen.* Nur 18 Wörter für einen nicht wertlosen Gedanken, scheinbar nicht zu lang. Die Engländer sind stolz auf ihren kurzen Satz: *Where there is a will, there is a way.* Wir können's noch kürzer und besser: Willenskraft Wege schafft.

ZEHNTES BUCH

Die Stilgattungen

- 1. Abschnitt
  Belehrungstil 829
- 2. Abschnitt
  Zeitungstil 845
- 3. Abschnitt
  Kunstschreiberstil 857
- 4. Abschnitt
  Kanzleistil 871
- 5. Abschnitt
  Rednerstil 883
- 6. Abschnitt
  Briefstil 893
- 7. Abschnitt
  Deutsche Prosameister 905

Est in hoc incredibilis quaedam varietas, nec pauciores animorum paene quam corporum formae *(Ihre Mannigfaltigkeit ist unglaublich, und es gibt fast so viele Geistes- wie Körperformen).*
                                                                                  QUINTILIAN

ERSTER ABSCHNITT
Belehrungstil

Der Lehrer in strengster Bedeutung muß sich nach der Bedürftigkeit richten; er geht von der Voraussetzung des Unvermögens aus.

SCHILLER: ›ÜBER DIE NOTWENDIGEN GRENZEN BEIM GEBRAUCHE SCHÖNER FORMEN‹

Die Überschrift des Abschnittes hätte auch lauten dürfen: Wissenschaftlicher Stil; das noch umfassendere Wort **Belehrung** wurde gewählt, weil in Deutschland mit ›Wissenschaft‹ meist der zu enge Begriff einer staatlichen Anstalt und Aufsicht verknüpft, wohl gar nur an die Universität gedacht wird. Die Wissenschaft im weitesten Sinn umfaßt für unsre Untersuchung des Stiles jegliche Form der Belehrung. Ihr Schrifttum ist um ein Vielfaches jedem andern an Masse überlegen, und rechnen wir zu ihr das ganze Gebiet des öffentlichen Lebens, so verschwindet dagegen beinah die ›schöne Literatur‹. Dient doch auch das gesamte Zeitungswesen der Belehrung.

Nicht nach der Sprache seiner schöpferischen Prosa ist eines Volkes Stilkunst zu beurteilen; entscheidend ist der Stil der Belehrungschriften jeder Art, von der tiefgründigen Forschung eines Fachgelehrten bis zum Lesebuch für Volksschulen, von der Reichsverfassung bis zu einer der 851 Verbotstafeln im Grunewald und den 11371 Verordnungen über Lebensmittel und Wucher im Weltkriege und nachher; von der Philosophie des Unbewußten bis zu einem Aufsatz über die Raupenplage; von der Inschrift auf dem Sockel des Niederwalddenkmals bis zum Wortlaut eines Fahrscheines der Straßenbahn. An Wichtigkeit für die Geistesbildung eines Landes übertrifft die volkstümliche Belehrung, die sich an die Millionen wendet, die strenge Wissenschaft, die nur für wenige Zehntausende da ist.

Ob die Belehrungschriften eines Landes ihren vollen Bildungssegen spenden oder nicht, das hängt, außer vom Wahrheitstriebe in der gelehrten und ungelehrten Wissenschaft, von nichts anderm so notwendig ab wie vom Belehrungstil. Eine Verbesserung des Stiles der Deutschen Wissenschaft aller Grade würde ein Bildungsfortschritt sein, mit dem sich so leicht keiner vergleichen ließe. Schätze der edelsten Belehrung, die jetzt ungenützt bleiben, weil die Belehrer sich nicht verständlich machen können, würden sich erschließen; alles Wertvolle in unsrer hohen Wissenschaft würde Licht spendend bis in die Niederungen der Bildungsschichten dringen; Wissenschaft und geistiges Volksleben einer Einheit zustreben, an die heute gar nicht zu denken ist, weil die Wissenschaft und das Volk ganz verschiedene Sprachen reden.

○ ○ ○

Zwei Dinge werden von jedem verlangt, der lehren will: Fülle des Wissens und Gabe des Mitteilens. ›Der Beweis des Wissens liegt im Lehrenkönnen‹, meinte Aristoteles; dieser Sohn eines Volkes von guten Schreibern und Sprechern dachte nicht an die Möglichkeit, daß ein Mensch sein Wissen darum nicht lehren könne, weil ihm die Gabe der verständlichen Sprachvermittlung an Andre fehle. Zum Wissen der zu lehrenden Dinge gehört die Kenntnis des geistigen Aufnahmevermögens des Schülers. Dies besagt das Schillersche Wort, das über diesem Abschnitte steht. Da sind wir also wiederum bei der Notwendigkeit der Phantasie angelangt, von der schon in den Grundfragen des Stils gesprochen wurde. Um von jedem Leser selbst nur eines begrenzten Kreises verstanden zu werden, kann der Schreiber gar nicht genug nach höchster Klarheit streben. Für ihn gibt es zunächst nur eine Schönheit des Stils: die vollkommne Verständlichkeit. Nichtverstandene Wissenschaft ist keine; denn wer beweist uns, daß sie nicht Unwissenschaft, Unsinn ist?

Die Unverständlichkeit eines belehrenden Schreibers kann vielerlei Ursachen haben. Er hat vielleicht gar nicht für uns geschrieben, wir verstehen nichts von seinem Gegenstande, selbst nicht in der klarsten Darstellung. Ein von mir hochgeschätzter Meister der naturwissenschaftlichen Mathematik sandte mir eine Abhandlung in musterhaftem Stil über ein von ihm erfundenes ›Chromoskop‹. Ich vermochte die Durchsichtigkeit des Satzbaues zu würdigen, erhielt sogar durch die Schlußworte einen Begriff vom Wesen seiner wichtigen Erfindung, konnte aber seiner Darstellung nicht folgen, weil er, mit Recht, Voraussetzungen an seine Leser stellte, die ich nicht erfüllte. Der Schreiber war also nicht überhaupt unverständlich; er war, wie ich erfuhr, ausnehmend verständlich für seine Fachgenossen, blieb aber unverständlich für eine große Zahl von Menschen, zu denen ich gehörte, für die er aber nicht hatte schreiben wollen.

Die drei andern Ursachen der Unverständlichkeit fallen dem Schreiber zur Last. Entweder hat dieser selbst nicht verstanden, was er schrieb, – dann trifft Schopenhauers Wort zu: ›Das Unverständliche ist dem Unverständigen verwandt.‹ Oder er hatte überhaupt nichts zu sagen, – dann gilt die Fortsetzung Schopenhauers: ›Allemal ist es unendlich wahrscheinlicher, daß eine Mystifikation, als daß ein großer Tiefsinn darunter verborgen liegt.‹ Oder der Schreiber hat etwas zu sagen, versteht das zu Sagende, kann sich aber nicht verständlich ausdrücken, – dann sollte er überhaupt nicht schreiben. Die Zwischenstufen dieser drei Gründe der Unverständlichkeit aus schriftstellerischer Zweckwidrigkeit, z.B. die eitle Wortmacherei, das geckenhafte Geziere, die gesuchte, nur andeutelnde Knappheit usw. wurden schon betrachtet. Am eingehendsten die **Fremdwörterei**, die an dieser Stelle noch einmal als **das Gegenteil wahrer Wissenschaftlichkeit** gekennzeichnet sei. Die wahre Wissenschaft strebt nach der höchsten erreichbaren Klarheit; die fremdwörtelnde trübt bewußt oder aus schlechter Gewohnheit die Klarheit, die zum Wesen der Wissenschaft gehört. Fremdwörtelnder Belehrungstil ist ein innerer Widerspruch.

○ ○ ○

Wissen und Klarheit sind viel, sind das Wichtigste für den Belehrungstil, erfüllen aber noch nicht alle Bedingungen, die der Belehrungszweck dem belehrenden Schreiber stellt. Der lesende Schüler will nicht nur Lehre hören, er will einen lebendigen Lehrer sehen; nicht bloß das Buch, sondern den Menschen. An Fichte schreibt Schiller einmal: ›Meine beständige Tendenz ist, neben der Untersuchung selbst (in seinen wissenschaftlichen Abhandlungen), das Ensemble der Gemütskräfte zu beschäftigen und soviel wie möglich auf alle zugleich zu wirken. Ich will also nicht bloß meine Gedanken dem Andern deutlich machen, sondern ihm zugleich meine ganze Seele übergeben und auf seine sinnlichen Kräfte sowie auf seine geistigen wirken.‹ Und die Fortsetzung seines über diesem Abschnitt stehenden Satzes lautet: ›Seine Wirkung (des Lehrers) beschränkt sich nicht darauf, bloß tote Begriffe mitzuteilen; er ergreift mit lebendiger Energie das Lebendige und bemächtigt sich des ganzen Menschen, seines Verstandes, seines Gefühls, seines Willens zugleich.‹ Warum? Weil nur auf solche Weise der höchste Zweck alles Schreibens erfüllt werden kann: den Leser in die Gedankenbahn des Schreibers zu zwingen. Atmendes Menschenwesen wirkt auf den Menschen stärker als totes Papier, und sehr fein bemerkt Jean Paul: ›In der bloßen Gelehrsamkeit tut oft das leise Erscheinen des Menschen so viel höheres Vermögen kund, als in der Dichtkunst das Verstecken desselben.‹

Leben wird nur durch Leben erzeugt, lebendiges Verarbeiten des Lehrstoffes im Leser nur durch lebendigen Vortrag des Schreibers. Einzig der Lehrer voll eignen Lebens belehrt, und wir Deutsche sollten nach einem Wahnglauben von Jahrhunderten endlich aufhören, Langeweile für besonders wissenschaftlich zu halten. Scharf fertigt Lessing den Goeze ab, der sich, wie einst Klotz, über den belebten Stil seines Gegners aufgehalten hatte: ›Sie wollen doch wohl nicht behaupten, daß niemand richtig und bestimmt denken kann, als wer sich des eigentlichsten, gemeinsten, plattesten Ausdruckes bedient?‹ Und Goethe erklärte: ›Lehrbücher sollen anlockend sein; das werden sie nur, wenn sie die heiterste, zugänglichste Seite der Wissenschaft darbieten.‹ In Deutschland herrscht über die wissenschaftliche Darstellung noch immer der Irrtum, sie müsse sich grundsätzlich von der Redesprache unterscheiden; wissenschaftliche Sprache komme vom Schreiben her. Hierdurch erklärt sich zum größten Teil das Übermaß der Fremdwörterei: in der Redesprache ist sie unmöglich, sie ist Papier- und Tintensprache. – ›Unsern Gelehrten fehlt es an der Geschicklichkeit, ihrem Stoff eine Gestalt zu geben‹, klagte schon Lessing. Trotz vielen rühmlichen Ausnahmen gilt dies im allgemeinen vom Belehrungstil noch heute.

Wieviel ein Belehrungschreiber bei seinen Lesern voraussetzen darf, ist nicht bloß eine Frage der Wissenschaft; sie bestimmt ebenso sehr den Stil und verdient daher eine Untersuchung. Übertriebene Voraussetzungen führen zur Dunkelheit, ja zur völligen Unverständlichkeit. Lächerlich ist der Mißbrauch von ›bekanntlich‹; aber der Leser erfährt wenigstens das angeblich Bekannte:

> Die atmosphärische Luft ist bekanntlich keine chemische Mischung, sondern ein Gemenge von Stickstoff, Sauerstoff, Argon, Kohlensäure, Ozon, Ammoniak, Schwefelwasserstoff und Wasserstoff. (In einem Belehrungsaufsatz der Vossischen Zeitung) – Gelegentlich hat er sogar den bayrischen Maximiliansorden angelegt, der bekanntlich nur auf Vorschlag des aus sechs Künstlern und sechs Gelehrten bestehenden Kapitels verliehen wird. (In einem Buch über Spielhagen; der Verfasser hatte das Bekanntliche eigens zu diesem Satze soeben im Brockhaus nachgeschlagen) – Chamisso hat bekanntlich einmal gesagt: An Grabbe ist das eine Gute, daß er Freiligrath zu dem schönen Gedichte auf ihn Veranlassung gegeben. (Nicht einem von tausend Kennern Chamissos war dies bekannt) – Bekanntlich hat die ägyptische Kunst unter Amenhotep dem Dritten einen neuen Aufschwung genommen. – Nachdem Strauß seine ersten epochemachenden Werke verfaßt hatte, trat bekanntlich mit dem Jahr 1841 in seiner literarischen Tätigkeit ein Stillstand ein. (E. Zeller in der Vorrede zu Straußens ›Hutten‹)

Der Naturforscher Dove pflegte zu sagen: ›Wenn wir Professoren unsicher sind, beginnen wir unsern Satz mit Bekanntlich.‹

○ ○ ○

Schlimmer ist die Vornehmtuerei solcher Belehrungschreiber, die mit dem Leser Versteck spielen, ihm von fern ein großes Wissen zeigen, aber den Zugang dazu versperren. Und doch hat auch der Schreiber alles einmal nicht gewußt, besitzt sein überlegenes Wissen zum Teil erst seit gestern, mutet aber dem Leser zu, entweder ebensoviel zu wissen oder auf unklares Andeuteln alles sofort zu erraten. Der seelische Grund ist durchsichtig: der Schreiber will nicht so sehr belehren, wie sich von dem nur halbbelehrten Leser bewundern lassen. *Er* (Lessings Nathan) *hat überwunden, und heitre Selbstbeherrschung macht ihn zum εὔκολος, im schönen Sinne der Alten* (E. Schmidt). Wie viele Leser wissen sofort, was εὔκολος bedeutet? Wie viele selbst von diesen Lesern kennen den schönen Wortsinn ›der Alten‹! Obendrein verbanden ›die Alten‹ (wer z.B.?) mit εὔκολος (leicht, heiter, behaglich) durchaus keinen so besonders tiefen Sinn, daß man ihn nicht Deutsch ausdrücken könnte. Abgeklärt ist reichlich ebenso schön, εὔκολος aber den meisten unverständlich, also vornehmer; es ist, um mit derselben billigen Dicktuerei zu reden, δυςκολώτερον. Daß der eukolosige Nathan nicht aus der einzigen, natürlich verschwiegenen, wahrscheinlich nicht gewußten griechischen Urquelle – Aristophanes' ›Fröschen‹, Vers 82, wo Sophokles, im Gegensatze zu Aeschylos, εὔκολος genannt wird –, sondern aus einer unbekannten Schrift über Lessings Nathan geschöpft ist, erhöht den Spaß des Simili-Kenners an diesem Stilbrillanten.

Erich Schmidt will seine Leser mit einem lateinischen Ausspruch über Stil bekannt machen: *Vielmehr hielt er's* (Lessing) *mit dem Römer: Vim rebus aliquando ipsa verborum humilitas affert* [Manchmal wirkt gerade ein Wort niederer Stilebene kraftvoll*] (vgl. S. 73); er verschweigt ihnen aber den Namen ›des Römers‹. Der Leser bleibt ohne volle Belehrung und bewundert tiefbeschämt den Schreiber, der alle solche Aussprüche am Schnürchen hat. Ich habe durch Befragen festgestellt, daß Gelehrten von höchstem Wissen, sogar Fachmännern im Latein und Fachgenossen Schmidts, der Römer samt seinem Spruche unbekannt war, ja daß keiner aus dem Spruche den römischen Verfasser mit Sicherheit erkannte. Mir ist er nur dadurch bekannt geworden, daß ich für dieses Buch den ganzen Quintilian durchlas. Ich bestreite, daß selbst der gelehrteste Lateiner, mit Ausnahme der zwei oder drei Quintilian-Forscher, jeden Satz dieses Römers zu kennen verpflichtet ist; hingegen sind wir Schreiber redlicherweise sämtlich verpflichtet, dem Leser ohne Wissensheuchelei alles Nötige unzweideutig zu sagen. Schopenhauer hat jene vornehmtuerische, nur andeutelnde Schreibweise gekannt und unübertrefflich kurz gekennzeichnet: ›Sie schwanken zwischen dem Bestreben, den Gedanken mitzuteilen, und dem, ihn zu verstecken.‹ Er konnte nicht wissen, daß schon Goethe sich für den zweiten Teil des ›Faust‹ diese lückenhaften Verse auf ein Blättchen geschrieben hatte:

> Die bloße Wahrheit ist ein simpel Ding,
> Die jeder leicht begreifen kann;
> Allein sie scheint euch zu gering,
> Drum wollt ihr, daß man euch betrüge,
> Und dankt dafür, wenn ...
> Und ... daß man es halb versteckt.

Erich Schmidt über Lessings Faust: *Beide grandiosen Züge* (der Faust-Sage) *fanden etwa ein Jahr nach dem Druck der zusammengestoppelten Historia von 1587 in Christopher Marlowe einen kongenialen Bildner auf der Bühne Londons.* Mit keinem Wort ist vorher die Rede gewesen von einer Historia von 1587; mit keiner Silbe wird gesagt, wie es mit Marlowe als Bildner auf der Londoner Bühne steht. Der zur Belehrung Schreibende fordert sein ganzes eignes Wissen vom Leser: daß die Historia ein Deutsches Buch und daß Marlowe kein Schauspieler war. Der Leser, der dies nicht schon genau so gut wie der Schreiber weiß, versteht nichts von der zusammengestoppelten Historia und gerät in den Irrtum, Marlowe sei, wie Shakespeare, ein Schauspieler gewesen und habe die grandiosen Züge der Faustsage auf der Londoner Bühne verkörpert.

Über die Wiener Aufführung der ›Minna von Barnhelm‹: *Die Huber-Lorenzin gefiel als Minna, doch Stephanie ruinierte den Major.* Hier wird von jedem Leser das fernabliegende theatergeschichtliche Wissen vorausgesetzt, daß ein männlicher Schauspieler den weiblichen Namen Stephanie führte.

○ ○ ○

Belehrende Darstellung ohne Beispiele ist in den meisten Fällen zweck-, also stilwidrig und verführt den Schreiber fast immer zur Wortmacherei. Späteren Geschlechtern wird es unglaublich sein, daß es einst z.B. dicke Literaturgeschichten gegeben, welche die Kenntnis alles dessen, worüber sie handelten, der tausend Dichter und ihrer zehntausend Bände, bei jedem Leser voraussetzten, also keine lebendige Probe dessen boten, worüber sie seitenlang schrieben. Das bekannteste, oder doch abschreckendste, Muster ist Gervinus: man lese z.B. seine Rederei über W. Schlegels ›Ion‹, Fr. Schlegels ›Alarcos‹, Novalis' ›Heinrich von Ofterdingen‹: nicht ein einziges Wort wahrer Sachbelehrung, nichts als Namen ohne Sinn und des Verfasser Gerede darüber. ›Der Leser und der Autor verstehen sich häufig deshalb nicht, weil der Autor sein Thema zu gut kennt, ... so daß er sich die Beispiele erläßt, die er zu Hunderten weiß; der Leser aber ist der Sache fremd und findet sie leicht schlecht begründet, wenn ihm die Beispiele vorenthalten werden‹ (Nietzsche). Dergleichen ist Deutscher Belehrungstil; der französische und englische ist anders, besser. Der Deutsche Schreiber weiß vielleicht manchmal mehr und denkt vielleicht zuweilen tiefer; vom Franzosen und Engländer lernen wir mehr, denn wir verstehen alles, was sie denken, ihr Wenig oder ihr Viel.

Zum Glück haben wir eine nicht geringe Zahl Deutscher Belehrungschreiber mit einem Stil, der das Wissen lückenlos und ungetrübt auf den Leser übertragen hilft. Zunächst alle unsre Prosaklassiker des 18. Jahrhunderts. Die Höhe ihres Wissens ist vielfach von der heutigen Forschung überschritten; klar jedoch überschauen wir dank der Klarheit ihres Stils, wie weit sie es im Wissen gebracht hatten.

Von den belehrenden Schriftstellern des 19. und 20. Jahrhunderts mit dem richtigen Belehrungstil nenne ich, nach Gruppen geordnet, einige der besten. Zur Geschichte: Clausewitz, Bismarck, Moltke, Dahlmann, Gregorovius, Marcks, Oncken, Treitschke, W. Zimmermann, Ernst Dümmler, D. Schäfer, Th. Lindner, Egelhaaf, Hauck. Von Lebensbeschreibern: Strauß, Jähns, Köstlin, Bächtold. – Zur Kulturgeschichte: M. Eyth, G. Freytag, L. Friedländer, Hehn, K. Hillebrand, Riehl, G. Voigt. – Zur Kunstgeschichte: Fr. Vischer, C. Gurlitt, C. Justi, A. Lichtwark, F. Volkelt, H. Wölfflin, K. Wörmann. – Zur Literaturgeschichte: Fr. Vischer, Bellermann (Schiller), Berger (Schiller), H. Hettner, Ricarda Huch, A. Köster. – Zur Erd- und Völkerkunde: Ratzel. Selbstverständlich sind bei dieser kleinen Auslese die Reinheit der Sprache und die Klarheit des Stiles entscheidend gewesen; daß einige aus andern Gründen hochberühmte Namen hier ungenannt bleiben müssen, liegt nicht an meinem mangelnden reinen Willen, sondern an ihrem mangelnden reinen Stil.

Beispiele des guten Belehrungstils findet der Leser u.a. auf jeder Seite der naturwissenschaftlichen Schriften Goethes, der kunstforschenden Schillers. Wie ein redlicher Schreiber im völligen Besitze seines Gegenstandes jedem Laien das Verwickeltste klarmachen kann, dafür dieses klassische Beispiel der Erklärung des Krieges durch Clausewitz: *Der Krieg ist ein Akt von Gewalt, um den Gegner zur Erfüllung unseres Willens zu zwingen.* Dazu der Folgesatz: *Um diesen Zweck sicher zu erreichen, müssen wir den Feind wehrlos machen.* – Die kürzeste klassisch gewordene Erklärung des Wesens der Staatskunst rührt von Bismarck her: ›Die Politik ist die Lehre vom Möglichen.‹ Eine nützliche Übung wäre die Übersetzung in den Stil Hegels, Schellings, Lamprechts, Simmels, Spenglers.

○ ○ ○

Eine gesonderte Betrachtung fordern Naturwissenschaft und Philosophie. Von unsern Belehrungschreibern sind die der **Naturwissenschaft** die mit dem besten, die von der Philosophie mit dem schlechtesten Belehrungstil. Der durchschnittliche Deutsche Kunstschreiber steht allerdings außerhalb alles Stils, bedient sich zumeist einer Zigeunersprache und muß für sich behandelt werden (S. 857). Im täglichen Verkehr mit der redlichen Natur legt der naturwissenschaftliche Belehrungschreiber leichter die Stilverbildung ab und bemüht sich, sein Wissen mit redlicher Klarheit vorzutragen. Unter den namhafteren Schriftstellern dieses Gebietes ist mir kein einziger mit zierigem Schnörkelstil, mit Dünkeldunkel, mit schwammiger Fremdwörterei, mit schachtelnder Gedankenflucht vorgekommen. Die Fremdwörter der Naturforscher, größtenteils zwar auch entbehrlich, sind mehr überlieferte Kunstausdrücke als gelehrtuerische Neuprägungen. Bücher wie Brehms großes Tierbuch, F. Cohns ›Pflanze‹, Haakes und Kuhnerts

›Tierleben‹, Kräpelins ›Naturstudien‹, Roßmäßlers ›Jahreszeiten‹, die Tiergeschichten von Löns, die großen und kleinen Schriften von Helmholtz haben an Zweckmäßigkeit des Belehrungstils nur wenig ihresgleichen in den andern Wissenschaften.

Die Deutsche **Philosophie** und die ihr verwandten Wissenschaften halten sich selber und gelten vielleicht für die ersten der Neuzeit. Noch größere Übereinstimmung aber herrscht über ihren Vorrang in der Unverständlichkeit. Jedes philosophische Werk eines andern Volkes läßt sich ins Deutsche übersetzen; viele der berühmtesten Deutschen Philosophen bleiben den des Deutschen nichtkundigen Ausländern als unübersetzbar unzugänglich, aber selbst den meisten gebildeten Deutschen totes Papier wegen ihres kläglichen Belehrungstiles. Goethe ging so weit, die Beschäftigung der Deutschen mit der Philosophie überhaupt für eine Stilverderberin zu erklären: ›Den Deutschen ist im ganzen die philosophische Spekulation hinderlich, die in ihren Stil oft ein unsinnliches, unfaßliches, breites und aufdröselndes Wesen hineinbringt. Je näher sie sich gewissen philosophischen Schulen hingeben, desto schlechter schreiben sie.‹ Mir scheint die Philosophie selbst, gleichviel welcher Schule, weniger Schuld hieran zu tragen, als die jahrhundertelange schlechte Stilgewöhnung der Deutschen philosophischen Schreiber, Dunkelheit für wissenschaftlich, Klarheit für unwissenschaftlich zu halten und mit überhebungsvoller Vornehmtuerei den Zweck alles Schreibens: die Belehrung Andrer, geringzuschätzen.

Einige schaudervolle Beispielsätze von Deutschen Philosophen stehen durch dieses Buch verstreut; einige weitere gehören an diese Stelle zur Prüfung ihres Belehrungstils. Der Hegelschen Erklärung der Elektrizität (S. 801) steht gleichwertig zur Seite Schellings Erklärung der Schwere: *Sie ist das Verendlichende der Dinge, indem sie in das Verbundene die Einheit oder innere Identität aller Dinge als Zeit setzt. – Die Schwere wirkt auf Beschränkung des Raums, des Für-sich-Bestehens hin und setzt in dem Verbundenen das Nacheinander oder die Zeit, welche dem Raum eingeschwungen jenes bloß endliche Band des Zusammenhangs oder der Kohärenz ist.*

Was ist nach Hegel Griechenland? *Die Substanz, welche zugleich individuell ist; das Allgemeine als solches ist überwunden, das Ver-*

senktsein in die Natur ist aufgehoben. Was hätten wohl Platon und Aristoteles hierzu gesagt?

Welche dauernde Bewegung der Geister schien einst Feuerbachs ›Wesen des Christentums‹ entfesselt zu haben, wie berühmt war es für einige Jahre, – und wo ist es heute? Es ist versunken wegen seines Stils, wenn man überhaupt von Stil sprechen darf bei dem Schreiber dieser blindlings herausgegriffenen zwei Sätze von reichlich tausend ähnlichen:

> Alles, was im Sinne der hyperphysischen transzendenten Spekulation und Religion nur die Bedeutung des Sekundären, des Subjektiven, des Mittels, des Organs hat, das hat im Sinne der Wahrheit die Bedeutung des Primitiven, des Wesens, des Gegenstandes selbst. – Wodurch entsteht die Welt, das von Gott Unterschiedene? Durch den Unterschied Gottes von sich selbst. Gott selbst in Gott denkt sich, er ist sich Gegenstand, er unterscheidet sich von sich, also (!) entsteht dieser Unterschied, die Welt, nur von einem Unterschied andrer Art, der äußere von einem innerlichen, der seiende von einem tätigen, einem Unterscheidungsakte, also (!) begründe ich den Unterschied nur durch sich selbst, d.h. er ist ein ursprünglicher Begriff, ein *Non plus ultra* meines Denkens, ein Gesetz, eine Notwendigkeit, eine Wahrheit.

Die Hohlheit dieses Geschwätzes leuchtet ohne weiteres ein. Man kann aber schon in den kürzesten Sätzen unverständliche Wortmacherei treiben, aus der nichts zu lernen ist, so wenn z.B. Lamprecht spricht von einer unerhörten Tragik der Zeitstellung (Friedrichs des Großen) zwischen Individualismus und Subjektivismus. Wo immer mit ismus links und ivismus rechts gearbeitet wird, da sei der Leser auf der Hut gegenüber der ›pupillarischen Sicherheit‹ solcher Wissenschaft.

Man sollte es nicht für möglich halten, daß noch einmal in Deutschland ein beinah wie Hegel schreibender Philosoph auftreten und vorübergehend eine gewisse Geltung erlangen konnte. Aber hier gilt das Wort: Denn der Boden zeugt sie wieder, wie er sie von je gezeugt. Man vergleiche:

> Den Sinn der Geschichte verleihen ihr jene Voraussetzungen, die sie von der reinen Tatsache qualitativ ebenso abscheiden, wie die Notwendigkeit der Auswahl aus dem Komplex völlig koordinierter Ereignisse es quantitativ tut. – Statt daß aber diese Wissensgleichheit

> zwischen Subjekt und Objekt der Historik (!) zu ihrem realistischen Sich-Decken mit dem Erkenntnisinhalte führte, zeigte sich, daß das Erkennen durchaus keine Parallelität mit dem Objekte bedeutet; vielmehr ist es ein mannigfach verwickelter Prozeß, der sehr mannigfache Verhältnisse zu seinem Gegenstand besitzt, ganz gleichgültig, ob dieser Gegenstand selbst Geist ist, ja an dieser substantiellen Einheit mit ihm erst die funktionelle Autonomie des Erkennens und seiner Richtigkeit markierend. – Damit ist die Eingestelltheit der Existenz auf einen Endzweck und die gleichzeitige Versagtheit seiner in eine Gesamtanschauung projiziert.

Der Schreiber dieser Sätze, denen ein paar hundert ähnliche beigesellt werden könnten, heißt Georg Simmel und galt vielen für einen der ersten Philosophen unsrer Zeit, beinah ebenso vielen für einen unsrer ›großen Stilisten‹. Er war ein noch unerträglicherer Wort- und Fremdwortmacher als selbst Lamprecht und verdankte seine ganze Berühmtheit der Unverständlichkeit seiner Schriften. Lamprecht starb 1915, Simmel 1918, – beide sind schon dem lebenden Geschlecht ins Bodenlose versunken.

Tröstlich ist es, bei einem andern Philosophen, Volkelt, zu lesen:

> Wörter wie Resultat, Realität, Disziplin, Basis, Substrat, Reaktion, historisch (!), kontinuierlich, konstant, speziell, modifizieren usw. halte ich für durchaus überflüssig. – Andere Ausdrücke wie Faktor, Funktion, Akt, Poesie, poetisch, direkt, empirisch scheinen mir in den meisten Fällen durch Deutsche Wörter ersetzbar zu sein, ohne daß in der Bedeutung irgendeine Schattierung, Zumischung, Abbiegung verloren ginge.

Merkwürdigerweise ist der ungewöhnlich rein schreibende Volkelt von seinen Berufsgenossen noch nicht in die Acht der Unwissenschaftlichkeit erklärt worden. Man denke: ein Philosoph der Ästhetik, der sogar Nüankße für überflüssig hält und dafür Schattierung, Zumischung, Abbiegung schreibt!

○ ○ ○

In den meisten Stillehren wird das **Beschreiben** als eine der leichteren Aufgaben des Stiles bezeichnet, und in den Schulaufsätzen der oberen Klassen hört das Beschreiben auf. In Wahrheit gibt es kaum eine schwierigere Stilaufgabe, und tatsächlich liest man nichts so selten wie eine vollkommen befriedigende, genau belehrende Beschreibung. So ist mir z. B. noch niemals eine den Laien wirklich für immer unterrichtende Darstellung einer Dampfmaschine, eines Fernsprechers, einer bestromten Antriebsmaschine, eines Kraftwagens begegnet. Daß nicht meine besondere Verständnislosigkeit die Schuld trägt, habe ich durch Befragen hochgebildeter Freunde festgestellt: jeder hatte der Beschreibungen viele gelesen, keine hatte bis zu voller Klarheit belehrt, selbst nicht Beschreibungen mit Bildern. Die Unfähigkeit der Beschreiber, sich aus ihrer wohlunterrichteten Seele in die des unwissenden Lesers zu versetzen, also die schon oft erwähnte Phantasielosigkeit im Bunde mit dem Mangel eines anschaulichen Stiles machen alle solche Beschreibungen wert- und zwecklos. Von Moltke hätte ich eine Beschreibung der Dampfmaschine lesen mögen.

In einem berühmten Erkenntnis des Reichsgerichts wird die Eisenbahn so erklärt:

> Eine Eisenbahn ist ein Unternehmen, gerichtet auf wiederholte Fortbewegung von Personen oder Sachen über nicht ganz unbedeutende Raumstrecken auf metallener Grundlage, welche durch ihre Konsistenz, Konstruktion und Glätte den Transport großer Gewichtsmassen beziehungsweise die Erzielung einer verhältnismäßig bedeutenden Schnelligkeit der Transportbewegung zu ermöglichen bestimmt ist, und durch diese Eigenart in Verbindung mit den außerdem zur Erzeugung der Transportbewegung benutzten Naturkräften – Dampf, Elektrizität, tierischer oder menschlicher Muskeltätigkeit, bei geneigter Ebene der Bahn auch schon durch die eigene Schwere der Transportgefäße und deren Ladung usf. – bei dem Betriebe des Unternehmens auf derselben eine verhältnismäßig gewaltige, je nach den Umständen nur in bezweckterweise nützliche oder auch Menschenleben vernichtende und die menschliche Gesundheit verletzende Wirkung zu erzeugen fähig ist.

Moltke erklärt sie in seinem schon erwähnten Aufsatz von 1843 (S. 620): *Die Eisenbahn ist ein Weg mit Gleisen aus starken gußeisernen Schienen, welcher mit der ausführbar geringsten Abweichung von der geraden Linie zwischen den zu verbindenden Punkten geführt wird.* Man stelle sich einen Deutsch verstehenden Marsbewohner vor: welche der zwei Erklärungen würde ihm einen Begriff von der nie gesehenen Eisenbahn geben?

Der mögliche Einwand, Moltke sage ja gar nichts vom Zwecke der Eisenbahn, ist hinfällig: daß eine Bahn, ein Weg zum Fortbewegen von Menschen und Sachen dient, durfte er als allgemein bekannt voraussetzen. Der Irrtum der meisten Beschreiber besteht gerade in der allzu großen Vollständigkeit, bei der man den Wald vor Bäumen nicht zu sehen bekommt. Der Beschreiber muß alles Notwendige sagen, aber nicht mehr als das Notwendige; durch das Beiwerk wird der Leser eher verwirrt als gefördert. Boileau warnte vor allzu vielen Einzelheiten im Beschreiben, nannte diese Art eine *abondance stérile* (unfruchtbaren Überfluß), und unser Meister der Naturbeschreibung, Ratzel, bemerkte: ›Die wortreichsten Schilderungen sind in der Regel die seichtesten. Wenig Worte, diese gut gewählt und jedes an seinem Platz, sind das Merkmal der guten Landschaftsschilderung.‹ Er begegnet sich darin wunderbar mit Bismarck, der in einem Briefe sehr fein bemerkt: ›Die Kunst landschaftlicher Schilderung besteht nicht darin, eine ganze Landschaft getreulich abzumalen, sondern vielmehr darin, den einen Punkt zu entdecken, wodurch sich diese Landschaft von jeder andern unterscheidet.‹

Je sparsamer, aber aus innerm Sehen heraus, beschrieben wird, desto wirksamer. Walter Scott und Stifter waren die sich im Zerfasern nie genug tuenden Beschreiber der Natur, aber bei keinem sehen wir die lebendige Natur. Wer alle Blätter eines Baumes malt, hat gar keinen Baum gemalt. Wo in der neuern Dichtkunst gibt es die wahrhaft anschauliche Beschreibung einer Schlacht oder nur eines Schlachtfeldes? Alle unsre wortreichen Schlachtenmaler beschreiben zu viel und beschreiben uns nichts. Man vergleiche damit die paar Zeilen in Tacitus' Annalen über das Schlachtfeld im Teutoburger Walde mit den Gebeinen der Erschlagenen und den sonstigen Spuren der furchtbaren Begebenheit: *Medio campi albentia ossa, ut fugerant, ut restiterant, disiecta vel aggerata; adiacebant fragmina telorum equorumque artus. Lucis propinquis barbarae arae, apud quas tribunos ac primorum ordinum centuriones mactaverant; simul truncis arborum antefixa ora* [Mitten auf dem Feld lagen weiße Knochen, zerstreut oder gehäuft, so wie sie geflohen waren oder Widerstand geleistet hatten; es lagen Bruchstücke von Waffen dabei und Überreste von Pferden, dabei waren

Schädel, die an Baumstämme genagelt waren. In nahen Waldlichtungen waren Altäre der Wilden, wo sie die ranghöchsten Offiziere geschlachtet hatten*].

Die Bildnerkraft des Lesers, den man etwas sehen läßt, malt weiter aus und freut sich ihrer Mitarbeiterschaft. Zola z.B. übersättigt mit seiner alles Dagewesene überbietenden Beschreiberei die Einbildung und hinterläßt doch kaum so viel wie der kärgste Schilderer. Am tiefsten prägt sich das vom Leser selbst hinzugedachte ein. Gar nicht haften die abgedroschenen Allgemeinheiten; was kann der Leser z.B. sehen an einer Landschaft wie in Hauffs Lichtenstein: *Steigt das Auge aufwärts, so begegnet es malerisch gruppierten* (!) *Felsen*? So schildern heute nur noch Anfänger; malerisch gruppierte Felsen sind eine ausgekernte Hülse. Nichts ist gefährlicher als solche stehende Beiwörter, überhaupt die Wortschablonen. Ratzel hob richtig hervor, daß für den, der wirklich beobachtet, nicht ›jedes Getreidefeld wogt, nicht jeder Wald rauscht‹. Z.B. nicht für den feinen Beobachter M. Claudius: ›Der Wald steht schwarz und schweiget‹. Jedes Wort einer Beschreibung soll ein Stück der sichtbaren Welt entschleiern, kann also nicht vorsichtig genug gewählt werden, muß aus innerm Sehen fließen. Wenn z.B. der sonst so anschauliche Eyth einmal schreibt: *Ein schwerer Aprilhimmel hing in schwarzen Wolkenfetzen über der Stadt. Bleigrau* **starrte** *die Schelde zu ihm empor*, so sehen wir bei ›starrte‹ ebensowenig, wie der Schreiber gesehn: ein bleigrau dahinfließender Strom starrt nicht.

Am schwierigsten darzustellen und zu erfassen ist der Mensch, besonders sein Gesicht. Hier gilt die durchgreifende Regel: Je weniger, desto mehr; nur die vom Schreiber entfesselte Einbildung des Lesers hilft ein Bild vollenden. Walter Scott, der für unsre älteren Erzähler lange vorbildlich blieb, zerschilderte seine Menschen zu Nebelbildern. Auf Goethes Knappheit im Menschenmalen wurde schon hingewiesen (S. 227). Wie unvergeßlich schildert Annette von Droste ein seltsames Mädchen, indem sie nur von dessen Gesichtsfarbe spricht: *Die Art ihres Teints, der, für gewöhnlich bleich, bis zur Entfärbung der Lippen, ganz vergessen macht, daß man ein Mädchen vor sich hat; aber bei der kleinsten Erregung, geistiger wie körperlicher, fliegt eine leichte Röte über ihr ganzes Ge-*

sicht, die unglaublich schnell kömmt, geht und wiederkehrt, wie das Aufzucken eines Nordlichtes über den Winterhimmel. Dies ist deutlich vorstellbar; hingegen mutet uns eine neuere Erzählerin, Ossip Schubin, zu, wir sollen Augen sehen, die oft plötzlich nachdunkeln und dann unheimlich und unergründlich tief werden. Dies ist nur gemacht, die Schreiberin hat solche Augen nicht gesehn und läßt sie uns nicht sehn. – Wie greifbar anschaulich hingegen ist, trotz dem Mangel an ›Logik‹, Heinrich Seidels Bild: *Dann begrüßten wir unsre Tante Emma, die so klein, wie mein Onkel groß war.*

Manche Schreiber helfen sich dem Leser gegenüber mit der Ausflucht: ›Dies ist unbeschreiblich.‹ Gewiß ist vieles, wohl das meiste im Grunde unbeschreiblich; aber der Schreiber schweige dann entweder ganz, oder er versuche, ohne Beschreiben, einen tiefen Eindruck zu erzeugen. Sehr fein heißt es hierüber bei der Ebner: ›Das Wort ›unbeschreiblich‹ sollte der Schriftsteller nie gebrauchen. Freilich kann er nicht alles beschreiben; aber in seinem Leser muß er ein Bild, ein Gefühl, eine Ahnung dessen erwecken können, was sich nicht beschreiben läßt.‹ Solch Bild, solch Gefühl, solche Ahnung läßt sich mit den einfachsten aus der Tiefe geschöpften Worten erwecken.

Vom **Berichtstil** wird gewöhnlich nur schärfste Bestimmtheit, knappeste Sachlichkeit verlangt, und als Regel für das Handwerk mag das gelten. Es gibt aber viele Fälle, wo mit feinerem Pinsel gemalt werden muß, und da beginnt die Kunst. Will man einen meisterlichen Berichtstil genießen, so lese man die an Friedrich Wilhelm 4. gerichtete Denkschrift seines Bruders Wilhelm von 1855 über die Zustände in Rußland nach dem Tode des Zaren Nikolaus. Eine klassische Sammlung stellen Bismarcks Gesandtschaftsberichte aus Frankfurt dar. Noch freier gibt er sich in den vertrauten Briefen aus jener Zeit, z.B. an Leopold von Gerlach. Der vom 22. Juni 1851 mit der Schilderung der verschiedenen Bundestagsgesandten ist eins der besten Stücke unsrer Kunstprosa.

ZWEITER ABSCHNITT
Zeitungstil

Wer hätte auf Deutsche Blätter Acht,
Morgen, Mittag, Abend und Mitternacht,
Der wär' um all seine Zeit gebracht.

GOETHE

Der Sekundenzeiger der Geschichte.

SCHOPENHAUER ÜBER DIE PRESSE

Schopenhauers Vergleichsbild ist eines der besten in Deutscher Sprache; es ist noch treffender, als er sich's vielleicht beim Bildern gedacht hat. Er meinte mehr das Haften der Zeitung am Augenblick; wir wollen, um ihr gerecht zu werden, an den Schritt des Sekundenzeigers denken, an dieses ruhelose Pulsen und Vorwärtszucken, dieses Sichtbarwerden der vorüberzitternden Zeit. Und diesem mit Tick tick tick tick von einem Sekundenstrich zum andern hastenden Pfeil macht der träge Stundenzeiger, dessen Schreiten kein Auge wahrnimmt, die beschimpfendsten Vorwürfe wegen seiner fiebernden Eile. Wenn die Uhr die falsche Zeit weise, so sei das einzig die Schuld des nichtsnutzigen Sekundenzeigers; er, der würdige, weise, wichtige Stundenzeiger, könne nichts dafür, gehe untadelig seinen unsichtbaren Schritt, bedürfe nie einer bessernden Uhrmacherhand.

Mein Bild ist ein bißchen verzeichnet, gibt aber einen Begriff vom Verhältnis unsers Zeitungstiles zum Prosastil überhaupt. Die Zeitung ist der Sühnebock für alle Sünden des Deutschen Stiles geworden; wer über diesen schimpft, der wählt seine Beispiele zunächst und zumeist aus Zeitungen. Besonders alle wissenschaftliche Schreiber, die über den betrübenden Zustand Deutscher Sprache und Deutschen Stils bewegliche Klage geführt, haben fast ausschließlich den Zeitungstil gemeint und genannt. Von Schopenhauer bis zu Nietzsche (vgl. S. 20) – ein wahres Wutgeheul über das ›Zeitungsdeutsch‹, das ›Schweinedeutsch‹. Mit der einen Ausnahme Schopenhauers, des schonungslosen Züchtigers der noch größern Sünderin Wissenschaft, ist mir kein einziger angesehener Schreiber über Stil bekannt, der in seinen Rügeschriften gegen die Sprachverderbnis nicht allein oder weit überwiegend die Zeitungen dafür verantwortlich gemacht hätte. Treitschke, Heyne, Heintze, Wustmann – alle haben sie ihre Pflicht zu erfüllen geglaubt, indem sie das Zeitungsdeutsch, den Zeitungstil mit den härtesten Verdammungsurteilen belegten. Wie der Verfasser über diese schreiende Ungerechtigkeit denkt, hat er im ersten Abschnitt dieses Buches ausgesprochen und an andern Stellen eingehend begründet.

Zunächst wird über dem Geschimpfe auf den Zeitungstil eine Tatsache fast immer übersehen: Wir haben in der Deutschen Presse Deutschlands, Österreichs, der Schweiz mehr als ein volles Hundert glänzender Schreiber; wie viele glänzende Stilkünstler gibt es in der Deutschen schreibenden Wissenschaft der drei Länder? Auf jeden guten wissenschaftlichen Schriftsteller kommen zehn, kommen zwanzig gute Zeitungschreiber. Wer dies bestreitet, ist entweder durch seinen Beruf und sein eignes schlechtes Schreibergewissen befangen, oder ich bestreite ihm die Kenntnis der Tatsachen. Nur darum wird das richtige Verhältnis der vielen glänzenden Zeitungsmänner zu den wenigen guten Schreibern der Wissenschaft nicht erkannt, weil die Zugehörigkeit zur Zeitung keine Würden und Titel verleiht, ja in den meisten Fällen nicht einmal einen Namen: Wer von den Lesern einer Zeitung kennt die ja meist nicht unterzeichnenden Verfasser der besten Aufsätze, wer kennt sie über den nächsten Leserkreis hinaus? Der wissenschaftliche Schreiber hingegen kann noch so kläglichen Deutsch, noch so hilflosen Stil verüben, seiner wissenschaftlichen Berühmtheit tut das keinen Abbruch.

Unsre großen Zeitungen erleichtern uns ja den Vergleich zwischen den beiden Hauptstilen, indem sie gutschreibende Wissenschafter zur Mitarbeiterschaft zulassen. Man darf schwerlich behaupten, daß der Stil der Wissenschafter unterm Strich den des Zeitungsmannes überm Strich immer oder nur oft in den wichtigsten Eigenschaften alles guten Stiles übertreffe.

○ ○ ○

Doch nicht bloß um die sprachverderbenden wissenschaftlichen Mitarbeiter der Zeitung handelt es sich. Das Übel sitzt viel tiefer oder – viel höher. Schreibt etwa die Deutsche Zeitung einen von ihr erfundenen Stil? Das unbestimmte Wort Zeitung führt irre; eine Zeitung schreibt überhaupt nichts, sie wird von Menschen geschrieben, durchschnittlich von gebildeten, häufig von hochgebildeten Menschen, und wer sich mit dem Stil dieser zeitungschreibenden Menschen beschäftigt, der ist verpflichtet, nach dessen Ursprung zu forschen. Die Zeitungschreiber kommen fast alle von unsern hohen Schulen, die meisten von unsern Universitäten her und führen den nur auf Hochschulen zu erwerbenden Ehrentitel Doktor. Sie haben sich ihr Deutsch und ihren Stil nicht selbst gemacht, sondern haben beides aus ihren hohen und höchsten Schulen, aus den Lehrstunden, Vorlesungen und Schriften ihrer Lehrer mitgebracht, allerdings zum Glück später veredelt. Keinem Franzosen fällt es ein, von einem besonders schlechten Stil der französischen Zeitungen zu sprechen. In Frankreich schreiben die Lehrer der Lyzeen, die Professoren der Universitäten, die Zeitungsmänner ungefähr den gleichen Stil: den klaren, gefälligen, reinen, den wir kennen und beneiden. Was am Deutschen Zeitungstil tadelnswert ist, verrät fast durchweg seinen Ursprung: den wissenschaftlichen Stil; was ihn vor dem der wissenschaftlichen Schreiber auszeichnet, verdankt er dem erziehlichen Zwange des Zeitungsberufes.

Von den Vorzügen des Deutschen Zeitungstils vor den meisten andern Stilgattungen wollen wir zuerst sprechen, denn von ihnen ist sonst fast niemals die Rede. Was an ihm zu rügen, wird nicht verschwiegen werden. Der wissenschaftliche Stil unterliegt so gut wie nie einem den jedesmaligen Schreiber treffenden Urteil; der Stil des Zeitungschreibers ist ihm täglich ausgesetzt. Man befrage nur die Herausgeber einer Zeitung, wieviel grobe oder boshaft feine Briefe und Postkarten jeder unglückliche Ausdruck, jeder lederne oder unverständliche oder geschwollene Aufsatz hervorruft. Ein Gelehrter hingegen kann sein Leben lang einer von denen sein, die ein kluges Buch, aber keinen brauchbaren Satz schreiben, – er bleibt in Amt und Würden, sieht bewundernde Schüler zu seinen Füßen und gilt, solang er lebt, für einen großen Mann, den Unkundigen wohl gar für einen großen Schriftsteller.

Der Zeitungstil ist im allgemeinen unvergleichlich klarer als der wissenschaftliche. Der Zeitungschreiber weiß vielleicht oft, nicht immer, weniger als der Mann der Wissenschaft; aber er besitzt die Gabe, all sein Wissen dem Leser verständlich zu übermitteln. Er hält künstlerischer als der Wissenschafter Maß: behandelt eine Frage, für die ein Gelehrter mindestens ein Heft braucht, ebenso erschöpfend und besser belehrend in zwei Spalten. Vielleicht ist der Zeitungstil gemeinplätzlicher, flacher als der wissenschaftliche; streicht man aber aus diesem alle gelehrttuerische Fremdwörter und ersetzt sie durch ehrliches Deutsch, so ergibt sich sehr oft eine herzlich dürftige Gewöhnlichkeit, wo nicht Plattheit.

Dass der Zeitungstil lebendiger, daher fesselnder ist, wird ihm von den Schreibern des unlebendigen, daher langweiligen Gelehrtenstils als Zeichen seiner Minderwertigkeit gedeutet. Was hiervon zu halten, wurde schon gesagt. Der Ausdruck in der Zeitung ist, bis auf die noch zu rügenden Gebrechen, durchschnittlich schärfer, bezeichnender, sogar anschaulicher als in der Wissenschaft. Es werden weniger Umschweife gemacht, die Katze heißt Katze, in Weimar heißt in Weimar, nicht ›in seines Wohnens und Wirkens reeller Begrenzung‹. In der Tagespresse ist mir kein einziger Zieraffe bekannt; seines Bleibens wäre ja nicht bis zum nächsten Kündigungstag.

Der Satzbau der Zeitung ist fast durchweg straffer, übersichtlicher gegliedert, klanglich feiner, besonders zum sofortigen Verstehen geeigneter als der durchschnittliche Bücher- oder Kanzleistil. Ein zum Scherzen aufgelegter Freund aus Reuters Heimat empfiehlt mir, den Zeitungstil und den wissenschaftlichen Bücherstil zu unterscheiden als den ›Jüstso-Stil‹ und den ›Wat wull de Kirl?-Stil‹. Der Zeitungschreiber rühmt sich manchmal, alle verborgenste Staatsgeheimnisse des In- und Auslandes auf telegraphischem oder heliographischem Wege erkundet zu haben; er tut dies gewissermaßen ehrlich, einfältig, denn der Glaube des Lesers an die Allwissenheit der Zeitung gehört zu ihrem Lebensatem. Er versucht aber nicht, diesen Glauben durch bloße Wortmacherei und gespreizte Welscherei zu erzeugen.

○ ○ ○

Der Zeitungstil, geschrieben von wissenschaftlich gebildeten Männern, hat sich aus dem Stil der Wissenschaft entwickelt, die meisten von dessen groben Lastern abgelegt oder abgeschwächt, dafür aber einige neue Lästerchen von Berufs wegen hinzuerworben. Daß dies größtenteils Berufsmängel sind, ergibt sich aus der Übereinstimmung dieser Seite des Deutschen Zeitungstils mit dem aller andrer Zeitungsvölker. Das Sonderlaster der Fremdwörterei im Deutschen Zeitungstil ist selbstverständlich, denn er wird ja von Deutschen geschrieben. Bis auf dieses eine fließen alle Gebrechen unsrer Zeitungsprache aus derselben Quelle wie in allen andern Ländern: aus der jagenden, hetzenden Hast beim Schreiben. Diese erklärt das meiste, entschuldigt es aber nicht völlig: ein wohlerzogener Stil darf selbst in der fiebernden Eile gewisse ärgste Ungezogenheiten nicht begehen. Die selbstgerechten wissenschaftlichen Tadler des Zeitungstils, die einen viel schlechteren schreiben, haben keinen Begriff vom Zeitungsbetriebe. In diesem geht es ähnlich zu wie in der mordenden Männerschlacht: im Augenblick müssen die Entschlüsse gefaßt, sofort müssen sie ausgeführt werden. Die Sache, die Sekunde herrscht mit Allgewalt und erdrückt die Form, die ja nur durch die Stunde gelingt. Um 12 Uhr nachts kommt der Depeschenbote: Der Papst ist tot, der Zar ist ermordet, der Präsident von Brasilien ist geflohen, das französische Ministerium gestürzt, das englische Parlament aufgelöst, die Mona Lisa gestohlen. In einer Stunde muss ein 100 bis 200 Zeilen langer Aufsatz darüber geschrieben und gesetzt sein, denn um 1 Uhr nachts geht das Hauptblatt in die Schnellpresse. Die Feder fliegt übers Papier, das in Blättchen zerschnitten ist, um den wartenden Druckerjungen schneller abzuspeisen. Wahl des Ausdrucks? Keine Möglichkeit.

Abmessung der Satzlänge? Lächerlich. Gliederung des Satzes? Unsinn. Verständlichkeit? Lesers Sache. Klangschönheit? Wir sind nicht in Utopien. Innere Form? Wir verstehen nicht Chinesisch. Sorgsames Durchlesen und Bessern? O ja, unter dem Donner der Schnellpressen, mit brennenden Augen, schläfrig, in zwei Minuten, in einem nassen Fahnenabzug, worin keine Änderung erlaubt ist, die den Setzer Zeit kostet.

Und angesichts dieses Entstehens des meisten, was in der Zeitung steht, wagt ein wissenschaftlicher Schreiber mit unverständlichem, geschacheltem, wirrem Stil, nasrümpfende Mäkelei am Zeitungsstil zu üben! Er, der vielleicht alle fünf Jahre ein Buch, jeden Monat einen kleinen Aufsatz über einen ihm genau bekannten Stoff für hundert Leser eines Fachblättleins schreibt. Der überreichliche Zeit hat, Anordnung und Untergliederung des Ganzen, jedes Wort, jeden Satzteil, jeden Satz, jeden Absatz zehnmal zu überlegen; das Wörterbuch und alle andre Hilfsmittel zu benutzen; die Handschrift so oft durchzulesen, wie ihn die Gewissenhaftigkeit treibt; zu ändern, zu streichen, zuzufügen, umzustellen; die Arbeit ruhen zu lassen, wieder aufzunehmen, umzuwerfen, neu zu gestalten, Freunde zu befragen. Und der in aller Behaglichkeit einmal, zweimal, dreimal den Probebogen durchbessern kann. Wer vom Zeitungschreiber untadelige Form verlangt, begeht dieselbe Ungerechtigkeit wie der Kunstrichter, der einem Stegreifdichter vorwirft, nicht so kunstgerecht zu formen wie etwa Paul Heyse.

○ ○ ○

Die Zeitung lebt vom Augenblick und für ihn; die Zeitung von gestern ist wie der Schnee vom vorigen Jahr. Der Zeitungschreiber muß mit der Gegenwart geizen, auf die Gegenwart wirken, den gegenwärtigen Leser packen, – nicht für lange, nur für die paar Minuten des Lesens, mehr verlangt ja der Leser nicht. Dies erreicht der Schreiber, da die Ereignisse selbst nicht immer aufregend sind, vornehmlich durch den aufgeregten Stil. Die Zeitungsprache lebt vom Steigern, ja Übertreiben. Die Aufmerksamkeit des von so vielen andern Anliegen stürmisch beanspruchten Lesers muß immer von neuem geweckt, immer stärker aufgepeitscht werden. Dem geschwollenen Fettdruck der Überschriften entspricht das Anschwellen des Tones in den Aufsätzen selbst. Es gehört zum Wesen der Zeitung, alles was sie schreibt dem Leser wichtig erscheinen zu lassen: folglich muß sie in unzähligen Fällen das Unwichtige durch den gesteigerten Stil verwichtigen. Sie überbietet darin natürlich den wissenschaftlichen Stil, bleibt aber noch weit hinter dem gesprochenen des Alltags zurück. *Es ist nicht ausgeschlossen, daß die Kasseler Tagung der Nationalliberalen vollständig ergebnislos ausläuft.* ›Ergebnislos‹ genügt, der Zeitungstil fordert noch ›vollständig‹: erst dadurch bekommt der abgestumpfte Leser das Bild der Ergebnislosigkeit. – Man könnte schreiben: *Bassermann erkennt nicht, daß die Lage für seine Partei bedenklich ist*; geschrieben aber wird: *Bassermann verkennt keinen Augenblick*. – *Der Reichskanzler zweifelt nicht an dem Erfolge seiner Kundgebung*. Zu matt, der Leser würde nichts von des Reichskanzlers Siegesgewißheit fühlen, also: *zweifelt nicht im allermindesten*.

Für den Zeitungstil gehören Wörter wie: nicht, sehr, groß, klein, gut, schlecht, traurig, erfreulich usw. zu den zwar nicht ganz entbehrlichen, aber nichtssagenden, also nur in Ausnahmefällen zu gebrauchenden. Aus ›nicht‹ wird: niemals, nie und nimmer, nimmermehr, nun und nimmermehr, unter keinen Umständen. Aus ›sehr‹: außerordentlich, ganz außerordentlich; aus ›groß‹: allergrößt; aus ›klein‹: allerkleinst, allergeringst, minimal; aus ›gut‹: ausgezeichnet, ausgezeichnetst, vorzüglichst. *Die Jungfernrede des* (in Wahrheit ausgelachten) *Abgeordneten Schulze aus Kuhschnappel machte den allerbesten Eindruck*. Schlecht wird zu allerschlechtest, ganz minderwertig, bodenlos schlecht, erbärmlichst. Trauriges geschieht nicht; alles ist tieftraurig, erschütternd, herzbewegend, in den meisten Fällen *katastrophal*. Erfreulich wird zu hocherfreulich, außerordentlich erfreulich. Man fordert nicht, sondern man fordert nachdrücklich, entschieden, unbedingt, mit aller, mit größter Entschiedenheit. Man sagt nichts klar, sondern klipp und klar, oder klar und unzweideutig; behauptet nicht, sondern behauptet steif und fest; bestreitet nichts, sondern bestreitet mit Entrüstung, Entschiedenheit, mit aller *Energie* und legt *energischen Protest* ein.

Dieser **Schreistil** ist nicht schön, verliert aber viel von seiner

Häßlichkeit, wenn man seinen Ursprung bedenkt. Und es gibt ja ein einfaches Mittel gegen ihn: man zieht im Lesen von jedem Schreiwort die Hälfte oder Dreiviertel ab, liest die Zeitung, wie ein Sänger ein für die Menschenstimme oder doch für seine Stimme zu hoch liegendes Tonstück vorträgt: um eine Tonleiter nach unten versetzt.

○ ○ ○

Die Zeitung schwimmt auf der Oberfläche des Lebens, schöpft nur dessen Schaum ab, hat nicht die Zeit, auch nicht die Aufgabe, in die Tiefe zu dringen; denn ihre Leser wollen nicht, können nicht morgens, mittags, abends in die Tiefe tauchen und darin verweilen. Daher die Flachheit der Zeitungsprache, ihre Vorliebe für die Begriffsschablone, die Ausdrucksformel. Unübersehbar ist das Wörterbuch der festen **Abklatsche**; ein französischer Stillehrer drückte das aus: *Le journal vit du cliché* (Die Zeitung lebt vom Abklatsch). Alle europäische Zeitungen leben von den europäischen Redensarten. Der Schreiber macht sich's in der Eile leicht; er wählt nicht, prägt nicht neu, sondern ergreift einen der nach Begriffsgruppen geordneten bereitliegenden Prägestempel. Da sind vor allem die schon erwähnten kriegerischen Ausdrücke (S. 758). Dann die stehenden Beiwörter, ganz wie bei Homer: die Tatsache ist entweder nackt oder unumstößlich, die Wahrheit unleugbar oder sonnenklar; die Behauptung – des Gegners – ganz subjektiv, völlig verkehrt oder mindestens außerordentlich gewagt; der Widerstand ist schroffst, die Prüfung unabsichtlichst, die Kontrolle strengst. Es muß gründlichst Wandel geschafft, es müssen alle Hebel in Bewegung gesetzt werden, die Tatsache ist nur ein Glied einer unendlichen Kette und läßt sich durch nichts auf Erden aus der Welt schaffen.

Schön ist dieser Stil nicht, aber immerhin verzeihlicher als in Schriften, die dauern sollen. Zeitungschreiber sind gehetzte Menschen, und von ihnen die immer neu prägende Wortkunst zu verlangen, hieße ihnen die Ausübung ihrer sehr besonderen Lehrtätigkeit erschweren, ja verbieten. Daß diese Schablonensprache den Leser sprachlich verflacht, ist ebenso sehr, wenn nicht mehr, die Schuld des Lesers, dessen ganze Beziehung zur Welt des Gedruckten sich in vielen Fällen auf die Zeitung beschränkt. Das gutgeschriebene Buch ist ein heilsames Gegenmittel gegen den Stilverderb durch die Zeitung; der Zeitungschreiber hindert keinen, dieses Mittel zu gebrauchen.

○ ○ ○

Zwei Stilseelen wohnen in der Brust des Zeitungschreibers, vertragen sich aber auffallend gut. Die eine strebt nach Länge, die andre nach Kürze, oft in demselben Satze. Statt ›beseitigen‹ schreibt er lieber: aus der Welt schaffen; statt ›nur‹: nichts andres als, was Goethe so grimmig haßte. *Er schloß seine Ansprache, die auf alle Anwesenden sichtlich einen Eindruck zu machen nicht verfehlte,* – vielleicht eine Folge der bei vielen Zeitungen üblichen Bezahlung nach Zeilen, einer sehr schlechten Stilerzieherin. Aber derselbe Schreiber bildet Wortschweißungen wie Kaufmannsgerichtswahlen, Dritteabteilungswahlen, Auswärtsmarkt, Abrüstungsverständigung, Frauenarbeitgewerbeordnungsnovelle.

Der durchschnittliche Zeitungschreiber will verstanden werden; er hat ja nichts vom Nichtverstandenwerden, denn da er keinen berühmten Namen trägt und sogar seinen unberühmten verschweigt, so genießt er nicht einmal den Ruhm des unverständlichen Tiefsinns, des ›feierlichen Stumpfsinns‹. Trotzdem neigen einige, nicht viele, Zeitungschreiber, die schlechtesten, zu Fremdwörtern. Sie hätten sich mit solchem Hange lieber der Wissenschaft widmen sollen. Für die unverständliche Zeitungsprache ist kein Wort zu stark, auch nicht das auf S. 316. Ein Schreiber für Hunderttausende von Lesern beiderlei Geschlechter, aller Alters- und Bildungsstufen, der bei vollem Bewußtsein ein Wort hinschreibt, von dem er bestimmt weiß, daß mehr als die Hälfte der Leser es nicht verstehen kann, ist ein Geck oder ein Trottel. Eine kleinbürgerliche Zeitung berichtet, der König von Rumänien leide an *Hypertension der Arterien, verbunden mit allgemeiner Arthritis*. Jetzt wissen's die Leser genau und können den hohen Herrn bedauern. – Eine Zeitung ›fürs Volk‹ schreibt: *Wir bestreiten dem Herrenhaus die Aktiv-Legitimation, über die Volksrechte mitzuraten und mitzutaten*. Was eine Legitimation ist, weiß man in dem Lande, wo jeder beinahe schon mit einer Legitimation geboren wird; was eine Aktiv-Legitimation ist, darnach muß ich, der ich Latein gelernt, einen Rechtler fragen, denn es ist Gerichtslatein. ›Berechtigung‹ hätte jeglicher im Volk verstanden; ›Aktiv-Legitimation‹ verstehen nur einige, die Rechtler, genau. – Aus einer Zeitung mit gerichtlich bestätigten 190000 Beziehern, also fünfmal so viel Lesern: ... *Wenn sich nicht gar die Notwendigkeit herausstellen sollte, dies Impedimentum aus dem Wege zu räumen.* Das Blatt wird gewiß von einer Viertelmillion Frauen gelesen, die keine Ahnung haben, was für ein gefährlich Ding solch *Impedimentum* ist.

Von Deutschland, nicht von Italien ist die Rede, von den vereinigten Konservativen und Katholiken: *Vielleicht hat die schwarzblaue Irredenta mit ihrer Taktik nichts andres bezweckt.* Das fremde Wort ist für die eine Hälfte der Leser unverständlich, für die andre sinnlos, und selbst der Büchmann, das italienische und das Fremdwörterbuch versagen. Der Leitaufsatz einer sich besonders ›national‹ gebärdenden Berliner Zeitung über einen neuen Deutschen Staatssekretär schließt: *Adelante adelantador!* Höchstens zehn Leser ahnen, aus welcher Sprache das ist; höchstens fünf wissen halbwegs, was es bedeutet; alle übrige bewundern den gelehrten Schreiber.

Alles dies ist sehr töricht, und der Zeitungschreiber selbst würde, aufs Gewissen befragt, die Zweckwidrigkeit solcher Sprache zugeben. Dennoch ist seine Fremdwörterei nicht ganz so hart zu beurteilen wie die der Wissenschaft. Er will nicht einer hohen, himmlischen Göttin dienen, sondern den nicht genau prüfenden Zeitungsleser für den Augenblick beschäftigen, wohl auch belehren, aber doch mit dem Bewusstsein, daß das Gelernte morgen vergessen ist. Und er hat es von Jugend auf so gelesen, es von seinen hochverehrten wissenschaftlichen Lehrern aller Grade so gehört; es gilt diesen sogar für das Kennzeichen des wahrhaft wissenschaftlichen Mannes, des geschwollenen ›Akademikers‹. Und dann: der Zeitungschreiber begnügt sich doch mit den 140000 Fremdwörtern des neusten Heyse, fühlt sich nicht berufen, für die immer subtileren Nuancen und Neoimpressionen seiner differenzierten Forscherpsyche neue unerhörte Fremdwörter zu creieren.

Zeitungstil

Die Historistik, Emotivität, Verintensivierung und all das Gezücht entstammen dem Rotwelsch unsrer Wissenschaft, werden von anständigen Zeitungschreibern nicht nachgeplappert.

○ ○ ○

Das Erfreulichste aber an Sprache und Stil unsrer Zeitungschreiber ist die nicht mehr wegzuleugnende **Besserung**. Es gibt schon jetzt ein halbes Hundert großer und mittlerer Deutscher Zeitungen, deren Leiter und Hauptmitarbeiter sich mit festem Willen und erfolgreichem Geschick um reines, gutes Deutsch und um klaren, edlen Stil bemühen. Gibt es 50 bedeutende wissenschaftliche Schreiber, von denen man das Gleiche sagen kann? Keine einzige Deutsche Zeitung verteidigt heute noch den Glauben an die Unentbehrlichkeit der Fremdwörterei, wie er im allgemeinen noch immer in der Wissenschaft herrscht. Der größte Teil der Deutschen Presse, natürlich mit Ausnahme gewisser heimparisischer Zeitungen, unterstützt das Streben des Deutschen Sprachvereins zur Veredelung unsers Stils. Der größte Teil der amtlichen Wissenschaft dagegen verhält sich gleichgültig, ja in einigen ihrer hervorragenden Vertreter feindselig gegen ihn.

So ist es denn heute dahin gekommen, daß wir die Hoffnung auf reine Sprache und gepflegten Stil nicht auf die Ein- und Umkehr unsrer Wissenschaft gründen können; im Gegenteil, die Welscherei in der Wissenschaft nimmt zu, und der künstlerische Prosastil wird in ihr zu einer immer größern Seltenheit. Es ist sehr wohl möglich, daß der Stil unsrer besten Zeitungen den Deutschen Stil überhaupt auf die Höhe unsrer sonstigen Bildung heben wird. In der Presse herrscht ja das grausam-heilsame Naturgesetz von der Auslese der Besten mit ganz andrer Gewalt als in der schreibenden Wissenschaft. In dieser kann ein Schreiber mit bejammernswertem Stil bis ans Ende seiner Tage ruhmvoll die Lücken des Weltenbaues stopfen, wenngleich ihm keine größere Zeitung den Bericht über die Sitzung eines Bezirksvereins anvertrauen würde.

Kein Kenner des Pressewesens der großen Völker der Erde kann ehrlicherweise bestreiten, daß die Deutsche Presse an innerm Gehalt, an rastloser Mitarbeit im Dienste der Geistesbildung jede andre bei weitem übertrifft. Die Deutsche Zeitung ist mehr als die irgendeines Volkes zugleich Kunstschrifttum. Bis in die kleinen Blätter reicht das Bestreben, ihre Leser mit allen Künsten und fördernden Wissenschaften in enger Verbindung zu erhalten. Weder von der französischen noch von der englischen, geschweige von der amerikanischen Zeitung läßt sich Gleiches sagen. Nicht nur das staatliche und wirtschaftliche Leben der Bildungswelt, nein auch das geistige aller Völker des Erdenrundes durchflutet die Deutschen Zeitungen, die bescheidensten wie die größten. Schon seit mehr als 30 Jahren hat die Deutsche Presse an Zahl der Zeitungen und Zeitschriften, insgesamt gegen 8000, die französische und die englische hinter sich gelassen und wird nur noch von der nordamerikanischen übertroffen. Die Menge des in einem Jahr vom Deutschen Volke gelesenen Zeitungstoffes ist um vieles größer als die des wissenschaftlichen, und diesem Verhältnis entspricht der jeden andern überragende Einfluß der Zeitung auf Sprache und Stil des Gesamtvolkes. Möge sich die Deutsche Presse dieser ungeheuren Rolle in unserm Sprachleben immer stärker bewußt werden und unbeirrt durch die ungerechten Beschimpfungen der Unverbesserlichen in der Wissenschaft immer eifriger an der Verbesserung ihres und damit unsers Stiles arbeiten.

DRITTER ABSCHNITT
Kunstschreiberstil

Es übersteigt alle Beschreibung, in welch sonderbarem Gemische des fadesten und unsinnigsten Gallimathias mit einzelnen äußerst pikanten Streiflichtern von Scharfsinn sich der Mensch in einer süßlich wispernden Stimme gegen mich vernehmen ließ.

MÖRIKES MALER NOLTEN ÜBER DEN
BESUCH EINES KUNSTKENNERS

Der Kunstschreiber tritt zwar zuerst und zumeist in der Zeitung unterm Strich auf, gehört aber zur Wissenschaft, will jedenfalls zu ihr gehören; die Sünden seines Stiles kommen auf die Rechnung des wissenschaftlichen. Man übersehe nicht: unsre meisten Kunstschreiber sind aus ›germanistischen Kollegien und Seminaren‹ hervorgegangen und schreiben die Sprache ihrer verehrten Lehrer.

Der Deutsche Kunstschreiberstil ist zur Zeit der allerschlechteste unter den mancherlei schlechten. Er vereinigt alle widrigste Eigenschaften Deutscher Schundstile und trägt als besondres Kennzeichen die ekelhaft pücklernde Geckerei. Er ist unverständlich, wichtigtuerisch, zierig, bilderkrank, und er ist unfähig, Deutsch zu schreiben. Kein Stil ähnelt so sehr dem des Gauners Riccaut de la Marlinière wie der unsrer meisten Kunstschreiber. Er ist aber lächerlicher und widerwärtiger zugleich als der Riccaut-Stil: Riccaut hält sich in Deutschland auf und spricht mit einer Deutschen so gut oder schlecht Deutsch, wie er, der Franzos, kann; seine Sprache klingt uns lächerlich, aber wir wissen, der Lump will durchaus Deutsch sprechen, gibt sich Mühe und kann es nicht besser. Die vorgeblich Deutschen Kunstschreiber leben in Deutschland, von Deutschem Gelde, schreiben in Deutschen Zeitungen für Deutsche Leser, können ohne Ausnahme das Französische nur stümperhaft, wollen trotzdem durchaus französisch schreiben, und was dabei herauskommt, werden wir schaudernd erleben.

Dabei gehören die Ahnherren der Deutschen Kunstschreiberei zu den erlauchtesten unsrer Geistesgeschichte: Dürer, Winckelmann, Lessing, Goethe, Schiller, Vischer. Und neben ihnen steht Heinse, einer unsrer besten Kunstschreiber, mit einem sehr eignen, glühenden Stil. Man kann also, jene sechs, sieben Meister beweisen es, in Deutscher Sprache über die tiefsten Fragen der Kunst schreiben, ohne zum lächerlichen Hampelmann zu werden.

Der Urgrund des heutigen Kunstschreiberstils von der schlechtesten Art liegt in dem Mißverhältnis zwischen Können und Wollen. Alle, von denen nachher Proben gegeben werden, sind innerlich unkünstlerische Menschen; haben im besten Fall ein gutes Auge für die Kunst Andrer, entbehren aber jedes eignen Kunstvermögens. Dies ist nicht so gemeint, als müsse jeder Schreiber über Kunst selbst Kunstwerke hervorbringen, der Schreiber über Bildnerei selbst Bildhauer sein, der über Malerei malen, der über Dichtungen dichten. Besser wäre es gewiß, wenn es so wäre, und die schöpferischen Künstler Dürer, Lessing, Goethe, Schiller, Vischer verdankten ihrer eignen Schöpfergabe die feinsten Einsichten in das Wesen der Kunst; wie das Beste über Musik doch herrührt von Weber, Schumann, Mendelssohn, Wagner, Cornelius. Indessen wir wären schon zufrieden, wenn die heutigen Schreiber über Kunst ihr Künstlertum durch eine Gabe bewiesen: die der Sprache. Über die Kunst Andrer jedoch berufsmäßig zu schreiben und selbst nicht die Kunst des Schreibens zu besitzen, sich nicht einmal um sie zu bemühen, ist wohl ein Gipfel der Widersinnigkeiten neuerer Bildung. – ›Was aber die Schönheit sei, weiß ich nit. Die schönen Dinge zu erforschen, dazu dient wohl ein guter Rat. Doch soll derselb genommen werden von denen, die da gut Werkleut sind mit der Hand. Denn den andern, ungelernten ist es verborgen, wie dir eine fremde Sprach.‹ Dies bekannte Albrecht **Dürer**; unsre heutigen Kunstschreiber hingegen wissen ganz genau, was die Schönheit sei, ob sie zwar nicht im mindesten gute Werkleute sind mit der Hand, nicht einmal mit der schreibenden, und sicher keine Ahnung haben von dem, was die Schönheit der Sprache sei.

Winckelmann hatte sich, aus dem tiefen Verantwortlichkeitsgefühl des nichtschöpferischen Forschers, der über Kunst schreibt, für seine Kunstgeschichte vorgesetzt, ›die Schönheit in Gedanken und Sprache aufs höchste zu treiben‹, und man muß sagen: eine edlere, ja bezauberndere Prosa als Winckelmanns hat das 18. Jahrhundert trotz Lessing und Herder vor Goethes ›Werther‹ nicht hervorgebracht. Welche wunderbare Mischung des Herben und des Zarten, trotz dem Zwange zum Entfalten großer Gelehrsamkeit, umflossen von griechischer Anmut und Würde, immer den großen Gegenständen angemessen; eindringlich ohne äußere Leidenschaft, lind und leise im Ton, hinreißend durch die künstlerische Wahl der Worte. Sein Deutsch, in der italienischen Fremde geschrieben, ist von einer Lauterkeit, die uns rührt und entzückt. ›Wahrlich, die Schreibart seiner Schriften wird bleiben, so lange die Deutsche Sprache dauert‹ (Herder). Aber Winckelmann hatte ja seine Götter angefleht, ihm zu gönnen, ›daß seine Werke nicht bloß der Deutschen Wissenschaft, sondern auch der Deutschen Sprache Ehre machen möchten‹.

Muß ich sagen, daß wir auch heute verehrungswerte, ausgezeichnete Schriftsteller über Kunst besitzen? Muß ich Namen nennen? Justi, Wörmann, Gurlitt, Wölfflin und manchen andern, Schriftsteller, die ihre Sprache kennen und die Achtung vor der Kunst durch die künstlerische Behandlung ihres Stiles bezeugen? In einem Buch über Deutschen Stil ist leider von solchen vortrefflichen Schreibern sehr wenig zu sagen. Ihre Schreibweise hat die guten Eigenschaften, die sich für jeden Schriftsteller über Kunst von selbst verstehen: sie schreiben verständlich, denn der Leser soll von ihnen lernen; sie geben vor allem die große Sache, nicht ihre kleine Eitelkeit; sie empfinden klar, also streben sie nach Klarheit; sie sind durchdrungen von dem Gesetze des reinen Kunstmittels, also schreiben sie so rein, so echt, wie sie wünschen, daß die Kunst es sei.

○ ○ ○

Der schlechte Kunstschreiberstil, von dem leider allein im Folgenden zu sprechen ist, weil er den guten durch Masse und Wirkung auf die gebildeten Schichten überwuchert, ist berlinfranzösischer Kellnerstil mit einer kleinen Zugabe von schlechtem Italienisch. In den gemütlichen ›Fliegenden Blättern‹ heißt es über ihn: ›Man schreibt ein bißchen vom *Milieu*, ein bißchen vom *Niveau* und zuletzt wird man *intim*.‹ Der schärfere ›Ulk‹ versuchte es mit der Parodie: *Erst ging ich in eine quattrocenteske Ausstellung, um ein minodafiesoleskes Werk zu bewundern, besichtigte dann die lionardeske Büste, trank einen baueresken Kaffee, sah ein kadelburleskes Lustspiel und aß eine aschingereske Wurst.*

Es steckt gotisches Blut im Wertheimbau (Leo Nachtlicht). – Herr W. Niemeyer (über Raumästhetik) fragt: Wie entsteht Form? Nichts kann einfacher und klarer sein: *Eine Harmonie der formalen Impulse, der Niederschlag der optischen Bewegungen und Vorstellungen erzeugt Form* (vgl. Sganarelles Erklärung auf S. 41). – *Je einengender Gefühlsgebundenheiten empfunden werden, desto mehr wird der auf die Aggressive gerichtete revoltierende Verstand für die Defensive ihrer biologischen Schutzstoffe versagen.* (Frankfurter Zeitung)

> Frau Careño legte das Gewicht ihrer sprühenden Virtuosität, ihrer pulsierenden Rhythmik und ihrer muskulösen Hände, die doch auch so lieblich zu säuseln verstehen, für das vierte Konzert in die Waagschale. – Auch Liszts ungarische Rhapsodie war wie geschaffen, um den Aplomb der schönen Frau in allen Spielarten zu beleuchten. (Aus einer rheinischen Zeitung)
> Victor Hugos Hernani ist ›getaucht in eine Atmosphäre voll kühner Anachronismen‹. (H. von Hofmannsthal) – So ist die Dichtung Hoffmanns einerseits eine dithyrambische Apotheose des reinen Künstlertums, gewissermaßen Amateurtopographie sterilisierter Empfindungen, sublimster Entzückungen. (Schaukal) – Es soll hier beileibe nicht chronologisiert oder katalogisiert werden. Das Logisieren überlassen wir fein den Koryphäen vom Metier, die anderswo ihre literarischen Beine theoretisch für Fachkreise brechen mögen. (Aus einem Aufsatz über Pariser Tänze in der Zeitschrift Welt und Haus) – Wie die viereckige Anlage des Kutschkastens dann mit kalipygischem Reize auslädt! (Felix Poppenberg über Kraftwagen) – Die Karosserie baut sich vom Chauffeur-Parterre über das erste Coupé zum Hochsitz der dritten Etage auf. (Derselbige daselbst) – Ein polyphones Orchester in jauchzenden Fanfaren. (Selbiger über die Marmortafeln an den Wänden der römischen Paulskirche)

Kunstschreiberstil

○ ○ ○

Der größte Teil der heutigen Deutschen Kunstschreiberei ist ein sprachlicher Fuselrausch und eine Schmach für die Deutsche Geistesbildung. Die Schuld an dieser Schande und Schmach trifft zu gleichen Teilen die Schreiber, die sie verüben, und die Leser, die sie dulden. Schreiber und Leser verdienen einander. Sich mit diesem Stil eingehender zu beschäftigen, wäre nur möglich durch eine gewisse Gabe naturwissenschaftlichen Sinnes, wie ihn Körperforscher haben, die sich mit auserlesenen Mißgeburten abgeben. Er ist eine Spielart des Stiles des Gebildeten Hausknechtes (vgl. S. 310), von diesem dadurch unterschieden, daß keiner der Schreiber zwei Jahre in Paris war. O, sie waren einmal da, für ein paar Wochen, während einer Kunst-, einer Weltausstellung; im übrigen haben sie ihr Französisch aus dem kleinen Plötz und den Pariser Kunstzeitschriften. Nicht einer von ihnen könnte mit einem Franzosen zwei Minuten geläufig über Kunst sprechen; aber zum Schreiben für die dummen Deutschen Leser taugt solch Französisch von eignen Gnaden vortrefflich.

Der Grundsatz dieses sogenannten Stils ist sehr einfach: Mische in ein nur halbverständliches Geschwöge so viel als möglich Pariser Kunstausdrücke, echte und selbstverfertigte; schreibe nie ein wichtiges Begriffswort in Deutscher Sprache; gib dir den Anschein, als ob du im Pariser Künstlerviertel aufgewachsen, mit den größten Pariser Bildhauern, Malern, Zeichnern, Kunstgewerblern Bruderherz – der Franzose sagt: *frère et cochon* – auf Du und Du seiest, eine Wonne der Pariser Kunstwerkstätten, der Liebling der Pariser Modelle, der Erkorene der Mimi Pinson, der Tonangeber des Pariser Geschmackes, und du bist ein Deutscher Kunstschreiber. Angenehm, doch nicht notwendig, ist der Kniff, in deiner Sprache die Ausdrucksformen aller Künste durcheinander zu quirlen: Marmorfalten sind orchestral; Bilder sind nicht polychrom, was schon ganz hübsch wäre, sondern polyphon, was tiefsinniger klingt; Töne sind je nachdem irisierend, opalisierend oder emailliert (sprich: emalljiert); ein hölzerner Kutschkasten ist kalipygisch, was von tausend Lesern nur einer versteht und blödsinnig findet, die 999 andern ohne Verständnis bewundern.

Allgemeine Sprachregel: Griechisch ist noch vornehmer als Französisch, Berlinfranzösisch feiner als echtes; das wahre Sprachkunstwerk entsteht durch ein Gemansche aus Küchengriechisch und Kellnerfranzösisch. Deutsch darf nur für die Formwörter und sonst spärlich zur Aushilfe gebraucht werden. Das Höchste aber ist der Stil, dem es gelingt, dem gemeinen Deutsch die Rolle des seltnen Fremdwortes anzuweisen inmitten der vornehmen französisch-griechischen Sprachgesellschaft.

Avenarius, der Herausgeber des ›Kunstwarts‹, ›Organs für Ausdruckskultur auf allen Lebensgebieten‹ (mit Ausnahme des Deutschen Ausdrucks) gehörte noch nicht zu ihnen, bemühte sich aber darum: Israels war ihm ›der Künstler vom *visuellen Typ*‹ im Gegensatze zu den ›*idealistischen Arrangements*‹ der Andern, und bei Richard Wagner entdeckt er eine *Motivik*.

Ich sagte, der Kunstschreiberstil spotte der Verspottungsäfferei; ich wage sie mir zum Trotz. Dürers großes Wort, allerdings in niedrigem Deutsch, über das Wesen der Kunst: ›Denn wahrhaftig steckt die Kunst in der Natur; wer sie herausreißen kann, der hat sie‹, würde auf Kunstschreiberdeutsch, etwa bei Richard Muther, so lauten: ›Denn *parbleu*, das artistische *Element, l'essence artificielle* (er meint *artistique*), ist der Natur *inhärent, ce sont deux inséparables.* Wer sich auf ihre *Analyse* und *Synthese* versteht, wird ihr *beatus possidens.*‹ Der Leser male sich selbst aus, wie ein neuster Kunstschreiber Dürers Ausspruch über das Recht des künstlerischen Bahnbrechers verschönern würde: ›Es muß ein gar spröder Verstand sein, der ihme nit trauet, auch etwas Weiters zu erfinden, sonder liegt allwegen auf der alten Bahn, folgt allein andern nach und unterstehet sich nichten weiter nachzudenken.‹ Vielleicht so: ›Ein *purement imitatorisches Ingenium* ohne das *don d'au-delà* mit einem *Manko* an *produktiver Initiative* ...‹ Doch nein, ich strecke die Waffen; die Meister der Kunstschreiberei können es unvergleichlich schöner.

Mit Muther ringt um die Palme der veredelten Deutschen Kunstsprache Karl Scheffler; da er aber hinter jenem ersten Meister bis jetzt noch weit zurückbleibt, so begnügen wir uns mit nur einer Probe. Über die Japaner: *Ihr Ornament ist nicht harmonisch-symmetrisch, also architektonisch, sondern graphologisch-charak-*

teristisch, ist dekorativ, nicht tektonisch, motivierend. Auch schon ganz hübsch, aber gar zu ausschließlich griechisch-lateinisch; wir vermissen schmerzlich das so wunderschön klingende bißchen Französisch.

Man stelle sich vor, die Schreiber dieser Art würden eines Tages gezwungen, etwa von geschmackvollen Leitern guter Zeitschriften und Zeitungen, ohne eingestreute französische Brocken und mit nur je einem Fremdwort auf einen Satz auszukommen; sie müßten, soweit sie nicht sonst mit irdischen Gütern gesegnet sind, verhungern, denn ein anständiges Handwerk haben sie nicht gelernt. Sie können überhaupt in keiner reinen Menschensprache schreiben, weder in der Deutschen noch in der französischen. Da sie die fremde Sprache nicht gründlich gelernt, sondern nur allerlei Brocken aufgeschnappt haben, so werfen sie mit den lächerlichsten Französeleien um sich, bei denen einem gebildeten Franzosen übel wird. Da faselt der Eine vom *Coin de bibliophilie*, was es nicht gibt; da schreibt ein Andrer, dem sogar die Anfangsgründe duster sind, von *à bas jours*. Französisch ist nämlich eine schwere Sprache, eine strenge Sprache; es unterscheidet sich vom plumpen Deutsch u.a. dadurch, daß man jenes durchaus gelernt haben muß, um es zu schreiben: wirklich eine sehr unbequeme Sprache.

Alle jene Affenfratzen werden von den Schreibern begangen, um uns ihre sprachliche Überlegenheit zu zeigen. Und die Franzosen? Wie entzückt müssen die sein, solche Liebe Deutscher Barbaren, der verhaßten *Boches,* für ihre Sprache zu gewahren! Ihren Kunsteinfluß auf diese Weise bestätigt zu finden! Ach wenn unsre Kunstschreiber läsen, was die gebildetsten Franzosen über solche Verquatschung des Französischen schreiben, wie höhnisch sie sie nachäffen, wie verächtlich sie über unsre ganze Kunstschreiberei urteilen, – ›*Le Boche* (das Bosch!) *tel qu'on le parle*‹, so höhnte der ›Matin‹ im Weltkriege.

○ ○ ○

Das Allererstaunlichste jedoch an dieser Sprachverwilderung, – nein das ist zu milde, an dieser Sprachverluderung, ist Folgendes. Einige der Kunstschreiber, auch Felix Poppenberg, zeigen ein bemerkenswertes Verständnis für allerlei Künste, einen scharfen Blick für das Neue, besonders für das im Stoff Echte und Tüchtige. Echtheit des Stoffes ist ihr A und O. Der Anblick eines schnöden Massenöldrucks, eines gemeinen Zinkgusses, einer ›à la Leder‹ gepreßten Pappe, eines gestanzten Bleches genannt *Cuivre poli*, überhaupt jeder ›garantiert echten Imitation‹ erregt ihnen Entsetzen, Ekel, und mit Recht. Aber keinem dieser Echtheitschwärmer ist je der Gedanke gekommen, daß der Stoff ihres Stiles an Unechtheit jeden andern Unkunststoff übertrifft, daß sie Öldruck, Zinkguß, Pappe, Blech schreiben. Gibt es eine größere Stillosigkeit, als über echte selbständige Kunst mit kunstwidrig nachäffender Unechtheit zu reden? Alle solche Kunstschreiber, auch Bartels, auch Th. Mann gehört zu ihnen, sind fest überzeugt, daß man über Kunst nicht in Deutscher Sprache schreiben könne; denn welchen andern Grund wollen sie für ihr Französeln angeben? Ich weiß einen, den wahren, und die Leser wissen ihn längst; der aber ist nicht eingestehbar.

›Stoff‹ gibt es in der Kunstschreibersprache längst nicht mehr; verschiedene Stoffbehandlung heißt: ›*Differenzierung der mise en scène des Materials*.‹ Farbe wird hier und da noch geduldet; alle Ableitungen stammen aus dem Küchenlatein: *koloristisch, antikoloristisch, Koloristik*. Zimmer? Niedrige Knotensprache! *Intérieur* (sprich: Änkteriör) muß es heißen, wo von Kunst geredet wird. Stuhl? So sagen noch einige Hinterwäldler, Ostelbier, Plattbürger, sprachliche Nationalisten und Chauvinisten; ein Poppenberg schreibt: *Sitzarrangement. – Arrangements* (sprich: Arrangschemankß! wie sonst?) sind überhaupt sehr beliebt; ein Blumenstrauß wird zum *fleuristischen Arrangement* (bei Poppenberg: *mit floralen und animalischen Motiven*); ein Stilleben wird zum *Stillebenarrangement*. Kosend, streichelnd? Ganz nette Wörter, aber doch eben nur Deutsch; Poppenberg kennt nur *karessant: Gegen das karessante Filigran sind sie stupend in der drastischen Variation*. Aus dem allerdings nur verständlichen, nur Deutschen Satze: ›Manet verstand das Fleisch sehr natürlich wiederzugeben‹ wird unter der Künstlerhand Meier-Gräfes der großartig klingende, aber eben nur klingende: *Manet verstand die Physiologie des Fleisches phänomenal* (!) *zu fixieren*. Von demselben Meister des Kunstschreiberschwulstes haben wir diese Übersetzung von ›genießen‹: *Genußflächen der Seele mit wahrer Pracht geschmückt finden.* Von einem andern rührt her: *Nie hat einer das Madonnenproblem* (!) *esoterischer wiedergegeben.* Wie das großartig klingt, aber wie das dürftig denkt! In der Kunstschreibersprache nämlich ist alles Problem, niemals Gegenstand, Aufgabe, Vorwurf, Frage usw. Man kann Problem beliebig hinzusetzen oder weglassen; es bedeutet so gut wie nichts, hört sich aber sehr tiefsinnig an.

Eindrücke? Rückständiges Wort, längst abgeschafft; es gibt nur noch Impressionen, Neoimpressionen, dazu die schönen Ableitungen: Impressionismus, impressionistisch, Neoimpressionismus, neoimpressionistisch. Also doch wohl auch Archäo- und Paläoimpressionismus?

Plein air, das herrliche, einst so vornehme, ist von seiner Höhe gesunken; einige ins gemeine Deutsch entartete Kunstschreiber sprechen zuweilen einfach von Luftmalerei. Was die Deutschen Maler früher mit hübschen Zunftwörtern Kitsch oder Schmarren benannten, ist verfeinert worden in *croûte*, denn so sagen jetzt die Pariser Maler. – Kleine Kinder sind allemal *bambini* oder *bimbi*, Halberwachsene werden gern *Epheben* genannt. – Landschafter? Aber, Leute, wo bleibt denn die Büldung? *Paysagiste*! – Mittelalterlich? Hm, so sagte man ja wohl früher in den künstlerischen Niederungen, es klingt wie ein *Echo du temps passé*; der Deutsche Kunstschreiber auf der Höhe seines Stiles sagt: *moyenageus*. – Sammlungen, Ausstellungen, Verkäufe? Alles *vieux jeu, mon ami!* Der Kunstschreiber kennt nur *Kollektionen, Expositionen, Venten*.

Nichts ist dem Kunstschreiber heilig; die braune Kunstsoße seines Croûtestils ergießt er sogar über – die Berliner Weiße: *Sie, mit ihrem Expansionsdrang, ihrer Schaumkappe, die voluminöser ist als das, was sie deckt, macht sich am besten breit in dem traditionellen zylindrischen* [?] *Napfgefäß, das seinem Format nach auch Goldfischen ein komfortables Heim* [warum nicht *home*?] *bieten könnte* (Poppenberg). Kann man die Büldung noch weiter treiben? Doch! man kann, das heißt Poppenberg kann: *Der Trinker sieht durch das Stengelglas wie durch ein Fernrohr sein* (!) *Terre promise*.

Noch immer ist der Gipfel der Kunstbildung nicht erreicht; das Französische muß überfranzöselt werden. *Nippes* ist ein ganz hübsches Wort, in der Poppenbergersprache sogar ein *Souvenir du dix-huitième siècle*; aber in Paris hört man heute noch öfter *bibelots*, – folglich ist alles bei jenem Überpariser *bibelot*. Er ist verliebt in das Wort, ein ganzes Buch wird so benannt, obgleich es zum größten Teil von ganz andern Dingen handelt. Ohne *bibelots* kaum einer seiner Aufsätze, z. B. so: *Heinse bestrickt uns nicht durch die Vitrinen-Bibelots der Empfindung.* Dies ist jenseits von Gut und Böse, denn es ist völlig sinnlos; aber wie schön es klingt!

○ ○ ○

Vielleicht wird mir eingewandt: Dies ist der Stil der ›feuilletonistischen‹ Kunstschreiber, die ernste Kunstwissenschaft treibt solchen Unfug nicht. Gemach! meine Sammelmappe könnte mit ebenso vielen Proben aus den Büchern stolzer Professoren, Generaldirektoren, Konservatoren und aus den gelehrtesten Zeitschriften dienen, wenn nicht meine und des Lesers Geduld mit dieser sprachlichen Höllenbreugelei erschöpft wäre. Nur wenige Perlen aus einer langen Schnur: *Ein höchst importantes Werk, welches das Niveau der Primitivenabteilung wesentlich erhöht* (im Repertorium für Kunstwissenschaft, herausgegeben von den Professoren und Geheimen Räten Thode und Tschudi). Und wie lange ist es her, da galt für einen ebenso großen Stilmeister wie Kunstschreiber jener Richard Muther, von dessen widerwärtigem Zigeunerdeutsch schon gelegentlich die Rede war, der jedoch in diesem Zusammenhange noch etwas näher betrachtet werden muß. Von Dürer französelt er: *Solche Köpfe wirken in Dürers Oeuvre fremd. Weit mehr als weiblicher Charme hat ihn die Herbheit charaktervoller Männerköpfe gefesselt*, und ein paar Seiten später heißt es: *In der Tat, man findet bei Dürer alles, was man als Deutsch bezeichnet*, – folglich muß ein Deutscher Kunstschreiber zur Kennzeichnung dieses kerndeutschen Künstlers französeln. Dürers Bodenständigkeit wird von ihm so ausgedrückt: *Er lebt nicht nur im au-delà*. Über Jan van Eyck: *Jan hatte nicht die priesterliche Geste, die monumentale Allüre seines Bruders – ihm liegt jede auf das Corriger la nature gerichtete Ästhetik fern.* Von Lukas Cranachs ›Heiliger Familie‹ heißt es, sie erinnere ihn an *Honoratiorenfrauen, die beim Kaffeeklatsch sitzen, an ein Damenkränzchen.* In Geschmacklosigkeiten dieser Art überbietet er sogar noch Poppenberg. Und der Mann war von einer Deutschen Regierung damit betraut, Deutsche Jünglinge Kunstgeschichte zu lehren!

○ ○ ○

Ach und die Herren Musikschreiber! Für die erbitte ich nach all der Qual noch ein geneigtes Ohr. Musik mit ihrem Zauberklang beflügelt die Feder des Kunstschreibers zu noch schwungvolleren Phrasen. Der hier zutage geförderte Blödsinn ist aber von gemütlicherer Art: es sind die Schreie der Musikraserei, meist ausgestoßen von untergeordneten Schreibern außer Zusammenhang mit der Schriftkunst, also viel weniger schädlich. Auf Französisch oder gar Griechisch lassen sie sich seltner ein, ihr Fremdwörtervorrat ist der altbekannte abgedroschene. Ein Wiener Blatt berichtet über ein Konzert Rubinsteins: *Welche Titanenhaftigkeit im Übereinanderwälzen der Harmonienblöcke! ... Als der Meister geendet, da erhob sich das Publikum wie ein aus den Ufern getretener See und tobte Beifall. Noch um 10 Uhr produzierte sich die festgestaute Menge in rasenden Ovationen.*

Gleichfalls zu den die Stilblöcke nur so hinschleudernden Zyklopen gehört der Verfasser dieses Berichtes eines Prager Blattes über Rubinstein: *Wenn der Meister zum dritten Male an unsere Konzerttüre gepocht haben wird, so dürfte er den Krähenfuß kleinbürgerlicher Entschlossenheit, der seinen dämonischen Riesenschritt noch gestern an der Schwelle hemmte, bereits unter Siegesdonner übersetzt haben.* – Ein Berliner Kunstschreiber entdeckte an einem jungen Fräulein, das ein paar Liederchen mit dünnem Stimmlein gesungen hatte: *Atem versetzende Realistik mit unbarmherzig festgefügter Rhythmik.* Dies hat keinem geschadet und dem Fräulein gewiß sehr wohlgetan. Über ein Konzert des Geigers Weinmann schreibt ein Stilmeister in den ›Braunschweiger Neuesten Nachrichten‹: *Rudolf Weinmann war wie der ungefaßte große Karlsbader Sprudel: mächtig und drängend floß der Tonstrom aus der Geige, überschäumend, einreißend, nebenbeispringend, und alles mit unheimlichem innern Druck und sehr hoher Temperatur.* Weiterhin heißt es: Weinmann habe *in seinem Schaffen den starken Kohlensäuregehalt seiner heimischen Brunnen entwickelt.* Es gibt eine treffliche Berlinische Redensart, die in solchen Fällen jedesmal tröstlich wirkt: ›Quatsch nich, Krause!‹ Sie sei den Lesern bestens empfohlen.

Dann thronen noch die strengen Richter, die ihren Unsinn in so schöne Fremdwörter einwickeln, daß die meisten Leser nicht wissen, ob mehr gelobt, mehr getadelt wird: *Die Pianistin Fräulein N., die von einer Tourné (!) in England zurückgekehrt ist, bot etwas Exquisites in einem Piano-Recital* (wie zartsinnig und stilvoll dieses englische Wort für die aus England Zurückkehrende!), *dessen virtuose Executierung kolossal applaudiert wurde ... Die Totalleistung wurde vom Publikum refüsiert, wenn auch eine kleine Publikumsfraktion mit dem Applaus nicht zurückhielt* (in den ›Signalen‹).

Endlich die zarten Säusler, die geistreichen Schwerenöter von dieser Art: *Die preisgekrönte Schönheit hat der Lieder süßen Mund an den Nagel gehängt* (Berliner Lokalanzeiger).

○ ○ ○

Also ein Schreiber über Kunst soll sich der plattesten Alltagssprache bedienen? Auf jeden Hochschwung der Sprache, auf jedes Bild verzichten? Über Kunst nicht anders schreiben, als man etwa über Bau- und Brennholz schreibt? – Wo ist der Esel, der den Kunstschreibern dergleichen zur Pflicht macht? Wenn der Gegenstand sie begeistert, so mögen sie ihren Stil so hoch steigern, wie sie wollen; mögen die Erde unter sich lassen und sich in den Himmelsraum schwingen, wie Mörike das in seinem herrlichen Satz über Mozarts ›Don Juan‹ getan (S. 786); mögen in Tönen und Farben und Bildern schwelgen nach ihres Herzens Gelüsten. Künstlerisch aber sollen sie schreiben, wenn sie über Kunst schreiben; nicht wie ungebildete Kellner ein Speisekartenfranzösisch stammeln, bei dem uns schon vor dem Essen übel wird. Keiner wird ihnen verargen, wenn sie ein paar Dutzend herkömmlicher fremder Kunstausdrücke gebrauchen, die zwar überflüssig, aber durch die Zeit und die allgemeine Sitte oder Unsitte entschuldigt sind. Sie mögen außerdem noch fremdwörteln wie die besseren Schreiber der andern

Wissenschaften; doch damit sollen sie es genug sein lassen. Den Schwindler Riccaut vertragen wir nur, wenn er ganz echt ist, also wirklich ein aus Frankreich bezogener Schwindler.

Die unleidliche Entartung unsers Kunstschreiberstils hat bei keinem andern Volk ein Gegenstück; keines würde sich eine solche Besudelung der Sprache gefallen lassen, bloß damit die Schreiber ihre lächerliche Eitelkeit befriedigen, zu zeigen, daß sie Französisch – nicht etwa gelernt, aber in Bröckchen aus französischen Aufsätzen über Kunst aufgepickt haben. Den Kunstschreibern dieser Gattung kommt nicht der mildernde Umstand zugute, der für den übrigen Zeitungstil gilt: die übergroße Eile, denn sie verfertigen ihr Rotwelsch in aller Ruhe, bei kaltem Blut, mit Vorsatz und Überlegung. Wie spätere Geschlechter, die auf solch vermodertes Zeug zufällig stoßen, über die Verfasser, die Leiter der es druckenden Zeitschriften und Zeitungen, aber auch über die Leser denken werden, ist nicht schwer vorauszusagen: sie werden es für die äußerste Verpöbelung unsers in der Sprache zum Ausdruck kommenden Geisteslebens erklären.

VIERTER ABSCHNITT

Kanzleistil

Ich erinnere euch nochmalen, in euren Berichten nicht so abscheulich weitläufig zu sein, sondern gleich ad rem *zu kommen und nicht hundert Wörter zu einer Sache zu brauchen, die mit zwei Wörtern gesagt werden kann.*

FRIEDRICH DER GROSSE

Über den Kanzleistil herrscht Eintracht: er ist nicht schön. Auch ich finde ihn nicht schön; kommt man jedoch von den berlinfranzösischen Kunstschreibern, die weder Deutsch noch Französisch können, zu dem Deutschen Kanzleirat aller Grade, der nur sein Kanzleideutsch schreibt, so atmet man erlöst auf: sachliche Langeweile in schwerfälliger Form ist Hochgenuß nach Gemeinplätzen in ekelerregender Geckerei.

Der Kanzleistil, unter dem hier aller Amtstil, von dem des Dorfschulzen bis zu dem der Reichskanzlei, von dem des Amts- bis zu dem des Reichsgerichts verstanden wird, der Kanzleistil hat eine gute Eigenschaft und einige wenig gute. Die gute ist seine Wahrheitsliebe, und die macht sehr viele Untugenden wett. Die kleinmenschliche Eitelkeit, vollends die gezierte Geckerei findet im Amtstil keinen Tummelplatz; was er an Wichtigtuerei zeigt, ist Gesamteigentum des Beamtenstandes, übrigens nicht bloß des Deutschen. Er sagt die Dinge – zwar nicht wie sie sind, aber genau so, wie die Behörde sie aufgefaßt wissen will; sagt sie recht ausführlich, oft so sehr, daß der dünne Kern sich in Wortdunst löst; sagt sie im Stil einer papiernen Behörde, eines nebelhaften Begriffes, nicht eines fühlenden Menschen. Aber immerhin, die meisten Kanzleischriften kann man verstehen, was von vielen wissenschaftlichen Schriften nicht gesagt werden kann.

Der Deutsche Beamte aller Grade fühlt sich zuerst als hocherhabene Behörde, lange nachher, wenn überhaupt je, als Mensch. Er bestrebt sich daher, alles Menschliche aus seinen Schriftstücken auszutilgen; zieht den unsichtigen Ausdruck dem sichtigen vor, denn dieser könnte ihn dem Empfänger des Schreibens menschlich zu nahe bringen. Schreibt ein hochthronender Eisenbahndirektor an einen gemeinen Reisenden, so verflüchtigt er sogar die schon genügend begriffliche ›Direktion‹ in ›diesseits‹, also beinah in ein Formwort: *Es schweben diesseits noch Erwägungen über die Anbahnung einer eventuellen Änderung der diesbezüglichen Verfügung betreffend die Anordnung der Lage der Ein- bzw. Ausgangsöffnungen.*

Je mehr ungs der Kanzleimann anbringt, desto glücklicher ist er: desto aschgrauer, unlebendiger, unirdischer hat er seinen Stil gestaltet, und darnach trachtet er bei jedem Federzug. Er ahnt in seiner Unschuld nicht, wie sehr er dadurch das vernünftige Verhältnis zwischen Staat und Bürger verzerrt; wie er aus einem zwar ernsten, aber menschlich liebreichen Hüter des Gemeinwohls eine papierne Regierungsmaschine macht, der man kein Gefühl für menschliche Freuden und Schmerzen zutraut. Um wie viel wärmer, herzlicher, väterlicher war der Kanzleistil vor 100, noch vor 70 Jahren! Man hört aus jenen alten Erlassen der höchsten Stellen wie aus den Verfügungen der mittleren einen im Grunde gütig gesinnten Menschen zu Mitmenschen sprechen; von wie vielen amtlichen Schriftstücken der Gegenwart kann man das sagen?

Der Stil ist der Mensch: der Beamte ist nach seiner eignen Meinung der höhere Mensch; mit Ausnahme der alleruntersten Beamten ist er der Vorgesetzte andrer Beamter, und noch der alleruntersten hält sich für den Vorgesetzten des Bürgers: folglich schreibt der Beamte, die Behörde den feierlich aufgehöhten, den wichtigen oder doch wichtigtuerischen Stil. Der Beamtenstil aller Länder hat hiervon etwas, der Deutsche etwas zu viel. Da der Inhalt der amtlichen Schriftstücke nicht jedesmal von weltgeschichtlicher Bedeutung sein kann, so wird der Mangel an Inhalt durch den Überfluß an Form auszugleichen gesucht. Daher die Üppigkeit des Ausdrucks, die Breite des Satzbaues, das Bepacken mit nutzlosen Redensarten, mit Höflichkeits- und Ergebenheitsformeln. Ein Prachtstück teilte der Unterstaatssekretär Rothe in seinem vortrefflichen Schriftchen ›Über den Kanzleistil‹ mit:

> Ew. Hochwohlgeboren haben wir die Ehre, in Erledigung des am Rande vermerkten hochverehrlichen Erlasses vom 28. August d. J. zur Journalnummer D III 12 837, betreffend die Beschwerde des T., ganz gehorsamst zu berichten, daß mit Rücksicht darauf, daß Ew. Hochwohlgeboren schon mittels des auf unseren ehrerbietigsten Bericht vom Mai d. J. zur Journalnummer A 9734 ergangenen hohen Erlasses vom 10. Juni d. J. Journalnummer D III 10 022 unser bezügliches Vorgehen gebilligt hatten, wir uns nicht glaubten veranlaßt sehen zu sollen, dem von dem T. in der vorliegenden an Ew. Hochwohlgeboren gerichteten Eingabe vom 12. August d. J. wiederholt gestellten Antrag eine weitere Folge zu geben. Indem wir nicht verfehlen, Ew. Hochwohlgeboren den nebenvermerkten verehrlichen Erlaß vom 28. August d. J. nebst den sämtlichen zugehörigen Anlagen desselben hierneben ganz gehorsamst wieder vorzulegen, gestatten wir uns ebenmäßig, hierbei gleichzeitig noch zu bemerken, daß wir nach vollständiger Erledigung der fraglichen Angelegenheit nicht unterlassen werden, Ew. Hochwohlgeboren weiteren Bericht zur Sache ehrerbietigst zu erstatten.

Er bemerkte dazu mit anerkennenswerter Schärfe des Urteils: ›Mein Musterstück enthält, die Zahlen eingerechnet, 159 Worte. Sein wesentlicher Inhalt läßt sich ohne Schaden für Deutlichkeit und Höflichkeit in 47 Worte zusammenfassen. Der Rest ist Spreu, Floskel ohne Inhalt, nicht einmal tönendes Erz und klingende Schelle, da es weder tönt noch klingt.‹ Dabei ist es das Schriftstück einer Behörde an die andre! Rothe hat es auf 47 Worte verkürzt; es könnte auf 25 verkürzt werden. Rothe, ein genauer Kenner unsers Behördenwesens, schloß seine Untersuchung dieser Art des Kanzleistils mit dem beachtenswerten Satze: ›Ich bin überzeugt, jede größere Behörde könnte einen oder mehrere Kanzlisten sparen, wenn die Kanzleisprache sich annähernd innerhalb der Grenzen des Notwendigen hielte.‹ Nur annähernd!

○ ○ ○

Der Beamte, die Behörde wollen ihr Schreibwerk durch die Masse wichtig erscheinen lassen; also wird gereckt, gestreckt, gestopft. Es ist von eignem Reiz, den Kanzleischreiber bei dieser Tätigkeit zu beobachten. Sein Hauptkunstgriff heißt: aus Eins mach Drei! Aus ›untersuchen‹ macht er ›die Untersuchung vornehmen‹; aus ›benachrichtigen‹: ›in Kenntnis setzen‹; aus ›verlesen‹: ›zur Verlesung bringen‹, oder ›zur Verlesung schreiten‹, aus ›vortragen‹: ›zum Vortrag bringen‹; aus ›abschließen‹: ›zum Abschluß bringen‹. Dieses Recken und Strecken reicht sehr hoch hinauf: es hat Reichstagspräsidenten gegeben, die das Haus nicht auszählen, sondern die Auszählung vornehmen ließen. ›Ich werde die Feststellung des Resultates vornehmen lassen‹ statt: ich lasse das Ergebnis feststellen.

Der Kanzleimann schreibt nicht: nach dem Vertrage vom ..., sondern ›ausweislich des unter dem Datum des ... abgeschlossenen Vertrages‹. Aus ›können‹ wird regelmäßig ›in der Lage sein‹, so einst in einem Schreiben des höchsten Beamten des Reichsmarineamtes: *Ich muß* (?) *es grundsätzlich ablehnen, in Erörterungen ... einzutreten* (statt: zu erörtern), *da ich nicht in der Lage bin zuzugestehen ...* Natürlich hat dies ein mittlerer Beamter verfaßt; warum aber unterschreibt ein wackrer Seemann solch Landrattengarn? Hochbeglückt ist der Kanzleischreiber, wenn er ein Wort in mehr als drei auswalzen kann: aus ›nach § 1‹ macht er: ›in Gemäßheit der betreffenden Vorschrift des § 1‹ und dünkt sich ein Meister des Stils. Getretener Quark!

Gelingt es dem Kanzleistil nicht, Eins in Drei zu strecken, so begnügt er sich zur Not mit der Verdopplung: er schiebt ein nutzloses Wort ein, schreibt nicht: nach Prüfung, nach Einsicht, nach Ermittlung, nach Kenntnisnahme, sondern: nach erfolgter oder vorgängiger Prüfung usw. Oder er reckt das einfache Wort etwa so: aus ›von‹ wird ›von Seiten‹, *die leeren Kisten, oder die Kisten werden nach erfolgter Entleerung von Seiten der Anstalt zurückgeschickt werden*, oder: *die Rücksendung der ... wird erfolgen*. Aus ›zu‹ wird unter seiner Künstlerhand: zum Zweck; *ein Grundstück zum Zweck einer Markthalle; zugunsten von Kriegswohlfahrtszwecken* statt des einfachen zu oder für. Aus ›mit‹ wird: in Begleitung von, zusammen mit; aus ›wegen‹: in Folge von, aus Veranlassung von.

Das Strecken erstreckt sich auf alle Wortarten ohne Unterschied: aus ›und‹ wird: so wie, und auch, wie auch, so wohl ... als. ›Wenn‹ wird zu ›sofern‹, das wenigstens zweisilbig, also erhabener ist; aus ›Wenn nichts anders vereinbart ist‹ wird großartig: ›Sofern nicht ein Andres vereinbart‹, noch besser: ›Sofern nicht eine andre Vereinbarung getroffen ist.‹ Dem ›wir‹ wird noch ›unsrerseits‹ angehängt, ›wofern‹ nicht das reizende ›diesseits‹ bevorzugt wird (der Vorzug gegeben wird).

Ein köstliches Aktenstück wurde jüngst mitgeteilt, das Schreiben eines humorvollen von der Urlaubsreise zurückkehrenden Richters an den Aufsicht führenden Amtsgenossen: *Zurück mit dem ergebensten Bemerken, daß diesseitig unterzeichneter Richter bei jenseitigem Schreibeneingang bereits jenseits der Alpen war, infolgedessen diesseits eine Entscheidung für jenseits nicht gefällt werden konnte, bei schon erwähntem Nichtgegenwärtigsein dieselbe aber diesseitigen Erachtens auch nicht zu treffen ist.* Das ist ja höchst spaßhaft; in allem Ernst aber ist zu verlangen, daß Beamte, gerade Beamte, eine Ehre drein setzen, den knappesten, klarsten Stil zu schreiben. Sie vertreten ja nicht ihre persönliche Stilehre, wiewohl es für den Beamten auch diese gibt; sie vertreten mit jedem geschriebenen Wort, außer dem Ansehen, die Sprachehre des Staates, und damit sollte man nachgerade bei uns ebenso streng werden wie mit der Beamten- und Staatsehre im allgemeinen. Mehr Straffheit, weniger Wortmacherei, und unser Kanzleistil könnte sich sehen lassen; den durchschnittlichen der Wissenschaft übertrifft er schon jetzt.

○ ○ ○

Der Kanzleimensch hält jeden Nichtkanzleier für ein Wesen zweiter Ordnung, vielleicht für ein ganz wackres, aber etwas beschränktes, das nur begreift, was ihm doppelt, oder dreifach, jedenfalls aber möglichst breit vorgetragen wird. Aus diesem Überlegenheitsgefühl entspringt die sprachliche Breitspurigkeit so vieler Behörden. Die Eisenbahnverwaltung verkündet auf ehernen Tafeln: *Das Hinauslehnen des Körpers aus dem Fenster ist wegen der damit verbundenen Lebensgefahr auf das strengste untersagt.* Das Hinauslehnen der Seele ist also gütigst gestattet? Und zur Tür hinaus darf man sich lehnen? Auch zur Decke hinaus, wenn sie ein Loch hat? Indessen muß man zufrieden sein, daß nicht geschrieben steht: Das Hinauslehnen des betreffenden Oberkörpers, und: aus dem zu diesem Zwecke eventuell geöffneten Fenster. Es gibt Eisenbahnverwaltungen, englische, italienische, belgische und andre, die sich mit der Warnung begnügen: Hinauslehnen lebensgefährlich!

Auf den Stadtbahnhöfen Berlins prangen Tafeln: ›Hier halten die Wagen der 2. Klasse‹, oder ›Hier hält die 2. Wagenklasse‹. Wie leicht käme sonst der dumme Reisende auf den, nicht wahr?, so naheliegenden Gedanken: Hier hält die zweite Töchterschulklasse oder die zweite Soldatenklasse; oder nicht die Wagen, sondern die zweiten Lokomotiven, die Bahnhofsvorsteher usw. der zweiten Klasse. – Auf einer der so nützlichen Zeigertafeln der Bahnhöfe stand: ›Nach den Fahrkartenverkaufsschaltern.‹ Bloß Karten? Unmöglich! Das könnte heißen: Landkarten, Kriegskarten, Spielkarten, Tischkarten, Speisekarten. Oder bloß Fahrkartenschaltern? Hm! das ginge zur Not; aber was nützen dem Reisenden die hinter den Schaltern aufgestapelten Fahrkarten? Er will sie ja nicht von fern bewundern, sondern kaufen, also unbedingt Verkaufsschaltern. In England schreibt man auf eine Fingertafel: Tickets, und es genügt. In Deutschland geht man jetzt hier und da auch zu Tafeln mit: ›Fahrkarten‹ über; hoffentlich geschieht dadurch keine ›Eisenbahn*katastrophe*‹. – Ein köstliches Muster des Kanzleistils fand ich auf der Rückseite eines Fahrscheines der Darmstädter Straßenbahn: *Als Umsteigefahrschein zur Weiterfahrt gültig nur **von der in der auf der** rechten Seite benannten und durch Lochung gekennzeichneten Umsteigestelle aus mit dem nächsten anschließenden noch nicht voll besetzten Wagen.*

Ich besitze eine Sehenswürdigkeit: eine Polizeikarte mit der Aufschrift *Radfahrkarte zum Fahren auf dem Rade*. Bei gutem Willen hätte es noch etwas ausführlicher werden können, denn die Karte soll mich doch nicht zum immerwährenden Fahren verpflichten, also: zum Zwecke des betreffenden Fahrens auf dem im einzelnen Falle dazu benutzten Rade. Und ›schieben‹ darf ich das Rad nicht?

Neben meinem Schreibtisch liegt ein dickes Buch mit blauem Deckel, betitelt: *Verzeichnis der Teilnehmer an den Fernsprechnetzen in Berlin und Umgegend*. Wie notwendig ist Verzeichnis! Wie

Kanzleistil

leicht könnte ich durch den Titel: ›Teilnehmer an‹ in den Wahn verfallen, die Bilder der Teilnehmer darin zu finden. – In Berlin und Umgegend! Daß man jetzt allgemein Großberlin sagt, weiß die Postverwaltung, darf es aber nicht wissen.

Es wurden Zeigerdroschken, Uhrendroschken in Berlin eingeführt, aber sie durften beileibe nicht so heißen. Der Sprachpolizeier, der nicht ›Taxameter‹ schreiben sollte, schüttelte sorgenvoll sein Haupt: die Droschken bestehen doch nicht bloß aus einem Zeiger und sie haben nicht die Form einer Uhr; ›Fahrpreisanzeigerdroschken‹ müssen sie heißen, sonst weiß ja kein Mensch, was für Droschken das sind. Der Bürger sieht sie täglich fahren oder fährt selbst darin; aber der Bürger ist dumm und die Polizei klug für zwei: für sich und den Bürger. Hätten Beamte mit solcher Geistesverfassung einst die ersten Uhren zu benamsen gehabt, diese hätten Stunden- und Minutenzeiger-Apparate geheißen. – Ich übertreibe? In Bayern las ich jüngst ›Feuerlöschrequisitenlokal‹ für – Spritzenhaus. Ich übertreibe durchaus nicht, das hat man in Deutschland nicht nötig.

Glaubt man, nur der Staatsbeamte schreibe den Kanzleistil? Für diesen gibt es keine Verwaltungsgrenzen: der Gemeindebeamte, ja der Vereinsbeamte fühlt sich zum Kanzleistil verpflichtet, sobald er ›als solcher‹ schreibt. Der Schulrat einer großen Stadt unterscheidet: ›Schüler der höheren Lehranstalten (›Anstalten‹ allein würde irreführen, nicht wahr?) und Mittelschulschüler‹; um Himmels willen nicht Mittelschüler, denn der wäre ja einer mit mittleren Fähigkeiten. – Eine der Gemeinden von Großberlin pflanzt eine Gedächtniseiche und schreibt auf den Denkstein: ›Generalfeldmarschall Prinz Friedrich Karl von Preußen-Eiche‹. Unehrerbietig genug, denn es fehlt vor Eiche: ›Königliche Hoheit‹. – Ein großer Wohltätigkeitsverein gründet ein Kinderheim, nennt es aber ängstlich Kleinkinderbewahranstalt. Wie nötig ist ›bewahr‹! Wie nahe läge sonst die Vermutung, in der Anstalt sollen die Kinder geboren, wohl gar erzeugt werden. Wie doppelnötig ist ›klein‹; sonst müßte man ja an Jungen und Mädel von 10 bis 18 Jahren denken; denn der Vereinsschreiber ist weise, der Leser ist dumm.

○ ○ ○

Eine besondere Betrachtung fordert der Gerichtsstil, das vielgescholtene **Juristendeutsch**. Es ist in den letzten Jahren etwas menschlicher geworden, muß es aber noch viel mehr werden, ehe man von Stilkunst reden darf. Schreibt ein andrer Wissenschafter unverständliches Zeug, so geschieht kein größers Unglück, als daß der Leser von diesem Schreiber nichts lernt; die Wissenschaft aber ist so reich, daß erhoffen darf, von einem verständlicheren Schreiber zu lernen, was er wünscht. Schreibt der Rechtler einen Stil, den kein andrer, oft nicht einmal ein andrer Fachmann, versteht, so richtet er unabsehbaren Schaden an. Dieser beginnt bei der unverständlichen oder zweideutigen Gesetzessprache und endet bei dem unverständlichen Erkenntnis, umfaßt also unser ganzes Rechtsleben. Zu meiner Freude erfahre ich, daß in neuster Zeit einige Rechtsprüfungsämter so weit gehen, Prüflinge durchfallen zu lassen, die sich nicht rein, klar und gewandt schriftlich ausdrücken können. Wann wird sich diese berechtigte Strenge auf die Prüfungsämter für alle andre Geisteswissenschaften erstrekken, z. B. auf die Sprachwissenschaft, namentlich auf die Germanistik, noch namentlicher auf die Herren Prüfer? Vorangehen muß allerdings die Erziehung zu guter Sprache in unsern Schulen und Hochschulen.

Ob unsre Zeit mehr Beruf zur Gesetzgebung habe als das Zeitalter, welchem Savigny jenen Beruf abstritt, entzieht sich meinem Laienurteil; das aber weiß ich, daß unser Bürgerliches Gesetzbuch und fast alle unsre großen oder kleinen Gesetze des letzten Menschenalters an Klarheit, Bündigkeit, Lebensausdruck, gemeinverständlicher Sprache weit zurückstehen hinter den Gesetzen vieler andrer Länder, aber auch hinter unsrer eignen ältern Gesetzgebung, z. B. dem preußischen Landrecht. Es ist ein wahres Unglück, daß unser neues bürgerliches Hauptgesetzbuch nur von Rechtlern, ohne Beihilfe von besonders sprachkundigen und stilkünstlerischen Laien abgefaßt wurde. Man vergleiche z. B. die Sätze über die Wirkungen der Ehe für die Mündigkeit mit den drei Worten des schweizerischen Gesetzbuches: ›Heirat macht mündig.‹ Man vergleiche ferner die verblasene Fassung unsers § 2 mit der schweizerischen: ›Mündig ist, wer das 21. Lebensjahr vollendet hat.‹ Die Deutsche Fassung ist Papiersprache, die schweizerische

Menschenrede. Wie konnte im § 389 des BGB der sinnlose ›Dritte‹ aus den versunkenen Zeiten Papinians auftauchen: *Verletzt ein Beamter vorsätzlich oder fahrlässig die ihm einem Dritten gegenüber obliegende Amtspflicht, so hat er dem Dritten den daraus entstehenden Schaden zu ersetzen?* Also einem Zweiten nicht?

An die Geschworenen bei einem Berliner Gericht stellte der Vorsitzende folgende Entscheidungsfrage: *Ist der Angeklagte schuldig, zu Berlin den Entschluß, in der Absicht, sich einen rechtswidrigen Vermögensvorteil zu verschaffen, das Vermögen eines andern, nämlich des A, dadurch zu beschädigen, daß er durch Vorspiegelung falscher oder durch Unterdrückung wahrer Tatsachen einen Irrtum erregte, durch Handlungen, welche einen Anfang der Ausführung des beabsichtigten, aber nicht zur Vollendung gekommenen Vergehens enthalten, betätigt zu haben?* Die Geschworenen antworteten Nein; vermutlich weil sie sich sagten: niemand kann eines Vergehens schuldig sein, das weder er noch ein Geschworener begreift.

›Seit Jahrhunderten thronet in dem Tempel der Themis die Barbarei des Ausdruckes in Riesengestalt unerschütterlich neben der heiligen Göttin‹ (Bürger). Auf dem geduldigen Papier stehen die schönsten Verordnungen gegen die unübersehbaren Erkenntnissätze. Die Geschäftsordnung z.B. des Reichsgerichts schreibt vor: ›Die Entscheidungsgründe sind in bündiger Kürze, unter strenger Beschränkung auf den Gegenstand der Entscheidung und tunlicher Vermeidung von Fremdwörtern und nicht allgemein üblichen Ausdrücken abzufassen.‹ Hiermit vergleiche man in einem Urteil des 4. Zivilsenats des Reichsgerichts vom 30. Oktober 1895 den Satz, der beginnt ›Ebensowenig‹ und schließt ›zurückgewiesen hat‹: zwischen Anfang und Ende stehen Schachteleien mit zusammen 147 Wörtern. Wir brauchen ein Gesetz, wonach alle sprachlich unverständliche Gerichtsurteile, bis hinaus zu denen des Reichsgerichts, ungültig sind und den Verfasser zum Schadenersatz verpflichten; über die Unverständlichkeit entscheidet ein Sprachgerichtshof von Nichtrechtlern.

○ ○ ○

Ehemals waren nach dem scharfen Ausdrucke Rothes ›unsre Kanzleistuben Hauptbrutstätten des Fremdwortbazillus‹. Gottlob sind die lateinischen Bröckchen wie ›*in duplo, pro informatione, brevi manu, conferatur, sub petitione remissionis, peto*‹ heute fast nur noch der Stolz einiger an der Tertia gescheiterter Gerichtschreiber. Auch die Fremdwörterei verschwindet mehr und mehr aus solchen Amtstuben, über die ein wahrhaft gebildeter Beamter gebietet. In diesem Punkte steht unser Kanzleistil schon seit Jahrzehnten hoch über dem unsrer Wissenschaft, sogar noch ein wenig über dem durchschnittlichen der Zeitung. Angesichts solcher löblicher Besserung dürfen wir nachsichtig sein gegen gewisse andre Lieblingswörter des Kanzleistils, gegen die Zöpfchenwörter, hinter denen man den Schreiber des 18. Jahrhunderts mit seinem wohlgepuderten Haarbeutel zu sehen glaubt. Obenan steht das Wort ›betreffend‹; es gibt Schreiber, die keine Verfügung, keine Überschrift einer Verfügung fertigbringen ohne ein oder mehrere ›betreffend‹, etwa nach dieser Art:

> Unter Bezugnahme auf die Bekanntmachung Großh. Bürgermeisterei vom 30. März lf. Jahres **betreffend** Abänderung des Ortsstatuts, **betreffend** den Betrieb und die Benützung des öffentlichen Schlachthauses, und Polizei-Verordnung, **betreffend** das Schlachthauswesen in der Stadt Worms vom 19. Februar 1904, machen wir die Interessenten darauf aufmerksam, daß die Bestimmungen der Polizei-Verordnung vom 19. Februar 1904 **betreffend** das Schlachtwesen der Stadt Worms in Gültigkeit bleiben.

Nur noch ein Zöpfchenwort teilt sich in die Vorliebe des Kanzleimenschen: einstmals hieß es *respective*; jetzo *respective*, seit einem Jahrzehnt, heißt es ›beziehungsweise‹. Der Kanzleischreiber verabscheut die viel zu kurzen, also viel zu unvornehmen ›und‹ beziehungsweise ›oder‹: *Jeder Dienstbote muß bei der Polizeibehörde binnen drei Tagen nach dem Antritt des Dienstes, beziehungsweise dem Austritt aus demselben, an- beziehungsweise abgemeldet werden.* – Ach, aber in wie vielen gelehrten Schreibern steckt der Kanzlist! Bei einem Ästhetiker, auf Deutsch Kunst- beziehungsweise Geschmackslehrer, fand ich diese Perle: *Das Drama flößt uns Haß, beziehungsweise Liebe, gegen das Böse, beziehungsweise das Gute, ein.*

Kanzleistil

Die Gerechtigkeit fordert, rühmend anzuerkennen, daß die Zahl der gut, ja der vorzüglich schreibenden höheren Beamten, besonders in unsern höchsten Ämtern, seit etwa drei Jahrzehnten stetig gewachsen ist. Besondere Auszeichnung verdienen – oder verdienten –: das Auswärtige Amt, die Generalstäbe und die Kriegsministerien, ferner die Ministerien des Unterrichts und der öffentlichen Arbeiten in Preußen, aber auch manche höchste Behörden der Mittel- und Kleinstaaten. Sprachlich und stilisch hat sich die Reichspostverwaltung leider nicht auf der unter Stephan erreichten Höhe behauptet. In der bewußten und fast durchweg geschickten Sprachadelung stehen oder standen – unsre obersten Ämter fast allen andern Berufsklassen, außer den besten unter den schöpferischen Schriftstellern, voran; auf sie zumeist stützte sich einst die Zuversicht, daß auch das Deutsche Volk in ferner Zukunft das kostbare Gut einer reinen edlen Sprache genießen wird.

FÜNFTER ABSCHNITT
Rednerstil

*Werk her! Taten her! Mit Geschwätz, mit Worten
lasse ich mich nicht abspeisen.*　　MOSCHEROSCH

Man muß etwas zu sagen haben, wenn man reden will.
　　GOETHE

*Es trägt Verstand und rechter Sinn
Mit wenig Kunst sich selber vor.*　　GOETHE

Unter den lebenden Schreibern hat der Verfasser, schon in der ersten Sitzung des Deutschen Reichstags (am 21. 3. 1871) dienstlich beschäftigt, mehr Reden als irgendein andrer mitangehört. Ein Menschenalter und mehr im amtlichen Dienst der zwei größten Deutschen Volksvertretungen, hat er einige tausend Redner, alle berühmte und unberühmte, kennengelernt, zehntausende ihrer langen und kurzen Reden genossen, diese nachher pflichtmäßig auf ihre Form geprüft. Er muß erklären, viele wirksame Redner gekannt und reden gehört zu haben, – formvollendete Redner vier oder fünf, sprachlich und künstlerisch schöne Reden vielleicht zwanzig, gewiß nicht dreißig.

Es ist nicht wahr, was man oft liest, daß der Deutsche von Natur kein Redner sei. Er erfüllt fast alle Vorbedingungen der öffentlichen Rede so gut wie die Redner andrer Völker: Herrschaft über den Gegenstand; Überzeugung, Leidenschaft, Tapferkeit vor dem Feinde, dem Hörer; Gefühl für das auf Gefühl und Verstand Wirkende. Man kann nicht einmal sagen, daß dem Deutschen Redner im allgemeinen der Fluß der Rede mangle; im Gegenteil, sie fließt bei den meisten nur gar zu unerschöpflich. Was dem Deutschen Redner fehlt, ist dasselbe, was wir an dem Deutschen Schreiber vermissen: die künstlerisch ordnende sichre Gewalt über eine saubre, gepflegte Sprache. Lange bevor der Deutsche zum Reden berufen wird, hat er schreiben gelernt, und unter Schreiben hat er, gleich seinen Lehrern, einen Stil verstanden, der von der Menschenrede grundsätzlich abweicht. Er muß in harter, oft demütigender Lebensschule lernen, daß auf Menschenohren und Menschenseelen nur mit Menschenrede zu wirken ist, und die meisten lernen das nie. Sie reden wie ein Buch: der Volksmund spricht mit diesem kurzen Satze das schärfste Urteil über den Rednerstil, ja den Stil überhaupt, denn auch der gedruckte Stil redet bei uns fast immer wie ein Buch, nicht wie ein Menschenmund. Der Franzose, der Engländer spricht von der Rednerbühne, wie er als Gast inmitten einer erlesenen Gesellschaft sprechen würde, nur noch gewählter im Ausdruck, achtsamer auf die Übersichtlichkeit des Satzes und der Gliederung, feinfühliger für den Eindruck jedes betonten Wortes. Der Deutsche Redner spricht, wie er zu lesen gewöhnt ist: Buch; je feiner gebildet er ist, desto mehr spricht er Buch. Der Grundstil der gewählten Deutschen Rede ist der des Heft-ablesenden Professors auf dem Lehrstuhl.

Zum Glück gibt es Ausnahmen, sonst wäre der dauernde Aufenthalt in einer Volksvertretung für gebildete Menschen unerträglich. Manchen Rednern gelingt das Überwinden des Buches, und sie reden ›wie ein Mensch aus dieser Welt‹. Den Abgeordneten mit selbsterworbener Bildung, besonders den Nichtakademikern, gelingt dies viel eher als den andern; doch kommen auch unter den Akademikern geborene Redner vor, die wie Menschen zu Menschen sprechen. Aus diesen beiden Gattungen stammen die geschichtlichen Redner, deren Namen wenigstens noch nicht ganz verklungen sind. Von ihren Reden allerdings weiß das lebende Geschlecht nichts mehr, denn Rednerruhm gleicht dem des Mimen: die Nachwelt flicht ihm keine Kränze. Robert Blum und Gabriel Rießer in der Paulskirche sollen von dieser Art gewesen sein. Vincke, Waldeck, Twesten aus späterer Zeit werden von zeitgenössischen Zuhörern gerühmt. Die wahrhaft großen Redner, die ich gehört – ich spreche von nichts anderm als ihren Reden – waren Ziegler, Hoverbeck, Simson, Barth, Bennigsen, Mallinckrodt, Peter Reichensperger, Schorlemer, Moltke, Bebel. Auf den Bänken der Regierung haben nur wenige bedeutende Redner gesessen. Bismarck stellt eine Gattung ganz für sich dar: des Redners, dessen Formenmängel durch die Gewalt des Inhalts, zuweilen allerdings nur durch die Gewalt seiner Taten, fast ausgetilgt wurden.

○ ○ ○

Die innern Gesetze des Rednerstils sind natürlich die gleichen wie für jeden andern: Sachkenntnis, Wahrheit, Verständlichkeit, Leben. Die äußeren weichen in vielen Dingen vom Schreibstil ab. Der Redner sieht die Hörer, er hört sich selbst, er gewahrt sofort den Eindruck. Nicht wie beim Lesen kann der Hörer nach Belieben beschleunigen, zögern, ruhen, zurücklesen, zweimal aufnehmen, überdenken, vergleichen. Der Redner schreibt ihm das Gesetz des Aufnehmens vor; doch der Hörer dem Redner das Gesetz des Wirkens: was nicht im Augenblick verstanden wird, bleibt für immer tot, wird durch Kurzschrift und Druck hinterher nur zu einem Scheinleben erweckt, jedenfalls nicht mehr zum vollen Leben einer Rede. Der gute Rednerstil ist der Augenblickstil, berechnet auf Augenblickswirkung, hierin sehr ähnlich dem Zeitungstil oder – dem des Dramas auf der Bühne.

Der Rednerstil muß auf die oben genannten Hilfen des Lesens, auf das ganze Gedankenweberspiel zwischen Auge und Gehirn, verzichten; ihm stehen dagegen viele Mittel zu Gebote, die dem Schreibstil mangeln. Er beherrscht Auge und Ohr zugleich, also eine ganze große Sinneswelt mehr, und von der Welt des Auges wie unvergleichlich mehr als der Lesestil! Was dem Schreiber eins der höchsten, der schwierigst zu erreichenden Ziele, das höchste Glück der Erdenkinder ist: dem Leser eine Persönlichkeit zu zeigen, das wird dem Redner ohne jede Mühe beschert: er erhebt sich von seinem Sitz, oder steigt auf die Rednerbühne, und man sieht ihn in voller Leibhaftigkeit. Wie oft quält uns beim Lesen der Wunsch, die Stimme eines uns teuren Schreibers zu hören, den Glanz seiner Augen, das Spiel seiner bewegten Lippen zu sehn, Lessings, Goethes, Schillers, Vischers, Kellers, Bismarcks, Moltkes. Dem Sprechenden wird die Fülle all dieser mächtigen Mittel geschenkt; er braucht nur noch die Sache zu besitzen und eine menschenmögliche Form, um schon ein leidlicher Redner zu sein. Eigentlich müßte es weit mehr gute Redner als gute Schreiber geben; daß es umgekehrt ist, liegt an der immer mehr sinkenden Achtung der öffentlichen Redner vor einander und vor der Stelle, an der sie stehen: sie geben sich noch weniger Mühe um Inhalt und Form als die Mehrzahl der Schreiber. Über diese sitzen doch auch die Edelsten der Nation zu Gericht, und die Schreiber wissen das; wer aber richtet die schlechten Redner? Andre schlechte Redner.

Um wieviel leichter wird es dem Redner, sich verständlich zu machen, als dem Schreiber. Er braucht keine Tonzeichen, kann durch Heben und Senken der Stimme einmal, zweimal, dreimal unterstreichen, kann gesperrt, fett, doppelfett reden so viel er will; kann seinen Stil zum Flüsterton versäuseln, zum Donnerhall anbrausen lassen, und gebietet obendrein noch über alle wirksame Mittel des Schreibenden: Wortwahl, Wortfolge, Wiederholung, über alle Feinheiten des Satzbaues, der Gliederung, des Schmuckes, über viel reichere des Wohlklanges. Mißverständnisse, die der Schreiber so leicht hervorrufen kann, beseitigt der Redner durch unscheinbare Mittel. Man lese diesen Satz in Moltkes Reichstagsrede vom 1. März 1880: *Wir haben alle Kriege ausbrechen sehen, die weder das Staatsoberhaupt noch das wirkliche Volk gewollt haben*. Nur ein selbstherrliches Abweichen von der amtlichen Rechtschreibung: ›Alle‹, statt ›alle‹, stellt für den Leser den richtigen Sinn her. Geschrieben würde Moltke wohl haben: Wir alle haben Kriege; sprechen durfte er: Wir haben alle Kriege, denn der Hochton auf ›alle‹, eine unmerkliche Pause zwischen ›alle‹ und ›Kriege‹ genügten, um jedes Mißverstehen auszuschließen. Das Beispiel absichtlicher Zweideutigkeit auf S. 591: *Si omnes consentiunt, ego non dissentio* mit einem fast unsichtbaren Beistrich zwischen den zwei letzten Worten war nur mit der Feder auf dem Papier möglich; als Redner hätte der hinterhältige Feigling Farbe bekennen müssen.

○ ○ ○

Alle Gesetze des guten Stiles fließen aus dem Zweck; dieser ist für den Redner derselbe wie für den Schreiber: andern Menschen seine Gedanken zu übermitteln. In fast allen Fällen will der Redner den Hörern auch seine Überzeugung aufzwingen. Eine schöne Rede mit keinem andern Zweck als dem, schön zu sein, ist ein eben solches Unding wie der bloß schöne Satz oder die bloß schöne Abhandlung. Es gibt allerdings sogenannte Schönredner; dem urteilsfähigen Hörer heißen sie Schönschwätzer.

Andre Menschen durch eine Menschenrede zu gewinnen – welch eine herrliche Aufgabe, welch ein Sieg der Menschenseele! Sehr engherzig urteilte Kant: ›Die Kunst, zu überreden, das heißt durch den schönen Schein zu hintergehen.‹ Er zog die Dichtkunst vor, ›bei der alles ehrlich und aufrichtig zugeht‹. Nun, eine wahrhaft gute Rede ist auch nur die, bei der alles ehrlich und aufrichtig zugeht. Wo es anders zugeht und doch die Überredung glückt, da hat der Unverstand der Hörer reichlich so viel Schuld wie die Unehrlichkeit des Redners. In unsern Zeiten des Redens vom Morgen bis zum Abend, ja tief in die Nacht hinein, ist der unehrliche Redner viel weniger gefährlich als in den längst verflossenen Zeiten des redenlosen öffentlichen Lebens: es wird immer schwieriger, durch Reden tief und nachhaltig zu wirken; die Hörer haben gar zu viele Reden gehört und kennen alle ehrliche und unehrliche Rednermittel zu gut, um sich allzu leicht überreden zu lassen. Den rednerischen Volksverführern aller Parteien wird die Wirkung immer schwerer gemacht. Die Vollen und Ganzen, die Unentwegten und Festverankerten, die irgendeine Fahne im steifen Arm hochhalten, sind aus der Mode und werden so bald nicht wieder hineinkommen.

Die rednerische Feierlichkeit (auf Welsch: das *oratorische Pathos*) stirbt aus; nur im Munde eines an sich bedeutenden Redners ist sie noch anhörbar, bei den andern wirkt sie lächerlich. Sie ist im Laufe des letzten Menschenalters zu oft mißbraucht worden. Ich habe feierlich beschwörende Reden gehört für und wider einen Zoll auf Kreide, Heringe, Quebrachorinde, für und wider amtlich beglaubigte Zuchtstiere. Man ist mit der Zeit dahintergekommen, wie unecht meist die rednerische Begeisterung ist, wie leicht der ›Brustton der Überzeugung‹ erkünstelt werden kann. *Si vis me flere, dolendum primum ipsi tibi* (Willst du mich weinen machen, mußt du selbst Schmerz empfinden): diese uralte Forderung stellen die Zuhörer von heute an die hochtönende Rednerei. Man kann diesen Fortschritt zu größerer Wahrhaftigkeit im öffentlichen Leben nur mit Freude feststellen. Hohler Rednerschwulst findet im Deutschen Volke keinen dauernden Schallboden, und das ist gut. Die Menschen- und die Engelzungen allein tun es nicht, die Liebe tut es.

Der gute Schreiber darf nichts Überflüssiges sagen, es gibt für ihn keine Flickwörter. Der beste Redner kommt nicht aus ohne Wortmacherei wie: Ich möchte sodann noch darauf hinweisen; Ich möchte ganz besonders darauf aufmerksam machen; Endlich, meine Herren, muß ich noch eins hervorheben, – lauter eindruckslose Wendungen, die keines Hörers Aufmerksamkeit steigern. Dann das Einleiten jedes neuen Gedankens mit nichtssagenden Weitschweifigkeiten: Ich glaube, Ich meine, Ich möchte der Meinung Ausdruck geben; ›Ich muß es offen aussprechen: ich stehe auf dem Standpunkt, daß ich glaube, wir dürfen die Kosten für diesen Schuppen nun und nimmer bewilligen.‹ Die einzige Entschuldigung für solchen Wortdunst ist die, daß der Redner dadurch Zeit gewinnt, einen Augenblick über das Folgende nachzudenken.

In einer Eigenschaft übertrifft der Stil der Redner den der Schreiber: die gesprochenen Sätze werden durchschnittlich weniger verschachtelt, sind kürzer und verständlicher. Ein Berufsredner lernt schnell, wie gefährlich es ist, sich auf die schöne Periode einzulassen, wie leicht er darin stecken bleibt oder sich durch einen gewaltsamen Satzbruch retten muß. Der rednerische Satzbau bevorzugt unwillkürlich die Nebenordnung; von selbst drängt sich das Zeitwort voran; das schmückende Beiwort wird selten, die Wortstellung wirksamer. Mit Ausnahme der unverbesserlichen Papierredner nähern sich die meisten öffentlichen Sprecher nach kurzer Erfahrung mehr und mehr dem Gesprächston. Rednerische Unnatur ist weit seltner als schriftstellerische; Ziererei, außer in wörtlich abgelesenen Reden, so gut wie unmöglich.

○ ○ ○

Rednerstil

Wer durchaus nicht vor einer Menschenmenge reden kann, der erzwinge es nicht durch Ablesen oder Auswendiglernen. ›Eine Rede darf nicht geschrieben und auswendig gelernt sein, geschweige denn abgelesen werden, – eine Rede ist keine Schreibe‹ (Vischer). Da Moses sich als schlechten Redner kannte, so weigerte er selbst Gott, der ihn zum Reden aufforderte, den Gehorsam, also daß der beredtere Aaron zum ›Munde Mosis‹ bestellt werden mußte. Etwas Einschläferenderes als abgeleierte fertige Reden gibt es nicht. Gewöhnlich sind diese in der reinsten Papiersprache abgefaßt, so z. B. die bis zur Unerträglichkeit gekünstelten Schleiermachers, selbst die beim Ausbruch des Befreiungskrieges gehaltene mit Sätzen von mehr als 20 Zeilen. Von Isokrates wird berichtet, er habe an seiner Hauptrede, dem Panegyrikus, zehn Jahre gearbeitet, – schrecklicher Gedanke. Die Vorträge im Rundfunk sind sämtlich Papier, da nicht frei gesprochen werden darf. Warum denn nicht?

Aus eigner und fremder Erfahrung mag hier ein Rat an solche Redner stehen, die unter dem Gefühl der Angst vor einem Gesichtermeer leiden. Er durchdringe sich mit dem Gefühl: Ich spreche ja nur zu Menschen, wie ich einer bin; suche sich ein freundlich aufmerksames, kluges Gesicht in den vordersten Reihen und richte die Rede an diesen einen Menschen! Allerdings ist das Entdecken eines solchen Gesichtes Glücksache.

Daß eine frei gesprochene Rede fast niemals ohne Verbesserungen der Kurzschreiber und des Redners gedruckt wird, gedruckt werden kann, ist begreiflich. Noch ist die sprachliche und stilische Vorbildung in Deutschland viel zu dürftig, um selbst einen hochbegabten Mann zu einer unverändert druckfertigen unvorbereiteten Rede zu befähigen. Der Einzige, von dem ich dies aus eigner Erinnerung bezeugen kann, war Eduard Simson, der einzige Schönredner, der zugleich ein sachlich guter Redner und ein formvollendeter war. Moltke und Bennigsen standen ihm an Sprachsauberkeit und Formenadel am nächsten. Einen Vierten habe ich in Deutschland nicht kennengelernt. Sie sind übrigens auch in andern Ländern nicht so häufig wie die guten Durchschnittsredner, deren es in allen romanischen Ländern, in England, aber selbst im heutigen Griechenland weit mehr gibt als bei uns.

Immer seltner wird in Deutschland der Kurzredner: in dem

Maße, wie der Gehalt der Reden abnimmt, wächst ihre Länge. Selten sind schon die Reden, die ihre Hauptgedanken nur zweimal entwickeln; die Meisten schließen: Ich fasse das Gesagte noch einmal kurz zusammen, und tragen es zum dritten Male vor, meist nicht viel kürzer als das erste und zweite Mal. Welchem Redner dieser Art ist je der Gedanke gekommen: wenn ich vor einer Versammlung von nur hundert Menschen fünf Minuten unnötig lange spreche, so raube ich ihnen zusammen acht Lebensstunden? Und wie viele Versammlungen gibt es, aus denen sich die also Beraubten ohne Unhöflichkeit vor dem Ende entfernen können?

Dem Redner wird das Schließen schwerer als dem Schreiber. Trotz mehrmaligem trostreichem ›schließlich‹, trotz verheißungsvollem ›Ich komme zum Schluß‹ fließt der Schwall der Rede mit ungebrochener Flut. Es gibt Redner, bei denen man nicht begreift, daß und warum sie überhaupt schließen. Und doch ist kein Redner so beliebt wie der kurze mit geringer oder gar keiner Rednergabe, keiner so unbeliebt wie der begabte, aber immer zu lange. Der seltne große Redner läßt den Hörer die Zeit vergessen, wie der große Schriftsteller den Leser. Bismarck hat mehr als einmal jedes Mitglied im versammelten Reichstag über zwei Stunden an den Platz gefesselt; einer durchweg langweiligen Rede Bismarcks erinnere ich mich überhaupt nicht.

○ ○ ○

Die Weltliteratur hat uns manche berühmte Rede überliefert; doch wie veränderlich ist der Geschmack gegenüber dieser Prosagattung! Aus dem Altertum haben wir streng genommen nicht eine einzige Rede, die uns vollendet erscheint: selbst die schönsten, die von Demosthenes, kranken für unser Gefühl an der übergroßen Länge. An den selbstverfertigten, in sein Geschichtswerk eingefügten Reden des Thukydides hat schon Cicero die durch allzu große Verdichtung, *compressione rerum*, erzielte dunkle Kürze vermerkt; sie sind schöne Stilübungen, keine Reden zum Gehaltenwerden. Cicero selbst ist für unser Empfinden zu wortreich, zu schönrednerisch, zu sehr auf Figurenschmuck bedacht.

Von den berühmten Reden während der Französischen Revolution haben wir nicht eine in ihrem ursprünglichen Wortlaut; sie wurden sämtlich nach der sorgfältig durchgefeilten Handschrift der Redner im ›Moniteur‹ gedruckt. Nur die kurzen Zwischenreden wurden nach mangelhaften kurzschriftlichen Aufzeichnungen, meist nicht ohne Verbesserungen der Redner, veröffentlicht. Ähnlich steht es mit den Reden der berühmtesten englischen Unterhausführer, Pitt, Fox, Burke. Vorher ausgearbeitete und verlesene Reden können nicht zum Vergleich dienen, denn vorher ausarbeitende, schön vorlesende Redner haben wir auch in Deutschland zu allen Zeiten gehabt. Nur vorher durchdacht, nicht vorgelesen wurde Wilhelms 1. schöner Trinkspruch in Versailles am Neujahrstage 1871: *Ich erhebe mein Glas, um das neue Jahr zu begrüßen. Auf das vergangene blicken wir mit Dank, auf das beginnende mit Hoffnungen. Der Dank gebührt dem Heer, das von Sieg zu Sieg gezogen; mein Dank aber den anwesenden Deutschen Fürsten, die teils Führer in diesem Heere gewesen sind, teils sich ihm angeschlossen hatten. Die Hoffnungen richten sich auf die Krönung des Werkes, einen ehrenvollen Frieden!* – Gleichfalls nur durchdacht, aber frei gesprochen, war Bismarcks Rede vom 9. März 1888 im Reichstag auf den hingeschiedenen ersten Kaiser.

SECHSTER ABSCHNITT
Briefstil

Schreibe, wie du redest, so schreibst du schön.
　　　　　　　　　　LESSING AN SEINE SCHWESTER

Schreibe, wie du reden würdest, und so wirst du einen guten Brief schreiben.
　　　　　　　　　　GOETHE AN SEINE SCHWESTER

So schrieben der Knabe Lessing und der Jüngling Goethe; Lessing der Mann dachte nicht anders, drückte es nur etwas umständlicher aus: ›Den besten Briefsteller zu machen, wird nichts erfordert, als zu beweisen, dass man keinen Briefsteller braucht, und die ganze Kunst, schöne Briefe zu schreiben, ist die, dass man sie ohne Kunst schreiben lernt.‹ Also auch hier der Grundzug in Lessings Kunstanschauung von der Einheit zwischen Kunst und Natur. Der beste Briefstil folgt aus dem Zweck des Briefes: er soll das Gespräch ersetzen; Goethe der Purist verdeutschte Korrespondenz durch Briefgespräch. Menschen, die kein rechtes Gespräch führen können, sind schlechte Briefschreiber. Es gibt solche, nämlich die im Gespräch nur an sich, nicht an den Zuhörer denken. Ein guter Brief darf nicht zum Selbstgespräch werden; er ist die Unterhaltung mit einem Abwesenden, der notgedrungen den Mund zu halten hat, dessen geistige Gegenwart sich aber dem Briefschreiber immerfort aufzwingt. Die schönsten Abhandlungen in Briefform sind Abhandlungen, nicht Briefe. Indessen es kommt auf die Briefschreiber an. Goethes und Schillers Briefe an einander schwellen vielfach zu Abhandlungen an, bleiben aber in den Formgrenzen des Briefes: nichts hindert uns, Goethe und Schiller fast genau so miteinander sprechen zu hören. Goethes Gespräche mit Eckermann sind, abgesehen von ihren durchschnittlich etwas kürzeren Sätzen, nicht sehr verschieden von seinen Briefen an Schiller.

Der Brief ist die leichteste Form der Prosa: man schreibt nur für einen Leser, den man kennt; trotzdem gibt es nicht viel mehr gute Briefschreiber als Schreiber für den Druck. Aus dem gleichen Grunde, der so viele nicht schlecht veranlagte Druckschreiber verderbt: sie können sich nicht dazu zwingen, ihren eignen, natürlichen Stil zu schreiben, sondern halten sich für verpflichtet, irgendwelchen Kunststil zu erzeugen, und daraus wird Künstelei. Je näher der Natur ein Mensch geblieben, je weniger verbildet er ist, desto bessere Briefe schreibt er: daher die Frauen durchschnittlich viel bessere als die Männer. Unter den Männern sind gute Briefschreiber meist solche, die nicht ganz zu Stubenmenschen geworden. Schlecht schreiben sie, sobald sie vergessen, was sie eigentlich sind, und etwas andres sein, den Stil eines Andern schreiben möchten.

○ ○ ○

Aus dem Aberglauben, daß man alles, auch die Briefe, so schreiben müsse, wie man **nicht** spricht, sind die Briefsteller entstanden, die sicheren Verderber jeder Anlage zum Briefstil. Bis zu der Verfälschung unsers Geisteslebens durch die lateinernde Humanisterei wurde in Deutschland ein höchst natürlicher Briefstil geschrieben; mit dem lateinischen und dem ihm nachgestammelten Deutschen Kunstbrief hielt sogleich der Briefsteller seinen Einzug. Schon 1493 wurde ein Buch gedruckt: ›Brief-Formulari des hochdeutschen Stylums‹; sein Inhalt ist so schön wie sein Titel. Die zwei Gattungen des Deutschen Briefstils gingen seitdem nebeneinander her: die natürlichen Menschen schrieben die natürlichen, die lateinisch verbildeten die unnatürlichen Briefe. Luther, über den der Humanismus nie beherrschende Gewalt geübt, schrieb alle seine Deutschen Briefe im geläuterten Gesprächstil, der ihnen bis heute den Odem des Lebens verleiht:

Briefstil

Lies Du, liebe Käthe, den Johannes und den kleinen Katechismus, davon Du sagtest: ›Es ist doch alles in dem Buch von mir gesagt.‹ Denn Du willst sorgen für Deinen Gott, gerade als wäre er nicht allmächtig, der da könnte zehn Doktor Martinus schaffen wo der einige alte ersöffe in der Saale oder im Ofenloch oder auf Wolfs Vogelherd. Laß mich in Frieden mit Deiner Sorge, ich habe einen besseren Sorger, denn Du und alle Engel sind. Der liegt in der Krippe und hängt an einer Jungfrau Zitzen, aber sitzt gleichwohl zur rechten Hand Gottes, des allmächtigen Vaters. Darum sei in Frieden. Amen.

○ ○ ○

Man muß es geradezu als ein Glück ansehen, daß im 17. Jahrhundert der französische Briefstil den unnatürlich lateinernden austrieb, ein jedenfalls liebenswürdigerer Beelzebub den widerwärtigsten Schreibteufel. Deutsch wurden dadurch die von Deutschen geschriebenen Briefe noch nicht, aber ein Hauch des Lebens begann sie zu durchwehen. Und als die Deutsche Schreiberwelt sich darauf besann, daß sie weder aus Lateinern noch Franzosen, sondern aus Deutschen bestand; als selbst ein steifleinener Großdünkler wie Gottsched das geschriebene Deutschtum entdeckte; vollends als Klopstock und Lessing der Deutschen Sprache Glut und Schwung und Schneid wiedergegeben hatten, da wurde auch der Brief, was er sein soll: ein die trennende Ferne überwindendes Neigen von Herzen zu Herzen.

Leben in geschriebenen Worten ist der Brief; so sehr wie nur möglich Leben soll er sein. Aus Ferne soll er Nähe schaffen, Abwesenheit zur Gegenwart. So schreibt denn Bismarck im Felde aus Herny am 14. August 1870 an seine Frau in Varzin auf 150 Meilen Entfernung: *Einige Stunden östlich von Metz findest Du vielleicht auf der Karte das Dorf, wo wir heute sind, aber nicht die vielen Fliegen, die mich zwingen, kopfschüttelnd zu schreiben.* Was haben die Fliegen in einem schöngestilten Brief zu tun? Aber gerade die lästigen Fliegen lassen die Leserin ihren geliebten Gatten deutlicher sehen, als die gefühlvollsten Liebesbeteurungen es vermöchten. Merkwürdig ähnlich den Bismarckschen sind Blüchers Briefe aus dem Felde an seine Frau. Der alte Goethe sagte seine Briefe ein, um sie lebendiger zu machen: ›Während ich diktiere, denke ich mir die Person, an die ich schreibe, als gegenwärtig, überlasse mich naiver Weise dem Eindruck des Moments und meinem Gefühl.‹ Aber schon der sehr junge Goethe hatte, genau wie Bismarck, in seinen Studentenbriefen aus Leipzig die Gegenwart leibhaftig sehen gemacht:

> Riese, guten Abend! Gestern hatte ich mich kaum hingesetzt, um euch eine Stunde zu widmen, als schnell ein Brief von Horn kam und mich von meinem angefangenen Blatte hinwegriß. Heute werde ich auch nicht länger bei euch bleiben. Ich geh' in die Komödie. Wir haben sie recht schön hier. Aber dennoch! Ich bin unschlüssig! Soll ich bei euch bleiben? Soll ich in die Komödie gehen? – Ich weiß nicht! Geschwind! Ich will würfeln. Ja, ich habe keine Würfel! – Ich gehe! Lebt wohl! – Doch halte! Ich will da bleiben. Morgen kann ich wieder nicht, da muß ich ins Kolleg, und Besuche und abends zu Gaste. Da will ich also jetzt schreiben.

Von derselben zappelnden Gegenwärtigkeit sind fast alle Briefe Goethes bis Weimar und noch ein paar Jahre aus Weimar; später läßt dies nach, und man spürt aus ihnen die Ferne und die Macht der Kanzlei. Die lebendigsten, die er je geschrieben, sind die an Riese und Behrisch in den Leipziger Jünglingsjahren.

○ ○ ○

Die unübertrefflichen Meisterinnen aber des Briefstils sind die Frauen; sie waren es zu alten Zeiten und sind es noch heute im Zeitalter der Postkarte, der Drahtung und des Fernsprechers. Nach Deutscher Art bewundern wir in der Frau von Sévigné eine große Meisterin des Briefes und lassen unsre eigne große Briefkünstlerin Frau Elisabeth Goethe nur so mitgehen. Ich stelle die unsrige der französischen mindestens gleich und bewundre die beiden Schreiberinnen mit hoher Freude. Näher steht uns aber Goethes Mutter, und was sie schreibt, ist für uns inhaltlich wertvoller als die reizenden Plaudereien der Französin über den Hof Ludwigs 14.

Il faut un peu entre bons amis laisser trotter les plumes comme elles veulent; la mienne a toujours la bride sur le cou (Zwischen guten Freunden muß man die Federn ein wenig laufen lassen, wie sie wollen; meine hat stets den Zügel lose überm Hals). So entschleiert Frau von Sévigné ihr Geheimnis; sie meint dasselbe wie Frau

Briefstil

Rat: ›Frau Aja! Frau Aja! Wenn Du einmal in Zug kommst, sei's Schwatzen oder Schreiben, so geht's wie ein aufgezogener Bratenwender.‹ Und beide tun noch besser, als sie meinen: sie lassen ihre Federn nicht laufen, wie sie wollen, sondern so wie die Zunge im Zügel der zarten Seelenbildung und der feinen Sitte sprechen würde. Daß ich's doch einmal mit aller Entschiedenheit ausspreche, ob man mir beistimme oder nicht: ich kenne der Form nach keine schönere Deutsche Prosa als die besten Briefe von Goethes Mutter und wünsche herzlich, man möchte sie in den Oberklassen unsrer Mädchenschulen als klassisches Vorbild des Briefstils, nein alles Stils, benutzen. Nicht so, daß man nun jeden Gegenstand im Ton und Stil der Frau Rat behandeln solle; wohl aber um von ihr zu lernen, bis zu wie hoher Kunst sich unverfälschtes Leben steigern läßt. Frau Rat hat nicht genau so gesprochen wie geschrieben, oder umgekehrt; aber sie hätte so sprechen können, und sie hat gewiß nicht wesentlich anders gesprochen. Sie hat künstlerisch gesteigerte Redesprache geschrieben: die Abwesenheit des Brieflesers hat sie dazu gezwungen, ihre Rede von all den kleinen Unebenheiten zu säubern, die gerade durch das leibliche Gegenüber zweier miteinander sprechender Menschen entstehen. Die ergänzenden Blicke, Betonungen, Gebärden sind im Brief nicht möglich; diesen Mangel ergänzt die unbewußte Stilkunst des Briefschreibers, und das Ergebnis ist die höchste Kunstnatur oder Naturkunst. Man übertrage dies sinngemäß auf das Verhältnis zwischen dem Druckschreiber und seinen Lesern, so kommt man wiederum zum Redestil als dem Hochziel alles Schreibens.

Nicht alle Leser haben im Augenblick die Briefe der Frau Rat zur Hand; indessen auch den Besitzern werden diese paar bequemen Proben nicht unwillkommen sein:

An die Herzogin Anna Amalia, 1782 – Durchlauchtigste Fürstin! Was dem müden Wanderer ein Ruheplätzchen, dem Durstigen eine klare Quelle und alles, was sich nun noch dahin zählen läßt; was die armen Sterblichen stärkt und erlabt, war das gnädige Andenken unserer besten Fürstin! Du bist also noch nicht in Vergessenheit geraten – die teuerste Fürstin denkt noch an Dich – fragt nach Deinem Befinden. – Tausendfacher Dank sei Ihro Durchlaucht davor dargebracht! Ihro Durchlaucht haben die Gnade, zu fragen, was ich mache? O beim

Jupiter, so wenig als möglich! und das Wenige noch obendrein von Herzen schlecht. – Wie ist's aber auch anders möglich! Einsam, ganz allein mir selbst überlassen – wenn die Quellen abgeleitet oder verstopft sind, wird der tiefste Brunnen leer – ich grabe zwar als nach frischen, aber entweder geben sie gar kein Wasser, oder sind gar trübe, und beides ist dann freilich sehr schlimm.

Frankfurt den 17. November 1786. – Lieber Sohn! Eine Erscheinung aus der Unterwelt hätte mich nicht mehr in Verwunderung setzen können als Dein Brief aus Rom. Jubellieren hätte ich vor Freude mögen, daß der Wunsch, der von frühester Jugend an in Deiner Seele lag, nun in Erfüllung gegangen ist. Einen Menschen, wie Du bist, mit Deinen Kenntnissen, mit dem reinen großen Blick vor alles, was gut, groß und schön ist, der so ein Adlerauge hat, muß so eine Reise auf sein ganzes übriges Leben vergnügt und glücklich machen. – Und nicht allein Dich, sondern alle, die das Glück haben, in Deinem Wirkungskreise zu leben. Ewig werden mir die Worte der seligen Klettenbergern im Gedächtnis bleiben: ›Wenn Dein Wolfgang nach Mainz reiset, bringet er mehr Kenntnisse mit, als andere, die von Paris und London zurückkommen.‹ – Aber sehen hätte ich Dich mögen beim ersten Anblick der Peterskirche!!! Doch Du versprichst ja, mich in der Rückreise zu besuchen, da mußt Du mir alles haarklein erzählen.

Die andre berühmte Deutsche Briefschreiberin, die Pfälzerin Liselotte, das heißt die Herzogin Elisabeth Charlotte von Orleans (1652–1722), steht an geistiger Feinbildung tiefer als Frau Rat. In ihren Briefen befremdet mehr als einmal ein hoher Grad von Roheit, selbst wenn man Zeiten und Menschen bedenkt. Ihr Stil aber ist der des durchaus natürlichen Briefes, der Ausdruck des Augenblicks. Sie hat es bald heraus: ›Auf Französisch schreiben ist nicht gar schwer, man schreibt ja nur wie man spricht, ganz natürlich.‹ Ihre gesunde Eigenart im Bunde mit der Schulung durchs Französische hat sie gelehrt, ihre Deutschen Briefe ebenso gut zu schreiben, nämlich wie man spricht: *Ihr wißt wohl, daß ich ganz natürlich bin. Wären mir Eure Briefe nicht angenehm, so würde ich ja nicht sagen, daß sie mirs seien, würde auch nicht exakt darauf antworten, wie ich tue.* Als Inhaltsprobe noch diese Stelle über die ihr gräßliche Maintenon, worin sie aus ihrem Herzen keine Mördergrube macht: *Mein Parthy ist gefaßt; ich will hinfüro, wo mirs möglich ist, die Zeit nehmen, wie sie kommt, und mir vor meine Gesundheit sorgen, denn ob ich schon nicht jung mehr bin, so ist doch die alte Zott älter als ich, hoffe also, daß ich noch vor meinem End den Spaß haben werd, den alten Teufel bersten zu sehen.* Nicht sehr christlich, stilisch aber untadelig, besonders im Satzbau.

Eva König, Lotte Schiller, Christiane Goethe waren nicht gerade bedeutende, aber sehr natürliche Briefschreiberinnen; die natürlichste, im Satzbau vortreffliche: Christiane. Auffallend ungelenk in Ausdruck und Satzfügung sind fast alle Briefe der Frau von Stein: sie dachte sie meist in schlechtem Französisch und übersetzte ungeschickt. Die romantischen Frauen waren sämtlich gute, einige sogar ausgezeichnete Briefschreiberinnen. Karoline Michaelis-Böhmer-Schlegel-Schelling schrieb besser als Wilhelm Schlegel: es gibt Stellen in ihren Briefen, die in die Kunstprosa hineinragen. Große Prosa ist z.B. diese Stelle eines Briefes an Schlegel über das Verhältnis von Kunst und Kritik: *O mein Freund, wiederhole es dir unaufhörlich, wie kurz das Leben ist, und daß nichts so wahrhaftig existiert als ein Kunstwerk. Kritik geht unter, leibliche Geschlechter erlöschen, Systeme wechseln; aber wenn die Welt einmal aufbrennt wie ein Papierschnitzel, werden die Kunstwerke die letzten lebendigen Kunden sein, die in das Haus Gottes gehen, – dann erst kommt Finsternis.*

In den geistreichen und natürlichen Briefen der Rahel Levin-Varnhagen stört die fortwährende Durchflitterung mit den damals üblichen französischen und berlinfranzösischen Brocken: was einst zierliche Mode war, klingt jetzt häufig albern. Selbstverständlich mangelt es nicht an lächerlichen Fehlern im Französischen, aber französelt mußte werden.

○ ○ ○

Man beklagt oft den Mangel unsrer Prosa an dauernd wertvollen Denkwürdigkeiten; er wird wettgemacht durch die nicht geringe Zahl von Briefwechseln ersten Ranges. Sie stehen an persönlichem Reiz und inhaltlichem Vollwert hinter keinen eines andern Volkes zurück. Sie alle oder nur die wichtigsten aufzuzählen ist hier unnötig; ich darf auf das Verzeichnis am Schlusse meiner ›Deutschen Literaturgeschichte‹ verweisen und mich auf einiges weniger Bekannte beschränken.

Vortreffliche Briefschreiber waren fast alle unsre großen Tonmeister, ein prächtiger z. B. Vater Haydn. Was für ein edler Satzbau in dieser Stelle von 1787 über Mozart: *Könnt ich jedem Musikfreunde, besonders aber den Großen, die unnachahmlichen Arbeiten Mozarts so tief und mit einem solchen musikalischen Verstande, mit einer so großen Empfindung in die Seele prägen, als ich sie begreife und empfinde, so würden die Nationen wetteifern, ein solches Kleinod in ihren Ringmauern zu besitzen.*

Mozart, Weber, Beethoven als Briefschreiber wurden schon erwähnt. Einer der liebenswürdigsten war Felix Mendelssohn; man lese z. B. seine köstliche Beschreibung eines Orchesters in der Peterskirche zu Rom (Brief an Bärmann vom 14. Februar 1831). – Aus den andern Künsten seien genannt: Dürer, dessen Briefe uns über die Jahrhunderte hinweg durch ihre schlichte Wahrheit, Tiefe und Anmut rühren; und Anselm Feuerbach mit seiner Sprache, seinem oft tief ergreifenden Stil.

Von den besten unsrer Dichter braucht hier kaum noch gesprochen zu werden. Vielleicht nur erwähnt, dass Goethe Schillern für den bessern Briefschreiber von ihnen beiden erklärte, welcher Ansicht die meisten Leser beistimmen werden. Auf den berühmten Briefwechsel zwischen Schiller und dem Herzog von Schleswig-Holstein-Augustenburg sei nachdrücklich hingewiesen: er gehört zu den Kleinoden unsrer Briefprosa, zugleich zu denen unsrer Bildungsgeschichte. – Freiligraths Briefe sind jetzt bequem zugänglich (Ausgabe von Hesse und Becker in Leipzig); man wird seine Freude an Inhalt und Form haben, z. B. an dem köstlichen Brief aus Amsterdam an die Geschwister vom 31. März 1835.

Mörike, Keller, Storm, C. F. Meyer, Heyse sind als Klassiker des Briefes bekannt; besonders hingewiesen sei auf Kellers wundervollen Heiratsantrag an Johanna Kapp (in E. Engels ›Deutscher Meisterprosa‹). Die jüngst erschienenen Briefe Fontanes sind ganz und gar so, wie der liebe Mensch gewesen; in ihnen stört uns das zu viele und viel zu falsche Französisch nicht so arg wie in seinen Romanen.

Auf Blücher zurückzukommen: wer diesen Schreiber nur aus Erlassen, die er nicht selbst verfaßt hat, oder aus flüchtigen Zetteln kennt, der weiß nicht viel von ihm. Blücher der Briefschreiber ist von der allerbesten Art, der ganz natürlichen, urlebendigen, der Bismärckischen.

Für den schönsten aller Briefe aus der Zeit der Freiheitskriege halte ich Theodor Körners an seinen Vater vom 10. März 1813 und bedaure, nur diese Stelle hersetzen zu können:

> Ja, liebster Vater, ich will Soldat werden, will das hier (in Wien) gewonnene glückliche sorgenfreie Leben mit Freuden hinwerfen, um, sei's auch mit meinem Blute, mir ein Vaterland zu erkämpfen ... Zum Opfertode für die Freiheit und für die Ehre seiner Nation ist keiner zu gut, wohl aber sind viele zu schlecht dazu. ... Soll ich in feiger Begeisterung meinen siegenden Brüdern meinen Jubel nachleiern? Soll ich Komödien schreiben auf dem Spottheater, wenn ich den Mut und die Kraft mir zutraue, auf dem Theater des Ernstes mitzusprechen?

Die großen Briefschreiber Moltke und Bismarck sind dem Leser bekannt oder müssen es durchaus werden; sie hier näher zu betrachten, ist nicht vonnöten. Sie mögen nur als klassische Ratgeber für Inhalt und Form des guten Briefes heraufbeschworen sein. Moltke rät seiner Frau: ›Lies doch immer den Brief, den du beantwortest, noch einmal durch. Es sind nicht bloß Fragen, die beantwortet sein wollen, sondern es ist gut, alle Gegenstände zu berühren, welche darin enthalten sind. Sonst wird der Briefwechsel immer magerer, die gegenseitigen Beziehungen schwinden, und man kommt bald dahin, sich nur Wichtiges mitteilen zu wollen. Nun besteht aber das Leben überhaupt nur aus wenig und selten Wichtigem.‹ Merkwürdig ähnlich Bismarck an seine Schwester: ›Wenn man in einem wohlerhaltenen und für beide Teile stets behaglichen Briefwechsel bleiben will, so darf man sich nicht auf den Fuß setzen, jedesmal eine Art von geistigem Sonntagsrock zum Briefschreiben anzuziehen. Ich meine, daß man sich nicht geniert, einander gewöhnliche, unbedeutende Sachen, alltägliche Briefe zu schreiben.‹ – Nicht unerwähnt darf neben Moltke und Bismarck der größte Briefschreiber der Franzosen bleiben: Napoleon, wenn man dessen Briefe noch hierher, nicht vielmehr zum Schrifttum der geschichtlichen Urkunden weisen will. An eherner Sachlichkeit und kristallener Klarheit, zugleich an äußerster Wortkargheit, haben sie kaum ihresgleichen. Die formstrengen Franzosen haben dem Korsen eine Menge grober Sprachfehler nachgewiesen; seinem Briefstil zollen sie unbegrenztes Lob.

○ ○ ○

Hinzugefügt seien nur noch einige Bemerkungen, nicht um ganz ungeschickte Briefschreiber geschickt zu machen, was durch keine Lehre möglich ist, sondern um leidlich geschickte vor einigen Verstößen zu bewahren, die ihnen bei den Empfängern schaden. Nicht wahr, wir leben ›im Zeichen des Verkehrs‹, und der einzelne Schreiber darf nicht annehmen, daß er der Einzige sei, der den Empfänger mit einem Briefe beglückt. Er sei also bemüht, dem Leser, zumal dem geneigt zustimmenden, nicht eine Minute, nicht eine halbe mehr Zeit zu rauben, als durchaus notwendig ist. Ich habe Briefe von Unbekannten bekommen, die mich um einen Dienst ersuchten, mich aber erst auf der dritten Seite mit ihrem Gegenstande bekannt machten. Der Zufall, die Laune entscheidet, ob ich überhaupt so weit lese, wenn ich zwei Seiten nutzlosen wässrigen Geredes durchwaten muß. Würden die Briefschreiber im mündlichen Verkehr ebenso verfahren? Ich rufe alle solche Briefschreiber ›zur Sache!‹, es geschieht zu ihrem Besten.

Und dann: wer einen Menschen besucht, zieht ein Besuchskleid an, meist das beste. Wer einen Brief schreibt, soll sich einer leserlichen Schrift befleißigen. Auch dies gehört zur Kunst des Stiles, des Schreibgriffels. Desgleichen die Art der Briefformeln: über die Hochachtung oder meinetwegen die vorzügliche Hochachtung hinaus braucht man niemals zu gehen, es sei denn, daß man an Empfänger schreibt, die dem Herkommen nach ein Recht auf besondere Ehrerbietung haben. – Bei der Maschinenschrift halte man auf gesättigte Farbbänder.

Man beklagt das Verschwinden des schöngeschriebenen Briefes, schiebt die Schuld auf die Erfindung der Postkarte, des Kartenbriefes und ähnlicher Bequemlichkeiten. Mit Unrecht; wir sind nur sachlicher geworden als die breitspurigen Briefschreiber des 18. Jahrhunderts, und die Entfernungen haben sich durch die besseren Verkehrsmittel vermindert. Wer den Freund in wenigen

Stunden sehen kann, gewöhnt sich die langen Briefe ab, und das ist kein Schaden. Kunstlos, stillos braucht aber der kurze Brief darum nicht zu werden; selbst eine Postkarte kann ein kleines Meisterstück der Prosa sein, ein vollkommneres als ein langer Brief mit überflüssigem Geschwätz, das man niemals im Gespräch wagen würde.

Angeschlossen sei eine Bemerkung über den **kaufmännischen Briefstil**. Einen einheitlichen Berufstil, guten oder schlechten, gibt es auf diesem ungeheuren Gebiete nicht: der gebildete Kaufmann, gleichviel wie groß oder klein sein Geschäftsbetrieb, schreibt den Briefstil gebildeter Menschen; der mittelgebildete oder verbildete den nur zu bekannten lächerlichen, ja widerwärtigen mit alfanzigen Wendungen wie: *Ich bekenne mich zu Ihrem Geehrten vom ... und beehre ich mich, Ihnen auf dasselbe ganz ergebenst zu erwidern ... – Ich schätze Sie im Besitz meines ergebensten Gestrigen ... In der Falte übermache ich Ihnen ... Im Verlauf meines Jüngsten ... Die Waren sind (wir) erst in 8 Tagen gewärtigend.* – Die Einsicht in die Albernheit solches und ähnlichen Geschreibsels ist seit mehr als einem Jahrzehnt im Kaufmannstande selbst durchgedrungen, und bis tief in die untern Schichten dieser Schreiberwelt rührt sich jetzt das Streben nach unverschnörkeltem, klarem und gefälligem Stil. Mit besonderer Freude muß es begrüßt werden, daß der höhere Kaufmannstand sich von der Fremdwörterseuche mehr und mehr reinigt und schon jetzt den meisten wissenschaftlichen Schreibern zum Vorbilde dienen kann.

Irgendwer hat irgendwo in einem Briefsteller eine Regel verkündet, die jetzt noch millionenfach befolgt wird: in einem kaufmännischen Briefe darf man sich nicht des Wortes ›ich‹ bedienen, geschweige denn einen Brief mit ›ich‹ beginnen. Daß dies Unsinn ist, braucht kaum gesagt zu werden. Wer es noch nicht wissen sollte, dem sei gesagt, daß die Engländer sich nicht im mindesten scheuen, ›Ich‹ zu schreiben, und daß sie es stets, auch mitten im Satz, mit großem I schreiben.

SIEBENTER ABSCHNITT
Deutsche Prosameister

Ich möchte doch noch lieber einen großen Mann in seinem Schlafrocke und seiner Nachtmütze, als einen Stümper in seinem Feierkleide sehen.
LESSING

Wir sind überzeugt, daß kein Deutscher Autor sich selbst für klassisch hält ... Wer mit den Worten, deren er sich im Sprechen oder Schreiben bedient, bestimmte Begriffe zu verbinden für eine unerläßliche Pflicht hält, wird die Ausdrücke klassischer Autor, klassisches Werk höchst selten gebrauchen.
GOETHE, 1795

Kein Dichter kann klassisch genannt werden, der die Form vernachlässigt, und stände er noch so hoch an Talent.
VISCHER

Es gibt viele schöne Erklärungen dessen, was **klassische Prosa** ist, kurze und langatmige, klare und weniger klare; eine, die sich so durchgesetzt hätte, daß jeder sie kennt, haben wir nicht. Zum Teil mag das an der Dunkelheit des Fremdwortes ›klassisch‹ liegen; zum Teil an dem Fehlen von unbestrittenen Beispielen klassischer Deutscher Prosa. Wir fühlen alle, daß mit zu ihrem Wesen die fleckenlose Mustergültigkeit der Form gehören muß, daß man also von ihr sagen könne: Schreibe, wie dies geschrieben ist, und du schreibst vollkommne, klassische Prosa. Aber zugleich wissen wir alle, daß es in Deutschland ein klassisches Prosawerk in diesem strengsten Sinne nicht gibt. Nein, es gibt keins, und es wird nicht eher eins geben, als bis wir an klassische Prosa die gleich strengen Forderungen stellen wie an klassische Dichtung: Inhalt mit allgemeinmenschlichem Ewigkeitswert und vollendete Form.

Der Leser, der bis hierher gelangt ist, wird aus allem Vorangegangenen erfahren haben, was der Verfasser unter vollendeter Form versteht; nur zur stärkeren Veranschaulichung stehen hier noch einige beweiskräftige Beispiele. In Kellers ›Romeo und Julia‹ lesen wir: *Sie horchten ein Weilchen auf diese eingebildeten oder wirklichen Töne,* **welche** *von der großen Stille herrührten, oder* **welche** *sie mit den magischen Wirkungen des Mondlichtes verwechselten,* **welches** *nah und fern über die grauen Herbstnebel wallte,* **welche** *tief auf den Gründen lagen.* Wunderschön, würdig der wunderschönen Erzählung; und doch stört uns etwas, erscheint uns etwas sprachlich mangelhaft, ja stilohnmächtig: das Aneinanderleimen von vier Nebensätzen mit Welcher, deren zwei letzte abhängig und unterabhängig von dem ersten sind. Gäbe es nur diesen einen unvollkommenen Satz in der Novelle, so könnten wir darüber hinwegsehen, wie über einen vereinzelten dunklen Fleck auf der Marmorhaut eines sonst vollendeten Kunstgebildes. Leider gibt es manche andre Stellen mit andern Gebrechen in Kellers schönster Dichtung, und klassisch in dem Sinne, wie Franzosen und Engländer dies Wort nehmen, ist ein Werk mit so vielen Mängeln der Form nicht.

Man lese diesen Satz Nietzsches: *Ich* **stelle***, um nicht aus meiner Art zu fallen, die jasagend ist, und mit Widerspruch und Kritik nur mittelbar, nur unfreiwillig zu tun hat, sofort die drei Aufgaben* **hin***, derentwegen man Erzieher braucht.* Von solchen Sätzen unsrer großen Stilmeister wird man einem Stilschüler nicht sagen dürfen: Baue deine Sätze nach diesen Vorbildern, und du wirst vollkommne oder doch gute Prosa schreiben. Nietzsche erklärte, ohne selbst mit Lessing, Goethe, Schiller Ausnahmen zu machen: ›Wir haben keinen mustergültigen, an öffentlicher Beredsamkeit emporgewachsenen Deutschen Stil.‹ Nicht der Mangel öffentlicher Beredsamkeit hat das Emporwachsen des Deutschen Prosastils zur Höhe der Vollendung gehindert, sondern Deutschlands unglückselige Sprachgeschichte. Erst seit 1789 gibt es in Frankreich eine Volksvertretung; aber die französische klassische Prosa reicht bis ins 16. Jahrhundert, bis auf Montaigne zurück. Und das Zeitalter der ersten klassischen Prosa Englands, gleichfalls das 16. Jahrhundert, in welchem Ascham, Sidney, Bacon schrieben, liegt weit zurück vor der Öffentlichkeit des englischen Parlaments. So ist ja auch unser ältestes wahrhaft klassisches Prosawerk, das es mit jedem der größten Prosavölker an Sprachvollendung aufnimmt, Luthers Deutsche Bibel, nicht an der öffentlichen Beredsamkeit so meisterlich gediehen.

Luthers Bibel ist, wie sie das erste war, so das letzte klassische Prosabuch Deutscher Sprache geblieben, wenn wir die allerstrengsten Maßstäbe anlegen. Gerade sie lehrt uns, wodurch in Wahrheit der gerade Wuchs Deutscher Prosa verkrümmt worden. Kein andres Volk, nicht einmal das italienische, ist in der Humanistenzeit dem Zauber römischer Sprache und Wortkunst so widerstandslos erlegen wie das Deutsche. Einer der unvertilgbaren Urtriebe der Deutschen Seele ist damals mit äußerster Gewalt durchgebrochen: die Leidenschaft für das Fremde. Die Schönheiten lateinischer Dichtung und Prosa wurden in Frankreich und England ebenso gewürdigt wie in Deutschland; doch nur in Deutschland wirkte der Reiz des Fremden feindselig gegen das eigne Volkstum.

Zur Humanistenzeit herrschte in Deutschland allgemein der Wahn, die lateinische Sprache sei viel schöner, viel edler als die Muttersprache. Ein so Deutscher Mann wie Hutten hat diese Überzeugung geteilt, und Spuren davon finden sich sogar bei Luther. Wohl fühlte sich Hutten durch äußerste Gewissensnot gedrängt, zur Eroberung eines größern Leserkreises einige seiner lateinischen Schriften zu verdeutschen: ›Jetzt schrei' ich an das Vaterland!‹, doch er fügte hinzu, ›daß das in Latein viel lieblicher und künstlicher denn im Deutschen lautet‹. Die tiefe, bleibende Deutschverderbung durch das lateinische Blutgift hat erst der Humanismus des 16. Jahrhunderts dem Geäder der Deutschen Sprache eingeträufelt. Weit mehr als in Frankreich, England, Italien wurde die Gelehrtensprache Deutschlands zu einer besondern unkünstlerischen Kastensprache, und in gewissem Sinne ist sie das bis heute geblieben: die gelehrte Welschersprache. In einer Kastensprache aber schreibt man keine klassische Prosa. Und was das Latein nicht hatte verderben können, wurde durch die Oberherrschaft des Französischen im 17. Jahrhundert in den Boden gestampft.

Wie bezeichnend ist Goethes Aufsatz ›Literarischer Sansculottismus‹ von 1795 für den wahren Grund unsers Mangels an klassischer Prosa. Er verteidigt darin die Literatur seiner Zeit gegen die törichte Herabwürdigung durch einen wertlosen Berliner Schreiber; deutet an, daß die Zeit einer klassischen Deutschen Prosa schon angebrochen sei; kein Wort aber sagt er in dem fünften Absatz, in der Antwort auf die Frage: ›Wann und wo entsteht ein klassischer Nationalautor?‹, über den damaligen Zustand der Deutschen Sprache, 14 Jahre nach Lessings Tode, ein Jahr nach dem Knüpfen seines großen Bundes mit Schiller! Die Prosa von ›Nationalautoren‹ kann nicht klassisch sein.

○ ○ ○

›Klassisches Prosawerk‹ hat im Deutschen einen andern Sinn als in andern Sprachen; noch für lange, weit über die Dauer unsers Lebens hinaus, muß man sich hiermit abfinden. An den Gehaltswert Deutscher Prosa stellen wir die gleich strengen Ansprüche wie an die französische und englische; an ihre Formvollendung dürfen wir sie nicht stellen. Wollen wir auf den Ruhm einer klassischen Prosa nicht ganz verzichten, und wer möchte das?, so müssen wir zu ihr viele Werke zählen mit unzweifelhaft groben Verstößen gegen Sprachlehre, Ausdruck, Satzbau; ja selbst viele mit einer über das Maß des zur Not Erlaubten hinausgehenden Fremdwörterei. Goethes und Schillers arg fremdwörtelnder Briefwechsel ist trotzdem eins unsrer herrlichsten klassischen Prosabücher im Deutschen Sinne des Wortes; ein sprachlich feinfühliger Franzose oder Engländer mit guter Kenntnis des Deutschen wird anders urteilen.

Wir haben nun einmal eine andre Auffassung vom Wesen des Stils als andre Völker, und keine unbedingt falsche. Wir wollen unsre großen Schriftsteller nicht eingeschnürt sehen in ein engmaschiges ehernes Netz von unverbrüchlichen Regeln; wollen keinen starren Satzbau mit der Reihenfolge, wie sie den Franzosen vorgeschrieben ist: Satzträger, Aussage, Satzziel; kein Ausschroten fertiger Ausdruckshülsen, noch Hineinflicken stehender Redensarten. Freiheit herrscht und soll für immer herrschen in Sprache und Stil schreibender Deutscher Menschen. Doch nicht die Freiheit steht der klassischen Prosa im Wege; ihr Feind ist die Zügellosigkeit des überspannten Eigensinns.

Ich habe einen Sammelband ›Deutsche Meisterprosa‹ herausgegeben und für ihn meine Grundüberzeugungen vom Wesen guter Sprache und Darstellung angewandt. Nun wohl, bei strengster Prüfung kann man darin mit ganz ungetrübter Freude an fleckenloser Deutscher Sprache fast nur unsre Prosa bis zu Luther lesen. Wie ein quellklares Bad wirkt z.B. ein Stündlein mit Meister Eckhart, dem Dominikaner des 13. Jahrhunderts, dessen Prosa sich in guten Übersetzungen noch heute als verblüffend lebendig erweist. Der Ausdruck so rein wie nur bei einem der klassischen griechischen Denker; der Satzbau klar und schmiegsam wie bei den besten Franzosen; dabei der Gedankenflug hoch und kühn wie auf den Adlerfittichen unsrer größten Geister. Außer vereinzelten Fremdwörtern, zusammen noch nicht zehn, wie *créatûren, natûr* ist alles, auch die philosophischen Kunstausdrücke, edelstes Deutsch.

Dann seien hier genannt die zwei großen Deutschen Gesetzbücher des Mittelalters, der ›Sachsenspiegel‹ und der ›Schwabenspiegel‹, hinter deren lebensvoller Sprache alle unsre Gesetze seit mehr als einem Jahrhundert weit zurückbleiben. – Die eifervollen Predigten Bertolds von Regensburg, dessen Satzbau auf Luther vorausdeutet. – Die sanfteren Johann Taulers, dessen Straßburger Mundart den Reiz noch erhöht. Kein Franzose noch Engländer im ersten Viertel des 14. Jahrhunderts hat schönere Prosa geschrieben als jener predigende Mönch.

Auch der elsässische Prediger des 15. Jahrhunderts Geiler von Kaisersberg muß mit einer Probe vertreten sein. Luther hat von ihm gelernt; der junge Goethe ihn mit solchem Gewinn gelesen, daß er sich unglücklich fühlte, als er in Leipzig unter der Fuchtel der Sprachmeisterer vom Schlage Gottscheds ›vergessen sollte, daß ich ihn gelesen hatte‹.

Von den deutschschreibenden Zeitgenossen Luthers verdient namentlich Johann Eberlin von Günsburg Beachtung als einer unsrer trefflichen älteren Prosaschreiber (Neudruck seiner ausgewählten Schriften, Halle 1896). Man lese z.B. seine an den Kaiser gerichteten ›Fünfzehn Bundesgenossen‹ und erfreue sich an der goldreinen Sprache, dem straffen Satzbau, der Kraft der mutigen Gedanken. – Von der Sprachreinheit müssen wir nach der ersten Hälfte des 16. Jahrhunderts Abschied nehmen.

Aus dem 17. Jahrhundert haben wir ein sprachlich klassisches Buch in dem leider wenig bekannten ›Schriftlichen Vermächtnis oder schuldiger Obsorg eines liebenden Vaters‹ (1643) von Johann Michael Moscherosch, aus dem wenigstens dieser eine Kernsatz hier zum zweiten Male stehen mag: *Werk her! Taten her! Tugend her! Mit Geschwätz, mit Buchstabenstreit, mit Worten lasse ich mich nicht abspeisen.*

Der guten Prosaschreiber, der nach Sprache und Stil klassisch zu nennenden, haben wir aus dem 18. Jahrhundert außer den sechs eigentlichen Klassikern viel mehr, als gemeinhin bekannt ist: den feinen Erzähler Sturz; den unglücklichen Freund Goethes: Merck; die staatswissenschaftlichen Schriftsteller Moser, Möser, Abbt; den in neuster Zeit immer mehr zu Ehren kommenden geistreichen Lichtenberg; die für die Sprachreinheit fast musterhaften Garve und Spalding. Daß Winckelmann einer unsrer ersten Prosaschreiber ist, wissen leider nur wenige. Auf das Buch des Armen Mannes im Tockenburg sei abermals nachdrücklich hingewiesen (vgl. S. 283). Neue Ausgaben der Schriften Heinses erleichtern jetzt die genußreiche Kenntnis dieses neben Lessing und Winckelmann bedeutendsten Würdigers der bildenden Künste in unserm klassischen Zeitalter. G. A. Försters ›Reise um die Welt‹ und seine ›Ansichten vom Niederrhein‹ zwingen uns Bewunderung ab durch die kristallne Klarheit und Reinheit seiner Sprache.

Über Goethes Stil steht durch dieses ganze Buch verstreut so vieles, daß von ihm nichts mehr gesagt werden soll. – Über Schiller nur noch dies, daß Moltke bekannte, seinen Stil u.a. an dem des ›Abfalls der Niederlande‹ gebildet zu haben. – Über Lessing noch das gewichtige Urteil Heines: ›Das schöne Wort Buffons ›Der Stil ist der Mensch selber‹ ist auf niemanden anwendbarer als auf

Lessing. Seine Schreibart ist ganz wie sein Charakter: wahr, fest, schmucklos, schön und imposant durch die innewohnende Stärke. Sein Stil ist ganz der Stil der römischen Bauwerke: höchste Solidität bei der höchsten Einfachheit; gleich Quadersteinen ruhen die Sätze aufeinander, und wie bei jenen das Gesetz der Schwere, so ist bei diesen die logische Schlußfolge das unsichtbare Bindemittel. Daher in der Lessingschen Prosa so wenig von jenen Füllwörtern und Wendungskünsten, die wir bei unserm Periodenbau gleichsam als Mörtel gebrauchen.‹

Doch nicht eher scheiden wir vom 18. Jahrhundert, als bis wir eines seiner anmutreichsten und lebensvollsten Schreiber noch einmal gedacht haben, dessen Bedeutung als mustergültigen Stilkünstlers noch nicht annähernd bekannt ist: der Mutter Goethes, der hochgepriesenen Frau Rat, der nie zu hoch gepriesenen Meisterin einer ganz natürlichen und darum vollendeten Prosa. Man läßt sie, hauptsächlich weil sie Goethes Mutter ist, als muntre Schreiberin gelten, empfindet wohl etwas vom Reiz dieser heiter bewegten Schreibart, ist aber noch zu sehr in dem Glauben befangen, der schöne Stil sei etwas Künstliches, mühsam zu Erlernendes, nur den Menschen mit großer Gelehrtheit, jedenfalls mit umfassender Bildung Zugängliches. Die in ihrer Art kaum je erreichte, gewiß niemals übertroffene Briefschreiberin steht in der ersten Reihe der klassischen Meister unsrer Prosakunst.

○ ○ ○

Den Reigen unsrer Prosameister des 19. Jahrhunderts führt Jakob Grimm; die von Max Koch veranstaltete Auswahl seiner kleineren Schriften sei dringend empfohlen. Hier ist höchst eigenmenschlicher Stil: edler Inhalt, schöne Form, trotz einer gewissen Zähflüssigkeit, und dahinter ein unvergeßlicher Mensch.

Der große Freiherr vom Stein ist kein reiner Schreiber, hat er doch den größten Teil seiner Briefe französisch geschrieben; sein Satzbau aber ist von einer Kraft und Klarheit, die ihn unsern sehr bemerkenswerten Stilmeistern zugesellen. Schillerisch klingt ein Satz wie dieser: *Wenn dem Volke alle Teilnahme an den Operationen des Staates entzogen wird, wenn man ihm sogar die Verwaltung sei-*

ner Kommunalangelegenheiten entzieht, kommt es bald dahin, die Regierung teils gleichgültig, teils in einzelnen Fällen in Opposition mit sich zu betrachten. – Arndts Buch über seine Reise mit Stein, das Werk eines 89jährigen, ist von staunenswerter Frische; es gehört in jeden Schrank unsrer besten Prosabücher, neben Arndts ›Geist der Zeit‹. – Nicht weit davon muß Nettelbecks selbstverfaßte Lebensgeschichte stehen; dieser ungelehrte Schreiber, ein einfacher Handelschiffsführer, schrieb einen Stil, um den ihn unsre berühmtesten Historizistiker zu beneiden Grund haben.

Von Fichtes ›Reden an die Deutsche Nation‹, diesem Meisterbuch, wurde hier wiederholt gesprochen. Schon um einer unerhörten Seltenheit willen sollte es gelesen und sprachlich aufs höchste gewertet werden: von den heiligsten Anliegen eines Volkes, ja der Menschheit, wird darin mit fast makelloser Reinheit gesprochen, von einem Deutschen Professor der Philosophie!

Nicht vergessen sei ferner das ganz einzige Prosastück von Görres: seine erfundene Proklamation Napoleons an die Völker Europas nach seiner Abdankung im Jahr 1814. Kein Deutsches Lesebuch kannte früher diese klassische Deutsche Spottschrift größten Stils (vgl. S. 720).

Uhlands Vorlesungen über altdeutsche Literatur hätten, gleich denen Jakob Grimms, vorbildlich werden müssen für alle nachfolgende Germanistengeschlechter; aber natürlich reicht Uhlands und Grimms reine Deutsche Sprache über Deutsche Dinge nicht aus für den unerschöpflichen Reichtum an Begriffs-Nüankßen unsrer ›Heroen von heut‹ (vgl. Hebbels Gedicht auf S. 168).

Peter Hebel wäre ein Klassiker des sonnenklaren Belehrungstils auch ohne die köstliche Beigabe seiner treuherzig schalkhaften Laune. Wilhelm Hauff, den der Tod lange vor der Vollendung abberufen, ist keiner unsrer größten Dichter geworden, verdient jedoch schon um seines ausgezeichneten Stiles willen die Beliebtheit, die ihm namentlich bei der Jugend zuteil wird. – Von Robert Prutz kennen die meisten höchstens ein paar gefühlvolle Lieder; sein Roman Das Engelchen ist sprachlich eins unsrer besten Prosabücher.

Gustav Freytag wird vielfach für einen mustergültigen Prosaschreiber im höchsten Sinne gehalten. Sprachlich ist er das nicht, wie jede strenge Prüfung, nicht bloß die seiner überflüssigen

Fremdwörter, ergibt. Höher durch Schwung, persönliche Eigenart, scharftreffenden Ausdruck und nicht zum wenigsten durch Reinheit steht sein Freund Treitschke. Der von diesem verfaßte Glückwunsch der Berliner Universität zu Freytags fünfzigstem Doktortage (in Freytags und Treitschkes Briefwechsel abgedruckt) zeigt Treitschke auf dem Gipfel seiner Prosakunst; leider ist er für einen Abdruck zu lang.

Bei Lebzeiten hätte sich Treitschke empört über jede Gesellung zu Börne; Treitschkes Stil, mehr noch als Ausdruck seines Wesens denn seiner Form, reiht ihn unter unsre Schreiber des großen Zornes. ›Zu heiß für einen Historiker‹ hat er selber zu Freytag seinen Stil genannt. Börne steht neben Treitschke auch wegen der peinlichen Sprachrichtigkeit und -sauberkeit. Immer wieder staunt man: woher hatte jener Juda Löw Baruch, genannt Börne, aus der Frankfurter Judengasse, sein klassisches Deutsch? Des heimatlosen Volkes Sohne war einzig die Deutsche Sprache Heimat und höchstes Seelengut geworden. Börne übertrifft an Sprachrichtigkeit bei weitem Heine, aber selbst die meisten andern Zeitgenossen vom jungen und jüngsten Deutschland.

Ein merkwürdiges Beispiel für die Macht einer einzigen großen Stunde bietet die Schilderung des toten Goethe am Schlusse von Eckermanns Gesprächsbuch: dem als Schriftsteller herzlich unbedeutenden Arbeitsgehilfen des Bedeutendsten ist ein einzigmal in seinem Leben ein Stück sehr schöner, ja großer Prosa geglückt. Es ist die Stelle: ›Auf dem Rücken ausgestreckt‹ bis ›um meinen verhaltenen Tränen freien Lauf zu lassen‹; man schlage sie auf und verehre das geheimnisvolle Walten der Kunst, deren Kraft so groß ist in diesem Schwachen. Hier packt uns die Einsicht in das innerste Wesen des Stils: edlen Stoff durch tiefes Gefühl und edle Form zu höchstem Adel zu steigern.

Von Mörike, einem unsrer jetzt unbestrittenen Meister der Erzählungs- und Briefprosa, braucht nur der Name genannt zu werden. Nicht zu weit hinter ihm der von Hermann Kurz. Diesen zwei Schwaben seien zugesellt: Paul Pfizer, der Verfasser des ›Briefwechsels zweier Deutschen‹ (1831), Vischer, Strauß. Vischers Festrede an Schillers hundertstem Geburtstage ist ein erlesenes Meisterwerk.

Storm, Keller, C. F. Meyer werden nur genannt. Otto Ludwigs Prosa ist reiner und gepflegter als die in Hebbels Erzählungen. Fritz Reuters Satzbau und Sprache weisen ihm seinen Platz unter unsern Prosameistern an; Mundart her, Mundart hin. Von den Tonmeistern des 19. Jahrhunderts gehören Weber, Mendelssohn, Schumann, Cornelius zur klassischen Prosa; dem Stil und der Sprache nach muß Wagner ihnen nachstehen.

Unter den Erzählern, toten und lebenden, des letzten Menschenalters dürfen als Klassiker der Prosa gelten: Heyse, Raabe, Seidel, Klaus Groth, Hans Hoffmann, Rosegger, Rudolf Lindau (einer der reinsten und feinsten neueren Stilmeister), Sudermann (besonders in ›Frau Sorge‹), Hermann Hesse, Gorch Fock. Sodann die edelsten schweizerischen Dichter der Gegenwart: Widmann, Zahn, Federer. Von den Frauen: Marie von Ebner-Eschenbach, Ilse Frapan, Isolde Kurz, Ricarda Huch, Enrica von Handel-Mazzetti, Frieda Kraze.

Über Nietzsche lautet ein meist ohne strenge Prüfung nachgesprochenes Urteil, er sei unser erster Stilmeister im letzten Menschenalter gewesen. Erfreulich ist, daß man im Erblande der schlechten Prosa die glänzenden Eigenschaften Nietzsches wenigstens erkennt und schätzt: seine Klarheit und Verständlichkeit, seinen schlanken Satzbau, bestimmten Ausdruck, seinen Sinn für Wohllaut des Satzes, namentlich in ›Zarathustra‹. Es ist aber an der Zeit, dem Gerede von einer untadeligen Prosa Nietzsches entgegenzutreten. Er hat bewußte Manier, z. B. das Umdrehen zu verblüffender Wirkung (S. 643); er hat die kleine Eitelkeit, seine Kenntnis fremder Sprachen zu zeigen; er fremdwörtelt oft weit über das einem Schriftsteller seines Ranges erlaubte Maß hinaus, fremdwörtelt bis zur Abgedroschenheit (S. 739).

○ ○ ○

Die Klassiker unsrer wissenschaftlichen Prosa sind bald hergezählt; viele mit Recht berühmte Förderer der Wissenschaften scheiden aus, weil ihre Sprache weder verständlich noch rein ist. Unter den Geschichtschreibern haben wir nur zwei Sprachklassiker: Moltke und Treitschke; weder Mommsen noch Sybel vertragen die Goldwaage. Der einst bewunderte Ranke ist ein gar zu schlechter Satzbauer, von seiner Fremdwörterei nicht zu reden. In neuster Zeit wurde ein Versuch gemacht, ihn durch eine Übersetzung ins Deutsche zu retten. Lamprechts letzte Bände der Deutschen Geschichte schließen ihn aus der Prosa edler Deutscher Sprache aus. Johannes Janssen ist sprachlich fast einwandfrei, doch ist sein Stil etwas trocken.

Von den Darstellern der Sitten- und Bildungsgeschichte dürfen Gregorovius, Riehl, Karl Hillebrand, Johannes Volkelt als Sprachklassiker gerühmt werden; von den neueren Philosophen Lohe und Wundt; mit noch größerm Rechte Rudolf Eucken, einer der verhältnismäßig reinsten Prosaschreiber der Gegenwart. Eine Literaturgeschichte in klassischer Prosa hat Hermann Hettner geschrieben; Rohde ist mit Ehren nach ihm zu nennen.

Zur Natur- und Völkerkunde besitzen wir eine erfreulich große Zahl klassischer Prosabücher. Gustav Fechner, Brehm, Roßmäßler, Masius, Löns, Helmholtz, Schleiden, Liebig, Peschel, allen voran Ratzel, haben ein Deutsch geschrieben, auf das wir stolz sein dürfen. Ratzels Buch ›Über Naturschilderung‹ ist eines der besten Bücher neudeutscher Prosa.

Ein größeres staatswissenschaftliches Werk in klassischer Sprache ist mir nicht bekannt. Unter den gutgeschriebenen kleineren Arbeiten möchte ich denen von Lothar Bucher einen der ersten Plätze anweisen. Wer ihn liest, der begreift, daß ein Würdiger guten Stiles wie Bismarck einen solchen Mitarbeiter, einmal gewonnen, nicht wieder fahren ließ. – Dem, der sich an edler Prosa über tiefe Lebensfragen erquicken will, sei Adolf Matthias genannt, besonders sein schönes Buch ›Wie erziehen wir unsern Sohn Benjamin?‹ Es ist eine Ehre für den ganzen Lehrerstand, dem der Verfasser einst angehörte. Dasselbe gilt von Richard Jahnkes Schriften.

Am besten haben es unsre Offiziere: das Schrifttum über Heeresfragen steht durchschnittlich an Sprachreinheit und manchen andern Stiltugenden beträchtlich über allen andern Wissenszweigen. Außer dem Klassiker Moltke haben sie seinen großen Vorgänger Clausewitz, dessen Buch ›Vom Kriege‹ auch dem Laien einen Kunstgenuß bereitet. Die letzten Dienstvorschriften unsers

Heeres bis zum Weltkriege, mit ihrer reinen, knappen, verständlichen Sprache, zeichnen sich rühmlich vor allen Reichs- und Landesgesetzen aus. Ich kenne kein so gutes Erziehungsmittel gegen die Wortmacherei wie z. B. die preußische Felddienstordnung und die Ausbildungsvorschriften für die Kavallerie. Sie sind in musterhaftem Deutsch, mit Moltkischer Kürze und Bündigkeit verfaßt. – Ein in seiner bewußten Sprachreinheit fast einzig dastehendes, auch inhaltlich sehr wertvolles Buch zur Deutschen Seelengeschichte des Weltkrieges ist Franz Schauweckers ›Im Todesrachen‹ (Halle, H. Diekmann).

○ ○ ○

Wie stehen wir heute zu der Sprache unsrer Klassiker des 18. Jahrhunderts? Anders als die Italiener zu den ihrigen des 14. bis 16., die Engländer zu den englischen des 16. und 17., die Franzosen zu ihren Klassikern des 17. und 18. Jahrhunderts. Die Deutsche Sprache hat sich in vielen wichtigen Dingen schneller, überwiegend zum Guten, geändert als andre Sprachen; ein Veralten, ja Verschwinden so vieler ehedem von den besten Schriftstellern gebrauchter Wörter wie im Deutschen kennt ja kein andres Volk: der Fremdwörter. ›Es ist ein Lob für einen Mann, wenn man seine Fehler sagen darf, ohne daß er aufhört groß zu sein‹, heißt es bei Johannes Müller, und bei Gildemeister: ›In jeder Kunst ist es ratsam, sich an die Meister zu halten und vor den Systemen (?) zu hüten. Das gilt auch von der Kunst, die Sprache zu gebrauchen.‹ Gildemeister hat das gewiß in dem Sinne gemeint, der in diesem Buche schon mehrmals ausgesprochen wurde: Die Deutschen Klassiker sollen und können uns nur mit ihrem Vortrefflichen Vorbilder sein, nicht mit ihren offenbaren Mängeln. Ein Beispiel bietet uns Gildemeister selbst, wenn er schreibt: ›Seit Goethe und Schiller hat es (das Gesetz über die Unterscheidung von Als und Wie) sich bei allen sorgfältigen Schriftstellern festgesetzt, so daß seine Legitimität (?) nicht mehr angefochten werden kann.‹ Gildemeister irrte: es hat sich weder bei Goethe und Schiller noch bei vielen unsrer besten Schriftsteller nach ihnen unerschütterlich festgesetzt. Dennoch sind wir berechtigt, jenes Gesetz aufzustellen, seine unverbrüchliche

Befolgung von jedem Schreiber fortan zu fordern, ein Berufen auf gelegentlich abweichenden Gebrauch bei Goethe und Schiller rundweg zurückzuweisen. Bei Moltke kommt vereinzelt Derselbe statt Er vor –: gibt es heute noch einen Schreiber, der damit seine öde Derselberei zu entschuldigen sich erdreistet? Bei Winckelmann heißt es: die Wachstum, die Schwulst; Lessing schreibt: er kömmt, ich schmeichle ihn, Aufnahme (Aufschwung) des Theaters, in Willens sein; Goethe: das Chor, abwechselnd der und das Gift, der Angel, das Verkehr, der Laken, eine sich ereignete Begebenheit, ich rüste; Schiller: er hatte gescheitert. Dürften auch wir so wie Winckelmann, Lessing, Goethe, Schiller schreiben? Lessings Wort: ›Was die Meister der Kunst zu beobachten für gut finden, das sind Regeln‹, in Ehren; aber natürlich bedeutet ›beobachten‹ nicht: gelegentlich abweichen, und Lessing, Goethe, Schiller hätten es sich ernstlich verbeten, mit ihrem Sprachgebrauch auf den des 17. Jahrhunderts verwiesen zu werden.

Der Leitsatz für das Verhältnis zur Sprache unsrer Klassiker muß der sein, den Goethe selbst für die Stellung seiner Zeitgenossen zur klassischen Kunst des 18. Jahrhunderts geprägt hat: ›Man halte diese Bedingungen, unter denen allein ein klassischer Schriftsteller, besonders ein prosaischer möglich wird, gegen die Umstände, unter denen die besten Deutschen dieses Jahrhunderts gearbeitet haben, so wird, wer klar sieht und billig denkt, **dasjenige, was ihnen gelungen ist, mit Ehrfurcht bewundern und das, was ihnen mißlang, anständig bedauern.**‹ Dieses ganze Buch, soweit es von unsern Größten des 18. Jahrhunderts und darüber hinaus handelt, ist erfüllt von jener bewundernden Ehrfurcht und diesem anständigen Bedauern.

28/7 38 Potsdam

(Bornim)

Hochverehrter Graf!
Dank für Ihren gütigen Brief. Meine schwächern Augen erlauben mir keine Beantwortung Ihrer einzelnen Worte. Ich bin vor 54 Jahren aus dem Judentum ausgetreten, trotzdem sind meine Bücher verboten, und ich leide mit meiner Frau – aus dem Hause Kleist – bitterste Not. Sie können mir nicht helfen,

*selbst wenn Sie wollten ... Ich
schuldete Ihnen diese Mitteilung,
denn wahrscheinlich haben Sie nicht
gewußt, daß ich jüdischer Herkunft
bin.*

*Verehrungsvoll
Engel*

A

Adelung 85, 86, 87, 88, 119, 123, 127, 423, 431, 675
Alberti, C. 723, 762
Als und Wie 111–112
Altenberg, P. 362, 368, 594, 764, 738, 814, 822
Analogie 93–94
Anfangen 613–621
Anmerkungen 569, 610, 730, 731
Anspielungen 734
Arbeiterzeitung 335, 696
Aristophanes 657, 708, 834
Aristoteles 28, 77, 101, 228, 231, 233, 242, 261, 515, 528, 607, 646, 777, 806, 830
Arndt, E. M. 104, 170, 187, 246, 264, 428, 474, 475, 504, 509, 525, 749, 750, 775, 818, 912
Arnim, A. von 187, 771
Arnim, Bettina von 318
Arnold, Hans 210
Äschylos , 737
Auerbach 138, 211, 263, 705, 738
Avenarius, F. E. A. 333, 334, 862

B

Balzac 167, 824
Bartels, A. 145, 212, 266, 334, 379, 561, 592, 808, 864
Beethoven 592, 715
Berlinfranzösisch 366–369
Bernays, M. 76, 662, 809
Bezugsätze 547–549
Bibel 646, 684, 736, 771
Bierbaum 701, 791
Bilderei 755, 758, 760, 761, 764, 766, 769
Binde-s 124–125
›Bios‹ 293
Bismarck 36, 51, 57, 91, 101, 102, 104, 138, 144, 146, 174, 191, 193, 228, 229, 234, 274, 295, 301, 302, 319, 332, 333, 335, 358, 359, 397, 475, 477, 485, 526, 544, 551, 609, 611, 616, 628, 637, 638, 676, 677, 699, 708, 715, 717, 721, 722, 724, 734, 738, 773, 836, 837, 842, 844, 895, 896, 901
Blei, Franz 289, 809
Blücher 895, 900
Blum 166, 177, 244, 248, 335, 740, 747, 758, 773, 884
Boileau 35, 82, 622, 661, 813
Börne, L. 160, 166, 363, 582, 623, 646, 711, 712, 719, 761, 765, 913
Bräker 500, 501, 814
Brehm 621, 640
Brentano 187, 248
Briefstil 893–903
Brunner, K. 265
Büchmann 44, 70, 71, 73, 124, 158, 170, 731, 732, 733, 735
Buffon 27, 40, 75
Burckhardt, J. 167, 306
Burdach 554, 767
Bürger, E. A. 14, 19, 100, 523, 879
Busch, W. 625, 783
Busse, C. 287, 337, 344, 345, 399, 809
Byron 530

C

Campe 90, 314, 413, 417, 418, 419, 421, 423, 433, 462, 463, 464, 465, 486
Carlyle 610
Cäsar 496, 546, 557, 683, 784, 816
Cato 40, 158, 614, 646
Cauer 443
Cervantes, M. de 402
Chamisso, A. von 428, 560, 620, 624
Cicero 231, 242, 243, 453, 457, 475, 509, 529, 530, 583, 621, 639, 654,

730, 735, 738, 751, 754, 755, 791, 802, 806, 890
Claudius, M. 153, 187, 246, 611, 645, 665, 762, 843
Clausewitz, C. von 188, 425, 496, 689, 836, 837, 915
Conradi, H. 294, 762
Corneille 51, 651, 661
Coßmann, P. 21, 720
Curtius, E. 51, 114, 116, 136, 684

D

Dahn 264, 399
Dante 243, 278, 530, 573, 701
Darwin 51, 340, 634
David, J. J. 196
Dehmel, R. 212, 398, 701, 791
Delbrück, H. 189, 208, 274, 279, 290, 321, 377, 391, 423, 425, 427, 443, 481, 580
Delbrück, R. 144, 184, 633
Delitzsch 684
›derselbe, dieselbe, dasselbe‹ 107–119
›dessen‹ 113
Diderot 799
Dilthey 115, 116, 257, 275, 292, 334, 667
Drittfall mit e 127
Droste, Annette von 152, 188, 192, 662, 691, 776, 843
Dühring 286, 524
Dumas (Vater) 609
Düntzer 115, 554, 564, 567
Dürer 392, 858, 866, 900

E

Ebers, George 144, 211
Ebert 174
Ebner-Eschenbach, M. von 89, 192, 274, 565, 718, 726, 844
Eckermann 676, 894, 913
Eckhart, Meister 409, 909
Eichendorff 157, 738, 793, 794
Einleitungen 604, 605, 617, 619
Emanuel, Viktor 245
Emerson 528, 589, 732
Emser Depesche 752
Engländerei 370

Erasmus 666
Erklärung von 1889 272, 392, 439, 484
Ernst August König von Hannover 16
›Ersterer‹ 144
›es‹ nach Vorwörtern 118–119
Eucken, R. 431, 453, 662, 753, 915
Euklid 753
Eulenburg, Graf von 683
Euphuismus 78
Euripides 737

F

Fabeln 38, 39, 66, 263, 560, 565, 566, 618, 639, 655
Federer 192, 914
Figuren 754–755
Feuerbach, A. 900
Feuerbach, L. 839
Fichte 226, 327, 330, 399, 458, 470, 691, 716, 912
Fischart 31, 299, 714
Flaubert 167, 234, 349, 824
Flüssigkeit des Stils 753
Fontane 146, 166, 275, 291, 360, 364, 425, 662, 685, 702, 900
Forster 416
fragte und frug 100, 101
Franzos, K. E. 23
Freiligrath 775, 900
Fremdwörterei 4, 90, 96, 103, 188, 253–490, 520, 568, 653, 672, 742, 797, 818, 821, 831, 833, 837, 849, 854, 855, 880, 908, 915
Frenzel, K. 145, 146, 583, 592
Freytag, G. 91, 99, 103, 163, 174, 274, 276, 445, 481, 486, 487, 592, 634, 683, 913
Friedländer, S. 453
Friedrich der Große 15, 151, 168, 265, 359, 426, 523, 553, 770, 790
Fulda, L. 258, 726

G

Gaunersprache 262, 263, 269, 322
›Gefühl‹ 181–182
Gegensatz 643–647

Geibel 67, 152, 170, 707, 824
Geiler von Kaisersberg 14, 410, 909
Gentz, Fr. 359, 564
George, Stefan 150, 295, 739, 740
Germanisten 263, 264, 268, 274, 287, 288, 289, 291, 292, 293, 295, 297, 303, 375, 378, 379, 382, 383, 402, 411, 417, 418, 446, 477, 483
Germanistik 305
Gervinus 608, 703, 808, 836
›geste‹ 295
Gildemeister 88, 97, 101, 102, 349, 350, 394, 424, 433, 434, 439, 440, 443, 444–449, 916
Goethe 19, 22, 37, 38, 39, 40, 42, 43, 47, 55, 56, 65, 84, 85, 86, 90, 91, 95, 102, 103, 105, 110, 114, 115, 122, 123, 125, 126, 129, 133, 134, 136, 138, 139, 141, 144, 145, 146, 149, 151, 154, 157, 161, 162, 163, 165, 166, 191, 192, 193, 194, 195, 202, 203, 204, 205, 209, 210, 216, 218, 222, 223, 224, 225, 226, 228, 229, 233, 235, 238, 239, 240, 242, 245, 250, 254, 255, 256, 269, 275, 278, 282, 287, 288, 292, 293, 311, 320, 323, 330, 332, 334, 340, 341, 342, 343, 345, 350, 358, 369, 379, 380, 381, 398, 399, 402, 407, 412, 413, 416, 419, 426, 433, 434, 446, 447, 457, 479, 493, 494, 495, 507, 508, 516, 517, 519, 521, 522, 528, 534, 541, 542, 543, 546, 547, 548, 549, 550, 554, 558, 562, 567, 568, 581, 582, 583, 584, 587, 589, 603, 604, 605, 606, 610, 611, 618, 619, 623, 625, 626, 627, 634, 635, 638, 640, 645, 655, 657, 660, 661, 663, 667, 668, 672, 673, 674, 675, 676, 677, 683, 684, 690, 691, 701, 708, 715, 717, 718, 729, 730, 731, 738, 739, 767, 772, 773, 774, 775, 776, 777, 782, 783, 784, 785, 786, 787, 791, 793, 794, 795, 805, 808, 814, 816, 817, 818, 835, 837, 838, 845, 883, 894, 895, 896, 897, 905, 906, 908, 909, 910, 911, 913, 916, 917
– Altersstil 50, 51, 76, 114, 136, 139
– Fremdwörter 328, 394–397, 431, 432, 459–467
– ›perfide‹ 346, 347
– Sprachreinigung 184
– Wanderjahre 58, 239, 543, 638, 814
Goethe, Christiane 898
Goethe, Frau Rat 423, 516, 897, 898, 911
Goncourt, E. und J. 167, 234
Görres 720, 775, 912
Gottfried von Straßburg 15, 67, 270, 303, 771, 781
Gotthelf 188, 192, 204
Gottlieb 457
Gottschall 48, 666, 685, 766, 822
Gottsched 30, 69, 78, 83, 85, 86, 88, 93, 191, 282, 299, 382, 414, 435, 574, 644, 679
Grillparzer 51, 192, 236, 350, 524, 703, 724
Grimmelshausen 355, 469
Grimm, H. 114, 145, 151, 153, 208, 210, 320, 399, 508, 524, 528, 567, 585, 589, 660, 680, 683
Grimm, J. 84, 91, 107, 108, 109, 114, 119, 121, 126, 140, 145, 147, 151, 153, 154, 167, 191, 208, 210, 211, 273, 275, 320, 381, 399, 413, 458, 459, 469, 476, 488, 508, 524, 528, 554, 557, 559, 563, 567, 581, 585, 589, 590, 592, 620, 634, 650, 660, 680, 683, 693, 714, 788, 790, 797, 807, 808, 911, 912
Gryphius, A. 402
Gundolf 223, 697
Gutzkow 175, 396, 522, 723, 776, 792, 793

H
Häckel 320, 695, 765
Hahn-Hahn, I. von 364, 396, 733
Haller 418
Hamann 31, 105, 733, 734
Handel-Mazzetti, M. 718
Harden, M. 44, 63, 69–73, 124, 582, 589, 679, 692, 733, 821, 822
Harnack, A. 257
Hase, K. 522

Hatzfeld, Fürst von 742
Hauff, W. 157, 843
Hauptmann, G. 211, 289, 306, 398, 481, 542, 611, 681, 764, 792, 803, 804
Haydn 899
Haym, R. 210, 275, 289, 294, 333
Hebbel 27, 42, 112, 140, 150, 156, 159, 168, 193, 241, 523, 565, 571, 581, 592, 634, 679, 688, 689, 724, 726, 767, 776, 783, 794
Hebel 697, 708, 912
Heeressprache 88, 172, 180, 353
Hegel 31, 474, 678, 795, 798, 801, 837, 838, 839
Heine, H. 19, 85, 98, 126, 152, 187, 191, 240, 246, 359, 368, 396, 401, 547, 554, 566, 567, 624, 627, 672, 712, 713, 740, 794, 805, 824, 825, 913
Heintze, A. 117, 846
Helmholtz 51, 427, 693, 838
Henckell 124
Her und Hin 145–146
Herab und Hinab 145–146
Heraklit 783
Herder 14, 15, 151, 153, 245, 403, 458, 548, 605, 607, 626, 632, 634, 636, 674, 735, 823
Hermann, Max 288, 667
Herwegh 679, 776
Hesse, H. 914
Hessen, R. 290
Heuß 282
Heyne, M. 14, 21, 274, 846
Heyse, P. 51, 152, 189, 205, 470, 631, 799, 824
Hildebrand, R. 274, 797
Hilfszeitwörter 138–140
Hillebrand, K. 210, 525, 819
Hin und Her 145–146
Hoffmann, E. T. A. 580, 662
Hoffmann, Hans 189, 583
Hofmannsthal 365, 792, 860
Hofmannswaldau 760
Hohenlohe, Fürst Chlodwig 316, 358, 773
Hölderlin 245, 246
Hölty 246

Homer 234, 245, 530, 652, 708, 735, 736, 747
Horaz 41, 101, 205, 245, 448, 687, 735, 776, 825
Huch, Ricarda 124, 300
Hugo, V. 51, 79, 197, 198, 647
Humboldt, A. von 428
Humboldt, W. von 52
Humor 707–719
Hutten 252, 369, 833, 907
Huxley 634, 697

I

Ibsen 51, 764
Iffland 611
Ihering 114, 116, 564, 565, 620, 661
Immermann 169, 188, 360, 363, 402, 733, 740
›Interesse‹ usw. 160, 164, 174, 179, 220, 378, 426, 432, 461, 632
›Indemnität‹ 332
Ironie 717–725

J

Jahn, L. 186, 187, 192, 311, 419, 422, 469
Jean Paul 31, 53, 124, 139, 186, 187, 189, 239, 262, 417, 435, 606, 676, 692, 708, 712, 733, 753, 761, 783, 793, 832
Johannes Secundus 731
Jordan, W. 189
Junius-Briefe 534, 535, 647, 718, 719

K

Kant, I. 183, 184, 212, 246
Kanzleistil 659, 660, 871, 872–880
Karl August von Weimar 218, 788
Kästner, E. 712
katastrophal 702, 705
Keller, G. 19, 22, 31, 51, 53, 65, 95, 123, 126, 138, 152, 169, 189, 192–194, 241, 247, 274, 369, 375, 378, 428, 546, 625, 627, 652, 674, 675, 687, 691, 737, 748, 774, 782, 786, 790, 792, 794, 814, 868, 886, 900
Kempner, Fr. 804

Kerr, A. 367, 589, 642, 689, 692, 723, 736, 738, 821
Kirchbach, W. 333
Klaar, A. 210
Kleinpaul, R. 170
Kleist, H. von 92, 98, 212, 454, 523, 546, 549, 562, 567, 584, 774, 787
Klopstock 162, 264, 278, 423, 550, 576, 665, 825, 895
Kluge, Fr. 274, 393
Knoop, G. O. 305, 724
Kohler 219, 220
›kolossal‹ 701, 704, 705
Körner, Th. 900
Krafft-Ebing 306
Kröger, Tim 708
Kühn, P. 287
Kunstausdrücke 384–387
Kunstschreiberstil 857–869
Kürnberger 758
Kürzen 650, 655, 825
Kurzniederschrift 816
Kurzschreiber 175, 816, 889

L

La Bruyère 159, 671
Lamprecht, Karl 221, 222, 223, 262, 263, 281, 282, 327, 377, 381, 385, 413, 429, 445, 626, 697, 791, 818, 821, 837, 839, 840, 915
Langbehn 292, 723, 803
Lanson 118
La Rochefoucauld 654
Lasker, Eduard 176
Lasker, Else 791
Lassalle 222, 319, 628, 662, 665, 666, 678, 693, 697, 712, 770
Laube 136, 765
Lehnwörter 267–271
Leibniz 13, 216, 285, 311, 316, 375, 383, 657
Lenz, R. 355, 432, 477, 653
Lessing 19, 29, 33, 38, 39, 40, 42, 45, 56, 57, 65, 66, 85, 91, 106, 126, 127, 129, 140, 142, 146, 163, 180, 191, 203, 212, 222, 223, 225, 228, 229, 232, 238, 242, 250, 276, 278, 290, 323, 329, 340, 342, 343, 346, 351, 361, 386, 394, 395, 398, 402, 415, 416, 432, 435, 457, 493, 494, 508, 524, 526, 533, 534, 546, 559, 562, 574, 575, 579, 583, 587, 589, 590, 592, 597, 604, 605, 610, 611, 618, 625, 635, 639, 642, 650, 651, 655, 672, 689, 706, 709, 714, 725, 729, 730, 731, 732, 737, 757, 762, 772, 781, 793, 795, 796, 799, 805, 807, 820, 825, 832, 833, 834, 835, 893, 895, 905, 906, 908
›Letzterer‹ 141, 144
Levin(-Varnhagen), Rahel 624, 724, 899
Lichtenberg 157, 187, 469, 562, 701, 719, 726, 799
Liebknecht 335
Liliencron 153, 211, 360, 705
Lindau, P. 712
Lindau, R. 274, 914
Liszt, Fr. von 290
Litzmann, B. 220, 288, 289, 485, 664, 764
Lotze , 697
Lublinski 128, 391, 662, 702
Ludwig, Otto 172, 192, 636, 637, 638, 708, 822, 914
Lukian 261
Lukrez 78
Luther 14, 15, 56, 84, 91, 110, 124, 128, 143, 153, 169, 188, 236, 270, 410, 457, 493, 494, 532, 543, 550, 551, 566, 583, 603, 604, 681, 708, 714, 772, 817, 822, 894

M

Macaulay 51, 634, 647
Malherbe 761, 782
Mallarmé 796
Manier 736–740
Mann, Th. 363, 364, 821
Manteuffel, Minister 647
Manzoni 51
Marcks 836
Marlowe 68, 69
Massillon 655
›Material‹ 96, 220, 483, 683
Matthäus 735
Matthias, Th. 88, 249
Mauthner 726

›mehrere‹ 144
Meißner, A. 247
Mela, P. 787
Mendelssohn, F. 900
Mensdorff 362
Menzel, A. 824
Mérimée, P. 674
Meyer, C. F. 51, 138, 192, 274, 282, 583, 643, 737, 794, 807
Meyer, Hans 695
›Milieu‹ 337–344
Mill, St. 634
Minckwitz, J. 67, 124
Minor, J. 142, 297, 510, 557
Mistral, F. 192
Modewörter 176
Molière 18, 41, 79, 201, 498, 575, 791, 797, 820
Moltke 22, 51, 57, 102, 153, 223, 242, 274, 353, 402, 447, 481, 496, 497, 526, 527, 542, 563, 571, 572, 573, 620, 628, 634, 638, 639, 655, 656, 674, 689, 690, 704, 706, 708, 709, 715, 801, 836, 841, 842, 885, 886, 889, 901
Mommsen 51, 286, 381, 608, 680, 683, 776, 914
Montaigne 601, 602, 733
Montesquieu 719
Mörike 49, 145, 216, 246, 418, 508, 544, 546, 551, 577, 721, 746, 792, 794, 868, 913
Moritz, K. 195, 764
Moscherosch 657, 883, 910
Moser 379, 910
Möser 359, 416, 574, 910
Moszkowski 312, 711
Mozart 366, 720, 724
Müllenhoff 89, 92
Müller, Max 192, 359
Muncker, Fr. 175, 305, 668
Mundarten 189–196
 – Österreichische 195–196
Mundt, Th. 258, 692, 722
Murner 708
Musäus 193, 417
Musset, A. de 647, 658, 729
Muther, R. 685, 722, 862, 866

N
Nachklappen des Zeitworts 563–566
Napoleon 29, 670, 716, 776, 816, 901
Napoleon 3. 716, 752
Nettelbeck 912
Nibelungenlied 166, 236, 708, 777
Niederdeutsch 191, 194, 195
Nietzsche 17, 18, 19, 20, 21, 43, 123, 136, 167, 178, 245, 286, 287, 362, 365, 382, 392, 521, 643, 703, 739, 753, 779, 783, 793, 796, 836, 906, 914
Novalis 152, 231, 248, 289, 334, 549
›Nuance‹ 344–347

O
›Objektiv, Subjektiv‹ 320
Offenbach 684
Oken 623
Olivier 245
Oncken 640
Opitz 78, 413
Orleans, Herzogin von 898
Osborn, M. 320
Otfried 15, 105, 389, 689, 787

P
Parodie 726
Pascal 339, 819
Paulsen 286, 381, 697
Paulus, Apostel 532
Pennälerei 436
Petrarca 714
Phantasie 31, 32
Phrase 740–742
›Pilatus‹ 650, 779, 787
Platen 248, 642, 792, 802, 803
Platon 242, 261, 357, 358, 735
Plinius 652, 821
Plotho 426
Plutarch 797
Pocci 124
Poe, E. 618
Poincaré 634
Poppenberg 171, 281, 662, 702, 821, 822, 860, 863, 864, 865
›prägnant‹ 320

Blattweiser

Preziösentum 61–69, 167
›Proporz‹ 269
Prutz 912
Psyche 258, 292, 293
Pückler-Muskau, Hermann 48, 310, 363, 364, 396, 624, 692, 766, 822
›Puristen‹ 268, 271, 457–466
Pustkuchen 739, 814

Q

Quintilian 35, 62, 107, 159, 225, 231, 233, 299, 438, 457, 529, 652, 653, 701, 713, 716, 751, 752, 754, 755, 760, 763, 780, 791, 806, 807, 823, 825, 828, 834

R

Raabe 51, 639
Rabelais 31
Racine 654
Raimund 310
Ranke 20, 221, 381, 467, 675, 809, 915
Ratzel 836, 842, 843, 915
Rechtschreibung 147
Rechtsprache 187, 426
Redesprache 55, 56, 57, 58, 59, 60
Rednerstil 884, 885
Redwitz 766
Reichsverfassung 103, 116, 117
›Reitende Artilleriekaserne‹ 125
Renan 634
›respective‹ 880
Reuleaux 245
Reuter, Fritz 169, 204, 300, 323, 337, 509, 547, 636, 707, 708, 770
Riemer 465
Rist, J. 344
Rivarol 265, 473, 796
Roche, A. 789
Rodenberg 116, 126, 128, 275
Rosegger, P. 134, 138, 204, 249, 274, 480, 685, 741
Rosenkranz 31, 286, 334
Rothe 873
Röthe, G. 24, 89, 255, 256, 364, 430, 440, 450, 483, 485, 682
Rousseau 573

Rückert 150, 179, 747, 765
Ruge, A. 718
Rümelin 270, 352, 443, 448, 451
Ruskin 36

S

Sachsenspiegel 270, 909
Sachs, Hans 51
Sainte-Beuve 634
Saint-Simon, Herzog von 339
Salvandy 716
Sanders 89, 126
Saphir 712, 713, 723, 736, 754, 755, 761, 822
Sarrazin, O. 317, 318, 421, 422
Satzdreh nach Und 107–109
Schachtelsatz 553–570
Schaukal 294, 399, 860
Scheffel 134, 169, 553, 647
Scheffler, K. 281, 294, 862
Schenkendorf 20, 264
Scherer, W. 40, 41, 209, 210, 295, 351, 375, 383, 508, 512, 528, 626, 653, 703
Schiller 22, 43, 47, 48, 50, 52, 118, 126, 127, 129, 137, 138, 144, 145, 151, 152, 169, 200, 222, 223, 224, 226, 239, 240, 245, 289, 340, 342, 343, 347, 357, 395, 396, 399, 401, 403, 409, 433, 446, 447, 458, 466, 469, 494, 525, 526, 529, 533, 534, 538, 543, 550, 554, 560, 563, 582, 587, 601, 610, 618, 619, 629, 634, 645, 649, 682, 689, 690, 694, 695, 705, 709, 710, 711, 720, 750, 767, 829, 832, 900, 916, 917
Schiller, Lotte 898
Schlaf 368, 609, 617, 808
Schlegel, Dorothea 98
Schlegel, Fr. 360, 361, 400, 401, 440, 561, 797, 802
Schlegel, Karoline 899
Schlegel, W. 163, 235, 431
Schleiermacher 440, 585, 647, 665, 715
Schlichtheit 687–692
Schließen 627–630
Schmidt, Erich 63–69, 72–74, 185, 206, 274, 279, 313, 320, 324, 330,

360, 361, 378, 392, 399, 403, 481, 484, 514, 515, 540, 541, 542, 554, 557, 559, 566, 567, 574, 592, 594, 625, 660, 684, 733, 767, 808, 820, 834, 835
Schmidt, Julian 146, 222, 223, 508, 548, 665, 678, 766, 804
Schmoller, Fr. von 153, 295
Schöll 53, 75, 76, 287, 499, 501, 521, 527, 538, 667, 672, 739, 814, 818, 822
Schopenhauer 21, 28, 33, 39, 40, 44, 49, 51, 61, 62, 63, 70, 94, 95, 132, 133, 139, 165, 168, 186, 209, 222, 226, 348, 381, 492, 547, 553, 557, 566, 587, 588, 593, 600, 645, 650, 651, 653, 657, 678, 687, 688, 702, 731, 736, 739, 741, 747, 748, 777, 790, 796, 798, 799, 806, 813, 820, 835, 845, 846
Schottel 139, 413, 435, 701
Schrader, H. 225, 758
Schreistil 594, 699–706
Schriftsprache 55, 56
Schröder, E. 89, 443, 788
Schubart 187
Schubert 247, 691
Schubin, Ossip 128, 297, 611, 763, 844
Schuhe, St. 739, 740
Schulenburg, Graf von 742
Schülersprache 180, 420
Schwabenspiegel 909
Schweizerdeutsch 188, 189
Schwulst 662–665
Scipio 735
Scott 718, 842, 843
Seidel 552, 726, 767, 844
Seneca 205, 260, 643, 721
Seume 246
Sévigné 896
Shakespeare 69, 223, 243, 245, 639, 687, 714, 718, 772, 779, 792
Shaw, B. 722
Simmel, G. 223, 396, 697, 837, 840
›Ski‹ 183
Sophokles 51, 646, 714, 737
Spannung 636, 637, 638, 639
Speidel 663, 681

Spencer, H. 51, 634
Spengler 607, 697
Spielhagen 48, 115, 275, 286, 290, 364, 391, 396, 546, 661, 731, 822, 833
Spinoza 675, 735
Sprachakademie, Deutsche 23, 24
Sprachamt, Deutsches 24, 25
Sprachgebrauch,
Sprachrichtigkeit 97–108
Sprachgesellschaften 411–414
Sprachleben 93
Sprachreinigung 271–272
Sprachschulmeisterei 83–96
Sprachverein, Deutscher 337, 430, 443, 470, 479, 480, 481, 482
Stein, Frau von 898
Stein, Freiherr vom 147, 911
Stephan, H. von 269, 424, 485, 486
Stillosigkeit 679–682
Stopfstil 540, 557, 558, 559, 566–568
Storm 51, 126, 143, 152, 192, 216, 218, 247, 391, 677
Strauß, D. Fr. 188, 561, 565, 776
Streichen 825
Sudermann 189, 399, 629, 914
Suttner, B. von 770
Swift 718
Synonymen 160, 163, 164, 202

T

Tacitus 242, 243, 255, 286, 291, 497, 521, 615, 623, 652, 654, 660, 674, 689, 690, 751, 842
›tadellos‹ 171
Taine 338, 339, 340, 634
Talleyrand 716, 797
Tannhäuser (Minnesänger) 270
Tauler, J. 14, 410, 909
Tennyson 51, 383
Thackeray 726
Thode, H. 115, 221, 224, 564, 661, 663
Thomasin von Zirkläre 15, 270
Thomasius 16, 432, 488
Thukydides 242, 496, 616, 890
Tiberius 475

Tieck 169, 246, 248, 681, 757
Titel 610–611
Tolstoi 51
Torresani 770
Treitschke 13, 37, 49, 127, 274, 275, 474, 481, 486, 488, 734, 738, 846, 913, 914
Treppensatz 547
Trimberg, Hugo von 190
Tschudi, Ä. 410
Twain, M. 520, 799, 800

U

Übergänge 621–627
Überraschung 563–565
Übersetzen 818
Übertreibung 699–706
Uhland 35, 185, 246, 458, 479, 488, 824, 912

V

Varnhagen 53, 75, 428, 739
Vasari 807
Vauvenargues 798
Vergil 652, 690
Vigny, A. de 198
Virchow 51, 569, 570
Vischer, Fr. 36, 38, 48, 49, 51, 59, 76, 83, 106, 190, 192, 193, 194, 204, 225, 288, 400, 611, 616, 619, 640, 677, 678, 679, 697, 705, 726, 780, 786, 789, 905, 913
Voigt, K. 681
Volkelt, J. 836, 840, 915
›völkisch‹ 430
Volkmann (R. Leander) 307
Volksmund 123, 124, 189, 420, 421, 429
volkstümlicher Stil 693, 694
›voll und ganz‹ 169–170
Voltaire 19, 51, 232, 359, 650, 651
Voß, J. H. 85, 187, 421

W

Wagner, R. 92, 129, 334, 397, 428, 532, 594
Wallenstein 393, 394
Walther von der Vogelweide 267, 635

Wassermann 803
Weber, K. M. von 530
›weise‹ 102–103
Weizsäcker 275, 289
welcher, welche, welches 141–143
›wenn‹ mit würde 133–135
Werfel 762
Wernicke 761
Widmann, J. V. 914
Wiederholung 640–642
Wieland 85, 86, 351, 352, 413, 415, 417, 428, 701
Wildenbruch 104, 274
Wilde, O. 722
Wilhelm 1. 29, 119, 234, 302, 332, 399, 400, 425, 471, 475, 642, 891
Wilhelm 2. 176, 319, 400
Wilson 720
Winckelmann 114, 153, 237, 278, 398, 752, 858, 859, 910, 917
Witz 708–718
Wohlklang 780–787, 791
Wolf, Chr. 187, 431
Wolff, E. 287, 288, 385, 394, 396, 402, 548, 684
Wolfram von Eschenbach 771
Wortmacherei 657–668
Wortschöpfung 179–189
Wortspiele 714, 715
Wundt 118, 385, 386, 667
Wustmann 83, 85, 86, 87, 88, 92, 95, 109, 141, 152, 154, 194, 663, 730, 738, 780, 846

X

Xenophon 242

Z

Zahn 204, 914
Zeitungsstil 502, 845–856
Zeitwort 131–140, 636, 638
 – zusammengesetztes 137–138
Zesen, Ph. von 412, 413, 414, 455
Zincgref 384
Zischlaute 783
Zola 338, 339
Zusammensetzungen (Hauptwort, Zeitwort) 121–125
zwischen 146

Zum Vorwort
von Stefan Stirnemann

Über den Grammatiker Becker unterrichtet Georg Weigand: *Karl Ferdinand Becker – ein hessischer Pädagoge und Sprachphilosoph des 19. Jahrhunderts* (1966).

Willy Sanders hat früh ausführlich auf Reiners' Abhängigkeit hingewiesen: *Die Faszination schwarzweißer Unkompliziertheit, Zur Tradition deutscher Stillehre im 20. Jahrhundert (E. Engel – L. Reiners – W. Schneider)*, in: *Wirkendes Wort* 3 (1988).

Eine Einführung zu Eduard Engel bietet Theodor Ickler: *Arthur Schopenhauer als Meister und Muster in Eduard Engels ›Deutscher Stilkunst‹*, in: *Muttersprache, Zeitschrift zur Pflege und Erforschung der deutschen Sprache*, Band 98 (1988).

Helmut Glück, Universität Bamberg, hat zwei Dissertationen über Engel betreut: Anke Sauter, *Eduard Engel, Literaturhistoriker, Stillehrer, Sprachreiniger, Ein Beitrag zur Geschichte des Purismus in Deutschland*, Bamberg (2000); Heidi Reuschel, *Tradition oder Plagiat? Die »Stilkunst« von Ludwig Reiners und die »Stilkunst« von Eduard Engel im Vergleich* (2014). Es ist vor allem der Arbeit der Bamberger zu verdanken, daß Eduard Engel wieder gelesen und beurteilt werden kann.

Zur Sprachpolitik des Dritten Reiches: Hanno Birken-Bertsch, Reinhard Markner, *Rechtschreibreform und Nationalsozialismus, Ein Kapitel aus der politischen Geschichte der deutschen Sprache* (2000).

Zum Verlag C.H.Beck: Stefan Rebenich, *C.H.Beck, 1763–2013, Der kulturwissenschaftliche Verlag und seine Geschichte* (2013).

Zu Engels Brief an Graf Brockdorff: Mathias Deinert, *Die letzte Nachricht des Eduard Engel*, in: *Potsdamlife*, Ausgabe 27 (2012).

Edmund Veesenmayers Telegramm haben Christian Gerlach und Götz Aly behandelt: *Das letzte Kapitel, Der Mord an den ungarischen Juden 1944–1945* (2002).

Für weitere Auskünfte danke ich Christian Gerlach (Bern). Für den Hinweis auf Engels Irrtum mit Alkibiades danke ich Peter Müller, ehemaliger Direktor der Schweizerischen Depeschenagentur (SDA) und Gründungsmitglied der Arbeitsgruppe der Schweizer Orthographischen Konferenz (SOK). Für Auskünfte zum Wort Schrittmäßigkeit danke ich Elke Dreisbach, Goethe-Wörterbuch, Arbeitsstelle Hamburg.

Deutsche Stilkunst

ist im Juli/August 2016 als dreihundertneunundsiebzigster/dreihundertachtzigster Band der **ANDEREN BIBLIOTHEK** erschienen.

Die Herausgabe lag in den Händen von Christian Döring.

Beim Lektorat wurde er unterstützt von Ron Mieczkowski.

Es wurde die 31. Auflage von 1931 zugrunde gelegt, die »neubearbeitete« Ausgabe letzter Hand, erschienen im Verlag G. Freytag A. G., Leipzig/Wien.

Diese Neuausgabe folgt der herkömmlichen Rechtschreibung, an die sich auch Engel hielt. Einige seiner Eigenheiten wurden belassen, andere zurückgenommen, offenkundige Fehler wurden stillschweigend korrigiert. Bei einigen lateinischen und griechischen Zitaten wurde die versäumte Übersetzung von Stefan Stirnemann nachgetragen.

Über das Leben von Eduard Engel berichtet das Vorwort von Stefan Stirnemann, dem wir danken. Er studierte Theologie und klassische Philologie, ist Mitarbeiter am Thesaurua lingua Latinæ in München und Gründungsmitglied der Arbeitsgruppe der Schweizer Orthographischen Konferenz (SOK).

Für die mühevolle Erfassung des in Fraktur gesetzten Originals danken wir Jonas Mähler, Veronique Rill, Nils Tiggelkamp-Schulz und Hans Sarkowicz.

Auf den skandalösen »Fall Eduard Engel« hat mich Thomas Steinfeld aufmerksam gemacht, ein Dank dafür.

Dieses Buch wurde von Daniel Sauthoff, Hamburg,
gestaltet und ausgestattet.
Den Satz übernahm Dörlemann Satz, Lemförde, mit
der Schrift Abril Text und Benton Sans.
Die Herstellung betreute Katrin Jacobsen, Berlin.
Das Memminger MedienCentrum druckte auf 100 g/m^2
holz- und säurefreies, ungestrichenes Munken Lynx.
Dieses wurde von Arctic Paper ressourcenschonend
hergestellt.
Den Einband besorgte die Verlagsbuchbinderei
Conzella in Aschheim-Dornach.

Die Originalausgaben der
ANDEREN BIBLIOTHEK
sind limitiert und nummeriert.

1.– 4.444 2016

Dieses Buch trägt die Nummer: **1119** ✽

ISBN 978-3-8477-0379-2
AB – DIE ANDERE BIBLIOTHEK GmbH & Co.KG
Berlin 2016